21世纪普通高等教育"十三五"规划教材·会计系列

财务报表分析

姚 艳 主 编
朱向萍 张画眉 副主编

上海财经大学出版社

图书在版编目(CIP)数据

财务报表分析/姚艳主编.—上海：上海财经大学出版社，2019.5
(21世纪普通高等教育“十三五”规划教材·会计系列)
ISBN 978-7-5642-3255-9/F·3255

Ⅰ.①财… Ⅱ.①姚… Ⅲ.①会计报表—会计分析—高等学校—教材
Ⅳ.①F231.5

中国版本图书馆CIP数据核字(2019)第071366号

□ 责任编辑　袁　敏
□ 封面设计　张克瑶

财务报表分析
姚　艳　主　编
朱向萍　张画眉　副主编

上海财经大学出版社出版发行
(上海市中山北一路369号　邮编200083)
网　　址:http://www.sufep.com
电子邮箱:webmaster@sufep.com
全国新华书店经销
上海新文印刷厂印刷装订
2019年5月第1版　2020年7月第2次印刷

787mm×1092mm　1/16　22印张　563千字
印数:3 001—6 000　定价:56.00元

21世纪普通高等教育“十三五”规划教材

21 SHIJI PUTONG GAODENG JIAOYU “SHISANWU” GUIHUA JIAOCAI

编委会

BIAN WEI HUI

前 言

编制、阅读和分析财务报表，是财会类专业学生必备的一项专业技能。作为一门需要具备较强会计学专业知识理论功底的课程，以及一门实践应用性极强的课程，就需要有一本理论与实践应用相结合的教材，既可以满足学习者理论学习的要求，又能够帮助学习者及时深刻地进行实践分析。这就是本书的编写宗旨，旨在为学习者提供一本理论与实践一体的教材，弥补只有理论而缺乏实践的教材体系的不足，让学习者能够更加有效地进行学习，并能够将所学习的理论知识应用于上市公司的数据分析。

本教材的框架依然引用了目前具有普遍性的框架。从财务报表分析的相关理论和方法入手，以资产负债表、利润表和现金流量表为主线展开，将报表编制、报表的分析理论以及分析方法融入具体的上市公司的数据中进行应用性讲解。核心之外进行了教材体系的延伸，对合并会计报表的分析、财务报表分析的综合方法进行了讲解。本书在财务分析方面，除了应用比较分析法、结构分析法和比率分析法为主要分析方法贯穿始终外，还对许多会计科目进行了质量分析。既能够从量变中发现问题，又能够结合质量内涵深入分析。

本教材的特色之处在于，在本书的最后，增加了"Excel 在财务报表分析中的应用"一章，一方面是为了突出办公软件在此门课程中的重要性，另一方面也是通过应用来提高学生的财务分析技能。

本书的编写突出对学生学习能力的培养，通过资产负债表、利润表和现金流量表的编制，培养学生的财务处理能力；通过分析方法应用于上市公司的财务数据分析，培养学生的财务分析能力；通过上市公司数据的整理，培养学生的数据收集和处理能力；通过撰写完整的上市公司财务分析报告，培养学生的财务管理能力。

本书由姚艳主编，负责全书内容体系的设计、人员的分工以及最后的总纂定稿。蔡艳娇、朱向萍、张画眉和范永福老师以及贵州人民武装学院的原建乐老师参与了本书各章节的编写。在此，对各位老师的辛勤付出表示衷心的感谢！

由于编者水平所限，加之财务报表分析工具和方法日益多样化，本书仍有诸多不足之处，恳请广大读者批评、指正。

编 者

2019 年 4 月

目　录

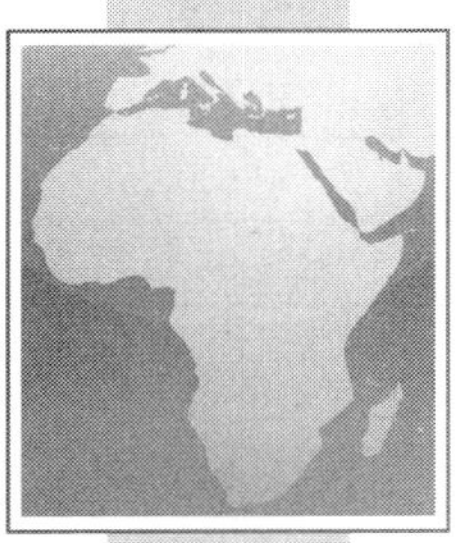

第一章 总 论

理论学习目标

◇ 了解财务报表分析的起源和演变。
◇ 掌握财务会计报告的内容构成体系并理解构成部分的含义。
◇ 理解企业财务报表分析的含义及主要内容。
◇ 理解财务报表分析主体及分析动因。
◇ 掌握财务报表分析方法。
◇ 理解财务报表与财务管理、财务会计的关系。

能力实现目标

◇ 收集和整理上市公司财务报表数据。
◇ 应用财务报表分析方法对上市公司财务报表数据进行初加工。

案例引入

我国A股上市公司中，有同属一个行业的三家公司A、B、C，其2003年的净利润分别是10 535.81万元、7 053.61万元和8 847.98万元，相差不大，然而到2012年，三家公司的净利润发生了天翻地覆的变化，分别是250 546.20万元、105 344.90万元和5 110.70万元，分别增加了22.78倍、10.91倍和下降了27.54%。显然，A是这三家公司中表现最好的，而C是这三家公司中表现最差的。

【问题1】 在2003年，我们如何才能从这三家公司中发现A是最好的呢？

我们可以通过行业研究、深入企业调研或者从这家公司未来发展做出判断。然而，如果不是专业人士，则很难进行可靠的行业研究或者深入企业去调研，而公司分析报告一向是标榜公司的优越性却很少提及不足，因此我们很难从大量的研究报告中寻找到非常可靠的信息。我们不妨从最基本也最直接的上市公司财务报表分析做起，这是因为财务报表是企业一切财务经济活动的最终反映，行业变化、公司业务管理情况都通过会计处理体现在财务报表中。

最简单的方式是查阅这三家公司过去3年的净利润情况（见表1-1），2001～2003年，A保持了快速稳定的增长，B也有所增长，但是波动性较大，C则有所下降。

A公司2002年和2003年净利润分别增长了131.91%和68.88%，增长强劲，我们可以预测公司未来数年还会有较为明确的增长；B公司分别下降了20.22%和增长了76.64%，总趋势是增长的，但是波动性大，可预测性较差；C公司分别下降了6.49%和增长了1.17%，净利润走势平稳，可以预测未来数年净利润仍然保持稳定。得出这样的结论，需要我们对财务和公

表 1－1　**A、B、C 三家公司 2001～2003 年的净利润**　单位：万元

公　司	2001 年	2002 年	2003 年
A	2 563.36	6 023.98	10 535.81
B	4 846.35	4 470.20	7 053.61
C	9 183.40	8 693.17	8 847.98

司经营的关系有一个基本认识：在行业发展和企业经营没有发生较大的变化时，企业财务数据存在一定的延续性。

【问题 2】 2001～2003 年，A 公司净利润增长幅度最大，是否可以据此说明 A 公司就是延续性最好的公司？

对上市公司的发展前景进行分析，除了对净利润的简单分析外，我们还可以对公司的盈利能力和成长性做一些较深入的分析，也就是毛利率、净利润率和营业收入增长率。A、B、C 三家公司 2001～2003 年的毛利率、净利润率、营业收入如表 1－2 至表 1－4 所示，三家公司 2002 和 2003 年的营业收入增长率如表 1－5 所示。

表 1－2　**A、B、C 三家公司 2001～2003 年的毛利率**　单位：%

公　司	2001 年	2002 年	2003 年
A	8.64	8.09	8.35
B	16.14	15.03	13.83
C	15.48	14.48	11.42

虽然 2003 年 B 公司的毛利率是最高的，A 公司是最低的，但是 A 公司的毛利更为稳定，而 B 公司和 C 公司毛利率自 2001 年以来都连续下降，显然 B 公司和 C 公司的盈利面临较大的压力。

【问题 3】 判断企业盈利能力的大小，是否只需要知晓毛利率的高低即可？如果不是，还需要了解哪些其他信息？

表 1－3　**A、B、C 三家公司 2001～2003 年的净利润率**　单位：%

公　司	2001 年	2002 年	2003 年
A	1.54	1.71	1.78
B	4.64	2.85	1.72
C	3.90	1.70	1.60

从净利润更能看出，A 公司毛利率虽然较低，但是净利润率在 2003 年是最高的，并且 2001～2003 年逐年提高，盈利能力越来越强，经营效率提高，而 B 公司和 C 公司均出现了明显的下降。

表 1－4　**A、B、C 三家公司 2001～2003 年的营业收入**　单位：亿元

公　司	2001 年	2002 年	2003 年
A	16.64	35.26	60.34
B	19.81	30.49	51.38
C	12.44	26.36	44.17

表 1-5　A、B、C 三家公司 2001～2003 年的营业收入增长率　单位：%

公　司	2002 年	2003 年
A	111.89	71.14
B	53.95	68.53
C	111.99	67.55

成长性上，三家公司 2002 年和 2003 年营业收入均保持了非常快的增长速度，这说明行业在这三年间快速发展，未来数年行业内公司有较大的成长机会。

综上所述，我们通过财务分析得出：(1) 三家公司所处行业高增长，未来三家公司营业收入增长毫无悬念；(2) A 公司未来成长性确定并且成长的效率很高，A 公司毛利率大幅低于 B、C 公司，但是三家公司的净利润率几乎相同，说明 A 公司的商业模式和 B、C 公司有所不同。

到 2012 年，虽然经过了多年，行业已经发生了较大的变化，但是这两项结论得到了验证。A、B、C 三家公司 2012 年的主要财务指标如表 1-6 所示。

表 1-6　A、B、C 三家公司 2012 年的主要财务指标

公　司	营业收入(亿元)	净利润(亿元)	毛利率(%)	净利润率(%)
A	983.57	25.05	17.45	2.55
B	318.59	10.53	18.68	3.31
C	123.23	0.51	20.18	0.41

A、B、C 公司的营业收入均有非常大的增长，充分验证了行业在这些年的快速发展。其中，A 公司的营业收入和净利润远超过 B 公司和 C 公司，毛利率和 B、C 的差距缩小，而净利润率进一步提高，其实在 2011 年这种对比更为明显，2011 年 A 公司净利润达到 48.86 亿元，在此之前，A 公司净利润增长率超过 30%，2011 年行业有了较大的变化，A 公司的扩张才告一段落。而 B 公司净利润的增长也得到了验证，增加了 272.48%，这也验证了 B 公司净利润变化的不确定。C 公司净利润相对于 2003 年基本持平，甚至有所下降，也验证了财务分析的结论。

【问题 4】 分析企业的成长性，需要综合考虑哪些要素？

在 2003 年，我们如果做了上述财务分析，那么就能对这几家公司的未来有一定的判断，不管是投资还是研究都有较大的收益。当然，现在行业有了较明显的变化，原因是这三家公司近三年来营业收入增长率(见表 1-7)已经大幅下滑，其中 2012 年的增幅均低于 10%。

表 1-7　A、B、C 三家公司 2010～2012 年营业收入增长率　单位：%

公　司	2010 年	2011 年	2012 年
A	29.51	24.35	4.76
B	15.03	24.90	4.79
C	11.68	10.75	7.63

我们在不知道公司名字和行业的情况下就得出上述结论是不是巧合？显然不是，这是基于行业和公司发展背景的，财务数据仅仅是这些因素的反映。这个行业就是商业连锁行业，A 公司是苏宁电器(苏宁云商)，B 公司是大商股份，C 公司是华联综超。

【问题5】 对上市公司财务数据进行分析，除了以公司本身的财务数据作为分析对象外，还需要参考哪些数据？

在2003年，国内商业连锁处于快速发展的初期，各大企业刚开始跑马圈地，特别是以苏宁、国美为代表的电器连锁企业借助资本市场快速发展，并且最终苏宁以更好的管理和市场策略成为行业老大。2011年以后，电子商务快速发展，侵蚀了商业连锁的部分市场，并且压低了市场价格，使得苏宁的净利润大幅下滑。大商股份业绩的大幅波动则可能与公司的资本运作有一些关系，2009年公司产生了上市以来的首次亏损，当年管理层以较低的价格获得公司股权，2012年净利润大幅增长，到2013年管理层则酝酿资产注入。华联综超则是经历了管理层的变动，2006年之前，在董事长陈耀东的领导下，华联综超实现了较快的发展，净利润从2004年的9 724.96万元增长到2006年的1.62亿元，然而，随着2006年陈耀东的离职，公司发展陷入了停滞甚至衰退。

同一行业的三家上市公司，经历了10年的经营，在经营策略、融资方式、利润分配方面的决策差异，导致了在营业利润、净利润、毛利率、营业收入增长率等方面的差异。如何通过数据本身透视企业的经营状况和经营成果的实质，如何通过数据分析刨根问底地掌控数据背后的故事，就是本门课程学习的主要内容。

第一节　财务报表分析的产生与发展

一、财务报表分析的历史演进

财务报表分析作为一门综合学科，起源于19世纪末、20世纪初美国银行家对企业进行的信用分析。19世纪末，由于美国经济的快速发展，企业规模不断扩大，银行贷款在企业融资中的比重迅速增加，银行为了防范贷款的违约风险，需要借助财务报表对贷款人进行信用调查与分析，以判断客户的偿债能力，由此形成了偿债能力分析等内容。之后又广泛应用于投资领域与公司财务，至今已有100多年的历史。从最初的信用分析、投资分析到后来的内部分析，在不同时期其分析的重心有所不同。

（一）信用分析

财务报表分析最早产生于美国，是美国工业大发展的产物。起源于美国银行家进行的所谓信用分析。在美国工业大发展之前，企业规模较小，银行根据个人信用给企业贷款。随着市场经济的发展，银行不能仅仅依据个人的信用给企业扩大贷款，银行更关心的是企业的财务状况及企业是否具有偿债能力。19世纪末、20世纪初，美国银行为确保发放贷款的安全性，要求申请贷款的企业提供资产负债表，并形成了比较财务报表的格式和分析方法。随后，美国银行家亚历山大·沃尔在比较财务报表观点普遍被使用的基础上，首创了比率分析体系，由此成为比率分析方法的积极倡导者。当时，沃尔的比率分析体系仅限于“信用分析”，他选取了包括流动比率指标在内的7个财务比率指标，主要为银行提供财务信息服务，以防贷款的违约风险。其主要是对贷款人进行信用调查和分析，据此判断其偿债能力。因此，信用分析又称资产负债表分析，主要用于分析企业的流动资金状况、负债状况和资金周转状况等。在比率分析方法被人们广泛接受和使用的同时，以行业活动为基础、反映行业特点的平均或标准财务比率逐渐流行并被广泛地应用。

必须强调的是，企业良好的偿债能力（尤其是长期偿债能力）必须以良好的财务状况和强大的盈利能力为基础。因此，现代企业的信用，不再只是单纯对资产负债表进行分析，而是逐渐重视以利润表数据为基础的指标应用，并且人们进一步在比率分析的基础上融入了趋势分析的内容。在实践中，银行往往混合采用几种不同的方法来做出是否贷款的决策。

（二）投资分析

1900 年，美国人汤姆斯发表了《铁路报告分解》，其中指出在处理各种铁路报表因素时，可使用现代分析方法将报表分析应用于投资领域。到了 20 世纪 20 年代，随着资本市场筹资范围的扩大，非银行的贷款人和股权投资人增加，公众开始进入资本市场和债券市场，投资人对财务信息分析的要求更为广泛。为确保和提高投资收益，广大投资者纷纷利用银行对不同企业及行业的分析资料进行投资决策。于是，财务分析由信用阶段进入投资分析阶段，其主要任务也从稳定性分析转变到收益性分析。这时，财务分析涵盖了偿债能力、盈利能力、筹资结构、利润分配等分析内容，发展成为比较完善的外部财务报表分析体系。

需要注意的是，对企业财务报表的分析由稳定性分析转变为收益性分析，并不是后者对前者的否定，而是两者在分析中的并存。由于盈利能力的稳定性是企业经营稳定性的重要方面，企业的流动性在很大程度上依赖于盈利能力，所以，随着对企业盈利能力稳定性分析的深化，收益性分析也成为稳定性分析的重要组成部分。这时的稳定性分析，其内涵不仅包括企业支付能力的稳定性，还包括企业收益能力的稳定性。于是，财务报表分析又朝着以收益性为中心的稳定性分析方向发展，逐步形成了目前企业财务报表分析的基本框架。

（三）内部分析

在企业财务报表分析的初始阶段，企业财务报表分析只是用于外部分析，即企业外部利益相关者根据各自的需求进行分析。后来，企业在接受银行的分析与咨询过程中，逐渐认识到财务报表分析的重要性，开始由被动地接受分析逐步转变为主动地进行自我分析。企业的财务报表分析开始由外部分析向内部分析拓展，并表现出以下两个显著特征：(1) 内部分析不断扩大和深化，成为财务报表分析的中心；(2) 分析所需要和所用的资料非常丰富，为扩大分析领域、提高分析效果、发展分析技术提供了前提条件。通过财务报表分析掌握企业的财务状况，进而判断企业的经营管理状况，已经成为现代企业及社会的一大要求。

随着大数据时代的来临以及互联网技术的迅猛发展，人们对包括财务数据在内的企业业务数据的获取将更加快捷和准确，数据分析和提炼的手段将更加先进，财务报表分析的信息基础将会发生根本性的变化，财务报表分析的内涵和外延都会不断拓展，最终将会演变成“大数据分析”。这将极大地提高财务分析在企业内部管理中的地位和作用，同时也为企业财务报表分析内容的拓展、方法的完善、质量的提升带来更大的空间。

二、我国财务报表分析的发展

（一）起步阶段

新中国成立前，我国只存在财务报表分析的某些内容，不具备经济活动分析的整体知识，分析方法主要是比率分析法。当时也没有这方面的专著，只有一些译本，公开发表的文章也很少，主要有 1939 年《会计学刊》创刊号上的《决策报表与分析》、1940 年《会计学刊》第 3 期上的《成本会计与成本变动的分析》、1947 年《会计学刊》第 8 期上的《销售毛利率变动的分析》等。

（二）发展阶段

1951 年 11 月，财政部召开了第一次全国财务管理及会计工作会议，对国营企业会计年报的格式和种类作了统一规定。1952 年年初，国家颁发了《国营企业决策报告暂行办法》的通知，为开展企业会计报表分析奠定了基础。1983 年前后，高校开设经济活动分析课程，所用教材为苏联教科书和中国人民大学补充教材《新中国国营企业经济分析特点》。1957 年 10 月，我国正式出版第一本财务分析教科书《工业企业经济活动分析》，由中国人民大学编著，同时在全国范围内出现了一些分析文章。1979 年年底，中国会计学会成立，有力地推动了会计理论研究。1980 年 10 月，召开了全国会计工作会议，研究了如何适应新形势、进一步发挥会计的作用、为“四化”服务，总结了经验，提出了要求和措施，第一次突破传统“工具论”的提法，提出会计是经济管理的重要部分。会计除记录反映外，还有核算经济效果、监督经济活动、分析经济情况、预测经济前景、参与经济决策的重要作用。在这以后，我国全面恢复和发展了经济活动分析的实践和理论。

（三）改革阶段

20 世纪 90 年代初期，财政部主导进行的财务与会计制度改革，对我国企业财务会计工作和财务报表分析的理论与实践产生了重大影响。总体上看，新的财务报表分析理论主要在以下几个方面进行了重大突破性改革：

第一，借鉴欧美国际惯例，对财务报表体系进行了改革，同时使企业财务报表分析能够全面与国际接轨；第二，对报表分析和财务评价只能进行强化，并使报表分析和财务评价成为企业财务管理的一个专门化的重要功能，从而为企业报表分析和财务评价成为一门独立学科奠定了理论基础；第三，对报表分析和财务评价方法进行改革，建立了全面使用的指标体系，更重要的是采取指标实际值与标准值比较等一系列经济统计方法来判断企业所处的经营环境，适应各方面的需要。

第二节　财务报表分析概述

财务报表是企业经营活动的缩影，是传递会计信息的工具和载体。在社会经济现象复杂多变的情况下，财务报表本身并不能直接成为会计信息使用者决策的依据。因此，要使财务报表与其他工具一样，能对那些有能力并且愿意用心去研究的使用者有直接助益，并且成为其制定决策的有用工具，就需要对财务报表加以整理分析，找出其中所包含的信息。

一、财务报表分析的内涵

（一）财务报表分析的定义

财务报表分析是以企业经济活动为对象、以财务报表为主要信息来源、以分析为主要方法，从各自的目的和经济利益出发，结合公司所处地区、行业、市场、经济、政策等外部环境，对公司的经营策略与经营效果、资本运营与财务状况及其产生原因进行剖析，其目的是了解过去、评价现在和预测未来，以帮助报表使用人做出相应投资、融资和管理等经济决策。

（二）财务报表分析的作用

1. 财务报表分析可以为投资者和债权人进行投资和信贷决策提供有用的信息

企业现实和潜在的投资者、债权人是企业外部重要的财务报表使用者，他们为了选择投资和信贷方向、衡量投资和信贷风险、做出投资和信贷决策，不仅需要了解毛利率、资产报酬率、权益报酬率等指标包含的有关企业盈利能力和发展趋势方面的信息，更需要了解企业所处行业、竞争地位以及经营战略等方面的非财务信息。在此基础上，可以通过进一步分析投资后的收益水平和风险程度，预测企业价值或者评价企业信用等级，做出更为科学的投资和信贷决策。因此，财务报表分析可以为投资者和债权人提供非常有用的投资和信贷决策信息。

2. 财务报表分析可以为企业管理者进行经营决策提供有用的信息

企业财务管理的根本目标是努力实现企业价值的最大化。财务报表分析作为企业财务管理的重要组成部分，有助于管理者了解企业的盈利能力和资产周转状况，不断挖掘企业改善财务状况、扩大财务成果的内部潜力，充分认识未被利用的人力资源和物质资源，寻找不良资产区域及形成原因，发现进一步提高资产利用效率的可能性，以便从各个方面揭露矛盾、找出差距、寻求措施，促进企业生产经营活动按照企业价值最大化的目标实现良性运行。同时，由于财务报表分析不仅分析企业的历史业绩水平，还注重分析企业未来的长期发展能力，因此它还可以为企业长期战略的制定和实施提供重要的信息支持。

3. 财务报表分析可以为投资者评价企业管理层受托责任的履行情况提供重要的信息

企业接受了包括国家在内的所有投资者和债权人的投资，就有责任按照其预定的发展目标和要求，合理利用资源，加强经营管理，提高经济效益，接受考核和评价。财务报表分析通过了解企业的偿债能力、营运能力和盈利能力，采用趋势分析和同行业对比分析等方法，便可以大致判断企业的财务健康状况、业绩改善程度、未来发展趋势以及行业竞争性，从而为投资者和债权人评价企业管理层受托责任的履行情况提供重要的信息支持，同时也为企业进行管理薪酬与激励决策提供重要的依据。

二、财务分析与财务报表分析

(一) 财务分析与财务报表分析的区别

从时间上讲，财务分析的思想和实务操作早于财务报表分析。当人类有了剩余产品的时候，就开始对经济活动的过程和结果进行总结，对剩余产品做出处理，对下期经营活动给予安排，这些往往都需要财务分析的介入。而财务报表分析则是在人类社会产生了会计职业，并且编制了会计报表或者提供了会计信息之后才出现的。

从范围上看，财务分析不仅对财务报表进行分析，而且对企业的经营活动、资金运动以及外部环境(如金融秩序、生产资料市场、劳动力市场、技术市场、销售市场和产权市场)等进行全面分析。财务分析包括广义的财务分析和狭义的财务分析。广义的财务分析是指利用企业财务信息，对企业的整体与局部、历史与未来、短期与长远进行比较，以揭示企业现实价值和预测未来价值为目的的分析与评价。狭义的财务分析是指借助于企业财务报表及一系列财务指标，以历史财务信息为基础，以揭示企业现时价值为主要目的的分析。可以说，财务报表分析就是狭义的财务分析。

表 1-8 广义财务分析与狭义财务分析的联系和区别

分类	分析内容	使用者	可获取信息	分析目的
广义财务分析	基于财务、业务信息，对企业取得的生产经营成果和经济效益进行分析研究，以不断寻求有效利用人力、物力、财力，合理安排生产和经营活动、提高经济效益的途径	企业运营管理者	财务信息、业务信息、管理信息、市场信息	揭示财务业绩表现的背后原因，分析业绩驱动因素，为绩效改进提出指导建议
狭义财务分析	基于财务报表为信息来源，以企业基本活动为对象，以分析为主要方法的系统认识企业的过程	企业高层管理者，外部投资者，外部债权人，外部监管机构	财务报表、公司年报、市场信息	展示企业宏观的财务状况与经营业绩，反映绝对或相对财务表现

（二）财务分析与财务报表分析的联系

1. 财务分析和财务报表分析的主体相同

两者的主体都是企业存在一定现实或潜在经济利益关系的单位、团体和个人，如企业所有者、债权人、经营者、供应商和客户。他们为了特定的目的，站在各自的立场上，对企业的财务状况、经营成果和现金流量及所处的行业发展状况进行分析和评价，做出判断和决策。

2. 财务分析和财务报表分析的依据相同

财务分析要以财务报表为依据，以企业经营活动和外部市场环境为背景来开展；而财务报表分析也是以财务报表为主线，同时还要了解企业资金运动的规律、企业经营业务的特点和市场环境，这样才能使财务报表分析建立在客观可靠、真实的基础之上。财务分析和财务报表分析的依据基本上是一致的。

三、财务报表分析的主要内容

对财务报表分析内容的分类存在着不同的划分标准，通常取决于分析的侧重点。

（一）按照公司资金运动或资金循环的主要构成环节进行划分

可以将财务分析内容划分为融资分析、资产及其运用分析和经营成果分析（见图 1－1）。

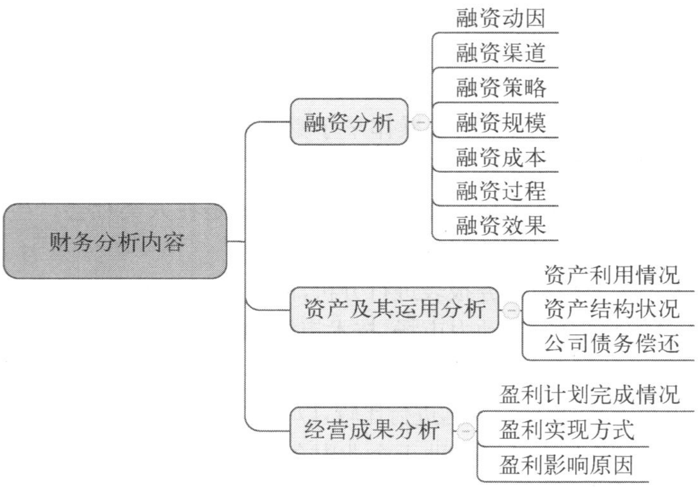

图 1－1　财务报表分析内容框架

1. 融资分析

融资分析即对公司的融资动因、融资渠道、融资策略、融资规模与融资成本、融资过程以及融资效果等方面进行的分析。融资行为是公司维持日常生产经营活动、谋求规模扩张与业务发展的资金保证，贯穿于公司生存、经营与发展的各个时期。如公司筹建时所需固定资金与周转资金的筹措、日常经营中营运资金的维持，以及开发新产品、引进新技术与新设备、拓展新领域等，都不可避免地会对资金产生新的需求。合理选择资金来源，全面分析不同渠道的可利用性、相关条件与限制以及可能产生的成本和风险，正确确定融资方案，及时分析融资效果及其对公司深层次的影响等，构成了融资分析的主要内容。

2. 资产及其运用分析

资产是公司对所获得的各项资金来源的具体占用和表现形态，也是对公司拥有或控制、能够用货币计量的各类经济资源的总称。公司资产结构的合理与否，直接影响着各生产经营环节能否密切衔接、资源能否得到充分利用、公司到期债务能否及时偿还等问题。以制造业公司为例：当公司固定资产之类的生产运营设备偏多而流动性不足时，融资导致经营与生产能力过剩、机械设备闲置等现象；相反，当流动资金过多而生产设备偏少时，有可能造成公司生产能力不足。无论是其中哪种情况出现，都会降低资源的有效利用。因此，对资产的结构性进行分析，是财务分析必不可少的内容之一。

经营中对各项具体资产的使用，形成了公司新的资产或构成了公司的各项经营成本与费用。如对货币资金的使用：既能以资金购买设备，形成公司的固定资产成本，又能以资金支付广告费，形成公司的销售费用。而成本费用的高低，又直接影响着公司的经营绩效。进行财务分析，了解公司成本费用的形成原因、成本费用与相应收益的数量配比，以及公司的资金投向、资产与资本运营效果及其偏离或完成计划的各类影响因素等，也成为财务分析的主要内容。

3. 经营成果分析

经营是为了发展，为了在对社会做出贡献的同时获得财产的保值与增值。对经营成果进行分析，不但包括一定时期内公司经营活动和盈利计划或目标的完成程度、实现方式、实现效果以及影响原因等进行的分析，而且包括公司盈利路径以及对实现盈利的质量与可持续性进行分析，对公司资源的使用与分配，以及留存收益的程度及其利用等所做的分析。

（二）按照分析所涉及的范围划分

可以划分为综合性财务分析与专题性财务分析两种。

1. 综合性财务分析，也称为全面财务分析，是对公司一定期间内整体资产经营与资本运营活动，以及相应的资金流转与财务活动进行的全方位、全过程的系统分析。这种分析，通常集中在对公司各个会计期间财务报告的阅读分析上。利用财务报告所披露的公司各方面汇总的信息，综合分析公司战略、公司治理、投融资决策、资产实力与盈利质量、资产资本运营行为等整体评价与考核公司资金运用绩效及运用过程中所存在的问题。

2. 专题性财务分析，即侧重对某些局部问题或某一方面情况的分析，是针对公司经营与资金运动过程中某一特定内容或特定环节、特定范畴等所进行的分析。如侧重公司战略布局的并购分析，关注公司资本结构与偿债压力的偿债能力分析及债务重组分析，围绕公司资金管理与成本控制的财务预算分析及成本构成分析。

（三）按照分析主体相对于公司的地位或角色划分

可以将财务分析分为内部分析和外部分析两种。

1. 内部分析

内部分析主要是出于公司经营管理者了解公司整体经营与财务状况，考虑制定下一步运营策略、管理与控制模式，进行经营与投融资决策，实施员工激励等方面的需要而进行的分析。内部分析所涉及的内容相对比较安全，除包含外部分析的一般内容之外，还常常需要结合公司特定时期情况进行特定问题的财务分析。如现时资本结构与可利用筹资渠道的分析、资源投向与资产结构和资产质量的分析、现金预算与利润分配政策的分析，以及业务结构及其成本费用构成与经营绩效的分析等。

内部分析一般为综合分析，虽然资料易得，但是由于需要考虑各方面影响因素的综合互动作用，因此分析过程较为复杂，分析工作量和难度都较大。

2. 外部分析

外部分析是指公司外部各利益主体根据各自的需要对公司进行的财务分析。这种分析通常主要侧重于对公司的偿债能力、盈利模式及其变化、资产运用效率、公司竞争的优劣势、对社会的影响，以及公司的综合实力等方面进行分析。比如，债权人需要了解企业的偿债能力，投资者需要了解企业的盈利能力和周转能力，社会中介机构需要了解企业的经营成果和财务状况，政府管理部门在实施相关监管职能时需要了解企业的财务处理规范性，等等。

外部分析更多侧重于专题分析，因此工作量和难度相对而言都不算大。但相对于内部分析来讲，在进行外部分析之前，通常有必要考虑获得信息的完整性与可靠性问题。

四、财务报表分析的主体及动因

进行财务分析的目的一般是希望通过对所分析的经济主体一段时间内运营活动的成因、过程与结果的综合比较与评价，为分析者下一步的经济活动和相关决策提供所需要的财务依据和参考建议。由于环境与行为差异的存在，以及决策内容和分析决策主体的不同，财务分析的直接动机也有所不同。具体而言，进行财务分析的主体及分析动机可以概括为如下几种：

（一）公司投资者

包括现有的投资者及潜在的投资者。投资者拥有公司最终资产的剩余要求权，也因此成为公司最终风险的承担者。出于对自身财产及经济利益的关心，投资者常常需要及时了解总体的经营与获利情况。他们进行财务分析的根本动因是出于资本保全与资本增值，希望借此了解公司的运行状况与投资回报，正确判断公司在资本市场上的投资价值；更进一步地，他们希望通过分析预测，挖掘有效的投资机会、合理合法的避税渠道，展望公司未来的发展趋势，评价公司在激烈的市场竞争中可能具备的竞争优势或隐含的弊端，防范经营者或其他人员可能存在的舞弊和欺诈行为。作为公司的所有者和重大事项的最终决策者，投资者必然期望能够合理估测公司经营运作与财务盈利的风险，评估公司潜在的成长性，以便最终决定自己的投资进退策略，解决对公司经营管理者的续聘与解约等问题。

（二）公司经营管理者

公司的经营管理者可能是公司的股东，也可能并未拥有公司的任何股份。作为被解聘方，经营管理者往往被授权公司的全面生产经营，并在一定程度上影响着公司的资本扩张，也因此对公司的运营业绩和持续发展起着举足轻重的直接影响和决定作用。他们是公司日常生产经营活动的决策者、组织者和管理者，对他们的直接约束是需要对公司董事会及股东大会负责。

为了在瞬息万变的市场竞争中站稳脚跟并发展壮大，经营管理者不可避免地需要借助于财务分析手段，全面了解公司当前的财务状况，包括可利用的经济资源的类别、数量、分布及其质量，公司承担的债务金额、类别构成与偿还期限等；同时他们还需要了解公司对现有资产的利用效率和利用效果，检查各项财务计划指标的完成情况，了解资金流入流出动向并预测未来的现金流量构成，了解公司资产的流动性和资本结构弹性，发现公司可能存在的问题，以便及时进行有效控制和科学防范。在全面了解公司内部情况的基础上，经营管理者还需要通过对国家经济发展水平、相关经济、金融与财税政策和行业变化的了解，以及对竞争对手优劣势的分析，掌握公司目前所处的外部境况及其所具备的竞争潜力和可能存在的不足，审时度势，及时调整生产与经营战略；进一步抓住机遇，进行科学合理的资本经营、规模扩张、兼并收购等决策。

（三）公司债权人

作为公司外部资金的主要提供者之一，债权人在将资金或其他资源提供给公司之前，为了确保自身权益的安全，必然要了解公司已有的债务负担、公司既往的信用状况，以及目前和未来的持续盈利能力与偿还债务的能力等，以确定债权的风险大小以及是否应该向该公司提供资金或资源。当债权人将资金或资源提供给公司之后，会愈加关心债权是否面临着威胁，能否按时、足额收回。他们通过密切观察公司的经营与财务动态，及时搜集与分析公司相应的财务与非财务信息，从而对公司的及时偿债能力和未来长期的资产变现与债务偿还能力做出理性判断，以便决定是否需要向公司提出其他附加条件，如追加抵押或担保的要求，以及是否应该继续合作、是否应该提前收回债权等。

（四）政府及其他行政管理机构

作为国家利益的代表，政府及其他相关主管部门（包括财税部门、工商行政主管部门、国有资产管理部门、有关政策机构等）也常常需要基于一定的经济主体和行业发展层面进行必要的财务分析。其最主要的动机应该是在全面了解和掌握相关公司、部门、行业以及地区等的整体发展与变动趋势的基础上，取得下一步进行宏观调控所需要的经济信息，以便合理制定或修订有关经济方针及经济、金融和财税政策，加强宏观调控，实现经济资源的有效、合理配置和国民经济综合平衡与稳定发展。同时，国家财政、税务、工商等部门还有必要借助于财务分析，掌握各经济主体在遵守法律、法规以及按时足额缴纳相关税费方面的情况。

（五）企业职工

作为企业具体经营活动的一线执行者，职工更需要对企业进行必要的了解与分析。当然他们进行财务分析的动机与其他主体有着明显不同，主要是出于对个人职业发展及经济报酬的考虑。因此，他们更为关注有关企业可持续性发展前景及规范性经营与获利状况等方面的财务信息。毕竟，企业员工的职业规划与发展、经济收入、福利待遇、未来生活的保险保障水平等，都与企业的发展前景及财务和经营状况息息相关。

（六）关联单位

关联单位包括与特定经济主体存在关联关系的各有关企业、组织或个人，也包括与特定经济主体之间存在着竞争、合作，或具有重组、并购与被并购意向等潜在经济关联的各类企业、组织与个人。他们对该特定经济主体进行财务分析的动机，常常是与其战略目标相关联的，通常会涉及对企业的信用分析、财务状况分析、资产质量分析、竞争能力分析、未来市场表现分析以及投资价值分析等。

财务分析主体及其侧重分析的内容可以借助表 1－9 来说明。

表 1－9　　财务报表分析主体及其财务分析内容

财务报表分析主体	财 务 分 析 内 容
投资者	获利能力、资产保值增值能力、净资产报酬率
债权人	偿债能力、获利能力
企业职工	财务及盈利状况、发展前景、竞争环境
政府及其他管理部门	整体发展与资金动向、纳税情况、遵守法规情况
关联单位	发展前景、合作机会、竞争环境、对手分析

第三节　财务报表分析方法

企业财务报表是企业某一特定日期的财务状况以及一定时期的经营成果、现金流量的具体表现，是对企业各项经济活动所产生的经济后果的揭示。企业财务报表分析的重要功能就是对财务报表数据作进一步加工、整理和分析，更加清晰、完整地展示企业财务状况全貌，对企业的管理质量、战略实施的成效进行判断，并对企业的发展前景进行有效预测。

企业财务报表分析的框架和方法因分析者而异，且可供选择的方法很多。不同的人员或经济实体基于各自不同的经济利益，分析的侧重点也会有所不同。财务报表分析的一般方法概括起来主要有比较分析法、比率分析法、趋势分析法、因素分析法等。

一、比较分析法

比较分析法(Comparative Analysis Approach)是通过比较相关的两个数据，找出差别并发现规律的一种分析方法。用于比较的数据既可以是趋势分析中的绝对数额、环比变动百分比和定基变动百分比，也可以是结构分析中的结构百分比，还可以是各种财务比率，其主要作用在于计算指标间客观存在的差距，为进一步分析指出方向。比较形式可以是本企业同期实际与计划或定额指标的比较、本期实际与以前各期的比较，从中可以了解企业经济活动的变动情况和变动趋势，也可以将企业相关项目和指标与其他企业进行比较，从中横向了解企业的经营能力和管理水平。

(一) 比较分析法的两种形式

1. 绝对数的比较分析

绝对数的比较分析是将指标的实际值与标准值进行比较，以揭示其数量差异。

2. 相对数的比较分析

绝对数的比较分析反映出增减变化的绝对额，但无法反映规模的影响，可以通过计算百分率来解决问题。百分率的计算可分为完成百分率和增减百分率，其计算公式为：

$$完成百分率=\frac{指标的实际值}{指标的标的值}\times 100\%$$

$$增减百分比=\frac{指标的实际值-指标的标的值}{指标的标的值}\times 100\%$$

(二) 比较分析法的具体方法

1. 水平分析法

水平分析法指将反映企业分析财务状况的信息与某一比较标准的信息进行对比，研究企业各项经营业绩或财务状况的发展变动情况的一种财务分析方法。

这种方法可以用绝对数比较，也可以用相对数比较，可以用来编制比较会计报表。具体分析如下：第一，选择最近两期的数据并列编制，一般作差异分析用；第二，也可以选取连续若干期的数据并列编制，可作趋势分析用；第三，选择同一时期不同公司的相关数据并列编制，一般作对比分析用。数据可以是报表项目，也可以是财务比率。

2. 垂直分析法

垂直分析法指通过计算报表中各项占总体的比重或结构，反映报表中的项目与总体关系情况及其变动情况。

经过垂直分析法处理的会计报表，通常称为度量报表，或称总体结构报表、共同比较报表等。具体方法如下：(1) 确定报表中各项目占总额的比重或百分比。(2) 通过各项目的比重，分析各项目在企业经营中的重要性。一般项目比重越大，说明其重要程度越高，对总体的影响越大。(3) 将分析期各项目的比重与同类企业的可比项目比重进行对比，研究本企业与同类企业的不同以及取得的成绩和存在的问题。

在运用比较分析法时，应注意相关指标的可比性。具体来说，要注意以下几点：

第一，指标内容、范围和计算方法的一致性。

例如，在运用比较分析法在处理资产负债表、利润表和现金流量表等财务报表中的数据时，必须注意这些项目的内容范围及使用这些项目数据计算出来的经济指标的内容、范围和计算方法的一致性，只有一致才具有可比性。

第二，会计计量标准、会计政策选择和会计处理方法的一致性。

财务报表数据来自账簿记录，而在会计核算中，会计计量标准、会计政策选择和会计处理方法都有变动的可能，若有变动，则必然会影响数据的可比性。因此，在运用比较分析法时，对那些由于会计计量标准、会计政策选择和会计处理方法的变动而不具有可比性的会计数据，就必须进行调整，使之具有可比性后才可以进行比较。

第三，时间和长度的一致性。

在采用比较分析方法时，不管是本期实际与前期的历史对比、本期实际与预定目标(计划目标)的对比还是本企业与先进企业的对比，都必须注意使用数据的时间及其长度的一致性，包括月度、季度、年度的对比，不同年度的同期对比，特别是本企业的多期对比或本企业与先进企业的对比，选择的时间长度和选择的年份都必须具有可比性，这样可以保证通过比较分析所作出的判断和评价具有可靠性与准确性。

(三) 比较标准

1. 历史标准

历史标准就是以企业的历史数据作为标准。历史数据可以是历史最佳水平、历史平均水平或特定历史期间的水平，如前一个期间的水平或选定的期间水平等。将企业当期情况与以往情况进行比较，属于一种纵向的比较，可以确定项目增减变动的方向和幅度。通过纵向比较有利于把握企业的财务状况和经营成果的态势，预测企业未来的状况。通过纵向比较，还有利于进一步找到企业的财务状况和经营成果发生变化的原因，并及时做出决策，以保持良好的发展趋势、遏制不利的发展趋势。

表 3－4 云南白药股份有限公司资产负债表比较分析法和趋势分析法应用中，以 2013 年的数据为历史标准，通过纵向比较计算出资产负债表部分项目的绝对数增减额和增减率变动。通过数据的比较筛选出增减额变动以及增减率变动较为突出的项目，有针对性地进行分析，并对资产负债表的项目进行质量分析，提炼出有用的结论，为做出相应的经济管理决策提供充足有力的证据。

应用历史标准的好处：比较可靠、客观；具有较强的可比性。应用历史标准的不足：往往比较保守；使用范围较窄(只能说明企业自身的发展变化，不能全面评价企业的财务竞争能力和健康状况)；当企业主体发生重大变化(如企业合并)时，历史标准就会失去意义或至少不便直接使用；企业外部环境发生突变后，历史标准的作用会受到限制。

2. 行业标准

所谓行业标准，就是以企业所在行业的数据作为标准。行业数据可以是行业平均水平、行业先进水平或行业中特定企业的水平，如竞争对手的水平等。将本企业情况与所在行业情况进行比较，属于一种横向的比较。通过横向比较，可以确定企业在行业中所处的地位，找出与行业先进水平、竞争对手之间的差异，并进一步分析差异的原因，为企业今后的发展指明方向。

使用行业标准的好处：可以说明企业在行业中所处的地位和水平，也可以用于判断企业的发展趋势。使用行业标准的不足：同行业两个公司并不一定具有可比性；多元化经营带来的困难；同行业企业也可能存在会计差异。

【例 1－1】 云南白药股份有限公司 2014 年相关指标实际值与生物制药行业平均值比较分析。

表 1－10　　云南白药股份有限公司 2014 年财务指标行业比较表

项　　目	云南白药实际值	生物制药行业平均值
主营业务收入(亿元)	188.1	6.3
净利润(亿元)	25.1	2.9
每股收益(亿元)	2.4	0.6
每股现金含量(亿元)	－0.1	0.2
每股未分配利润(亿元)	7.9	1.8
每股资本公积(亿元)	1.2	1.8
净资产收益率(%)	22.4	0.5
主营业务利润率(%)	29.0	49.1
净利润增长率(%)	7.6	95.3
毛利率(%)	30.0	49.7
股东权益比率(%)	68.4	63.2

数据来源：新浪网股票专栏上市公司数据网页。

【思维空间】① 云南白药股份有限公司财务指标低于行业平均值的有哪些？可以得出何种结论？② 云南白药股份有限公司财务指标高于行业平均值的有哪些？可以得出何种结论？③ 基于行业平均值以及企业自身的财务数据，可以提出哪些企业运营以及财务决策建议？

表 1－10 显示了云南白药股份有限公司 2014 年部分财务指标与行业均值的比较，通过与行业均值的比较，分析出企业财务指标与行业财务指标的差异，做出基于行业趋势和发展的、正确的有利于企业财务指标完善和超越同行业企业的经营管理决策。

3. 预算标准

所谓预算标准，就是以企业的预算数据作为标准。由于预算水平往往反映了企业预定的目标，因此预算标准又称为目标标准。将企业当期的实际情况与预算情况进行比较，可以对企业完成预算的情况进行评判，找到实际与预算的差异以及差异的原因。对于由于企业内部管理和控制造成的差异，在今后应及时调整；对于由于市场等外部环境造成的差异，企业应积极应对。

预算标准的优点：符合战略及目标管理的要求；对于新建企业和垄断型企业尤其适用。

预算标准的不足：外部分析通常无法利用；预算具有主观性，未必可靠。

4. 经验标准

所谓经验标准，就是以经验数据作为标准。经验数据是在较长时间内积累起来的被很多人认同的一种水平。例如，从经验上通常认为流动比率在 2 左右比较合理，于是在财务分析中就经常将企业实际的流动比率与 2 进行比较。将企业实际情况与经验水平进行比较，有利于判断企业的状况是否处于经验上的合理范畴，如果差异很大，则需要做相应的调整。需要注意的是，经验并不一定就正确，并且由于环境、行业、企业的不同，有关经验数据也未必是放之四海而皆准。

经验标准的优点：相对稳定、客观。经验标准的不足：并非广泛适用；标准会随着时间的推移而变化。

二、比率分析法

比率分析法(Ratio Analysis Approach)是指在同一报表的不同项目之间，或在不同报表的有关项目之间进行对比，从而计算出各种不同经济含义的比率，据以评价企业财务状况和经营成果的一种方法。由于比率是由密切联系的两个或者两个以上的相关数字计算出来的，所以往往利用一个或几个比率就可以独立地揭示和说明企业某一方面的财务状况和经营业绩，或者说明某一方面的能力。常见的比率分析法有以下三种：

（一）趋势比率

趋势比率是反映某个经济项目的不同期间数据之间关系的财务比率。

（二）构成比率

构成比率是反映某个经济项目的各组成部分与总体之间关系的财务比率。以资产负债表构成项目为例，可计算的构成比例有如下种类：

$$流动资产占总资产的结构比率=\frac{20××年流动资产总额}{20××年资产总额}\times 100\%$$

$$非流动资产占总资产的结构比率=\frac{20××年非流动资产总额}{20××年资产总额}\times 100\%$$

$$流动负债占总负债的结构比率=\frac{20××年流动负债总额}{20××年负债总额}\times 100\%$$

$$非流动负债占总负债的结构比率=\frac{20××年非流动负债总额}{20××年负债总额}\times 100\%$$

$$流动资产各构成项目占流动资产的结构比率=\frac{20××年流动资产构成项目金额}{20××年流动资产总额}\times 100\%$$

$$非流动资产各构成项目占流动资产的结构比率=\frac{20××年非流动资产构成项目金额}{20××年非流动资产总额}\times 100\%$$

$$流动负债各构成项目占流动资产的结构比率=\frac{20××年流动负债构成项目金额}{20××年流动负债总额}\times 100\%$$

$$非流动负债各构成项目占流动资产的结构比率=\frac{20××年非流动负债构成项目金额}{20××年非流动负债总额}\times 100\%$$

$$所有者权益各构成项目占所有者权益的结构比率=\frac{20××年所有者权益构成项目金额}{20××年所有者权益总额}\times100\%$$

【例 1－2】 云南白药股份有限公司 2013～2017 年资产负债表流动资产、非流动资产和资产总额的构成比例分析(见表 1－11)。

表 1－11　　云南白药股份有限公司 2013～2017 年财务指标比率分析举例

序号	项　　目	2013－12－31	2014－12－31	2015－12－31	2016－12－31	2017－12－31
1	流动资产合计(元)	10 893 817 431.14	14 064 345 474.96	16 903 601 748.68	22 067 687 182.74	25 103 556 999.93
2	非流动资产合计(元)	1 987 098 244.68	2 276 994 718.54	2 387 338 617.41	2 518 958 851.29	2 598 973 540.41
3	资产总计(元)	12 880 915 675.82	16 341 340 193.50	19 290 940 366.09	24 586 646 034.03	27 702 530 540.34
4	流动资产环比趋势比率分析(%)		129.10	120.19	130.55	113.76
5	非流动资产环比趋势比率分析(%)		114.59	104.85	105.51	103.18
6	资产环比趋势比率分析(%)		126.86	118.05	127.45	112.67
7	流动资产定比趋势比率分析(%)		129.10	155.17	202.57	230.44
8	非流动资产定比趋势比率分析(%)		114.59	120.14	126.77	130.79
9	资产定比趋势比率分析(%)		126.86	149.76	190.88	215.07
10	流动资产占资产比重(%)	84.57	86.07	87.62	89.75	90.62
11	非流动资产占资产比重(%)	15.43	13.93	12.38	10.25	9.38

(三) 相关比率

相关比率是指两个形式不同但又相关的指标进行对比，计算出另一具有经济含义的指标的分析方法。分析时应确定不同指标之间客观上所存在的相互关系，例如：通过企业的净利润与所有者权益的对比，可计算出所有者权益收益率；通过负债总额与资产总额的对比，可计算出资产负债率。

比率分析法通过将两个相关指标进行对比计算出一个相对数，能够揭示出很多重要的有意义的经济关系，为了解和评价企业的财务状况和经营成果提供线索。因此，比率分析法是应用得最为广泛的一种财务分析方法。

比率分析法和比较分析法一样，只是用于评价某一方面的能力，解释信息的范围也有一定的局限，更为重要的是，在实际运用比率分析时，还必须以比率所解释的信息为起点，结合其他有关资料和实际情况做更深层次的研究。只有这样，才能做出正确的判断和评价，更好地为决策服务。因此,在财务报表分析中,既要重视比率分析法的利用,又要与其他方法密切配合、合理运用,以提高财务报表分析的效果。

【例 1-3】 云南白药股份有限公司 2013～2017 年资产负债表流动资产、非流动资产和资产总额相关比率分析(见表 1-12)。

表 1-12　　云南白药股份有限公司 2013～2017 年相关比率分析举例

项　目	2013 年	2014 年	2015 年	2016 年	2017 年
资产负债率(%)	29.91	30.88	29.87	35.56	34.51
所有者权益比率(%)	70.09	69.12	70.13	64.44	65.49
权益乘数(%)	142.66	144.68	142.60	155.18	152.69
产权比率(%)	42.66	44.68	42.60	55.18	52.69

三、趋势分析法

趋势分析法(Trend Analysis Approach)是将企业连续几个期间的财务数据进行对比,确定其增减变动的方向、数额和幅度,得出企业财务状况和经营成果变化趋势的一种分析方法。

采用这种方法时,确定基期是至关重要的。基期通常有两种:固定基期和移动基期。固定基期的分析方法称为定比分析,移动基期的分析方法称为环比分析。

$$\text{定比分析}=\frac{\text{本期某指标数值}}{\text{固定基期某指标数值}}\times 100\%$$

$$\text{环比分析}=\frac{\text{本期某指标数值}}{\text{前期某指标数值}}\times 100\%$$

趋势分析的目的在于决定引起财务和经营变动的主要项目;变动趋势的性质是否有利;预测将来的发展趋势。优点是:便于统观全貌;便于事实的相互比较;变化倾向的表示极为明显;分析数字的解释较为容易;计算简单。

趋势分析法应用过程中需要注意以下问题:

1. 如果前后各期的会计政策存在不一致的现象,则需要对各期相关数据进行调整,否则各期间的趋势分析可能被歪曲。

2. 当趋势分析涉及的期限较长时,物价水平变动对各期财务数据的影响程度较大,必要时可以提出物价变动因素后再做趋势分析。

3. 在趋势分析中,应注意一些重大事项和环境因素对各期财务数据的影响。

4. 究竟对哪些项目进行趋势分析,要视分析目的而定,并不需要面面俱到。

5. 对基年的选择要有代表性,如果基年选择不当,情况异常,则以其作为基数而计算出的百分比趋势会使有关人员判断失误或作出不准确的评价。

【例 1-4】 云南白药股份有限公司 2013～2017 年的资产负债表数据趋势分析(见表 1-13、表 1-14)。

表 1-13　云南白药股份有限公司流动资产项目环比比较趋势分析法举例

报表日期	2014 年与 2013 年比较		2015 年与 2013 年比较		2016 年与 2013 年比较		2017 年与 2013 年比较	
单　位	元	%	元	%	元	%	元	%
流动资产								
货币资金	−58 987 836.99	−2.83	566 817 997.83	27.21	1 209 657 207.51	58.07	583 374 862.54	28.01
交易性金融资产	436 215 328.53	291 278.75	3 041 382 700.30	2 030 855.17	2 002 150 277.70	1 336 917.33	6 749 231 819.85	4 506 737.12
应收票据	983 396 797.65	36.91	941 931 867.04	35.36	1 279 222 974.85	48.02	1 629 212 018.14	61.15

表 1-14　云南白药股份有限公司流动资产项目定比比较趋势分析法举例

报表日期	2014 年与 2013 年比较		2015 年与 2014 年比较		2016 年与 2015 年比较		2017 年与 2016 年比较	
单　位	元	%	元	%	元	%	元	%
货币资金	−58 987 836.99	−2.83	625 805 834.82	30.92	642 839 209.68	24.26	−626 282 344.97	−19.02
交易性金融资产	436 215 328.53	291 278.75	2 605 167 371.77	597.02	−1 039 232 422.60	−34.17	4 747 081 542.15	237.08
应收票据	983 396 797.65	36.91	−41 464 930.61	−1.14	337 291 107.81	9.35	349 989 043.29	8.88
应收账款	18 413 053.34	3.43	502 854 963.19	90.62	−45 698 704.10	−4.32	221 773 967.15	21.91
预付款项	−100 702 467.74	−25.84	44 344 386.13	15.35	132 844 959.18	39.86	−48 180 886.27	−10.34
应收利息	2 254 846.68	167.65	−2 489 212.40	−69.15	30 356 918.00	2 733.37	32 112 295.25	102.05

【思维空间】云南白药股份有限公司 2013～2017 年货币资金、交易性金融资产和应收票据三个项目分别使用环比比较分析法和定比比较分析法能得出哪些结论？有哪些差异？你认为定比比较趋势分析法和环比比较趋势分析法哪种更好？为什么？

表 1－13 的编制以云南白药股份有限公司 2013 年数据为比较基数，将 2014 年、2015 年、2016 年与 2017 年的实际值与其相比较；表 1－14 的编制以云南白药股份有限公司 2013 年、2014 年、2015 年、2016 年与 2017 年的实际值用环比的分析方法进行比较。计算出资产负债表中某些项目的绝对数额增减变动情况，以及增减变动百分率。通过绝对数的比较，可得到报表构成项目的变动规模，相对数比较可以反映出报表数据的变动幅度，结合两种比较方法，可以对后期数据的变动趋势进行预测。

【例 1－5】 云南白药股份有限公司 2014～2017 年的资产负债表相关数据趋势分析（见表 1－15）。

表 1－15　　云南白药股份有限公司资产相关比率变动趋势表

年　　份	2014 年	2015 年	2016 年	2017 年
流动资产定比趋势比率分析（%）	129.10	155.17	202.57	230.44
非流动资产定比趋势比率分析（%）	114.59	120.14	126.77	130.79
资产定比趋势比率分析（%）	126.86	149.76	190.88	215.07

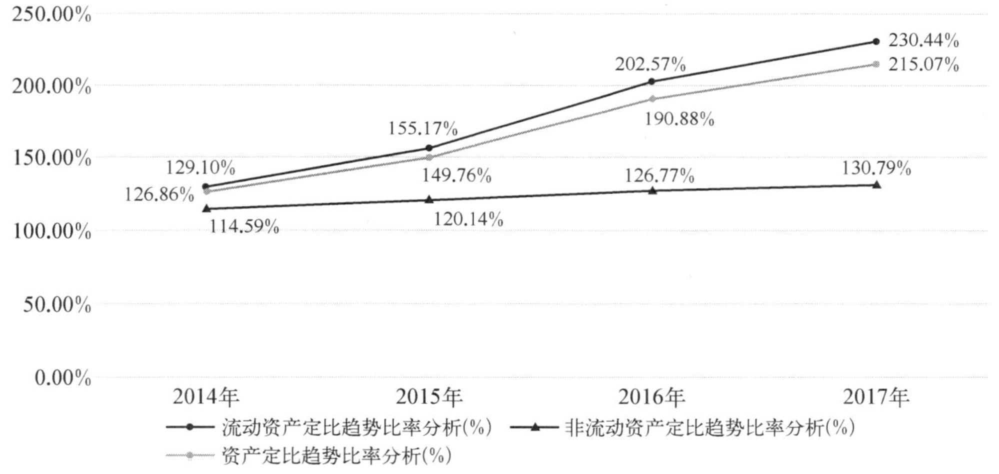

图 1－2　2014～2017 年云南白药股份有限公司资产相关比率变动趋势图

在趋势分析法使用过程中，通过应用一些图示可以更加清晰、直观地反映出财务指标的增减变动幅度和增减变化的路径。由图 1－2 可以看出，云南白药股份有限公司自 2014 年以来，2015 年、2016 年和 2017 年流动资产、非流动资产和资产总额逐年大幅度增长，表现出了良好的企业资产规模扩张的能力，且流动资产的增幅与资产总额的增幅非常接近，表明企业资产总额的增长主要依托于流动资产的增长。

四、因素分析法

因素分析法（Factor Analysis Approach）又称因素替代法或连环替代法，是指在分析某一因素变化时,假定其他因素不变,分别测定各个因素变化对分析指标的影响程度的计算方法。具体而言,连环替代法是指将多个因素所构成的指标分解成各个具体因素,然后顺序地把其中的一个因素作为变量,把其他因素看作不变量,一次逐项进行替代,注意测算各个因素对指标变动影响程度的方法,可以分析某项指标的完成受哪些因素影响,可以帮助人们抓住主要矛盾,或者更有说服力地评价企业的财务状况。

因素分析法可以分为比率因素分解法和差异因素分解法两种。比率因素分解法是把一个财务比率分解为若干个影响因素的方法。例如,资产收益率可以分解为资产周转率和销售利润率两个比率的乘积。而为了及时比较分析中形成差异的原因,需要使用差异因素分解法。这种方法是一种测定比较差易成因的定量分析方法,它往往按一定顺序,采用连环替代法或差额分析法分析差异因素。采用这种方法,需要依次用标准值替代实际值,测定各因素对财务指标的总差异的影响程度。

具体操作步骤如下所示:

(1) 确定财务指标差异,即财务指标实际值与比较标准之间的差异。该差异是因素分析的对象。假设财务指标 Z 的实际值为 Z_1,标准值为 Z_0,则财务指标差异为 $\Delta Z = Z_1 - Z_0$。

实际指标:$Z_1 = A_1B_1C_1$

基期指标:$Z_0 = A_0B_0C_0$

实际指标与基期指标的差异为:$\Delta Z = Z_1 - Z_0$

(2) 确定影响财务指标的因素。如果各因素之间是加减的关系,则各因素对财务指标的影响方向和影响程度很容易确定;如果各因素之间是乘除的关系,则各因素对财务指标差异的影响方向和影响程度相对复杂。

(3) 从财务指标标准值的公式开始,依次用每个影响因素的实际值替代标准值,有几个因素就替换几次。每次替换后得到的财务指标值与替换前的财务指标值之间的差异就是由所替换的因素带来的差异。且在使用过程中,要区别数量因素和质量因素,先替代数量因素再替代质量因素。

测算各因素变化对 $Z_1 - Z_0$ 的影响:

A 变化对 $Z_1 - Z_0$ 的影响为:$Z_A = A_1B_0C_0 - A_0B_0C_0 = (A_1 - A_0)B_0C_0$

B 变化对 $Z_1 - Z_0$ 的影响为:$Z_B = A_1B_1C_0 - A_1B_0C_0 = A_1(B_1 - B_0)C_0$

C 变化对 $Z_1 - Z_0$ 的影响为:$Z_C = A_1B_1C_1 - A_1B_1C_0 = A_1B_1(C_1 - C_0)$

最终,$\Delta Z = Z_1 - Z_0 = Z_A + Z_B + Z_C$

【例 1-6】 某公司 2013 年 3 月原材料费用的实际数为 27 573.75 元,而计划数为 24 000 元,实际比计划增加 3 573.75 元。

由于原材料费用是由产量、单位产品材料耗用量和材料单价三个因素的乘积构成的,因此把材料费用指标分解为三个因素,然后逐个分析它们对材料总额的影响程度。三个因素的有关数据如表 1-16 所示。

表 1-16　　材料因素分析

项　　目	单　　位	计划数	实际数	差　　异
产品数量	件	200	215	15
单位材料消耗量	千克	10	9.5	-0.5

续表

项 目	单 位	计划数	实际数	差 异
材料单价	元	12	13.5	1.5
材料费用总额	元	24 000	27 573.75	3 573.75

采用因素分析法分析计算如下：

计划指标： $200\times10\times12=24\,000$(元) ①

第一次替代： $215\times10\times12=25\,800$(元) ②

第二次替代： $215\times9.5\times12=24\,510$(元) ③

第三次替代： $215\times9.5\times13.5=27\,573.75$(元) ④

其中：

产量增加的影响＝②－①＝25 800－24 000＝1 800(元)

材料消耗量的影响＝③－②＝24 510－25 800＝1 290(元)

价格提高的影响＝④－③＝27 573.75－24 510＝3 063.75(元)

因素分析法结果表明：由于材料耗费属于变动成本，随产量上升而正比例变动，因而产量增加的影响为正常因素；材料单耗下降属于企业主观努力的结果，是有利因素；而价格上涨是客观因素，属于不利因素。

五、杜邦财务分析体系

杜邦财务分析体系(DuPont Financial Analysis)是在考虑各财务指标内在联系的条件下，把财务指标以系统分析图的形式连在一起，综合评价企业财务状况和经营成果的一种方法。

杜邦财务分析体系是美国杜邦公司先采用的一种分析方法。整个指标体系呈金字塔形状，最上面的是净资产收益率，它是企业财务管理的核心指标，与企业财务管理目标的相关性最大，是投资人最关心的指标。接着是对净资产收益率进行层层分解后得到的指标，它反映了净资产收益率受哪些因素的影响。在这个指标体系的最底层，反映出会计六大要素的构成，即资产、负债、所有者权益、收入、费用和利润的项目构成。该指标体系简明直观、一目了然，同时又从会计的六大要素入手，反映出由六大会计要素所构成的相关财务指标，最终反映了这些财务指标与核心指标净资产收益率之间的关系。

六、沃尔综合评分分析法

沃尔综合评分分析法(Wole Analysis)是由亚历山大·沃尔率先提出的，他在 20 世纪初出版的《信用晴雨表研究》和《财务报表比率分析》中提出了信用能力指数的概念，把若干个财务比率用线性关系结合起来，以此来评价企业的信用水平。其基本原理和步骤如下：

1. 选定七个财务指标，这些财务指标能综合评价企业的信用水平。
2. 按照各财务指标的重要程度，分别给定其在总评价中的比重，总和为 100 分。
3. 确定各项财务指标的标准比率，通常是现实条件下行业的较优值。
4. 计算出被评价企业的七个财务指标的实际比率。
5. 计算财务指标实际比率与标准比率的关系比率(关系比率＝实际比率/标准比率)。
6. 求出财务指标的综合指数及合计数。

沃尔综合评分表如表1-17所示。

表1-17 **沃尔综合评价表**

指　标	比重	标注比率	实际比率	关系比率	综合指数
	①	②	③	④=③/②	⑤=①×④
流动比率					
净资产/负债					
资产/固定资产					
销售成本/存货					
销售额/应收账款					
销售额/固定资产					

沃尔综合评分分析法的可取之处在于，沃尔所提出的这种分析思路和方法方便了人们运用并建立综合财务指标分析体系，选择财务指标的组成，确定财务指标所占比重及财务指标的标准值，来进行综合财务评价。同时，也可以在该方法的基础上进行一些修正，使其更科学、更完善。

第四节　财务报表分析的立足点与程序

一、财务报表分析的立足点

（一）基于投资决策的财务报表分析

投资者不管是大股东还是中小股东，其投资公司的目的最终都是扩大自身的财富，他们的财富最直接的表现就是股东权益的价格即股价的高低。影响股价的因素很多，企业的盈利能力和风险水平是其中比较重要的两个因素。由于普通股股东的权益是剩余权益，因此他们对财务报表分析的重视程度会超过其他利益相关者。一般来说，权益投资人进行财务报表分析，主要是为了在面对竞争性的投资机会时做出投资决策。大股东和中小股东的投资目的存在差异，对企业进行财务报表分析的侧重点必然有所不同，不同的投资者将根据各自的投资目的来确定分析重点。一般认为，能否合理估计企业内在价值区间将决定基本投资策略是否有效。企业内在价值来源于企业的经营活动和投资活动，由于财务报表反映了企业经营活动、投资活动的财务后果，因而被认为包含了大量有关企业内在价值的信息。虽然由于种种局限，财务报表所反映的企业内在价值并不十分全面准确，但不管怎样，通过财务报表所展开的企业基本面分析在投资决策中起着不可或缺的作用。基于投资决策的财务报表分析框架可以简单概括为：(1) 企业盈利能力分析；(2) 企业投资风险分析；(3) 未来盈利预测（包括会计利润和现金流量）；(4) 利用适当的价值评估模型估计企业的内在价值。然而，在利用各种价值评估模型对企业进行估值的过程中不难发现，模型中的变量不管是以未来利润为基础，还是以未来现金流量为基础，其增长率都是难以准确估算的，折现率更是难以确定。而各种相对估值法要么比较粗糙，要么过于含糊，致使业界在企业估值问题上至今仍未达成一致。本书比较赞同的一种观点是，投资者可以用估值模型来解释市场价格中蕴含的价值信息。

（二）基于信贷决策的财务报表分析

信用分析是财务报表分析的另一个重要运用领域。债权人借款给企业并得到企业还款的承诺，期望如期收回本金和利息。债权人希望通过财务报表分析来了解企业的信用状况，评价企业的偿债能力，在此基础上做出是否提供贷款以及有关贷款利率水平的信贷决策。对信息的需求不同，其关注的角度自然有所不同，信贷决策中的财务报表分析与投资决策相比呈现出许多不同的特点，从而形成不同的财务报表分析框架。短期债权人主要关心企业当前的财务状况，如资产的流动性和周转率。长期债权人主要关心长期盈利能力、资本结构和企业陷入财务危机的可能性。企业的长期盈利能力是其偿还本金和利息的决定性因素，资本结构可以反映长期债务的风险，企业陷入财务危机的可能性则可以大致反映所提供资金的安全性。债权人的主要决策是决定是否给企业提供信用，以及是否需要提前收回债权。债权人要在财务报表中寻找借款企业有能力定期支付利息和到期偿还贷款本金的线索。因此，基于信贷决策的财务报表分析框架可以简单概括为：(1) 企业偿债能力分析；(2) 企业创造现金流量的能力分析；(3) 企业的信用状况分析；(4) 企业发展前景预测和财务危机预警；(5) 企业综合信用风险评估。然而，作者在对大量的上市公司进行风险评估时发现，能够通过财务指标计算出来的风险其实未必是企业所面临的真正风险。宏观经济环境、国家政策行业竞争格局等诸多方面均会给企业带来外部环境风险；企业因盲目扩张而发生的过度融资和过度投资会给企业带来战略失败风险；股权结构巨变会给企业带来治理风险；对组织文化、竞争环境、核心人物和核心业务的过度适应会给企业带来惯性依赖风险；等等。这些因素对企业的负面影响可能会非常大，甚至会给企业带来灭顶之灾。因此，在通过财务报表分析对企业的风险因素进行评价时，应该在计算财务指标的基础上充分考虑非财务因素，强调企业所处的实际环境和特定背景对企业的经济行为所造成的不同影响。

（三）基于管理决策的财务报表分析

财务报表分析不仅仅是企业外部信息使用者分析企业财务状况的有效工具，还能够为企业内部管理层提供非常重要的管理决策依据。无论企业进行收购兼并、风险管理还是业绩评价，财务报表分析所提供的信息在管理决策中均起到非常重要的作用。基于管理决策的财务报表分析框架要视具体的管理行为和管理目的而定，呈现出灵活多样的特点，因此难以统一概括。随着大数据时代的到来，财务报表分析必将转变成大数据分析，从基于结果的分析向基于过程的分析转变，从阶段性的定期报告分析向实时报告分析转变，从基于结构化的数据分析向非结构化的数据分析转变，从表内数据分析向表外数据分析转变，从以财务信息为主的分析向财务信息与非财务信息并重的分析转变。这些转变决定了财务报表分析在管理决策中将发挥越来越大的作用。

二、财务报表分析的程序

财务报表分析是一项系统的工作，并不是一蹴而就的，它必须依据科学的程序和方法才能得到合理、推理可靠的分析结论。

（一）明确分析目的

不同的财务分析主体有不同的分析目的，而同一财务分析主体在不同情况下的分析目的也不完全相同。财务分析的目的是财务分析的出发点，只有明确了分析目的，才能决定分析范围的大小、搜集信息的内容和多少、分析方法的选用等一系列问题。

（二）确定分析范围

财务分析的内容很多，但并不是每一次财务分析都必须完成所有的内容。只有根据不同的分析目的确定不同的分析范围，才能提高财务分析的效率，也才能更好地符合成本效益原则。针对企业的哪个方面或哪些方面展开分析，分析的重点放在哪里，这些问题必须在开始搜集信息之前确定下来。

（三）搜集相关信息

明确分析目的，确定分析范围后，接下来就应有针对性地搜集相关信息。财务分析依据的资料是以企业对外报出的会计报表及附注为代表的财务信息。除此之外，企业内部产供销各方面的有关资料以及为企业外部的审计、市场、行业等方面的信息都可能与财务分析息息相关。企业在经营活动过程中总是要基于特定的经营环境和经营战略。经营环境是指对企业经营活动具有直接或间接影响的外部因素的综合，包括企业所处的行业、市场因素以及规范企业经营的各项政策法规，等等；经营战略则是指企业为适应经营环境，特别是市场环境的变化，对其经营活动所做出的长远的、全局性的整体规划，以使企业不断保持竞争优势。因此，尽管企业财务报表充斥着数字，但企业财务报表分析的基本思维却必须跳出烦琐的数字迷宫，立足于企业经营环境和经营战略，分析经营范围和竞争优势，充分识别企业面临的各种机会和风险。只有对企业所处行业及其竞争战略加以深入了解，才能更加透彻、全面地解释和分析财务报表。也只有这样，才可以真正从企业的财务报表回归到企业的经营活动，从企业的财务状况质量透视出企业的经营战略与管理质量。财务分析中应搜集充分的信息，但并不是越多越好。搜集多少信息以及搜集什么信息，完全服从于分析的目的和范围。

（四）确定分析评价标准

财务报表分析结论应当通过比较得出，所以确定合理的分析评价标准就非常重要。财务报表分析的评价标准包括四类：经验标准、行业标准、历史标准、预算标准。不同的标准有不同的优缺点，在进行财务报表分析时，应当结合分析对象的实际情况和分析目标进行选择。例如，对于垄断型企业，由于不存在具有可比性的其他企业，所以只能使用本企业自身的历史标准或者预算标准。此外，还应当注意分析评价标准自身随着时间、地域等不同而发生的变化，并进行适当调整，以适合分析对象和分析目的。

（五）选择分析方法

不同的财务分析方法各有特点，没有绝对的优劣之分，最适合分析目的、分析内容和所搜集的信息的方法就是最好的方法。财务分析的目的不一样，财务分析的内容范围也不相同；为财务分析所搜集的资料不一样，所选用的财务分析方法也会有所差别。在财务分析中，既可以选择某一种分析方法，也可以将多种方法结合应用。

（六）得出分析结论，提出对策建议

采用特定的方法计算出有关的指标，并与分析目标进行对比，作出有针对性的判断，为各类决策提供参考依据。对财务报表分析人员来说，还需要揭示企业财务管理中存在的问题，对于一些重大的问题，还需要进行深入细致的分析，找出问题存在的原因，以便采取对策加以改进。

在符合财务报表分析程序的基础上，财务报表分析工作还应该坚持遵循一些基本原则，主要包括以下几种：

第一，目的明确原则。目的明确原则要求财务报表分析工作人员确立财务报表分析的主体及立场，明确财务分析的重点及目标，明确财务分析报告的使用对象和服务对象，对一些重大问题必须站在所服务主体的角度进行分析和判断。

第二，动态分析原则。动态分析原则要求进行财务报表分析时不能仅仅陷入数据海洋，而要用发展和动态的眼光去看待企业经营主体的战略和执行。

第三，系统分析原则。系统分析原则要求通过数据分析财务系统内部各层次的构成要素和相互联系，对企业的外部广泛联系进行双向反馈和分析评价。

第四，成本效益原则。成本效益原则要求在开展财务报表分析工作时关注每一项分析工作所耗费的人、财、物力的成本与其可能取得的决策效果之间的配比关系，力求做到在成本有限的情况下达到最佳效果。

第五，实事求是原则。实事求是原则要求财务报表分析人员具备宏观、公正的品质，要形成扎实、全面的专业素养和灵活、敏锐的职业能力，在尊重事实的基础上，考虑分析对象的特殊性，全面、深入地分析各种不同的影响因素，形成比较令人信服的分析结论。

本章小结

财务报表分析作为一门综合性较强的应用学科，目前已经具有比较广泛的应用领域，它起源于为银行家服务的信用分析，流行于为投资者服务的收益分析，拓展于为经营者服务的内部分析。在我国经济快速发展的今天，财务报表分析知识广泛应用于金融信贷分析、证券投资分析、企业并购重组分析、政府监管治理分析等实践领域。财务报表分析是指以财务报表为主要依据，有重点、有针对性地对有关项目及其质量加以分析和考察，对财务状况、经营结果进行评价和剖析，以反映运营过程的利弊得失、财务状况及发展趋势，为报表使用者的经济决策提供重要信息支持的一种分析活动。财务报表分析的使用者广泛，不同的信息使用者各有不同的使用目的，不同的信息使用者对信息的深度和广度的需求不同。财务报表分析工作的客体适用范围较为广泛，不但适用于企业这种组织类型，今后也将逐步拓展于其他各类组织的运营评价之中。通过对资产负债表、利润表、所有者权益变动表、现金流量表等财务报表的分析，有助于对偿债能力、营运能力、盈利能力、发展能力等作出评价，进而有助于财务综合分析和辅助决策。财务报表分析的程序比较明晰，常用的方法主要是比较分析法、趋势分析法、比率分析法、因素分析法等，每种方法都有其特点和局限性，需要结合使用并作出恰当的分析结论。

【扩展阅读：分析财务报表的三种方法】

1. 抓大放小，就是抓住财务报表中的主要问题，不要在一些不影响公司最终财务业绩的数据上纠缠不清，这样可以提高我们的阅读和分析财务报表的速度。

在阅读利润表时，首先要抓住的重点是，公司创造利润的方式以及利润发生变化最主要的原因。如果是主营业务大幅度增长，而公司毛利率没有较大的下降，则说明公司主营业务对公司的利润产生了正面影响。同时，我们还要看这些贡献是否能够支撑公司当期的利润增长幅度，因为除此之外，公司期间费用大幅减少，或是投资收益大幅增加，或是所得税税率大幅下降，也会对公司的净利润产生影响。

在阅读资产负债表时，首先要看公司资产分布中的大头，如果是货币资金，则公司财务状况比较安全，但是货币资金是最不能创造价值的资产，可能说明公司的投资能力不足；如果是稀缺存货，那么未来有业绩释放的可能；如果是应收账款，那么公司未来的现金流压力很大，并且如果当年增加数额巨大，则收入有注水的可能。

在阅读现金流量表时，要关注公司的销售有没有获得合适的现金流入，并且通过正常经营有没有获得与利润匹配的现金；公司经营的资金来源是不是主要来自经营所得；在会计期末，公司账面还有多少可以自由支配的现金及现金等价物，因为有时这个数字可能与资产负债表的货币资金有出入。

2. 比较联想，对重要的数据和指标要进行横向同业比较和纵向公司不同年度数据比较，这样可以分析公司此数据的好坏和变化方向。

单独分析一张财务报表只能得到一些静态的财务数据,而不能把握公司发展的动态,所以需要对比同业以及公司往年的数据,这样才能对公司当年的财务成果是否正在向积极的方向发展做出正确的判断。如果一家公司的盈利能力连续多年一直较低,某年突然好转,我们要联想行业是否出现了有利于提高公司盈利能力的机会,或者公司发生了本质变化;如果没有,那么就可能是昙花一现,甚至是上市公司为了保壳、增发或者配合股东套现而通过会计和非会计手段人为做出来的。

3. 理性分析,对于影响公司业绩的重大事项,要大胆推测其中的原因。

比如康美药业,2006 年公开增发,扣除发行费用后融资 4.85 亿元,2007 年又增发获得 10.23 亿元,时过一年后的 2009 年又发行分离交易可转债,获得 8.87 亿元,到 2011 年年初又迫不及待配股集资 34.36 亿元,另外到 2012 年年底债券融资余额也达到 40 亿元,合计 98.31 亿元,如此的融资频率和资金需求堪比高峰时期的房地产公司,然而医药不是房地产,医药公司的技术研发从准备到研发成功有相当长的周期,项目上马也不是一蹴而就的。

通过对募投项目的简单分析可以得出这些资金多数进入了基建项目,公司建设了多数药材交易市场,资金需求巨大,然而公司对建设项目并不透明,而做空机构中能对康美药业提出质疑的一个重要方面就是建设成本过高。

目前,康美药业的主要收入和利润都来自药材贸易,这几年药材价格大幅上涨,给公司带来了巨额利润。未来随着药材价格的平稳、药材贸易竞争的激烈,高利润率下降的可能性较大。如果新建项目能如期投入运营,并且获得预期的利润,那么造假一说立刻风吹云散;如果新建项目迟迟不能投产,或者投产后利润较低甚至亏损,那么造假的可能性就较高。

复习题

1. 财务分析、财务报表分析、财务管理和财务会计的关系是怎样的?
2. 通过查找资料谈谈财务报表的局限性。
3. 企业财务会计报告的不同使用者各关注哪些财务信息重点?
4. 财务报表分析的主要内容有哪些?
5. 如何对财务报表进行分析? 财务报表分析方法如何有效应用?
6. 财务报表分析的基本程序是什么?
7. 财务报表分析知识的应用实践领域都有哪些?
8. 简述财务报表分析基本方法的内涵及其特点。
9. 什么是比较分析法? 有哪些比较标准?
10. 举例说明比率分析法在财务报表分析中的作用和局限性。
11. 举例说明因素分析法的步骤及使用中应注意的问题。
12. 什么是趋势分析法? 该方法有何特点? 其主要分析步骤是什么?

练习题

一、单项选择题

1. 财务信息的内部使用者主要有(　　)。

A. 投资人　　B. 债权人　　C. 政府　　D. 企业经理

2. 在下列财务报表分析主体中,必须对企业运营能力、偿债能力、获利能力及发展能力的全部信息予以详尽了解和掌握的是(　　)。

A. 企业所有者　　B. 企业债权人　　C. 企业经营决策者　　D. 税务机关

3. 企业所有者作为投资人,关心其资本的保值和增值状况,因此较为重视企业的(　　)。

A. 盈利能力指标　B. 偿债能力指标　C. 发展能力指标　D. 营运能力指标

4. 资产负债率属于(　)。

A. 构成比率　B. 效率比率　C. 结构比率　D. 相关比率

5. 下列指标中，属于构成比率的是(　)。

A. 流动比率　B. 资本金利润率

C. 资产负债率　D. 流动资产占全部资产的比重

6. A公司需要对公司的销售收入进行分析，通过分析可以得到20×7、20×8、20×9年销售收入的环比动态比率分别为110%、115%和95%。如果该公司以20×7年作为基期，20×9年作为分析期，则其定基动态比率是(　)。

A. 126.5%　B. 109.25%　C. 104.5%　D. 120.18%

7. 根据各因素的关系，顺序测算各因素对某一财务指标影响程度的方法是(　)。

A. 比较分析法　B. 比率分析法　C. 趋势分析法　D. 连环替代分析法

8. 作为企业的债权人应该较为重视企业的(　)。

A. 盈利能力　B. 偿债能力指标　C. 发展能力指标　D. 营运能力指标

9. 下列有关杜邦分析法的描述中，不正确的是(　)。

A. 杜邦分析法以总资产收益率为起点

B. 杜邦分析法以总资产净利率和权益乘数为核心

C. 重点揭示企业获利能力及权益乘数对净资产收益率的影响

D. 权益乘数主要受资产负债率指标的影响

10. 财务报表分析的基本目的是(　)。

A. 预测和评估企业价值　B. 评价公司的市场地位

C. 判断报表数据的真实性　D. 分析公司的控制权配置

二、多项选择题

1. 财务报表分析的主体包括(　)。

A. 企业所有者　B. 企业债权人　C. 企业管理者　D. 政府经济管理机构

2. 财务报表分析的基本方法包括(　)。

A. 结构分析法　B. 比率分析法　C. 趋势分析法　D. 比较分析法

3. 财务报表分析框架的设计应以不同信息使用者的不同需求为导向，可以分别基于(　)。

A. 投资决策　B. 信贷决策　C. 定价决策　D. 管理决策

4. 关于比率分析法中比率指标类型的有关说法中，不正确的有(　)。

A. 构成比率反映投入与产出的关系

B. 效率比率反映部分与总体的关系

C. 相关比率反映有关经济活动的相互关系

D. 可以利用构成比率指标考察企业相互关联的业务安排得是否合理，以保障经营活动顺畅进行

5. 财务报表分析的意义包括(　)。

A. 可以判断企业的财务实力

B. 可以评价和考核企业的经营业绩，揭示财务活动存在的问题

C. 可以挖掘企业潜力，寻求提高企业经营管理水平和经济效益的途径

D. 可以评价企业的发展趋势

三、判断题

1. 在财务分析中，企业经营者应对企业财务状况进行全面的综合分析，并关注企业财务风险和经营风险。(　)

2. 比率分析法中的比率指标包括构成比率、效率比率、相关比率和定基动态比率。（　）

3. 企业财务报表分析的框架和分析方法因分析者而异，且可供选择的方法甚多。不同的人员或经济实体基于各自不同的经济利益，分析的侧重点也会有所不同。（　）

4. 在财务分析中，将通过对比两期或连续数期财务报告中的相同指标，确定其增减变动的方向、数额和幅度，来说明企业财务状况或经营成果的变动趋势的方法称为比率分析法。（　）

5. 比率指标的计算一般都是建立在以预算数据为基础的财务报表之上的，这使比率指标提供的信息与决策之间的相关性大打折扣。（　）

6. 在财务分析中，将通过对比两期或连续数期财务报告中的相同指标，以说明企业财务状况或经营成果变动趋势的方法称为比较分析法。（　）

7. 在采用因素分析法时，既可以按照各因素的依存关系排列成一定的顺序并依次替代，也可以任意颠倒顺序，其结果是相同的。（　）

8. 环比动态比率是以某一时期的数额为固定的基期数额而计算出来的动态比率。（　）

9. 不管采用何种技术和方法，就企业财务报表分析的目的而言，都是为了揭示企业的财务状况与经营状况，进而为投资决策提供线索。（　）

10. 尽管企业财务报表充满着数字，但是，企业财务报表分析的基本思维却说明企业必须跳出繁杂琐碎的数字迷宫，立足于企业经营环境和经营战略，分析企业经营范围和竞争优势，充分识别企业面临的各种机会和风险。（　）

四、案例分析题

某企业 20×8 年 10 月某种原材料费用的实际数是 4 620 元，而其计划数是 4 000 元。实际数比计划数增加 620 元。具体资料如表 1 - 18 所示。

表 1 - 18　　企业原材料实际数与计划数使用数据表

项　目	单　位	计划数	实际数
产品产量	件	100	110
单位产品材料消耗量	千克	8	7
材料单价	元	5	6
材料费用总额	元	4 000	4 620

要求：依次计算产量、单位产品材料消耗量以及材料单价的变动对材料费用总额的影响。

第二章
财务报表分析的基础

理论学习目标

◇ 掌握企业财务报告的组成内容及相关概念。
◇ 了解企业报表编制的基本会计假设。
◇ 了解企业报表编制的一般会计原则。
◇ 理解基本会计假设与一般会计原则对报表信息的影响。
◇ 了解企业财务报表编制的法规体系。

能力实现目标

◇ 熟悉报表体系，并掌握每类报表的运用范围。
◇ 熟悉会计假设和计量在报表中的具体体现。

财务报表是财务报表分析的主要依据。财务报表分析是以会计核算和报告资料及其他相关资料为依据，采用一系列专门的分析技术和方法，对企业等经济组织过去和现在的有关筹资活动、投资活动、经营活动的盈利能力、营运能力、偿债能力和发展能力状况等进行分析和评价，为企业的投资者、债权人、经营管理者及其他关心组织或个人了解企业过去、评价企业现状、预测企业未来、做出正确决策与估价，提供准确的信息或依据。从财务报表分析的定义可以看出，财务报表有关数据及信息是财务报表分析的基础和不可分割的组成部分，它对于保证财务报表分析工作的顺利进行、提高财务报表分析的质量与效果都有着重要的作用。

第一，财务报表数据及信息是财务报表分析的根本依据，财务报表分析实际上是对财务信息的分析。第二，收集和整理财务报表数据及信息是财务报表分析的重要步骤和方法之一。从一定意义上说，财务报表数据及信息的收集与整理过程就是财务报表分析的过程。财务报表数据及信息的收集与整理是财务报表分析的基础环节。第三，财务报表数据及信息的数量和质量决定着财务报表分析的质量与效果。

与财务报表分析有关的还有财务报告。企业财务报告是指企业对外提供的反映企业某一特定日期财务状况和某一会计期间的经营成果、现金流量等会计信息的文件。除了对企业的财务报表进行分析外，还需要对企业财务报告中的内容进行挖掘和综合分析。

上市公司完整的财务报告体系如表 2－1 所示。

表 2-1　　企业财务会计报告体系

<table>
<tr><td rowspan="18">财务会计报告</td><td rowspan="15">会计报告</td><td rowspan="9">对外报表</td><td rowspan="4">主表</td><td>资产负债表</td><td></td></tr>
<tr><td>利润表</td><td></td></tr>
<tr><td>现金流量表</td><td></td></tr>
<tr><td>所有者权益变动表</td><td></td></tr>
<tr><td rowspan="5">附表</td><td rowspan="2">资产负债表附表</td><td>资产减值准备明细表</td></tr>
<tr><td>应交增值税明细表</td></tr>
<tr><td rowspan="3">利润表附表</td><td>利润分配表</td></tr>
<tr><td>业务分部报表</td></tr>
<tr><td>地区分布报表</td></tr>
<tr><td rowspan="6">对内报表</td><td>主表</td><td>主要成本表</td><td></td></tr>
<tr><td rowspan="5">附表</td><td>主要产品单位成本表</td><td></td></tr>
<tr><td>制造费用明细表</td><td></td></tr>
<tr><td>管理费用明细表</td><td></td></tr>
<tr><td>财务费用明细表</td><td></td></tr>
<tr><td>销售费用明细表</td><td></td></tr>
<tr><td rowspan="3">文字报告</td><td colspan="4">会计报表附注</td></tr>
<tr><td colspan="4">财务情况说明书</td></tr>
<tr><td colspan="4">注册会计师审计报告</td></tr>
</table>

第一节　财务报表分析内部信息基础

一、会计报表

企业财务报表(Financial Statement)是以会计账簿为主要依据，以货币为主要计量单位，全面、总括反映会计主体在一定时期内财务状况、经营成果和理财过程的总结性书面报告文件。其内容主要有资产负债表(The Balance Sheet)、利润表(Income Statement)、现金流量表(Statement of Cashflows)和所有者权益变动表(Statement of Changes in Stockholder's Equity)及其会计报表附注(Notes to Accounting Statements)等。它是整个会计核算(Financial Accounting)过程的最终结果，是企业提供财务信息(Financial Information)的重要工具和进行财务分析的基础。

企业财务报表具有如下作用：

其一，财务报表有助于投资者了解企业的财务状况(Financial Condition)和经营成果(Business Performance)以及管理者对受托责任的履行情况和业绩。现代企业的两权分离，使股东和企业管理当局之间形成委托与受托的关系。股东把资金投入公司，委托管理人员进行管理，他们需要对资本的运用以及受托管理情况进行了解和评价。企业的财务报表能够全面、系统和综合地反映企业资金的来源渠道、性质、分布状况以及资金的运用效果，从而有助于投资者了解企业的财务状况与经营成果，以及企业管理当局对受托责任的履行情况及业绩。

其二，有助于会计信息使用者进行合理决策，为企业管理当局改善经营管理、协调企业与相关利益集团的关系、促进企业稳定快速发展起重要作用。在企业外部集团中，投资者、债权人是财务报表的主要使用者，报表中有关经济资源和经济义务等法规信息，是投资者和债权人用来认识、判断企业在激烈竞争的市场环境中生存、适应与发展能力的重要依据。利用报表提供的有关信息，可以了解企业过去的经营情况，预测企业未来现金流量和偿债能力，从而为投资者是否投资、债权人是否收回贷款或继续提供融资等决策提供重要依据。

其三，为国家有关部门实现其经济与社会目标进行必要的宏观调控、促进社会资源的有效配置发挥重要作用。企业是国民经济的细胞，通过对企业提供的财务报表等有关资料进行汇总、分析，国家有关部门便可以考核国民经济各部门的运行情况，以及各种财经法规、计划的执行情况。一旦发现问题，便可及时采取相应措施，运用各种杠杆和政策倾斜加以调控。可见，财务报表信息在市场经济优化资源配置方面发挥着基础作用。

（一）财务报表主表

1. 资产负债表

资产负债表是基本财务报表之一，它是以“资产＝负债＋所有者权益”会计等式为平衡关系，反映某一特定日期财务状况的财务报表，是企业对外公布的一张重要报表。它所揭示的财务信息，主要有以下三个方面：

第一，企业所拥有的或可控制的经济资源情况，包括资产总额、流动资产和非流动资产的分布及内部构成情况，揭示资产结构的合理性、资产的流动性与盈利性以及资产趋势的稳定性。

第二，形成资产的资金来源。在企业中，形成资产的资金有两个来源：一是债权人提供的贷款；二是企业所有者的投资。在任何时候，资产都必须等于债权人的贷款和所有者投资之和。对形成资产的资金来源进行分析可以揭示企业融资结构的优劣，并可以对企业的财务杠杆作出评价。

第三，资产和负债的对照关系。在资产负债表中，资产按照流动性进行分类，将资产分为流动资产和非流动资产；负债按照还款期限长短分类，即负债分为流动负债和非流动负债。根据资产和负债的对应关系，可以分析资产的流动性及企业的偿债能力。

资产负债表信息对于财务报表分析的作用主要在于以下几个方面：(1) 资产负债表向人们揭示了企业拥有或控制的能用货币表现的经济资源(即资产)的总体规模及具体的分布形态。由于不同形态的资产对企业的经营活动具有不同的效用和意义，因而对企业资产分别从项目具体质量、资产结构质量及资产总体质量等多层次进行分析和评价，将非常有助于分析制定与执行情况。(2) 通过对企业债务规模、债务结构及所有者权益的对比，可以对企业的长期偿债能力及举债能力作出评价。一般而言，企业的所有者权益占负债及所有者权益的比重越大，企业清偿长期债务的能力越强，则企业进一步举借债务的潜力也就越大。(3) 通过对企业不同时点资产负债表的比较，可以对企业财务状况的发展趋势作出判断。可以肯定地说，企业某一时点的资产负债表对信息使用者的作用极其有限。只有把不同时点的资产负债表结合起来分析，才能把握企业资产状况的发展趋势。同样，将不同企业同一时点的资产负债表进行对比，还可以对不同企业的相对财务状况作出评价。

2. 利润表

利润表是反映某一会计主体一定会计期间的经营成果的财务报表。它反映了一定期间的收入和相应的成本、费用以及最终形成的损益。利润表各项目之间的关系可用“收入－费用＝利润”来概括。企业在一定期间的经营成果既可能表现为盈利，也可能表现为亏损，因此利润表也称损益表。

利润表对于财务报表分析的作用主要在于以下几个方面：(1) 有助于分析、评价、预测企业经营成果和获利能力。通过比较和分析同一企业不同时期、不同企业同一时期的收益情况，可以评价企业经营成果的好坏和获利能力的高低，预测未来的发展趋势。(2) 有助于分析、评价、预测企业未来的现金流动情况。我们知道，报表使用者主要关注各种预期的现金来源、金额、时间及其不确定性。这些预期的现金流动与企业的获利能力具有密切的联系。尽管过去的业绩不一定意味着未来的成功，但对一些重要的趋势可以从中进行分析把握。如果过去的经营成果与未来的活动之间存在着相互联系，那么，由此即能可靠地预测未来现金流量及其不确定性程度，评估未来的投资价值。

3. 现金流量表

现金流量表是以现金和现金等价物为编制基础，反映某一会计主体一定会计期间的现金流入和流出状况的财务报告。现金一般是指库存现金、银行存款、其他货币资金等。现金等价物一般是指企业持有的期限短、易于转换为已知金额现金、价值变动风险很小的投资。

现金流量表与资产负债表、利润表同等重要。这张报表揭示了企业在一定期间内现金流入的来源与数额、现金流出的去向与金额，以及现金的净流量。它从现金和现金等价物这个角度，更深刻、更客观地反映了企业的财务状况，有助于进一步揭示企业生成现金的能力、偿债和支付能力，评价损益的质量，以及对未来的现金流量做预测。

4. 所有者权益变动表

所有者权益变动表是反映构成所有者权益的各组成部分当期的增减变动情况的报表。通过所有者权益变动表，既可以为报表使用者提供所有者权益总量增减变动的信息，也能为其提供所有者权益增减变动的结构性信息，特别是能够让报表使用者理解所有者权益增减变动的根源。

所有者权益变动表列式了所有者权益的增减变动情况，将当期损益、直接计入所有者权益的利得和损失，以及与所有者(或股东)的资本交易导致了所有者权益的变动，在该表中分别列式。该表的编制有利于财务报告使用者进一步了解企业净资产状况。所有者权益变动表担负起了资产负债表与利润表之间的联系的重任，通过所有者权益变动表搭建二者之间的勾稽关系，使财务报告体系中各要素之间能够继续保持着紧密的联系。引入公允价值计量①属性，使金融工具的确认和计量成为可能，然而由于历史成本原则②和收付实现制原则③的限制，金融工具带来的部分未实现利得和损失无法在利润表中报告，只能绕过利润表在所有者权益中列示，这成为报告全面受益的直接动因。随着我国经济的发展，绕过利润表在所有者权益中列示的收益越来越多，要让报表使用人全面了解企业的收益状况，增强会计信息的相关性，报告全

---

① 公允价值计量是指资产和负债按照市场参与者在计量日发生的有序交易中，出售资产所能收到或者转移负债所需支付的价格计量。公允价值计量是市场经济条件下维护产权秩序的必要手段，也是提高会计信息质量的重要途径，它代表了会计计量体系变革的总体趋势。

② 历史成本原则是指企业的各项财产应当按照实际成本计量。其后各项财产如发生减值，应当按照规定计提相应的减值准备。除行政法规和国家统一的会计制度另有规定者外，企业一律不得自行调整账面价值。

③ 收付实现制亦称“收付实现基础”或“现收现付制”，是“权责发生制”的对称。在会计核算中，是以款项是否已经收到或付出作为计算标准，来确定本期收益和费用的一种方法。凡在本期内实际收到或付出的一切款项，无论其发生时间早晚或是否应该由本期承担，均作为本期的收益和费用处理。

面收益势在必行。所有者权益变动表只是报告全面收益的一个开端。

5. 成本报表

成本报表是反映企业一定期间的产品成本和其他费用的水平及构成情况的报表，包括商品产品成本表、主要产品单位成本表和各种费用明细表。成本报表所揭示的信息有助于考核和分析产品成本构成和费用支出情况，从而有利于加强成本管理和成本控制，降低成本，节约费用，提高经济效益。企业的成本属于商业秘密，所以成本报表不对外报送，也不向外公布，但对企业内部成本管理非常有用，因而必须进行编制和分析。成本报表如表 2－2 所示。

表 2－2　　成本报表样表

项　　目	上年实际	本年计划	本月实际	本年累计实际
生产费用：				
直接材料费用				
直接人工费用				
制造费用				
废品损失				
生产费用合计				
加：在产品、自制半成品期初余额				
减：在产品、自制半成品期初余额				
产品生产成本合计				

（二）会计报告附表

会计报告附表是指对主表的某一项或几项内容提供更为详细的报表。常见的附表有利润分配表、应交增值税明细表、业务分布报表和地区分部报表等。

1. 资产减值准备明细表

资产减值是指资产的可收回金额低于其账面价值。企业所有的资产在发生减值时，原则上都应当及时加以确认和计量。但是由于有关资产特性不同，其减值会计处理也有所差别，因而所适用的具体准则不尽相同。资产减值准备明细表就是将不同资产的减值准备计提、转回与转销情况罗列在一张表格上。

表 2－3　　减值准备明细表样表

项　　目	年初账面余额	本期增加	本期减少		期末账面余额
			转　回	转　销	
1. 坏账准备					
2. 存货跌价准备					
3. 可供出售金额资产减值准备					
4. 持有至到期投资减值准备					
5. 长期股权投资减值准备					
6. 投资性房地产减值准备					

续表

项目	年初账面余额	本期增加	本期减少		期末账面余额
			转回	转销	
7. 固定资产减值准备					
8. 工程物资减值准备					
9. 在建工程减值准备					
10. 生产性生物资产减值准备					
11. 无形资产减值准备					
12. 商誉减值准备					
……					
合计					

2. 利润分配表

利润分配表是反映企业在一定时期利润分配情况和年末未分配利润结余情况的报表。利润分配表按月编制，是利润表的附表，利润表反映企业利润的形成情况，而利润分配表则是用来反映企业的利润分配情况(见表 2－4)。

表 2－4　利润分配表样表

项目	行次	本年实际	上年实际
一、净利润			
加：年初未分配利润			
其他转入			
二、可供分配的利润			
减：提取法定盈余公积			
提取职工奖励及福利基金			
提取储备基金			
提取企业发展基金			
利润归还投资			
三、可供投资者分配的利润			
减：应付优先股股利			
提取任意盈余公积			
应付普通股股利			
转作资本(或股本)的普通股			

3. 应交增值税明细表

应交增值税明细表是反映企业应交增值税详细情况的报表，是企业资产负债表的附表(见表 2－5)。

表 2－5　　应交增值税明细表样表

项　　目	行　次	本月数	本年累计数
一、应交增值税			
1. 年初未抵扣数			
2. 销项税额			
出口退税			
进项税额转出			
转出多交增值税			
3. 进项税额			
已交税金			
减免税款			
出口抵减内销产品应纳税额			
转出未交增值税			
4. 期末未抵扣数			
二、未交增值税			
1. 年初未交数			
2. 本期转入数			
3. 本期已交数			
4. 期末未交数			

4. 制造费用明细表

制造费用明细表是反映工业企业在一定时期内发生的各项制造费用及其构成情况的成本报表。表中的各明细项目,应包括企业各个生产单位为组织和管理生产所发生的各项费用(见表 2－6)。

表 2－6　　制造费用明细表样表

费用项目	本年计划数	上年同期实际数	本月实际数	本年累计实际数
工资及福利费				
办公费				
折旧费				
水电费				
修理费				
运费				
租赁费				
劳动保护费				
机物料消耗				
合　计				

5. 管理费用明细表

管理费用明细表反映在一定会计期间企业管理部门在报告期内为组织和管理企业生产经营活动所发生的各项费用及其构成情况的报表(见表 2-7)。

表 2-7 管理费用明细表样表

费用项目	本年计划数	上年同期实际数	本月实际数	本年累计实际数
工资及福利费				
办公费				
折旧费				
水电费				
修理费				
运费				
租赁费				
劳动保护费				
机物料消耗				
合　计				

6. 财务费用明细表

财务费用明细表是反映企业在一定时期内发生的财务费用及其构成情况的报表。利用该表可以分析财务费用的构成及其增减变动情况,考核各项财务费用计划的执行情况(见表 2-8)。

表 2-8 财务费用明细表样表

项　　目	本年计划数	上年同期实际数	本月实际数	本年累计实际数
利息支出(减利息收入)				
汇兑损失(减汇兑收益)				
金融机构手续费				
其他				
合　　计				

7. 销售费用明细表

销售费用是指企业在销售产品、自制半成品和提供劳务等过程中发生的各项费用。包括由企业负担的包装费、运输费、广告费、装卸费、保险费、委托代销手续费、展览费、租赁费(不含融资租赁费)和销售服务费、销售部门人员工资、职工福利费、差旅费、折旧费、修理费、物料消耗、低值易耗品摊销以及其他经费等。销售费用明细表如表 2-9 所示。

表 2-9 **销售费用明细表样表**

项　目	2013 年	2014 年	2015 年	2016 年	2017 年
市场维护费					
广告宣传费					
职工薪酬					
运输装卸费					
综合管理					
促销及广告费					
制作费					
租赁费					
差旅费					
办公费					
……					
其他					
合　计					

(三)年度财务报告与中期财务报告

1. 年度财务报告

年度财务报告是指以整个会计年度为基础编制的财务报告。《中华人民共和国公司法》(以下简称《公司法》)第 175 条规定,公司应当在每一会计年度终了时编制财务会计报告,并依法进行审查验证。为了规范上市公司年度报告的编制及信息披露行为,保护投资者的合法权益,根据《公司法》和《中华人民共和国证券法》(以下简称《证券法》)等法律法规及中国证券监督管理委员会的有关规定,中国证监会于 2005 年重新修订了《公开发行股票公司信息披露的内容与格式准则第二号(年度报告的内容与格式)》,对公司年度报告中应披露的信息作了更为详细的规定和说明。同时明确指出,该准则的规定是对公司年度报告信息披露的最低要求。公司年度报告中的财务会计报告必须经具有证券、期货相关业务资格的会计师事务所审计,审计报告必须由该所至少两名注册会计师签字。已发行境内上市外资股及其衍生证券并在证券交易所上市的公司,还应进行境外审计(指会计师依据国际审计准则或境外主要募集行为发生地审计准则,对公司按照国际会计准则或境外主要募集行为发生地会计准则调整的财务会计报告进行审计)。

2. 中期财务报告

鉴于投资者、债权人对公开披露的财务报表信息的质量提出了更高的要求,财政部《企业会计准则第 32 号——中期财务报告》对中期财务报告的编制及原则进行了规范。中期财务报告是指以中期为基础编制的财务报告。“中期”,是指短于一个完整的会计年度(自公历 1 月 1 日起至 12 月 31 日止)的报告期间,它可以是一个月、一个季度或者半年,也可以是其他短于一个会计年度的期间,如 1 月 1 日至 9 月 30 日等。因此,中期财务报告包括月度财务报告、季度财务报告、半年度财务报告,也包括年初至本中期末的财务报告。中期财务报告至少应当包括资产负债表、利润表、现金流量表、附注等内容,企业可以根据需要自行决定是否编制和披露所有者权益变动表。中期财务报告在编制时应当和年度财务报告保持一致的会计原则，遵循重要性原则，体现及时性原则。

中期财务报告的数据只是年度财务报告数据的组成部分，应以发展的、动态的眼光来看待相关财务数据，不能仅仅依据静态数据进行决策，因为许多财务活动的会计账务处理是以会计年度作为确认、计量和报告的依据，可能无法在中期报告数据中体现出来。

（四）管理用财务报表、成本报表与预算报表

企业的经营管理者，由于是企业运营活动的实际执行者，因此他除了对外会计财务报表以外，还有比外部利益相关者更多的报表信息分析来源，也就是在企业内部产生和使用的各种管理类报表，主要有管理用报表、成本报表、预算报表。这些报表的使用主体范围非常有限，通常主要就是企业的经营管理者，这也对企业内部经营管理者和外部利益相关者的决策有较大的辅助价值。

1. 管理用财务报表

通用财务报表基于会计准则的需要编制和披露而成，但它所提供的信息并不完全适用于财务分析及企业内部管理。企业的财务活动主要可以围绕经营活动和金融活动两个方面来分类，与企业密切相关的市场主要是证券市场和产品市场。因此，企业的资产主要可以分为两类：一类是为了进行生产经营活动而配置形成的经营类资产；另一类是基于投融资目标而投资于资本市场所形成的金融类资产。基于这种分类，企业内部管理者编制了管理用财务报表进行分析，主要包括管理用资产负债表、管理用利润表及管理用现金流量表，以及在此基础上的管理用财务分析体系。

管理用资产负债表是按照经营类和金融类分别将资产和负债进行重新分类后编制的报表。这种报表将资产区分为经营资产和金融资产分别列示，将负债区分为经营负债和金融负债。列示的报表项目大类有经营性流动资产、经营性流动负债、经营性长期资产、经营性长期负债、金融负债、金融资产及股东权益。

管理用利润表是按照经营类和金融类分别将收入和费用进行重新分类后编制的报表。这种报表主要区分金融损益和经营损益。金融损益主要涉及财务费用、公允价值变动收益、投资收益和资产减值损失。经营损益是指除金融损益以外的当期损益。同时在划分经营损益和金融损益的基础上进行所得税费用的分摊。列示的报表项目大类有营业收入、毛利、税前营业利润、税后营业净利润、利息费用、税后利息费用、净利润。

管理用现金流量表是按照经营类和金融类分别将现金流量进行分类后编制的报表。这种报表主要区分经营现金流量和金融现金流量。结合现金流量表本身的特点，经营现金流量主要是经营活动产生的现金流量，而金融现金流量主要是投资活动和筹资活动产生的现金流量。

列示的报表项目中，经营活动现金流量主要计算营业现金毛流量、营业现金净流量、实体现金流量。金融活动现金流量主要计算债务现金流量、股权现金流量、融资现金流量，其中实体现金流量应等于融资现金流量。

2. 成本报表

成本决定着企业的生存与发展，是反映工作质量的综合性指标。成本报表的编制与分析工作是成本管理工作的重要环节。成本报表是服务于企业内部经营管理的内部管理会计报表，不需要对外报送或者公布，具有非公开性、针对性、灵活性和及时性等特征。成本报表按照所反映的内容可以分为反映产品成本情况的报表（如产品生产成本报表、主要产品单位成本报表等）和反映费用支出情况的报表（如制造费用明细表、管理费用明细表、财务费用明细表和销售费用明细表等)。

产品生产成本表是反映企业在报告期内生产的全部产品的总成本的报表,分为按照成本项目编制的产品生产成本表及按照产品种类编制的产品生产成本表。按成本项目编制的产品生产成本表是按成本项目如直接材料、直接人工、制造费用等汇总反映企业在报告期内发生的全部生产成本及产品生产成本合计额的报表。按产品种类编制的产品生产成本表是按照产品不同的种类汇总反映企业在报告期内生产的全部产品的单位成本及总成本的报表。对产品生产成本表进行分析时可以采用比较分析法、比率分析法及趋势分析法进行不同层面的分析。

3. 预算报表

财务预算是企业全面预算的重要组成部分,它与业务预算、资本预算、筹资预算共同构成企业的全面预算。财务预算作为总预算,从价值方面总括反映经营期业务预算、资本预算、筹资预算的结果,形成了一系列预计资产负债表,这些财务报表是在经营活动发生以前编制的财务报表,从而为企业经营管理提供战略目标。

预算财务报表记录的是预期数据,并不是实际发生的业绩,是全面预算过程中最后的环节和产物,所有财务数据都是根据一定的规则、制度和预测数据计算编制,是企业经营管理活动的起点,一般是按年度进行编制,分季度和月份加以落实和考核。

资产负债预算表是以货币单位编制的企业预算年度的期末财务状况的总括性预计报表,它可以为企业管理当局预测未来期间的经营状况,以及判断预算内的财务状况的稳定性和流动性。

利润预算表是以货币单位编制的反映企业预算年度内经营成果的预计报表。预计财务报表是利润预算的重要结果,利润预算是财务预算乃至全面预算的核心和重要环节,是编制预计资产负债表的基础,它可以使企业在总体上掌控收入、成本、费用和利润的实现及变动情况,便于企业通过留存收益预期来分析内部融资来源等融资决策问题。

现金流量预算表是指依据财务会计报表中现金流量表的主要内容,对预算年度各期的现金收支及现金筹措情况的计划形成的报表。与现金流量表一样,这里的现金包括库存现金、银行存款和其他货币资金,以收付实现制作为编制基础。现金流量预算表的编制要以其他各项预算为基础,依次是销售预算、生产预算、直接材料预算、直接人工预算、制造费用预算、产成品预算、销售及管理费用预算、资本与研究开发预算、筹资预算。现金流量预算表的编制可以使得企业有效地进行现金流量管理,是企业控制货币资金收支、组织财务活动、平衡调度资金的直接依据。

(五) 合并财务报表

根据财政部发布的《企业会计准则第 33 号——合并财务报表》的规定,合并财务报表是以母公司和子公司组成的企业集团作为经济意义上的会计主体,以母公司和子公司单独编制的个别财务报表作为基础,由母公司编制的综合反映集团整体财务状况、经营成果及现金流量的财务报表。在控股合并活动后,合并企业成为母公司,被合并企业成为子公司,合并企业与被合并企业实现经营活动的一体化。合并财务报表就是以企业集团为主体而编制的财务报表。合并财务报表具体包括:合并资产负债表、合并利润表、合并现金流量表、合并所有者权益变动表及报表附注。编制合并财务报表的理论主要有母公司理论、实体理论和所有权理论。我国的会计准则近年来与国际接轨,主要以实体理论作为基础。在合并资产负债表的股东权益部分列示少数股东权益。合并财务报表能够对外提供企业集团整体经营情况的会计信息,有效地避免人为利用控股关系粉饰财务报表的行为。

二、文字报告

财务报告中的文字报告部分不是会计报表，但却是阅读和分析报表的基础。许多会计报表数字不能表达的内容和数字背后隐含的内容，需要通过文字部分来加以说明。文字报告部分主要包括会计报表附注、财务情况说明书和注册会计师审计报告。

（一）会计报表附注

会计报表附注是对报表的补充说明和具体解释。一些会计报表数字本身难以表达的内容，可以通过附注来说明。会计报表附注是对在资产负债表、利润表、现金流量表和所有者权益变动表中列示项目的文字描述或明细资料，以及未能在这些报表中列示项目的说明等。

1. 会计报表附注包括的内容

(1) 企业基本情况，包括企业注册地、组织形式和总部地址；企业的业务性质和主要经营活动；母公司以及集团最终母公司的名称。

以云南白药股份有限公司的企业基本情况为例，见表2-10。

表2-10　　上市公司公司企业基本情况表

股 票 简 称		股票代码	
变更后的股票简称			
股票上市证券交易所			
公司的中文名称			
公司的中文简称			
公司的英文名称			
公司的英文缩写			
注册地址			
注册地址的邮政编码			
办公地址			
办公地址的邮政编码			
公司网址			
电子邮箱			

(2) 财务报表的编制基础，如会计假设、会计计量属性等。

(3) 遵循企业会计准则的说明。

(4) 重要会计政策的说明，包括财务报表项目的计量基础和会计政策的确定依据等。

(5) 重要会计估计的说明，包括下一会计期间很可能导致资产、负债账面价值重大调整的会计估计的确定依据等。

(6) 关联方关系及其交易的说明。

(7) 重要资产转让及其出售情况。

(8) 会计估计和会计变更以及差错更正的说明。

(9) 对已在资产负债表、利润表、现金流量表和所有者权益变动表中列示的重要项目的进一步说明，包括终止经营税后利润的金额及其构成情况等。

(10) 或有和承诺事项、资产负债表日后非调整事项、关联方关系及其交易等需要说明的事项。

(11) 会计报表重要项目的说明，主要包括：应收账款及计提坏账准备的方法；存货核算方法；投资核算方法；收入的核算；所得税的会计处理方法；合并会计报表的说明等。

2. 会计报表附注的作用

(1) 突出信息的重要性

财务报表附注有助于报表使用者全面了解企业的财务状况和经营成果。作为信息披露的重要组成部分，报表附注是对报表本身内容及未包括的项目所作的补充说明和详细解释。许多很重要且可以公开的重要信息，由于受会计报表格式的制约无法得以反映，附注弥补了这一缺陷，使报表使用者能够获得更多有用的信息。

(2) 有助于信息的可理解性

财务报表附注有助于报表使用者更好地理解会计报表。财务报表的内容具有一定的专业性，不具备会计专业知识的人无法准确地理解财务报表信息。财务报表附注不同于财务报表以数字为主的形式，而是以文字资料为主。通过财务报表附注的解释和说明，不但可以使专业人士能够深刻理解会计报表信息，也使非专业人士能看懂财务报表。

(3) 提高了信息的可比性

财务报表附注帮助报表使用者正确分析和评价企业。相对于财务报表的固定格式和披露要求，财务报表附注的信息披露与表达要灵活得多，内容上除了包括详细的财务信息外，还包括一些非财务信息，而这些非财务信息对正确分析和评价企业的财务状况及经营成果可能是至关重要的。另外，对由于会计政策及处理方法等的变化所导致的报表项目不可比的问题，可以通过辅助的相关说明进行调整，使其具有可比性，从而使报表使用者做出正确的分析和评价。

(二) 财务情况说明书

财务情况说明书是企业对自身的财务状况和经营成果作出的自我评价。通过阅读会计报表和会计报表附注，可以对企业的基本情况有比较全面和具体的了解，但是还有一些信息不能充分获取。财务情况说明书就是为了更全面地说明有关财务状况而编制的，它不是阅读和分析财务会计报告的基础，而是阅读和分析财务会计报告后所做出的总结。

财务情况说明书一般应包括的内容有：企业生产经营的基本情况；利润实现和分配情况；资金增减和周转情况；对企业财务状况、经营成果和现金流量有重大影响的其他事项。

阅读会计报表和会计报表附注后，应仔细阅读财务情况说明书，这样就可以更好地理解企业的经营情况，有助于客观地评价企业经营管理者的业绩。

(三) 注册会计师审计报告

审计报告是指注册会计师根据独立审计准则的要求，在实施了必要审计程序后出具的，用于对被审计单位年度会计报表发表审计意见的书面文件。这里涉及的被审计单位负责编制和报送会计报表，并接受注册会计师审计的企业和实行企业化管理的事业单位。审计报告是审计工作最终成果的体现，具有法定证明效力。

1. 审计报告的内容

(1) 标题。

(2) 收件人。

(3) 范围段。说明已审计的会计报表的名称及日期期间；明确会计责任和审计责任的归属；审计的依据；所实施的审计程序和完成情况。

（4）意见段。说明会计报表的编制是否符合《企业会计准则》和国家其他有关财务会计法规的规定；会计报表在所有重要方面是否恰当地反映了被审计单位资产负债表日的财务状况以及所审计期间的经营成果和资金变动情况；会计处理方法是否遵循了一致性原则[①]。

（5）说明段。若注册会计师出具保留意见、反对意见或拒绝表示意见的审计报告，应当在范围段与意见段之间增加说明段。在说明段中，应当清楚地说明所持意见的理由及对会计报表影响的程度。当注册会计师出具无保留意见的审计报告时，一般不设说明段；如果认为必要，可以在意见段之后增加对重要事项的说明。

（6）签章、会计师事务所地址和报告日期等基本内容。

（7）报告日期。

2. 审计报告的分类

注册会计师根据审计结果和被审计单位有关问题的处理情况，形成不同的审计意见，出具四种基本类型审计意见的审计报告。注册会计师出具的审计报告有四种类型：无保留意见的审计报告、保留意见的审计报告、反对意见的审计报告和拒绝表示意见的审计报告。审计报告包含着丰富的信息，我们可以从不同类型的审计报告中了解报表的真实性和可靠性、注册会计师对企业会计报表的审计结果以及企业的会计事项是否存在问题。

（1）无保留意见的审计报告

无保留意见的审计报告是指注册会计师对被审计单位的会计报表，依照中国注册会计师独立审计准则[②]的要求进行审查后确认；被审计单位采用的会计处理方法遵循了会计准则及有关规定；会计报表反映的内容符合被审计单位的实际情况；会计报表内容完整、表述清楚，无重要遗漏；报表项目的分类和编制方法符合规定要求，因而对被审计单位的会计报表无保留地表示满意。无保留意见意味着注册会计师认为会计报表的反映是合法、公允和一贯地，能满足非特定多数利害关系人的共同需要，并对表示的该意见负责。

注册会计师经过审计后，认为被审计单位会计报表的编制符合下述情况时，应出具无保留意见的审计报告：

① 会计报表的编制符合《企业会计准则》和国家其他财务会计法规的规定。

② 会计报表在所有重要方面恰当地反映了被审计单位的财务状况、经营成果和资金变动情况。

③ 会计处理方法的选用遵循了一致性原则。

④ 注册会计师已按照独立审计准则的要求，完成了预定的审计程序，在审计过程中未受阻碍和限制。

⑤ 不存在影响会计报表的重要的未确定事项。

⑥ 不存在应调整而被审计单位未予调整的重要事项。

---

① 一致性原则也称一贯性原则，它要求企业采用的会计处理方法前后各期应当保持一致，而不得随意变更。如确有必要变更，须将变更原因及其对财务状况和经营成果的影响在财务报告中加以说明。

② 独立审计准则又称独立审计标准，它是注册会计师职业规范体系的重要组成部分，是注册会计师在执行独立审计业务过程中应当遵循的行为准则，是衡量注册会计师审计工作质量的权威性标准。独立审计准则是中国注册会计师职业规范体系的重要组成部分。独立审计基本准则、具体准则与实务公告是注册会计师执行独立审计业务、出具审计报告的法定要求，各会计师事务所和注册会计师执行《中华人民共和国注册会计师法》第十四条规定的审计业务时应当遵照执行。

由于会计报表不可能做到完全正确和绝对真实，所以审计报告中不应使用“完全正确”和“绝对真实”等词汇，也不能使用“大致反映”和“基本反映”等模糊不清、态度模糊的词汇。

(2) 保留意见的审计报告

保留意见是指注册会计师对会计报表的反映有所保留的审计意见。注册会计师经过审计后，认为被审计单位会计报表的反映就其整体而言是恰当的，但还存在下述情况之一时，应出具保留意见的审计报告：

① 个别重要财务会计事项的处理或个别重要会计报表项目的编制不符合《企业会计准则》和国家其他有关会计法规的规定，而且被审计单位拒绝进行调整；

② 因审计范围受到局部限制，无法按照独立审计准则的要求取得应有的审计证据；

③ 个别会计处理方法的选用不符合一贯性原则①。

④ 存在对会计报表反映有主要影响的个别未确定事项。

上述条件要求注册会计师在遇到可能对被审计单位会计报表产生较大影响的重要事项时，在审计意见中加以保留。上述保留事项可归纳为以下四类：

第一类，未调整事项。即被审计单位的会计处理方法与注册会计师的看法不一致，又不愿进行调整，而且这种不一致所产生的差异能够准确地加以计量。一般来说，注册会计师在审计过程中提出应予调整的项目，被审计单位已经做了处理的，如调整本年度会计报表，或不便调整时在会计报表的附注中加以反映的，审计报告中就不再保留，只在相应的审计工作底稿中列示。但被审计单位对于注册会计师认为比较重要的审计调整事项不进行调整，注册会计师应将这些对审计意见有较大影响的内容在审计报告中明确指出，并说明其理由，指出这些调整对被审计单位提供的会计报表可能产生的影响。

第二类，审计范围受到局部限制。即注册会计师在审计过程中应实施的审计程序由于审计范围受到局部限制而无法实施，也难以实施必要的替代审计程序，而且无法实施的审计程序对被审计单位会计报表的审计可能会产生影响。

第三类，不符合一致性原则。即被审计单位的个别会计处理方法虽符合《企业会计准则》和国家其他有关财务会计法规的规定，但前后期不一致，而且这种不一致导致的对会计报表反映的影响是可以计量的。

第四类，未确定事项。即被审计单位和注册会计师共同努力都不能预计、确认其对会计报表影响程度的事项。

(3) 否定意见的审计报告

否定意见是指与无保留意见相反，认为会计报表不能合法、公允、一贯地反映被审计单位财务状况、经营成果和现金流量情况。注册会计师经过审计后，认为被审计单位的会计报表存在下述情况之一时，应当出具否定意见的审计报告：

① 会计处理方法严重违反了《企业会计准则》和国家其他有关财务会计法规的规定，被审计单位拒绝进行调整。

② 会计报表严重歪曲了被审计单位的财务状况、经营成果和现金流动情况，而且被审计

---

① 一贯性原则，是要求企业采用的会计政策在前后各期保持一致，不得随意改变。如果确有必要变更，应当将变更的原因和变化的情况及其对会计单位财务状况和经营成果的影响在财务报告中加以说明。在会计核算中，会计处理方法的变更，往往会导致不同会计期间成本、收入等指标口径的不一致，影响会计信息的可比性，最终影响到会计信息的价值。坚持一贯性原则，不仅能够提高会计信息的使用价值，而且可以制约和防止企业通过变更会计方法人为地操纵成本、费用和利润等会计指标的行为。

单位拒绝进行调整。

(4) 无法表示意见的审计报告

拒绝表示意见是指注册会计师说明其对此审计单位会计报表的合法性、公允性和一贯性无法发表意见。注册会计师在审计过程中,由于审计范围受到委托人、被审计单位或客观环境的严重限制,不能获取必要的审计证据,以致无法对会计报表整体反映发表审计意见时,应当出具无法表示意见的审计报告。

当出具保留意见、否定意见和无法表示意见的审计报告时,注册会计师应当在注册会计师的责任段之后、审计意见段之前增加说明段,清楚地说明导致所发表意见或无法发表意见的所有原因,并在可能的情况下,指出其对财务报表的影响程度。分析者应将注册会计师关于审计意见涉及实行报告期内公司财务状况和经营成果的影响说明进行比较分析,从中找出二者对同一问题的不同看法所在,形成一个较为全面的认识和比较清晰的判断。

从市场经济的发展趋势看,越来越多的上市公司需要注册会计师对其财务报告进行审计,并出具审计报告。因此,了解审计报告的种类、出具条件及具体含义,对理解企业财务报告所包含的信息质量及进行合理的财务报表分析都具有重要意义。一般认为,注册会计师签发的针对企业年度财务报告出具的审计报告主要具有鉴证、保护和证明三方面的作用,注册会计师签发审计报告,是以独立的第三者身份,对被审计单位财务报表合法性、公允性发表意见。这种意见具有鉴证作用,并且注册会计师通过审计可以对被审计单位财务报表出具不同类型审计意见的审计报告,以提高或降低财务报表信息使用者对财务报表的信赖程度,能够在一定程度上对被审计单位的财产、债权人和股东的权益及企业利害关系人的利益起到保护作用。而审计报告是对注册会计师审计任务完成情况及其结果所做的总结,可以表明审计工作质量并明确注册会计师的审计责任。

第二节　企业财务分析外部分析基础

一、宏观经济政策与信息

宏观经济政策是指政府调节宏观经济运行的政策与措施。宏观经济政策主要着眼于经济增长、稳定物价、促进就业等目标,它包括财政政策、金融政策、收入分配政策等。宏观经济政策的变化,最终会改变企业的财务运行过程和结果。

财政政策是指政府运用支出和收入来调节总需求、控制失业和通货膨胀、实现经济稳定增长和国际收支平衡的政策。财政政策工具包括财政支出(政府购买和政府转移支付)、政府税收、国债等。在财政政策中,税收政策对企业的影响最为直接。政府会根据经济运行情况和财政政策的特点不断调整国家财政政策。国家财政政策的调整会直接或间接地影响到企业国家实行积极的财政政策时,财政支出会扩大,社会消费能力会增强,经济增长速度会加快(或经济下降速度会减缓),物价会回升。而国家实施紧缩财政政策时,则会出现相反的效应。财政政策的变化对不同企业会产生不同的影响。

金融政策是指中央银行为实现宏观经济调控目标而采用各种方式调节货币、利率和汇率水平,进而影响宏观经济的各种方针和措施的总称。金融政策一般是稳定货币供应、维护金融秩序,进而实现经济增长、物价稳定、充分就业和国际收支平衡。它主要包括货币政策、利率政策和汇率政策。

货币政策是指中央银行为实现特定的经济目标而采用的各种控制和调节货币、信用及利率的方针和措施的总称。货币政策工具分为一般性货币政策工具和选择性货币政策工具。前者包括法定存款准备金制度、再贷款、再贴现业务和公开市场操作，后者主要有消费者信用控制、证券市场信用控制、不动产信用控制、信贷配给直接信用控制等。

利率政策是中央银行调整社会资本流通的手段。利率的变化会改变居民储蓄和消费，改变社会资本的流向和流量，改变企业的融资和投资策略，可以在一定程度上调节产品结构、产业结构和整个经济结构。汇率政策对于国际贸易和国际资本流动具有重要的影响，汇率变化对出口型企业和依赖进口的企业会产生不同的影响。

宏观经济信息是国民经济运行情况的信息。宏观经济信息反映了经济运行的一般状况。物价指数、社会商品零售总额、固定资产投资规模、货币供应量、贷款总额、工业产品出厂价格、生产用电量、就业人数等指标，都属于宏观经济信息。宏观经济信息的主要来源渠道为宏观经济统计报告。由于财务报表分析的对象是针对单个企业的财务状况和经营状况，分析人士往往容易忽视宏观经济信息，忽视宏观经济数据变化对企业可能产生的影响。宏观经济数据的变化，预示着经济发展趋势的变化，例如，物价指数的下降或增幅的降低，有可能预示着存在经济下行的可能，对于资本结构不合理的企业，有可能在未来存在较大的财务风险。

在财务报表分析过程中，对企业未来发展前景的判断、财务风险的大小等，需要结合宏观经济信息才能作出正确的判断。

二、行业信息与产业政策

企业的财务特点受制于企业的行业特点，对企业财务状况的优劣，要结合行业特点和横向类比进行判断。对企业进行财务报表分析，要熟悉行业特点，掌握行业的一般财务指标特征。例如，房地产开发企业的资产负债率可能比一般行业高，商业企业的存货周转速度要远高于制造业企业等。收集行业信息，要更多地收集行业标准值、行业经验值、行业典型企业的财务值等。对于分析者不熟悉的行业，则应从理解行业的主要特点、业务流程、行业环境、发展动态等环节入手。

产业政策是政府为了合理调配经济资源、实现特定经济和社会目标而对特定产业实施干预的政策和措施。特定的产业政策面向特定产业，对产业内的企业发挥作用。产业政策按照其作用方向可分为产业扶植政策、产业规范政策和产业抑制政策。产业扶植政策指运用财政金融、价格、贸易、政府购买和行政等手段扶植和保护幼稚产业、主导产业等特定产业发展的政策。它的功能在于倾斜性地为特定产业提供资源并扩大市场。产业规范政策是指为了环保、安全、保护战略资源等经济社会发展需要，规范产业发展方式和发展方向的产业政策。产业抑制政策是为了供求平衡、环保、安全等原因，短期性或长期性地抑制甚至禁止一定产业发展的政策。

产业政策改变社会经济资源在产业之间和产业内的分配，对企业发展和生产经营活动产生重要影响，从而改变企业的财务状况和经营成果。国家实行固定资产投资项目资本金制度，对不同行业固定资产投资资本金比例的改变会影响到相关行业的资本结构、资产负债率，改变企业的财务风险。国家对特定行业实行淘汰落后产能的政策，会打压行业内的中小企业[①]的

① 中小企业是指在中华人民共和国境内依法设立的，人员规模、经营规模相对较小的企业，包括中型企业、小型企业和微型企业。

生存空间，提高产业的集中度，对产业内的大企业和技术先进企业而言，则意味着扩大了市场空间。进行财务报表分析，必须关注产业政策的变化与调整及对其产业内不同企业的影响。

三、表外信息基础

财务报表分析主要建立在对法定财务报表进行分析的基础之上，法定财务报表的编制必须严格按照会计准则和会计制度来执行，因此受制于法律框架范围及会计信息披露的成本尽管存在会计信息披露质量原则的统一要求，但是主要财务报表并不能够做到信息的完全描述和详尽披露。因此，对表外信息的关注逐渐进入财务分析工作者的研究视野。

表外信息是指会计报表的提供者不能或者不便在法定会计报表框架内反映的，但是却能帮助财务报表使用者比较全面、正确地理解有关会计报表的内容、企业财务状况、或有事项①及未来发展的重要信息，它是会计报表的重要补充和说明，处于主要报表的从属地位。

表外信息披露有其存在的必要性：表内信息的局限性要求进行表外信息披露加以补充，能反映更多的非货币化信息；适当的表外信息有助于解决由于委托代理关系②的存在而形成的信息不对称问题，这也是评价管理人员履行受托责任的重要依据；表外信息内容多样，不受格式、范围和时间的限制，是对利益相关者决策依据的重要参考补充。

表外信息的含义广泛、内容多样，没有固定的表格和指标的限制。表外信息披露的内容主要包括以下几个方面。

1. 有关会计政策的披露。会计政策是指企业在编制和披露财务报表时所采用的特定的原则、基础、惯例、规则和实际方法。会计政策的揭示有助于会计信息的使用者了解会计信息加工生产的过程。

2. 有关预测信息和辅助信息的披露。利用报表进行预测信息的披露可以克服历史信息的滞后性，从而降低与信息使用者未来决策相联系的不确定风险。辅助信息主要反映物价变动方面的信息，是对以历史成本为基础的会计信息的重要补充。

3. 有关分部信息的披露。分部信息披露是重组③、借壳④企业在跨行业、跨地区经营状态下会计报表的必要补充。分部信息披露应重点反映三个方面的内容：一是营业收入、营业成本及营业收益，其中营业成本要揭示共同费用的分摊方法；二是要揭示分部之间的转移价格，看是否存在操纵价格调节利润的行为；三是可辨认资产信息，包括折旧、折耗及摊销、资本支出等。

4. 有关人力资源信息的披露。人力资源是企业发展的重要财富，人力资产和人力资本目前尚未明确量化地纳入会计准则及信息披露框架，但是在当前经济快速发展、知识日益更新的

---

① 或有事项是指过去的交易或者事项形成的，其结果须由某些未来事件的发生或不发生才能决定的不确定事项。

② 委托代理关系是指市场交易中，由于信息不对称，处于信息劣势的委托方与处于信息优势的代理方相互博弈达成的合同法律关系。

③ 重组(Reorganization)是指企业制定和控制的，将显著改变企业组织形式、经营范围或经营方式的计划实施行为。属于重组的事项主要包括：出售或终止企业的部分经营业务；对企业的组织结构进行较大调整；关闭企业的部分营业场所，或将营业活动由一个国家或地区迁移到其他国家或地区。重组还包括股份分拆、合并、资本缩减(部分偿还)以及名称改变。

④ 借壳上市是指一家私人公司(Private Company)通过把资产注入一家市值较低的已上市公司(壳，Shell)，得到该公司一定程度的控股权，利用其上市公司地位，使母公司的资产得以上市。通常该借壳公司会被改名。

环境下，企业确实投入了大量的资源用于员工的在职培训和职业发展。因此，为满足信息使用者对企业人力资源状况的了解需求，应该从人力资产的投资成本、人力资产的流通成本及人力资产的管理效率和使用效益等多方面进行表外信息披露。

由于信息的供给者和信息的使用者之间存在信息不对称行为，因此表外信息披露可能会存在误导使用者的违规披露行为。当然，随着会计信息披露规范体系的不断发展和完善，制度的内容将不断更新，制度的细节将不断完善，制度的可执行性和可操作性将越来越强，这不但会将部分表外信息逐步纳入表内信息披露的内容中，也会促使各行业企业的表外信息披露更加充分有序，同时审计监督的加强也会引领企业正确规范地进行表外信息披露。

第三节 财务报表分析的基本假设

企业的会计部门从事财务会计活动、编制财务报表要遵循一定的原则，而会计原则建立在一些基本会计前提的基础之上。会计的基本假设与一般原则也是制约企业报表编制的基本假设与一般原则。一般认为，会计假设是指会计机构和会计人员对那些未经确认或无法正面论证的经济业务或会计事项，根据客观的正常情况或变化趋势所做出的合乎情理的判断。

一、会计主体假设

会计主体(Accounting Entity)假设的基本含义是，每个企业的经济业务必须与企业的所有者及其他经济组织分开。会计主体假设规定了会计处理与财务报告的空间范围，也限定了企业的会计活动范围。有了会计主体假设，会计处理的经济业务和财务报告才可以按特定的主体来识别会计主体假设除了限定企业会计活动的空间范围之外，还对会计概念、会计行为、会计法规建设及报表编制等方面有重大影响。比如对会计概念的影响，要求基本的会计概念具有鲜明的会计主体性。例如，会计中的资产概念指的是特定企业可以支配的经济资源。离开了一定的会计主体，就不可能谈论会计概念。这是会计学概念与其他经济学科概念的本质区别。又如对企业会计行为的影响，要求企业会计行为的出发点应站在企业主体的立场而不是企业以外的立场。按照会计主体假设的要求，企业会计行为只能对企业管理层负责，而不能对企业以外的其他利益集团负责。实际上，新修订的《中华人民共和国会计法》规定，“单位负责人对本单位会计工作和会计资料的真实性、完整性负责”，就是在法规建设中尊重会计活动基本规律和基本要求的体现。再如对报表编制的影响，要求特定会计主体的财务报表只能反映某特定主体的财务状况与经营成果，等等。明确会计主体假设对会计的重要意义，对制定会计政策、评价企业会计行为等具有重要意义。

二、持续经营假设

持续经营(Going Concern)假设的基本含义是，企业会计方法的选择应以企业在可预见的未来将以它现时的形式并按既定的目标持续不断地经营下去为假设。通俗地讲，就是企业在可预见的将来不会面临破产、清算。对此，《企业会计准则——基本准则》的表述是：“企业会计确认、计量和报告应当以持续经营为前提。”在这里，企业在可预见的将来保持持续经营并不意味着企业会永久存在，而是指企业能存在足够长的时间，使企业能按其既定的目标开展经营活动、按已有的承诺去偿清债务。持续经营假设为企业在编制报表时选择会计方法奠定了基础。

主要表现为：一是在一般情况下，资产以其取得时的历史成本计价，而不按其立即进入解散、清算状态的现行市价计价；二是对长期资产摊销，如固定资产折旧、无形资产摊销等问题的处理，均以企业在折旧年限或摊销期内会持续经营为假设；三是企业偿债能力的评价与分析也是基于企业在会计报告期后仍能持续经营的假设；四是正是由于考虑到持续经营假设，才有了会计上除固定资产折旧与无形资产摊销以外其他权责发生制方法（如坏账处理的备抵法、销售收入的确认等）。不仅如此，持续经营假设还要求当传统方法可能危及企业的持续经营时，企业的会计活动能够选择对企业持续经营有利的方法。比如，在市场上存在通货膨胀的条件下，当简单的价值补偿已不能维持其实物替换的持续经营时，就需要研究通货膨胀对持续经营的不利影响，并力求在会计方法上予以消除。

三、会计分期假设

会计分期（Accounting Periods）假设的含义是，企业在持续经营过程中所发生的各种经济业务可以归属于人为划分的各个期间。这种因会计的需要而划分的期间称为会计期间，会计期间通常是按月、季和年来划分的。对此，《企业会计准则——基本准则》的表述是："企业应当划分会计期间，分期结算账目和编制财务会计报告。"

会计分期假设是持续经营假设的必然结果。由于我们假设企业会在可预见的将来保持持续经营状态，因此在持续经营的过程中存在何时向与企业有利害关系的各方提供财务报告的问题。在会计实践中，绝不可能等到企业的全部经营活动完结以后才向外界提供财务报告。为了使财务报告的使用者能定期、及时地了解企业的财务状况和经营成果，会计上应把持续经营的经济活动人为地进行划分，使其归属于各不相同的会计期间，并进行会计处理及财务报告的编制。以年度划分的会计期间称为会计年度。会计年度既可与日历年度一致，又可与日历年度不一致。《企业会计准则——基本准则》规定："会计期间分为年度和中期。中期是指短于一个完整的会计年度的报告期间。"会计期间的确定，实际上决定了企业对外报送报表的时间间隔以及企业报表所涵盖的时间跨度。从会计信息本身应当反映的经济内容以及报表信息使用者所希望了解的内容来看，会计期间的划分应当体现较为完整的生产经营过程。在企业连续、大批、大量生产和经营产品且季节性影响较小的条件下，会计期间的划分不会对信息披露以及信息使用者分析企业财务状况产生较大影响。但是，在企业季节性生产的条件下，整齐划一地以日历年度为会计年度，有可能因财务信息代表性较差而使企业所披露的部分信息（如资产负债表信息）难以反映企业财务状况，从而误导信息使用者。会计分期假设除了为企业进行会计处理计算损益和编制财务报告限定了时间区域、对会计信息质量有重要影响外，对会计的概念也有一定的影响。由于受会计分期假设的影响，许多会计概念具有鲜明的"时期"特性。比如，利润总额收入、费用等均带有鲜明的时期特色。此外，会计分期假设与持续经营假设一起，构成了权责发生制原则的理论基础。

四、货币计量假设

货币计量（Monetary Measurement）假设的基本含义是，会计主体在财务会计确认、计量和报告时均采用货币作为计量单位，反映会计主体生产经营活动价值方面的表现。也就是说，只有能用货币反映的经济活动，才能纳入会计系统。这意味着：第一，会计所计量和反映的，只是企业能用货币计量的方面，某些影响企业财务状况和经营成果的因素，如企业经营战略、研发能力、市场竞争力等，因难以用货币计量而无法反映在会计系统中。然而这些信息对于会计信息使用者来说也很重要，因此企业可以在财务报告中补充披露这些非财务信息。第二，不同实物形态的资产只有用货币作为统一计量单位才能进行会计处理，揭示企业的财务状况。货币计量假设使得企业对大量复杂的经济业务进行统一汇总和计量成为可能。

第四节　制约财务报表分析的一般原则

会计原则是从会计实践中逐渐发展起来的，被公认为公正、妥善和有用的系统化的惯例，是会计人员据以辨认、计量和记录经济业务、提供财务报告的指南。财政部发布的《企业会计准则——基本准则》对我国企业会计以及报表编制应遵循的基本会计原则做了规定。

一、客观性原则

企业应当以实际发生的交易或者事项为依据进行会计确认、计量和报告，如实反映符合确认和计量要求的各项会计要素及其他相关信息，保证会计信息真实可靠、内容完整。我们认为，客观性(Objectivity)原则有两层含义：一是可验证性；二是会计人员对某些会计事项的估计判断合法、合规、合理。可验证性是指企业的会计处理应当尽量以实际发生的业务为基础，以取得的业务凭证为依据。这样，就能保证企业的会计处理从填制记账凭证、登记账簿到编制会计报表等都有可靠的凭证为依据，也能保证会计上的账证、账账、账表和账实之间的相互一致。在会计实务上，除了能够取得记载业务发生情况凭证的业务以外，还有一些虽已发生但其金额需要靠会计人员的职业估计和判断才能确定的业务。对这类业务的处理，就很难要求其达到数据准确性。这些业务有：固定资产和无形资产递延资产的摊销，坏账损失的预先估计，制造费用在完工产品和产成品的分摊，或有损失的估计，等等。很明显，这些业务在各个会计期间都会发生，但其金额量大小不一，不同的会计人员可能会估计出不同的结果。对此，我们只能要求会计人员的处理尽量合法、合规、合理，不带主观偏见。美国会计界比较有代表性的见解认为，财务信息客观性的标志是："如果两个以上有资格的人员查证同样的数据时，基本上能得出相同的计量和结论。"

二、相关性原则

相关性(Relevance)原则是指企业所提供的会计信息应当与信息使用者相关，对信息使用者的决策有用。会计的相关性原则是会计信息的生命力所在。因为企业会计信息的使用者都希望通过利用会计信息做出更加客观、科学的决策。如果会计信息不能起到这一作用，则会计信息乃至会计工作就失去了意义。企业提供的会计信息应当与财务会计报告使用者的经济决策需要相关，有助于财务会计报告使用者对企业过去、现在或者未来的情况做出评价或者预测。

三、明晰性原则

企业提供的会计信息应当清晰明了，便于财务会计报告使用者理解和利用。强调明晰性(Clarity)原则是由会计核算的目的决定的。我们知道，会计核算的目的之一是向与企业有关的各个方面提供有用的会计信息，而要做到这一点，就必须要求企业的会计信息能够清晰完整地反映企业经济活动的来龙去脉。如果因为企业提供的会计信息清晰度不高而使信息使用者无法使用，则不仅会给信息使用者造成困难，而且对提供信息的企业也是一种损失。另外，为了保证企业提供的会计信息符合客观性原则的要求，还需要通过特定的方法对会计信息及其产生的过程进行审查和验证。这就需要企业的会计记录准确、清晰，会计凭证和账簿据实填制和登记，账户对应关系清楚，文字摘要属实，手续齐备，程序合理。

四、可比性原则

企业提供的会计信息应当具有可比性，可比性(Comparability)原则具有两个方面的要求：第一，同一企业不同时期发生的相同或者相似的交易或者事项，应当采用一致的会计政策，不得随意变更。确需变更的，应当在附注中说明。第二，不同企业发生的相同或者相似的交易或者事项，应当采用规定的会计政策，确保会计信息口径一致、相互可比。坚持可比性原则，可以使企业连续几个会计期间的会计信息对经营决策有使用价值，还可以使不同会计期间的会计报表和会计信息进行纵向的分析和对比，也可以防止个别企业或个别人利用会计方法的变动人为操纵体现企业财务状况的指标(如成本、利润等)，以粉饰企业的财务状况和财务成果。另外，对于不同企业，特别是同一行业的不同企业，应当采用规定的会计政策，以使不同企业会计报表的编制建立在相同的基础上，从而有利于会计信息的使用者进行企业间的分析比较。遵守可比性原则，将使企业间的会计信息比较质量大大提高。

五、实质重于形式原则

企业应当按照交易或者事项的经济实质进行会计确认、计量和报告，不应仅以交易或者事项的法律形式为依据。按照实质重于形式(Substance over Form)原则，企业在进行会计处理时，对那些经济实质与法律形式不相符的业务或者事项，可以按照经济实质进行处理。如对融资租入的固定资产，承租方在租赁期内应将租赁的固定资产视同自己的固定资产进行处理。

六、重要性原则

企业提供的会计信息应当反映与企业财务状况、经营成果和现金流量等有关的所有重要交易和事项。重要性(Materiality)原则主要表现为：对某些经济业务，因其金额或数量较小，不单独反映对揭示企业的财务状况不致发生重大影响，因而在处理时采取与其他项目合并以突出其他重要性项目的做法。例如，对低值易耗品的会计处理，尽管其受益期将持续若干会计期间，但其金额与固定资产相比较小，因而在实务上多采用简化的方法，如一次摊销法、五五摊销法等。对固定资产则采用比较规范的折旧处理。至于哪些项目可视为重要性项目，应视企业的实际情况而定。

七、谨慎性原则

谨慎性(Prudence)原则又称稳健性原则，是指在对企业不确定的经济业务进行处理时，应持保守态度。具体地说，凡是可以预见的损失和费用均应予以确认，对不确定的收入则不予确认。企业对交易或者事项进行确认、计量和报告应当保持应有的谨慎，不应高估资产或者收益、低估负债或者费用。必须指出的是，谨慎性原则是市场经济条件下企业会计活动必须遵循的一条重要原则。这是因为，在现实经济生活中存在许多不确定性因素。比如，企业只要与其他经济组织和个人发生商品赊销业务，就存在发生坏账损失的可能性；商业企业购入的商品在经营活动中可能存在削价处理损失以及其他一些或有损失，等等。所有这些都可能对企业的财务状况产生影响。对于上述可能发生的费用和损失，如果不进行预先处理，可能导致高估资产和收益、低估费用和损失，从而使企业在财务分配上处于不利的境地，并且影响企业未来的正常经营活动。目前一般认为，允许企业采用谨慎性原则的方面有：对各种质量下降的资产计提减值准备、对企业进行预计负债的账务处理、对部分固定资产可以采用加速折旧法等。

八、及时性原则

企业对于已经发生的交易或者事项，应当及时进行确认、计量和报告，不得提前或者延后。我们认为，及时性（Timeliness）原则有两方面的含义：一是在企业的经济活动发生以后，会计人员应对其进行及时的会计处理，将其纳入会计系统；二是在会计期间结束以后，应及时编制财务报告，便于利益相关者了解企业财务状况的最新变化。上述两方面含义是相互联系的：只有对已发生的经济业务进行及时的会计处理，才有可能在会计期间结束以后迅速编制财务报告；但如果在会计期间结束以后未能及时编制财务报告，即使会计记录做到了及时性，也会使会计信息的价值大打折扣。

第五节　会计的确认基础和计量属性

一、会计的确认基础

在财务会计理论和实务中，会计确认是一个十分重要的环节，它决定了会计核算主体何时将本单位具体的经济业务记录为何种要素，从而达到向企业外部的利益集团提供符合要求的会计信息这一根本目标。目前，无论从财务会计的理论还是实务来看，可选择的会计确认基础一般只有两个，即收付实现制和权责发生制。

（一）收付实现制

收付实现制（Cash Basis）又称现金制，是以款项的实收实付时间为入账标准来确认本期收入和费用，即凡是本期收到的收入款项和付出的费用款项，不论是否应该属于本期的收入和费用，均作为本期的收入和费用处理，期末不需要对收入和费用进行任何账项调整。由于收付实现制是以企业实际收付现金的时间为确认收入和费用的基本标准，因而报表中所体现的企业当期经营成果与期末的现金余额相一致，这样可以使企业的经营成果具有非常高的含金量和可信度。但是在商业信用广泛采用的行业和领域，现金的收付时间往往和企业实际的收入赚取及费用发生的时间不一致，采用收付实现制将导致计入当期的收入和费用相互之间并不存在事实上的因果关系，使得报表中的利润并不反映企业真实的经营业绩，从而使其失去科学性及运用价值。这一致命缺陷导致当今世界范围内没有一个国家在会计上采用这一确认基础。

（二）权责发生制

权责发生制（Accrual Basis）又称应计制，是以业务的实际发生时间为入账标准来确认本期收入和费用，即凡是属于本会计期间发生的收入和费用，不论其款项是否收付，均应作为本期的收入和费用处理；凡是不属于本期发生的收入和费用，即使其款项已在本期收取或付出，也不作为本期的收入和费用处理。在这里，属于本期的收入也称已实现的收入，其确认主要关注实现收入的过程是否完成，并不关注货币的收取情况：只要商品销售的过程完成或收入的赚取过程完成，在会计上就确认收入。一般来说，企业会计上所确认的收入（体现为利润表中引起利润增加的因素）与货币收款情况有三种对应关系：一是在销售活动完结或劳务提供过程完结时立即收取货款(如现销),使得收入的确认引起货币同时增加;二是在销售活动完结或劳务提供过程完结时并不立即收取货款(部分或全部),但取得在未来确定的时间内收取货款的权利(如赊销),使得收入的确认引起债权增加;三是在向顾客提供商品和劳务以前已经收取了货币(如预收款销售),此时收入的确认引起债务减少。属于本期的费用也称已发生的费用,是指为产生一定会计期间的收入而发生的耗费,在利润表中表现为使利润减少的因素。按照权责发生制原则对费用进行确认,主要关注资源的消耗与实现收入的过程是否相关,并不关注货币的支付情况:只要是为实现收入发生的资源消耗,在会计上就确认为费用。一般来说,企业会计上所确认的费用(体现为利润表中各项费用等)与货币支付情况有三种对应关系:一是在费用发生时立即支付货款(如小额的费用开支),使得费用的确认引起货币同时减少;二是在费用发生时并不立即支付款项(部分或全部),但承担在未来确定的时间内支付款项的义务(如先耗用他人资源,后付款),使得费用的确认引起债务增加;三是在费用发生以前已经对有关资源的取得进行了支付(如先付款购买,后耗用),此时费用的确认引起非货币资产减少。

权责发生制是依据持续经营和会计分期两个基本前提来正确划分不同会计期间资产、负债、收入、费用等会计要素的归属,并运用诸如应收、应付、预提、待摊等项目来记录由此形成的资产和负债等会计要素。企业的经营活动不是一次而是多次,其损益的记录要分期进行,每期损益的计算理应反映所有属于本期的真实经营业绩,收付实现制显然不能完全做到这一点。因此,与收付实现制相比,权责发生制能更加准确地反映特定会计期间实际的财务状况和经营业绩,成为世界范围内普遍采用的会计确认基础。

然而,由于在实务中确认企业业务实际发生的时间往往以企业开发票的时间为标准,而开发票的时间易受人为控制,带有一定的主观性,这便为企业操纵利润提供了相当大的空间和可能性。同时,企业业务发生的时间往往和现金实际收付的时间不一致,导致一个从利润表来看经营很好、效率很高的企业,在资产负债表上却可能因没有足够的现金而陷入财务困境,即通常所说的"有利润没钱"的状况。在金融风险日益加剧的今天,现金为王的观念越来越深入人心,人们甚至认为现金与现金流量比会计利润更重要,因为企业现金流量状况在很大程度上影响着企业的生存与发展。为满足人们的这一信息需求,可以通过编制以收付实现制为基础的现金流量表来弥补权责发生制的不足。

二、会计的计量属性

会计计量是为了将符合确认条件的会计要素登记入账并列报于财务报表而确定其金额的过程。企业应当按照规定的会计计量属性进行计量,确定相关金额。计量属性是指所计量的某一要素的特性,如固定资产的数量、原材料的重量、楼房的高度等。从会计的角度看,计量属性反映的是会计要素金额的确定基础。《企业会计准则——基本准则》规定,会计计量属性主要包括:

(一) 历史成本

历史成本(Historical Cost)又称实际成本,就是取得或制造某项财产物资时所实际支付的现金或者其他等价物。在历史成本计量下,资产按照购置时支付的现金或者现金等价物的金额,或者按照购置资产时支付的对价的公允价值计量。负债按照其因承担现时义务而实际收到的款项或者资产的金额,或者承担现时义务的合同金额,或者按照日常活动中为偿还负债预计需要支付的现金或者现金等价物的金额计量。

采用历史成本原则计价的优越性在于:第一,由于交易价格是由企业与企业外部共同确定的，因而具有一定的客观性；第二，历史成本的确定通常要有一定的会计凭证作为依据，具有可验证性；第三，历史成本原则可抑制因主观判断而产生的可能蓄意歪曲企业财务状况的事件发生。

（二）重置成本

重置成本（Replacement Cost）又称现行成本，是指按照当前市场条件，重新取得同样一项资产所需支付的现金或现金等价物的金额。在重置成本计量下，资产按照当前市场条件下，重新取得同样一项资产所需支付的现金或现金等价物的金额计量。负债按照现在偿付该项债务所需支付的现金或者现金等价物的金额计量。

（三）可变现净值

可变现净值（Net Realizable Value）是指在正常生产经营过程中以预计售价减去进一步加工的成本和销售所必需的预计税金、费用后的净值。在可变现净值计量下，资产按照其正常对外销售所能收到的现金或者现金等价物的金额扣减该资产至完工时估计将要发生的成本、估计的销售费用以及相关税费后的金额计量。

（四）现值

现值（Present Value）是指对未来现金流量以恰当的折现率进行折现后的价值，是考虑货币时间价值①因素等的一种计量属性。在现值计量下，资产按照预计从其持续使用和最终处置中所产生的未来净现金流入量的折现金额计量，负债按照预计期限内需要偿还的未来净现金流出量的折现金额计量。

（五）公允价值

公允价值（Fair Value）是指在公平交易中，熟悉情况的交易双方自愿进行资产交换或者债务清偿的金额。在公允价值计量下，资产和负债按照在公平交易中熟悉情况的交易双方自愿进行资产交换或者债务清偿的金额计量。在实务中，一般应当采用历史成本。采用重置成本、可变现净值、现值、公允价值计量的，应当保证所确定的资产金额能够取得并可靠计量。

美国会计准则和国际财务报告准则比较侧重公允价值的运用，以体现会计信息的相关性。据悉，我国财政部为此多次与国际会计准则理事会讨论相关问题。考虑到中国市场发展的现状，现行准则体系中主要在金融工具、投资性房地产、非共同控制下的企业合并、债务重组和非货币性交易等方面采用了公允价值。总体上说，新会计准则体系对公允价值的运用还是比较谨慎的，只有存在活跃市场、公允价值能够取得并可靠计量的情况下，才能采用公允价值计量。

本章小结

财务报表分析信息是财务报表分析的基础和不可分割的组成部分，它对于保证财务报表分析工作的顺利进行、提高财务报表分析的质量与效果都有着重要的作用。财务报表分析的内部信息基础主要包括：(1) 基本财务会计报表，主要包括资产负债表、利润表、所有者权益变动表、现金流量表；(2) 会计报表附注；(3) 各类审计报告；(4) 年度财务报告及中期财务报告。财务报表分析的外部信息基础主要关注行业信息与产业政策、宏观经济政策及信息等。此外，财务报表分析近年来也逐步关注分析表外信息的披露及对表内信息的影响。基本会计假设包括会计主体假设、持续经营假设、会计分期假设以及货币计量假设，构建了对财务

① 货币时间价值是指货币随着时间的推移而发生的增值，是资金周转使用后的增值额，也称为资金时间价值。专家给出的定义：货币的时间价值就是指当前所持有的一定量货币比未来获得的等量货币具有更高的价值。

报表数据及信息理解的一般性思维框架。公认会计原则是影响财务报表会计信息编制及披露的重要指南，是理解会计信息内涵质量的基本依据。无论是编制财务报表还是分析财务信息，都受到各国相关法规体系环境的制约，必须在理解相关法律法规框架的前提下开展应用于不同使用目的的各类财务分析工作。

思考题

1. 会计报告体系有哪些分类？
2. 四大主表的基本结构是怎样的？
3. 会计报表附注包括哪些内容？
4. 审计报告的类型有哪几项？
5. 财务分析的外部分析包括什么？
6. 举例说明会计的基本假设对财务分析的制约和影响。
7. 以案例分析阐明财务报表分析遵循会计原则的重要性与严肃性。

练习题

一、单项选择题

1. 下列各项中，(　　)反映企业在一定会计期间经营成果。

A. 资产负债表　　B. 利润表　　C. 现金流量表　　D. 财务状况变动表

2. 为了具体反映利润的形成情况，我国现行的利润表的结构一般采用(　　)报告结构。

A. 单步式　　B. 多步式　　C. 账户式　　D. 报告式

3. 我国的资产负债表采用的是(　　)结构。

A. 多步式　　B. 报告式　　C. 账户式　　D. 单步式

4. 以“资产＝负债＋所有者权益”这一会计等式作为编制依据的财务报表是(　　)。

A. 利润表　　B. 所有者权益变动表　　C. 资产负债表　　D. 现金流量表

5. 中期账务报表可以不提供的报表是(　　)。

A. 资产负债表　　B. 利润表　　C. 所有者权益变动表　　D. 现金流量表

6. 下列各项中，属于企业对外提供的反映企业某一特定日期财务状况和某一会计期间经营成果、现金流量情况的书面文件是(　　)。

A. 资产负债表　　B. 利润表　　C. 报表附注　　D. 财务报表

7. 下列关于财务报表的说法中，不恰当的是(　　)。

A. 一套完整的财务报告至少应当包括资产负债表、利润表、现金流量表和所有者权益变动表

B. 资产负债表反映企业在某一特定日期的财务状况

C. 利润表反映在一定会计期间的经营成果

D. 现金流量表反映企业在一定会计期间的现金和现金等价物流入和流出的报表

8. 下列各项中，关于财务报表附注的表述不正确的是(　　)。

A. 附注中包括财务报表重要项目的说明

B. 对未能在财务报表中列示的项目在附注中说明

C. 如果没有需要披露的重大事项，企业不必编制附注

D. 附注中包括会计政策和会计估计变更以及差错更正的说明

9. 若财务报表严重歪曲了被审计单位的财务状况、经营成果和现金流量，进而被审计单位拒绝进行调整，注册会计师应对其出具(　　)的审计报告。

A. 无保留意见　　B. 保留意见　　C. 否定意见　　D. 拒绝表示意见

10. 不需要在报表附注中列示的内容是(　　)。

A. 企业的基本情况　　B. 企业注册地

C. 财务报表的编制基础　　D. 财务报告批准报出日后提议

二、多项选择题

1. 下列各项中,属于资产负债表中流动资产项目的有(　　)。

A. 货币资金　　B. 预收款项　　C. 应收账款　　D. 存货

2. 财务报表按其编报主体不同可以分为(　　)。

A. 个别财务报表　　B. 对内财务报表

C. 合并财务报表　　D. 对外财务报表

3. 下列说法中正确的有(　　)。

A. 财务报告包括财务报表和其他应当在财务会计报告中披露的相关信息和资料

B. 中期财务报表是指以中期为基础编制的财务报表

C. 中期是指短于一个完整的会计年度的报告期间

D. 中期财务报表又可分为月度财务报表、季度财务报表、半年度财务报表和年初至本中期末的财务报表

4. 基本财务报表包括(　　)。

A. 资产负债表　　B. 利润表　　C. 现金流量表　　D. 合并报表

5. 制约企业报表编制的基本会计假设包括(　　)。

A. 会计主体　　B. 货币计量　　C. 会计分期　　D. 实质重于形式

6. 制约企业财务报表编制的一般原则有(　　)。

A. 客观性　　B. 相关性　　C. 可比性　　D. 及时性

7. 中期财务报告包括(　　)。

A. 月度财务报告　　B. 季度财务报告

C. 半年度财务报告　　D. 年度财务报告

8. 年度报告中包括(　　)。

A. 重要提示　　B. 公司治理结构　　C. 财务报告　　D. 董事会报告

9. 下列属于会计主体假设的意义的是(　　)。

A. 明确了会计确认、计量和报告的空间范围

B. 使会计人员可以选择适用的会计原则和会计方法

C. 为会计核算确定了时间范围

D. 能够正确地反映一个经济实体所拥有的经济资源及所承担的义务

10. 我国新准则规定的会计信息质量要求包括(　　)。

A. 可靠性　　B. 相关性　　C. 重要性　　D. 完整性

三、判断题

1. 利润表是反映企业一定日期经营成果的会计报表。(　　)

2. 按照我国企业会计准则的规定,我国企业的利润表采用单步式。(　　)

3. 财务报表是可以反映企业财务状况、经营成果和现金流量的书面文件。(　　)

4. 财务报表是按照会计准则编制的,所以能准确地反映企业的客观实际。(　　)

5. 企业出现严重财务困难时,即表明企业不能持续经营。(　　)

6. 审计报告一般包括标题、收件人、范围段、意见段、签章、会计师事务所地址和报告日期等基本内容。(　　)

7. 公司年度报告中的财务会计报告必须经会计师事务所审计,审计报告须由该所至少两名注册会计师签字。(　　)

8. 中期财务报告是指公司以半年为基础编制的财务报告。（ ）

9. 上市公司信息披露的内容主要分为两类：一是投资者评估公司状况所需要的信息；二是对股价运行有重要影响的事项。（ ）

10. 由于有了持续经营这个会计核算的基本前提，才产生了本期与非本期的区别，从而出现了权责发生制与收付实现制。（ ）

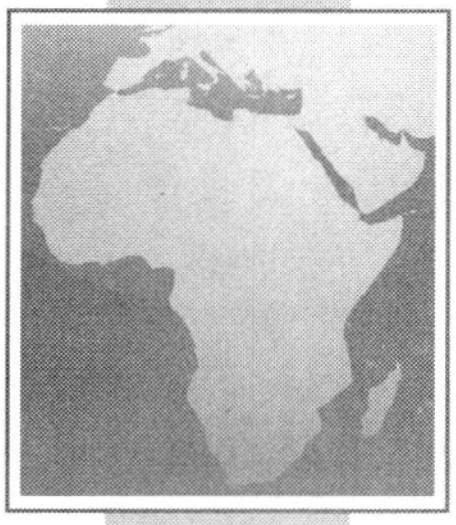

第三章
资产负债表的编制与分析

理论学习目标

◇ 了解资产负债表的概念及结构、分析作用及局限性。
◇ 掌握资产负债表各个项目的编制方法及质量分析内容。
◇ 理解资产负债表各个项目的内涵及质量分析要点。
◇ 理解资产负债表结构分析的内涵。
◇ 掌握资产负债表分析的基本方法。

能力实现目标

◇ 能够对流动资产和非流动资产进行结构分析和比较趋势分析。
◇ 能够对资产结构和资本结构进行判断和分析。
◇ 能够对报表所体现的资产结构和资本结构之间的对应关系进行判断和评价。
◇ 能够对负债和所有者权益进行深入的结构分析和比较趋势分析。
◇ 能够对资产、负债和所有者权益各重点项目进行质量分析。
◇ 能够对上市公司偿债能力进行分析和评价。
◇ 能够撰写完整的上市公司资产负债表财务分析报告。

第一节 资产负债表概述

一、资产负债表的概念及结构

(一) 资产负债表的概念

资产负债表是反映企业某一特定日期财务状况的会计报表，由资产、负债、所有者权益三大会计要素构成。资产负债表的编制原理是“资产＝负债＋所有者权益”这一会计恒等式。[①] 它既是一张平衡报表，反映资产总计(左方)与负债及所有者权益总计(右方)相等；又是一张静态报表，反映企业在某一时点的财务状况，如月末或年末。根据企业会计制度的规定，每月及每年年末企业都应该编制当期的资产负债表，用以反映截至该期末企业拥有或控制的能以货币计量的经济资源及其总体分布形态、企业所承担的债务结构以及企业净资产(即所有者权益)的组成与变动情况等。

① 会计恒等式是指各个会计要素在总额上必须相等的一种关系式。它揭示了各会计对象要素之间的联系，是复式记账、编制会计报表的理论依据。不同会计期间，它的会计恒等式表示方法也不相同。

(二) 资产负债表的结构

资产负债表的结构一般是指资产负债表的组成内容及各项目在表内的排列顺序。就组成内容而言,资产负债表包括表头、基本内容和补充资料。其中:(1) 表头部分提供了编报企业的名称,报表的名称,以及报表所反映的日期、金额、单位和币种等内容;(2) 基本内容部分则列示了资产、负债及所有者权益等内容;(3) 补充资料则列示或反映了一些在基本内容中未能提供的重要信息或未能充分说明的信息。这部分资料主要在报表附注中列示。阅读资产负债表表头部分时,首先应该关注编制单位,它体现了会计核算的主体及范围,是分析财务报表数据内涵的重要前提。资产负债表列示编报的日期,表明了资产负债表体现的财务状况的时点,称为资产负债表日,这是会计处理中的一个重要概念,许多会计核算账务处理内容及调整都与资产负债表日密切相关。在我国,年度资产负债表日是指每年 12 月 31 日,中期资产负债表日是指各会计中期期末时点。资产负债表列示的货币计量单位表明了资产负债表会计计量所采取的币种及最小单位。在实务处理中,鉴于财务分析的整体要求,也可以通过计算机软件提供的舍位平衡功能将数据处理后再进行分析。

(三) 资产负债表的格式

1. 账户式

在账户式下,资产负债表左边列示资产项目,右边列示负债和所有者权益项目,左右两边的合计数应保持平衡。在资产方,资产按照流动性(即变现能力)的强弱顺序排列,从强到弱依次为流动资产和非流动资产;在负债和所有者权益方,负债也是按照流动性(即偿还的时间长短、偿债压力的大小)顺序排列,依次列示为流动负债和非流动负债。所有者权益则列示在负债的下方。

此种格式与“资产=负债+所有者权益”这一会计等式是完全吻合的。由于这种排列呈左右水平对称式,故此种格式被称为账户式(或者水平式)。

2. 报告式

报告式也称垂直式,即资产负债表中的项目按照资产、负债和所有者权益的顺序,依次垂直地在一栏中加以列示。而各具体项目的列示顺序则与账户式相同。

二、资产负债表的要素

(一) 资产要素

资产是指企业因过去的交易或事项形成的、企业所拥有或控制的、预期会给企业带来经济利益的资源。资产具有如下特征:

1. 资产是由过去的交易或事项形成的。企业所能利用的经济资源能否列为资产,其区分标志之一为是否由已发生的交易所引起。

2. 资产应能为企业所实际拥有或控制。拥有是指企业拥有资产的所有权;控制则是指企业虽然没有某些资产的所有权,但实际上可以对其自由支配和使用,如融资租入固定资产,其所有权虽不为承租方拥有,但依租约,在租赁期间,该项资产的实际控制权归承租方,所以按照实质重于形式原则的要求,也应将其作为企业的资产予以确认。

3. 资产必须能以货币计量。这就是说,会计报表上列示的资产并不是企业的所有资源,能以货币计量的资源才在报表中列示。而对企业的某些资源,如人力资源等,由于无法用货币计量,目前的会计实务并不在会计系统中对其进行处理。

4. 资产应能为企业带来未来经济利益。这里,未来经济利益是指直接或间接地为未来的现金净流入做出贡献的能力。这种贡献，可以是直接增加未来的现金流入，也可以是因耗用或提供经济效用而节约的未来的现金流出。

资产按照资产的变现能力强弱分为流动资产和非流动资产，流动资产的变现能力强，非流动资产的变现能力弱。

（二）负债要素

负债是指企业由过去的交易事项形成的，预期会导致经济利益流出企业的现时义务。负债具有如下特征：

1. 负债是目前和过去经济活动所形成的当前债务。也就是说，企业预期在将来要发生的经济业务可能产生的债务，一般不能作为会计上的负债，如企业与供货单位签订的供货合同。

2. 负债是在将来要支付的经济责任。也就是说，对于某些已经形成经济责任的支付义务，都要把它作为企业的负债处理。

3. 负债是需要以现金或其他资产或劳务偿付的经济义务。负债在大多数情况下，要用现金进行清偿；在某些情况下，也可以用商品或其他资产或者通过提供劳务的方式进行清偿；有些负债还可以通过举借新债来抵偿。

4. 负债有确定的或可以估计的数额。

负债按照偿还的缓急分为流动负债和非流动负债。

（三）所有者权益要素

所有者权益是指企业资产扣除负债后由所有者享有的剩余权益，企业的所有者权益又称为股东权益。所有者权益的来源有：企业投资者对企业的投入资本、直接计入所有者权益的利得和损失、留存收益等。具体项目包括：实收资本（或股本）、资本公积、盈余公积和未分配利润。

三、资产负债表的作用

1. 资产负债表有助于使用者全面了解企业资产规模、资产结构与资产质量，判断企业持续生产经营的能力和竞争实力。

由于资产是任何一家企业赖以生产、运营并获利的基本要素。资产数量的多少，很大程度上决定着企业经营规模的大小；不同类别的资产在数量上是否匹配、质量上是否符合要求，也直接影响着生产经营计划能否顺利实施。因此对于资产相关信息的分析，是评价企业可持续性发展以及潜在盈利能力与竞争实力的基础。

2. 资产负债表有助于了解企业的资本结构、评价企业进一步融资的能力及潜在的财务风险。

资本结构是指企业不同资金来源的构成。从大类上讲，企业资金主要来自两类：一是来自债主，形成企业各种各样的负债。由于债务通常附有特定的偿还期限，因此会对企业资金支付形成一种压力。二是来自股东，形成企业的所有者权益。在持续经营假设下，来自股东的资金无须偿付，可永久占有和使用。一般而言，当企业资产负债率偏高时，意味着债务资金来源占比过大，未来资金支付压力偏大，造成潜在的财务风险增加，这将影响企业的偿债能力和信用评级，进而影响进一步举债经营的能力。

3. 资产负债表有助于分析判断企业财务状况，特别是资金需求的未来变动趋势。

通过对资产质量及其即时变现能力的分析，以及对债务结构特别是债务期限与偿还方式的分析，并结合现金流量表所反映的信息，有助于使用者推测企业未来的资金流入水平与资金流出需求。

第二节 资产负债表项目的列报与编制

资产负债表列报的最根本的目的就是如实反映企业在资产负债表日所拥有的资源、所承担的负债及所有者所拥有的权益。因此,资产负债表应当按照资产、负债和所有者权益三大类分别列报。资产项目分为流动资产和非流动资产。按照各项资产的流动性排列,流动资产列于非流动资产之前。资产类项目至少包括以下单列项目:货币资金、以公允价值计量且其变动计入当期损益的金融资产、衍生金融资产、应收及预付款项、其他应收款存货、持有至到期投资、长期股权投资、投资性房地产、固定资产、在建工程资产、生物资产、递延所得税资产和无形资产等。负债项目按照债务归还期的长短排列,其排列顺序是流动负债列于长期负债之前。负债类项目至少包括以下单列项目:短期借款、以公允价值计量且其变动计入当期损益的金融负债、衍生金融负债、应付及预收款项、应交税费、应付职工薪酬、预计负债、长期借款、应付债券、长期应付款和递延所得税负债。所有者权益以其永久性程度的高低作为项目排列标准,即永久性程度高者列于前,反之列于后。因此,实收资本(股本)项目列于其他权益项目之前。所有者权益类项目至少包括以下单列项目:实收资本(股本)、资本公积、其他权益工具、库存股、其他综合收益、盈余公积和未分配利润。

一、资产负债表的项目填列方法

《企业会计准则》规定:会计报表至少应当反映相关两个期间的比较数据。资产负债表中的各项目分为"期初余额"和"期末余额"(见图 3-1)。

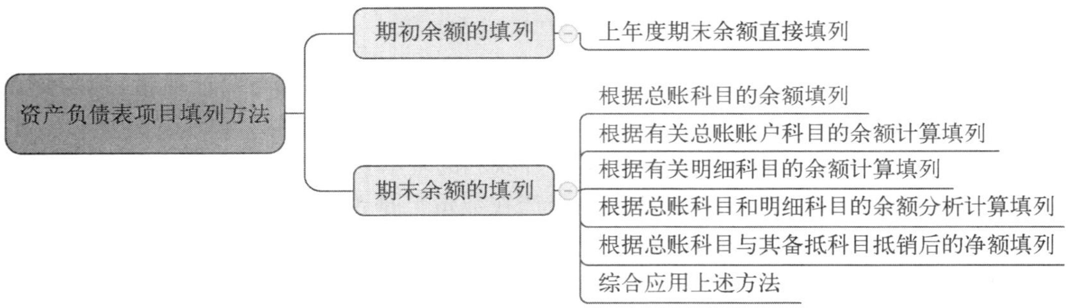

图 3-1 资产负债表项目填列方法

(一) 资产负债表"期初余额"的填列方法

资产负债表的"期初余额"栏是指上年"年末余额",各项目应根据上年年末的资产负债表中的"期末余额"栏内所列数字直接填列。如果本年度资产负债表规定的各个项目的名称和内容同上年度不一致,应对上年年末资产负债表中各栏目的名称和数字按照本年度的规定进行调整后填列。

(二) 资产负债表"期末余额"的填列方法

资产负债表"期末余额"是指某一资产负债表日的数字,即月末、季末、半年末或年末的数字。资产负债表各项目"期末余额"的数据来源,可以通过以下几种方式取得:

1. 根据总账科目的余额填列。资产负债表中的大部分项目,可直接根据有关总账账户的期末余额直接填列。如"交易性金融资产""工程物资""短期借款""应付票据""应付职工薪酬"

“实收资本”“资本公积”“盈余公积”等项目。

2. 根据有关总账账户科目的余额计算填列。如“货币资金”项目，需根据“库存现金”“银行存款”“其他货币资金”三个总账科目余额合计填列。

3. 根据有关明细科目的余额计算填列。如“开发支出”项目，应根据“研发支出”科目中所属的“资本化支出”明细科目期末余额填列；“应付账款”项目，需要分别根据“应付账款”和“预付账款”两个科目所属明细科目的期末贷方余额计算填列。“预收款项”项目，需要分别根据“应收账款”和“预收账款”两个科目所属明细科目的期末贷方余额计算填列。

4. 根据总账科目和明细科目的余额分析计算填列。如“长期借款”项目，应根据“长期借款”总账科目余额扣除“长期借款”科目所属的明细科目中将在资产负债表日起一年内到期且企业不能自主地将清偿义务展期的长期借款后的金额填列。

5. 根据总账科目与其备抵科目抵销后的净额填列。如资产负债表中的“持有至到期投资”“长期股权投资”等项目，应根据“持有至到期投资”“长期股权投资”等科目的期末余额减去“持有至到期投资减值准备”“长期股权投资减值准备”等科目余额后的净额填列；“固定资产”项目，应根据“固定资产”科目期末余额减去“累计折旧”“固定资产减值准备”科目余额后的净额填列；“无形资产”项目，应根据“无形资产”科目期末余额减去“累计摊销”“无形资产减值准备”科目余额后的净额填列。

6. 综合运用上述方法分析填列。如“存货”项目，应根据“原材料”“库存商品”“委托加工物资”“在途物资”“生产成本”“周转材料”等总账账户余额合计减去“存货跌价准备”账户的期末余额后的净额填列。

二、资产负债表各项目核算的内容及其填列

【例 3-1】 以 A 公司资产负债表 20××年 12 月 31 日的有关资料如表 3-1 和表 3-2 所示。

表 3-1　　**A 公司 20××年 12 月 31 日科目余额表**　　单位：元

序号	科目名称	期末余额	
		借方	贷方
1	库存现金	13 800.00	
2	银行存款	377 000.00	
3	其他货币资金	20 000.00	
4	交易性金融资产	200 000.00	
5	应收票据	76 000.00	
6	应收账款	2 160 000.00	50 000.00
7	坏账准备		10 800.00
8	预付账款	40 000.00	5 000.00
9	其他应收款	45 200.00	
10	原材料	1 253 800.00	
11	周转材料	191 000.00	

续表

序号	科目名称	期末余额	
		借方	贷方
12	库存商品	1 001 000.00	
13	长期股权投资	2 200 000.00	
14	固定资产	9 312 000.00	
15	累计折旧		1 126 000.00
16	在建工程	8 720 000.00	
17	工程物资	1 080 000.00	
18	无形资产	2 500 000.00	
19	预收账款	1 000.00	6 000.00
20	短期借款		3 800 000.00
21	应付票据		401 500.00
22	应付账款	1 500.00	700 000.00
23	其他应付款		22 706.00
24	应付职工薪酬		80 000.00
25	应交税费		582 894.00
26	长期借款		3 960 000.00
27	其中：一年内到期的非流动负债		
28	实收资本		16 000 000.00
29	盈余公积		1 132 480.00
30	利润分配		1 314 920.00
合计		29 192 300.00	29 192 300.00

表 3-2　　A公司20××年12月31日资产负债表

编制单位：A公司　　单位：元

项目	期末数	项目	期末数
流动资产		流动负债	
货币资金	410 800.00	短期借款	3 800 000.00
交易性金融资产	200 000.00	交易性金融负债	
应收票据	76 000.00	应付票据	401 500.00
应收账款	2 150 200.00	应付账款	705 000.00
预付账款	41 500.00	预收账款	56 000.00
应收股利		应付职工薪酬	80 000.00
应收利息		应交税费	582 894.00

续表

项　　目	期 末 数	项　　目	期 末 数
其他应收款	45 200.00	应付利息	
存货	2 445 800.00	应付股利	
一年内到期的非流动资产		其他应付款	22 706.00
其他流动资产		一年内到期的非流动负债	
流动资产合计	5 369 500.00	其他流动负债	
非流动资产		流动负债合计	5 648 100.00
可供出售金融资产		非流动负债	
持有至到期投资		长期借款	3 960 000.00
长期应收款		应付债券	
长期股权投资	2 200 000.00	长期应付款	
投资性房地产		专项应付款	
固定资产	8 186 000.00	递延所得税负债	
在建工程	8 720 000.00	预计负债	
工程物资	1 080 000.00	其他非流动负债	
固定资产清理		非流动负债合计	3 960 000.00
生产性生物资产		负债合计	9 608 100.00
油气资产		所有者权益	
无形资产	2 500 000.00	实收资本	16 000 000.00
开发支出		资本公积	
商誉		盈余公积	1 132 480.00
长期待摊费用		未分配利润	1 314 920.00
递延所得税资产		减：库存股	
其他非流动资产		所有者权益合计	18 447 400.00
非流动资产合计	22 686 000.00		
资产总计	28 055 500.00	负债和所有者权益合计	28 055 500.00

（一）资产项目的列报和填列

“货币资金”项目，反映企业库存现金、银行存款、外埠存款、银行汇票存款、银行本票存款、信用卡存款、信用证保证金存款等的合计数。本项目应根据“库存现金”“银行存款”“其他货币资金”科目的期末余额合计填列。如表 3－2 中，“货币资金”项目根据表 3－1 中“库存现金”余额 13 800 元、“银行存款”余额 377 000 元、“其他货币资金”余额 20 000 元填列，三项合计 410 800 元，所以，“货币资金”期末数＝410 800 元。

“交易性金融资产”项目，反映企业为交易目的所持有的债券投资、股票投资、基金投资等金融资产，企业持有的直接指定为以公允价值计量且其变动计入当期损益的金融资产，也在本科目核算。本科目应根据“交易性金融资产”科目核算。如表 3-2 中“交易性金融资产”期末数=200 000 元。

“应收票据”项目，反映企业因销售商品、提供劳务收到的商业票据①，按照承兑人的不同可以分为商业承兑汇票②和银行承兑汇票③。应收票据的期限一般为 3～6 个月，最长不得超过 6 个月。本项目应根据“应收票据”科目的期末余额填列。如表 3-2 中“应收票据”期末数=76 000 元。

“应收账款”项目，反映企业因销售商品、产品和提供劳务等应向购买单位收取的各种款项，减去已计提的坏账准备后的净额。本项目应根据“应收账款”和“预收账款”科目所属各明细科目的期末借方余额合计，减去“坏账准备”科目中有关应收账款计提的坏账准备期末余额后的金额填列。如果“应收账款”科目所属明细科目期末有贷方余额，应在“预收账款”项目内填列。如表 3-2 中“应收账款”项目根据表 3-1 中“应收账款”借方余额 2 160 000 元减去“坏账准备”余额 10 800 元，再加上“预收账款”科目借方余额 1 000 元填列，“应收账款”期末数=2 160 000 －10 800＋1 000=2 150 200 元。

“预付账款”项目，反映企业预付给供应单位的款项。本项目应根据“预付账款”和“应付账款”科目所属各明细科目的期末借方余额合计填列。如果“预付账款”科目所属有关明细科目期末有贷方余额，应在 “应付账款”项目内填列。如表 3-2“预付账款”项目根据表 3-1 中 “预付账款”期末借方余额 40 000 元和“应付账款”期末借方余额 1 500 元合计填列，“预付账款”期末数=40 000＋1 500=41 500 元。

“应收股利”项目，反映企业因股权投资而应收取的现金股利和应收其他单位分配的利润。本项目应根据“应收股利”科目的期末余额填列。如表 3-2“应收股利”期末数=0 元。

“应收利息”项目，反映企业因债权投资而应收取的利息。企业购入到期还本付息债券应收的利息，不包括在本项目内。本项目应根据“应收利息”科目的期末余额填列。如表 3-2 “应收利息”期末数=0 元。

“其他应收款”项目，反映企业对其他单位和个人的应收和暂付的款项，减去已计提的坏账准备后的净额。本项目应根据“其他应收款”科目的期末余额，减去“坏账准备”科目中有关其他应收款计提的坏账准备期末余额后的金额填列。如表 3-2 中“其他应收款”期末余额=

---

① 商业票据是指由金融公司或某些信用较高的企业开出的无担保短期票据。商业票据的可靠程度依赖于发行企业的信用程度，可以背书转让，可以贴现。商业票据的期限在一年以下，利率高于同期银行存款利率，商业票据可以由企业直接发售，也可以由经销商代为发售。但对出票企业信誉审查十分严格。如由经销商发售，则它实际在幕后担保了售给投资者的商业票据，商业票据有时也以折扣的方式发售。

② 商业承兑汇票是商业汇票的一种。是指收款人开出经付款人承兑，或由付款人开出并承兑的汇票。使用汇票的单位必须是在人民银行开立账户的法人，要以合法的商品交易为基础，而且汇票经承兑后，承兑人(即付款人)便负有到期无条件支付票款的责任，同时汇票可以向银行贴现，也可以流通转让。在商品交易中，销货人向购货人索取货款的汇票时，存款人必须在汇票的正面签“承兑”字样，加盖银行预留印鉴。在汇票到期前付款人应向开户银行交足票款。汇票到期后，银行凭票从付款单位账户划转给收款人或贴现银行。汇票到期若付款人账户不足支付，开户银行将汇票退收款人，由收、付双方自行解决。同时对付款人比照空头支票规定，处以票面金额百分之一的罚金。

③ 银行承兑汇票是商业汇票的一种。指由在承兑银行开立存款账户的存款人签发，向开户银行申请并经银行审查同意承兑的，保证在指定日期无条件支付确定的金额给收款人或持票人的票据。对出票人签发的商业汇票进行承兑是银行基于对出票人资信的认可而给予的信用支持。银行承兑汇票折价销售。银行承兑汇票的主要投资者是货币市场共同基金和市政实体。其特点是：信用好，承兑性强，灵活性高，有效节约了资金成本。用银行承兑汇票为商业交易融资称为承兑融资。

45 200元。

“存货”项目，反映企业期末在库、在途和在加工中的各项存货的可变现净值，包括各种材料、商品、在产品、半成品、包装物、低值易耗品、委托代销商品等。本项目应根据“材料采购”“原材料”“低值易耗品”“自制半成品”“库存商品”“包装物”“委托加工物资”“委托代销商品”“生产成本”等科目的期末余额合计，减去“受托代销商品款”“存货跌价准备”科目期末余额后的金额填列。材料采用计划成本①核算以及库存商品采用计划成本或销价核算的企业，还应加或减材料成本差异②、商品进销差价后的金额填列。如表 3－2 中“存货”项目根据表 3－1 中“原材料”1 253 800 元、“周转材料”191 000 元、“库存商品”1 001 000 元合计填列，“存货”期末余额＝1 253 800＋191 000＋1 001 000＝2 445 800 元。

“一年内到期的非流动资产”项目，反映企业将于一年内到期的非流动资产，如一年内到期的持有至到期投资、长期待摊费用和一年内可收回的长期应收款等。本项目根据有关科目的期末余额填列。如表 3－2 中“一年内到期的非流动资产”期末余额＝0 元。

“其他流动资产”项目，反映企业除以上流动资产项目外的其他流动资产，本项目应根据有关科目的期末余额填列。如其他流动资产价值较大的，应在会计报表附注中披露其内容和金额。如表 3－2 中“其他流动资产”期末余额＝0 元。

“可供出售金融资产”项目，反映企业持有的可供出售金融资产的公允价值③。企业从二级市场上购入的有报价的股票④、债券⑤、基金⑥等，没有划分为以公允价值计量且其变动计入当期损益的金融资产或持有至到期投资等金融资产的，可以划分为金融资产。本项目应根据“可供出售金融资产”期末余额减去“可供出售金融资产减值准备”科目余额后填列。如表 3－2 中“可供出售金融资产”期末余额＝0 元。

“持有至到期投资”项目，反映企业持有的以摊余成本计量的持有至到期投资。持有至到期投资是指到期日固定、回收金额固定或可确定，且企业有明确意图和能力持有至到期的非衍生金融资产⑦，期限通常为 1 年以内。本项目应根据“持有至到期投资”期末余额减

---

① 计划成本(Planned Cost)是指根据计划期内的各种消耗定额和费用预算以及有关资料预先计算的成本。它反映计划期产品成本应达到的标准，是计划期在成本方面的努力目标。计划成本与定额成本是不同的，计划成本是按计划期内平均定额水平计算的，而定额成本是按现行定额计算的；计划成本反映平均水平，定额成本反映当时应达到的水平。

② 材料成本差异账户用于核算企业各种材料的实际成本与计划成本的差异，借方登记实际成本大于计划成本的差异额(超支额)及发出材料应负担的节约差异，以及调整库存材料计划成本时，调整减少的计划成本。贷方登记实际成本小于计划成本的差异额(节约额)和发出材料应负担的超支差异，以及调整库存材料计划成本时，调整增加的计划成本(节约用红字，超支用蓝字)。“材料成本差异”科目借方登记超支差异及发出材料应负担的节约差异，贷方登记节约差异及发出材料应负担的超支差异。

③ 公允价值(Fair Value) 亦称公允市价、公允价格。熟悉市场情况的买卖双方在公平交易的条件下和自愿的情况下所确定的价格，或无关联的双方在公平交易的条件下一项资产可以被买卖或者一项负债可以被清偿的成交价格。在公允价值计量下，资产和负债按照在公平交易中熟悉市场情况的交易双方自愿进行资产交换或者债务清偿的金额计量。购买企业对合并业务的记录需要运用公允价值的信息。在实务中，通常由资产评估机构对被并企业的净资产进行评估。

④ 股票(Stock)是股份公司发行的所有权凭证，是股份公司为筹集资金而发行给各个股东作为持股凭证并借以取得股息和红利的一种有价证券。每股股票都代表股东对企业拥有一个基本单位的所有权。每家上市公司都会发行股票。

⑤ 债券是政府、企业、银行等债务人为筹集资金，按照法定程序发行并向债权人承诺于指定日期还本付息的有价证券。

⑥ 基金是指为了某种目的而设立的具有一定数量的资金。

⑦ 非衍生金融资产也就是非衍生金融工具。包括货币、债券、可转换债券等。

去“持有至到期投资减值准备”科目余额后填列。如表 3-2 中“持有至到期投资”期末余额=0 元。

“长期应收款”项目，反映企业融资租赁产生的应收款项、采用递延方式具有融资性质的销售商品和提供劳务等产生的应收款项等。本项目应根据“长期应收款”期末余额减去相应的“未实现融资收益”科目和“坏账准备”科目中所属有关长期应收款计提的坏账准备期末余额后的金额填列。如表 3-2 中“长期应收款”期末余额=0 元。

“长期股权投资”项目，反映企业对其他单位的股权投资，通常为长期持有(一年以上)。本项目应根据“长期股权投资”科目的期末余额，减去“长期股权投资减值准备”科目期末余额后的金额填列。如表 3-2 中“长期股权投资”期末余额=2 200 000 元。

“投资性房地产”项目，企业采用成本模式计量的投资性房地产的成本。企业采用公允价值模式计量投资性房地产的，也通过本科目核算。采用成本模式计量的投资性房地产的累计折旧或者累计摊销，可以单独设置“投资性房地产累计折旧(摊销)”科目，比照“累计折旧”等科目进行处理。采用成本模式计量的投资性房地产发生减值的，可以单独设置“投资性房地产减值准备”科目，比照“固定资产减值准备”等科目处理。期末借方余额，反映企业采用成本模式计量的投资性房地产的成本或者采用公允价值模式计量的投资性房地产的公允价值。如表 3-2中“投资性房地产”期末余额=0 元。

“固定资产”项目，反映企业固定资产原价减去累计折旧和减值准备后的净额。本项目根据“固定资产”科目期末余额减去“累计折旧”和“固定资产减值准备”科目期末余额后填列。如表 3-2 中“固定资产”期末余额=9 312 000—1 126 000=8 186 000 元。

“在建工程”项目，反映企业期末各项未完工程的实际支出，包括交付安装的设备价值，未完建筑安装工程已经耗用的材料、工资和费用支出，预付出包工程的价款，已经建筑安装完毕但尚未交付使用的工程等的可收回金额。本项目应根据“在建工程”科目的期末余额，减去“在建工程减值准备”科目期末余额后的金额填列。如表 3-2 中“在建工程”期末余额=8 720 000元。

“工程物资”项目，反映企业各项工程尚未使用的工程物资的实际成本。本项目应根据“工程物资”科目的期末余额减去“工程物资减值准备”科目余额填列。如表 3-2 中“工程物资”期末余额=1 080 000 元。

“固定资产清理”项目，反映企业因出售、毁损、报废等原因转入清理但尚未清理完毕的固定资产的账面价值，以及固定资产清理过程中所发生的清理费用和变价收入等各项金额的差额。本项目应根据“固定资产清理”科目的期末借方余额填列。如果“固定资产清理”科目期末为贷方余额，以“—”号填列。如表 3-2 中“固定资产清理”期末余额=0 元。

“生产性生物资产”项目，反映企业持有的生产性生物资产，包括经济林、薪炭林、产畜和役畜等。本项目应根据“生产性生物资产”科目的期末余额减去“生产性生物资产累计折旧”和“生产性生物资产减值准备”科目期末余额后的金额填列。如表 3-2 中“生产性生物资产”期末余额=0 元。

“油气资产”项目，反映油气开采企业所拥有或控制的及相关设施和矿区权益。本科目应根据“油气资产”科目期末余额减去“累计折耗”科目余额和相应减值准备后的金额填列。如表 3-2 中“油气资产”期末余额=0 元。

“无形资产”项目，反映企业各项无形资产的期末可收回金额。本项目应根据“无形资产”科目的期末余额减去“无形资产减值准备”科目期末余额后的金额填列。如表 3-2 中“无形资产”期末余额＝2 500 000 元。

“开发支出”项目，反映企业开发无形资产过程中能够资本化形成无形资产成本的支出部分。开发支出项目应当根据“研发支出”科目中所属的“资本化支出”明细科目期末余额填列。如表 3－2 中“开发支出”期末余额＝0 元。

“商誉”项目，反映企业合并时，购买企业投资成本超过被合并企业净资产公允价值的差额。本项目根据“商誉”科目期末余额减去相应减值准备后的金额填列。如表 3－2 中“商誉”期末余额＝0 元。

“长期待摊费用”项目，反映企业尚未摊销的摊销期限在一年以上（不含一年）的各种费用，如租入固定资产改良支出、大修理支出以及摊销期限在一年以上（不含一年）的其他待摊费用。长期待摊费用中在一年内（含一年）摊销的部分，应在“一年内到期的非流动资产”项目填列。本项目应根据“长期待摊费用”科目的期末余额减去一年内（含一年）摊销的数额后的金额填列。如表 3－2 中“长期待摊费用”期末余额＝0 元。

“递延所得税资产”项目，本科目核算企业根据所得税准则确认的可抵扣暂时性差异产生的所得税资产。本项目应根据“递延所得税资产”科目的期末余额填列。如表 3－2 中“递延所得税资产”期末余额＝0 元。

“其他长期资产”项目，反映企业除以上资产以外的其他长期资产。本项目应根据有关科目的期末余额填列。如表 3－2 中“其他长期资产”期末余额＝0 元。

（二）负债项目的列报和填列

“短期借款”项目，反映企业借入尚未归还的一年期以下（含一年）的借款。本项目应根据“短期借款”科目的期末余额填列。如表 3－2 中“短期借款”期末余额＝3 800 000 元。

“应付票据”项目，反映企业购买材料、商品或接受劳务开出并承兑的尚未到期付款的应付票据，包括银行承兑汇票和商业承兑汇票。本项目应根据“应付票据”科目的期末余额填列。如表 3－2 中“应付票据”期末余额＝401 500 元。

“应付账款”项目，反映企业购买原材料、商品和接受劳务供应等而应付给供应单位的款项。本项目应根据“应付账款”和“预付账款”科目所属明细科目的期末贷方余额合计填列；如“应付账款”科目所属各明细科目期末有借方余额，应在“预付账款”项目内填列。如表 3－2 中“应付账款”期末余额根据表 3－1 中“应付账款”科目贷方余额 700 000 元和“预付账款”科目贷方余额 5 000 元合计填列，所以“应付账款”期末余额＝700 000＋5 000＝705 000元。

“预收账款”项目，反映企业预收购买单位的账款。本项目应根据“预收账款”和“应收账款”科目所属明细科目的期末贷方余额合计填列。如“预收账款”科目所属明细科目有借方余额的，应在本表“应收账款”项目内填列。如表 3－2 中“预收账款”期末余额根据表 3－1 中“预收账款”科目贷方余额 6 000 元和“应收账款”科目贷方余额 50 000 元合计填列，所以“预收账款”期末余额＝6 000＋50 000＝56 000 元。

“应付职工薪酬”项目，反映企业应付未付的职工工资、职工福利、社会保险费、住房公积金、工会经费、职工教育经费、非货币性福利、辞退福利等。本项目应根据“应付职工薪酬”科目期末贷方余额填列。如表 3－2 中“应付职工薪酬”期末余额＝80 000 元。

“应交税费”项目，反映企业按照税法等规定计算应交纳的各种税费，包括增值税、营业税、消费税、所得税、资源税、土地增值税、城市维护建设税、房产税、土地使用税、车船使用税、教育费附加、矿产资源补偿费等。不需要预计应交数的，如印花税、耕地占用税、契税、车辆购置税等不在此项目核算。企业代扣代交的个人所得税等，也通过本科目核算。本项目应根据“应交税费”科目期末贷方余额填列，如为借方余额，应以“－”号填列。如表 3－2 中“应交税费”期末余额＝582 894 元。

“应付利息”项目，反映企业分期付息到期还本的长期借款、企业债券等应该支付的利息。本项目应根据“应付利息”科目的期末余额填列。如表 3－2 中“应付利息”期末余额＝0 元。

“应付股利”项目，反映企业分配的尚未支付的现金股利或者利润。本项目应根据“应付股利”科目的期末余额填列。如表 3－2 中“应付股利”期末余额＝0 元。

“其他应付款”项目，除应付票据、应付账款、预收账款、应付职工薪酬、应付利息、应付股利、应交税费、长期应付款等以外的其他各项应付、暂收的款项。本项目应根据“其他应付款”科目的期末余额填列。如表 3－2 中“其他应付款”期末余额＝22 706 元。

“一年内到期的非流动负债”，反映企业非流动负债中将于一年内到期的部分。本项目根据有关科目的期末余额填列。如表 3－2 中“一年内到期的非流动负债”期末余额＝0 元。

“其他流动负债”项目，反映企业除以上流动负债以外的其他流动负债。本项目应根据有关科目的期末余额填列，如表 3－2 中“其他流动负债”期末余额＝0 元。

“长期借款”项目，反映企业借入尚未归还的一年期以上(不含一年)的借款本息。本项目应根据“长期借款”科目的期末余额填列。如表 3－2 中“长期借款”期末余额＝3 960 000 元。

“应付债券”项目，反映企业发行的尚未偿还的各种长期债券的本息。本项目应根据“应付债券”目的期末余额填列。如表 3－2 中“应付债券”期末余额＝0 元。

“长期应付款”项目，反映企业除长期借款和应付债券以外的其他各种长期应付款。本项目应根据“长期应付款”科目的期末余额减去“未确认融资费用”科目期末余额后的金额填列。如表 3－2 中“长期应付款”期末余额＝0 元。

“专项应付款”项目，反映企业各种专项应付款的期末余额。本项目应根据“专项应付款”科目的期末余额填列。如表 3－2 中“专项应付款”期末余额＝0 元。

“递延所得税负债”项目，反映企业根据所得税准则确认的应纳税暂时性差异产生的所得税负债，本项目应根据“递延所得税资产”科目的期末余额填列。如表 3－2 中“递延所得税负债”期末余额＝0 元。

“预计负债”项目，预计负债是指根据或有事项①等相关准则确认的各项预计负债，包括对外提供担保、未决诉讼②、产品质量保证、重组义务以及固定资产弃置义务等产生的预计负债。本项目应根据“预计负债”科目的期末余额填列。如表 3－2 中“预计负债”期末余额＝0 元。

“其他非流动负债”项目，反映企业除长期借款、应付债券等项目以外的其他非流动负债。其他非流动负债项目应根据有关科目期末余额减去将于一年内(含一年)到期偿还数后的余额填列。如表 3－2 中“其他非流动负债”期末余额＝0 元。

(三) 所有者权益项目的列报和填列

“实收资本(或股本)”项目，反映企业各投资者实际投入的资本(或股本)总额。本项目应根据“实收资本(或股本)”科目的期末余额填列。如表 3－2 中“实收资本”期末余额＝

① 或有事项是指过去的交易或者事项形成的，其结果须由某些未来事件的发生或不发生才能决定的不确定事项。

② 未决诉讼是指尚未终结的诉讼，即诉讼过程尚未结束，还在进行过程中。

16 000 000 元。

"资本公积"项目，反映企业资本公积的期末余额。本项目应根据"资本公积"科目的期末余额填列。如表 3－2 中"资本公积"期末余额＝0。

"盈余公积"项目，反映企业盈余公积的期末余额。本项目应根据"盈余公积"科目的期末余额填列。如表 3－2 中"盈余公积"期末余额＝1 132 480 元。

"未分配利润"项目，反映企业尚未分配的利润。本项目应根据"本年利润"科目和"利润分配"科目的余额计算填列。未弥补的亏损在本项目内以"－"号填列。如表 3－2 中"未分配利润"期末余额＝1 314 920 元。

"库存股"项目，反映企业收购的尚未转让或注销的该公司股份金额。本项目应根据"库存股"科目的期末余额填列。如表 3－2 中"库存股"期末余额＝0 元。

第三节 资产负债表整体分析

对资产负债表进行整体分析，其目的就在于从整体上把握企业在特定日期财务状况的全貌。了解企业资产、负债和所有者权益项目构成及变动趋势；了解企业的资产结构的合理性，资本结构的安全性，以及资产结构与资本结构的配比性。从整体上把握企业的财务状况的趋势，方便进行财务预测与决策。

对资产负债表进行整体分析的步骤如下：

第一步，应用财务报表分析方法中的比较分析法、趋势分析法、结构分析法对上市公司的资产负债表进行整理加工，生成资产负债表比较分析表和结构分析表。

第二步，根据企业所在行业的平均资产的情况，分析企业在同行业企业资产数据中所处的地位。

第三步，根据财务报表分析方法应用的资产负债表比较分析表、资产负债表结构分析表，分析资产负债表各项目的变动额度、变动幅度和结构占比情况，按照"变动幅度大、结构占比重"的原则确定资产负债表项目重点分析的对象，以便对重点项目进行有价值的分析。

第四步，根据各项资产、负债、所有者权益分别在资产总额、负债与所有者权益总额中所占的比重，了解企业资金的分布状况，了解企业资金来源的渠道，分析企业的资产结构、资本结构，并将资本结构和资产结构进行配比分析，得出企业财务状况的结论。

第五步，对上述资产负债表变动幅度大、结构占比重的分析项目进行数量和质量的分析。

第六步，对资产负债表的综合能力进行分析，即短期偿债能力和长期偿债能力。

第七步，撰写资产负债表财务分析结论并针对性提出财务建议。

通过企业近几年的资产负债表中资产、负债、所有者权益项目的金额变动，反映出企业在近几年内财务状况变动的情况，从而有助于预测企业未来财务状况变化的趋势；通过资产、负债、所有者权益项目的金额变动百分比，可以反映出各项目对企业财务状况变化影响的贡献度，有助于评价企业财务状况变化的原因。结合趋势和原因，可对企业财务状况进行评价和优化。

总之，通过资产负债表的总体分析，可以大致了解企业所拥有的资产状况、企业所负担的债务、所有者权益等财务状况；可以进一步了解企业偿还债务的能力和财务弹性；了解企业的资本结构和长期偿债能力等详细情况（见图 3－2）。

<table>
<tr><th colspan="2">信 息 获 取</th><th colspan="2">资产负债表项目</th><th colspan="2">信 息 获 取</th></tr>
<tr><td colspan="2" rowspan="2">企业经营规模的大小</td><td rowspan="2">资产</td><td>流动资产</td><td rowspan="2">企业资产的流动性</td><td rowspan="5">偿债能力和财务弹性</td></tr>
<tr><td>非流动资产</td></tr>
<tr><td rowspan="2">负债资金规模</td><td rowspan="3">资金的来源和资本结构</td><td rowspan="2">负债</td><td>流动负债</td><td rowspan="2">企业负债的流动性</td></tr>
<tr><td>非流动负债</td></tr>
<tr><td>所有者资金规模</td><td colspan="2">所有者权益</td><td></td></tr>
</table>

图 3－2　资产负债表整体分析信息获取

一、资产负债表整体比较与趋势分析

财务状况变动趋势	具体项目 ↑	
资产结构	流动资产	非流动资产
企业经营规模分析	资产总量	
资本结构	负债	所有者权益
财务状况变动趋势	↓ 具体项目	

图 3－3　资产负债表整体分析框架图

（一）资产负债表比较趋势分析法

资产负债表比较分析法分为水平分析法和垂直分析法。水平分析法就是选择最近几期的资产负债表数据进行比较，通过绝对数和相对数的变动作差异分析和趋势分析（见表 3－4）。垂直分析法就是通过计算资产负债表中各资产项目占流动资产、非流动资产、总资产的比重，负债项目占流动负债、非流动负债、总负债以及所有者权益项目占总额的比重，将最近几期的数据进行比较，分析其变动的情况及其原因（见表 3－5）。在比较分析法应用的过程中，趋势分析法和比率分析法也渗透其中。

表 3－4 的比较数据分为绝对数比较和相对数比较，对资产负债表的数据进行分析整理时，应该按照“先整体后部分，先绝对后相对”的顺序和原则对原始数据进行加工整理。通过绝对数的比较可以得出资产负债表项目增减变动的额度，通过相对数变动比率的计算可以得出资产负债表项目变动的幅度，将变动额度与变动幅度相结合，可知悉资产负债表变动较大的项目，分析导致资产负债表财务状况变动的贡献因素。

（二）资产负债表结构分析法

表 3－5 的结构分析表，则是将流动资产、非流动资产、资产总计、流动负债、非流动负债、负债总计、所有者权益分别作为一个整体，计算其中构成项目占总体的比重。根据资产项目的比重变化对企业财务状况的变动做出判断。

结合比较分析法、结构分析法和比率分析法，按照“变动幅度大、结构占比重”的原则，筛选出导致资产负债表财务状况变动的主要项目，以便作出更进一步的项目质量分析。

【例 3－2】 云南白药股份有限公司 2013～2017 年资产负债表整体分析。

表 3－4 是云南白药股份有限公司 2013～2017 年的资产负债表比较分析表，表 3－5 是云南白药股份有限公司 2013～2017 年的资产负债表结构分析表。比较分析表和结构分析表都是在表 3－3 的基础上加工而成的。

表 3-3 云南白药股份有限公司 2013～2017 年资产负债表

报表日期	2013-12-31	2014-12-31	2015-12-31	2016-12-31	2017-12-31
单　　位	元	元	元	元	元
流动资产					
货币资金	2 082 951 549.60	2 023 963 712.61	2 649 769 547.43	3 292 608 757.11	2 666 326 412.14
交易性金融资产	149 758.72	436 365 087.25	3 041 532 459.02	2 002 300 036.42	6 749 381 578.57
应收票据	2 664 138 818.28	3 647 535 615.93	3 606 070 685.32	3 943 361 793.13	4 293 350 836.42
应收账款	536 467 059.54	554 880 112.88	1 057 735 076.07	1 012 036 371.97	1 233 810 339.12
预付款项	389 654 315.84	288 951 848.10	333 296 234.23	466 141 193.41	417 960 307.14
应收利息	1 344 968.06	3 599 814.74	1 110 602.34	31 467 520.34	63 579 815.59
其他应收款	461 752 917.87	2 030 738 472.32	68 037 568.82	58 083 933.78	138 948 546.84
存货	4 757 358 043.23	4 983 310 811.13	5 625 005 009.07	6 918 030 390.07	8 663 278 462.90
其他流动资产	0.00	95 000 000.00	521 044 566.38	4 343 657 186.51	876 920 701.21
流动资产合计	10 893 817 431.14	14 064 345 474.96	16 903 601 748.68	22 067 637 182.74	25 103 556 999.93
非流动资产					
可供出售金融资产	0.00	58 800 000.00	124 234 700.00	124 634 700.00	124 634 700.00
长期股权投资	60 423 567.48	3 852 592.22	5 235 397.39	0.00	768 043.48
投资性房地产	7 510 225.93	7 243 774.24	6 993 132.76	6 742 491.28	282 422.48
固定资产净额	1 269 767 136.49	1 652 178 635.77	1 640 213 179.39	1 782 319 408.22	1 745 371 710.46
在建工程	262 507 902.35	150 069 150.85	215 607 046.12	137 380 770.47	144 807 299.79
无形资产	223 165 380.31	248 835 984.30	238 835 897.43	230 958 182.24	319 374 177.29
商誉	12 843 661.62	12 843 661.62	12 843 661.62	13 565 432.01	13 565 432.01
长期待摊费用	10 528 747.65	13 299 846.35	5 897 835.52	9 506 289.06	7 288 594.00
递延所得税资产	130 351 622.85	119 871 073.19	127 477 767.18	197 618 168.01	227 356 556.90
其他非流动资产	10 000 000.00	10 000 000.00	10 000 000.00	16 233 410.00	15 524 604.00
非流动资产合计	1 987 098 244.68	2 276 994 718.54	2 387 338 617.41	2 518 958 851.29	2 598 973 540.41
资产总计	12 880 915 675.82	16 341 340 193.50	19 290 940 366.09	24 586 646 034.03	27 702 530 540.34
流动负债					
短期借款	10 000 000.00	20 000 000.00	20 000 000.00	0.00	0.00
应付票据	609 077 745.26	681 124 803.96	751 656 619.76	1 184 334 555.88	985 963 927.01
应付账款	1 825 114 689.64	2 051 602 139.90	2 469 992 541.83	3 195 641 736.85	3 583 844 187.55
预收款项	406 319 445.61	410 854 656.21	424 749 046.34	1 069 912 787.31	1 088 308 032.88
应付职工薪酬	42 285 484.96	62 745 978.21	97 467 154.33	138 714 995.62	147 473 502.66
应交税费	172 130 720.06	130 710 272.53	331 792 600.21	325 725 012.66	274 110 059.55

续表

报表日期	2013-12-31	2014-12-31	2015-12-31	2016-12-31	2017-12-31
单　位	元	元	元	元	元
应付利息	312 000.00	9 864 875.83	9 845 432.22	28 887 833.33	28 864 500.00
应付股利	9 038 794.42	7 690 828.82	843 994.42	843 994.42	843 994.42
其他应付款	585 079 000.17	565 772 029.25	533 243 817.57	780 565 254.16	1 414 961 183.44
一年内到期的非流动负债	0.00	0.00	0.00	10 000 000.00	0.00
其他流动负债	0.00	0.00	36 515 277.18	0.00	0.00
流动负债合计	3 659 357 880.12	3 940 365 584.71	4 676 106 483.86	6 734 626 170.23	7 524 369 387.51
非流动负债					
长期借款	6 684 882.14	6 100 000.00	6 100 000.00	6 100 000.00	2 500 000.00
应付债券	0.00	896 412 000.00	897 160 800.00	1 795 279 200.00	1 797 180 000.00
长期应付款	4 814 832.43	4 814 832.43	4 814 832.43	4 814 832.43	4 814 832.43
长期应付职工薪酬	0.00	16 427 467.87	17 881 732.06	14 756 627.15	11 906 616.70
递延所得税负债	0.00	0.00	0.00	570 593.48	570 593.48
长期递延收益	0.00	182 099 121.96	161 071 195.40	186 971 985.60	218 271 627.15
其他非流动负债	181 267 912.23	0.00	0.00	0.00	0.00
非流动负债合计	192 767 626.80	1 105 853 422.26	1 087 028 559.89	2 008 493 238.66	2 035 243 669.76
负债合计	3 852 125 506.92	5 046 219 006.97	5 763 135 043.75	8 743 119 408.89	9 559 613 057.27
所有者权益					
实收资本(或股本)	694 266 479.00	1 041 399 718.00	1 041 399 718.00	1 041 399 718.00	1 041 399 718.00
资本公积	1 247 558 342.19	1 246 637 294.94	1 249 856 654.05	1 247 215 783.98	1 247 215 783.98
其他综合收益	0.00	21 195.66	21 195.66	21 195.66	11 780.41
盈余公积	571 587 797.53	676 263 336.71	770 455 204.51	849 435 590.92	940 368 504.71
未分配利润	6 513 609 624.19	8 220 744 108.37	10 371 277 308.24	12 587 595 748.95	14 808 524 490.36
归属于母公司股东权益合计	9 028 790 168.90	11 185 065 653.68	13 433 010 080.46	15 725 668 037.51	18 037 520 277.46
少数股东权益	0.00	110 055 532.85	94 795 241.88	117 858 587.63	105 397 205.61
所有者权益(或股东权益)合计	9 028 790 168.90	11 295 121 186.53	13 527 805 322.34	15 843 526 625.14	18 142 917 483.07
负债和所有者权益(或股东权益)总计	12 880 915 675.82	16 341 340 193.50	19 290 940 366.09	24 586 646 034.03	27 702 530 540.34

表 3-4　　上市公司资产负债表比较分析法和趋势分析法应用①

报表日期	2014 年与 2013 年比较		2015 年与 2013 年比较		2016 年与 2013 年比较		2017 年与 2013 年比较	
单　位	元	%	元	%	元	%	元	%
流动资产								
货币资金	−58 987 836.99	−2.83	566 817 997.83	27.21	1 209 657 207.51	58.07	583 374 862.54	28.01
交易性金融资产	436 215 328.53	291 278.75	3 041 382 700.30	2 030 855.17	2 002 150 277.70	1 336 917.33	6 749 231 819.85	4 506 737.12
应收票据	983 396 797.65	36.91	941 931 867.04	35.36	1 279 222 974.85	48.02	1 629 212 018.14	61.15
应收账款	18 413 053.34	3.43	521 268 016.53	97.17	475 569 312.43	88.65	697 343 279.58	129.99
预付款项	−100 702 467.74	−25.84	−56 358 081.61	−14.46	76 486 877.57	19.63	28 305 991.30	7.26
应收利息	2 254 846.68	167.65	−234 365.72	−17.43	30 122 552.28	2 239.65	62 234 847.53	4 627.24
其他应收款	1 568 985 554.45	339.79	−393 715 349.05	−85.27	−403 668 984.09	−87.42	−322 804 371.03	−69.91
存货	225 952 767.90	4.75	867 646 965.84	18.24	2 160 672 346.84	45.42	3 905 920 419.67	82.10
其他流动资产	95 000 000.00		521 044 566.38		4 343 657 186.51		876 920 701.21	
流动资产合计	3 170 528 043.82	29.10	6 009 784 317.54	55.17	11 173 869 751.60	102.57	14 209 739 568.79	130.44
非流动资产	0.00		0.00		0.00		0.00	
可供出售金融资产	58 800 000.00		124 234 700.00		124 634 700.00		124 634 700.00	
长期股权投资	−56 570 975.26	−93.62	−55 188 170.09	−91.34	−60 423 567.48	−100.00	−59 655 524.00	−98.73
投资性房地产	−266 451.69	−3.55	−517 093.17	−6.89	−767 734.65	−10.22	−7 227 803.45	−96.24
固定资产净额	382 411 499.28	30.12	370 446 042.90	29.17	512 552 271.73	40.37	475 604 573.97	37.46
在建工程	−112 438 751.50	−42.83	−46 900 856.23	−17.87	−125 127 131.88	−47.67	−117 700 602.56	−44.84
无形资产	25 670 603.99	11.50	15 670 517.12	7.02	7 792 801.93	3.49	96 208 796.98	43.11

① 2014 年与 2013 年比较，货币资金绝对数变动额＝2 023 963 712.61(表 3-3 中 2014 年货币资金)−2 082 951 549.6(表 3-3 中 2013 年货币资金)＝−58 987 836.99(元)，相对数变动率＝−58 987 836.99÷2 023 963 712＝−2.83%。

续表

报表日期	2014 年与 2013 年比较		2015 年与 2013 年比较		2016 年与 2013 年比较		2017 年与 2013 年比较	
单　位	元	%	元	%	元	%	元	%
商誉	0.00	0.00	0.00	0.00	721 770.39	5.62	721 770.39	5.62
长期待摊费用	2 771 098.70	26.32	−4 630 912.13	−43.98	−1 022 458.59	−9.71	−3 240 153.65	−30.77
递延所得税资产	−10 480 549.66	−8.04	−2 873 855.67	−2.20	67 266 545.16	51.60	97 004 934.05	74.42
其他非流动资产	0.00	0.00	0.00	0.00	6 233 410.00	62.33	5 524 604.00	55.25
非流动资产合计	289 896 473.86	14.59	400 240 372.73	20.14	531 860 606.61	26.77	611 875 295.73	30.79
资产总计	3 460 424 517.68	26.86	6 410 024 690.27	49.76	11 705 730 358.21	90.88	14 821 614 864.52	115.07
流动负债	0.00		0.00		0.00		0.00	
短期借款	10 000 000.00	100.00	10 000 000.00	100.00	−10 000 000.00	−100.00	−10 000 000.00	−100.00
应付票据	72 047 058.70	11.83	142 578 874.50	23.41	575 256 810.62	94.45	376 886 181.75	61.88
应付账款	226 487 450.26	12.41	644 877 852.19	35.33	1 370 527 047.21	75.09	1 758 729 497.91	96.36
预收款项	4 535 210.60	1.12	18 429 600.73	4.54	663 593 341.70	163.32	681 988 587.27	167.85
应付职工薪酬	20 460 493.25	48.39	55 181 669.37	130.50	96 429 510.66	228.04	105 188 017.70	248.76
应交税费	−41 420 447.53	−24.06	159 661 880.15	92.76	153 594 292.60	89.23	101 979 339.49	59.25
应付利息	9 552 875.83	3 061.82	9 533 432.22	3 055.59	28 575 833.33	9 158.92	28 552 500.00	9 151.44
应付股利	−1 347 965.60	−14.91	−8 194 800.00	−90.66	−8 194 800.00	−90.66	−8 194 800.00	−90.66
其他应付款	−19 306 970.92	−3.30	−51 835 182.60	−8.86	195 486 253.99	33.41	829 882 183.27	141.84
一年内到期的非流动负债	0.00		0.00		10 000 000.00		0.00	
其他流动负债	0.00		36 515 277.18		0.00		0.00	
流动负债合计	281 007 704.59	7.68	1 016 748 603.74	27.78	3 075 268 290.11	84.04	3 865 011 507.39	105.62
非流动负债	0.00		0.00		0.00		0.00	

续表

报表日期	2014 年与 2013 年比较		2015 年与 2013 年比较		2016 年与 2013 年比较		2017 年与 2013 年比较	
单　　位	元	%	元	%	元	%	元	%
长期借款	−584 882.14	−8.75	−584 882.14	−8.75	−584 882.14	−8.75	−4 184 882.14	−62.60
应付债券	896 412 000.00		897 160 800.00		1 795 279 200.00		1 797 180 000.00	
长期应付款	0.00	0.00	0.00	0.00	0.00	0.00	0.00	0.00
长期应付职工薪酬	16 427 467.87		17 881 732.06		14 756 627.15		11 906 616.70	
递延所得税负债	0.00		0.00		570 593.48		570 593.48	
长期递延收益	182 099 121.96		161 071 195.40		186 971 985.60		218 271 627.15	
其他非流动负债	−181 267 912.23	−100.00	−181 267 912.23	−100.00	−181 267 912.23	−100.00	−181 267 912.23	−100.00
非流动负债合计	913 085 795.46	473.67	894 260 933.09	463.91	1 815 725 611.86	941.92	1 842 476 042.96	955.80
负债合计	1 194 093 500.05	31.00	1 911 009 536.83	49.61	4 890 993 901.97	126.97	5 707 487 550.35	148.16
所有者权益	0.00		0.00		0.00		0.00	
实收资本(或股本)	347 133 239.00	50.00	347 133 239.00	50.00	347 133 239.00	50.00	347 133 239.00	50.00
资本公积	−921 047.25	−0.07	2 298 311.86	0.18	−342 558.21	−0.03	−342 558.21	−0.03
其他综合收益	21 195.66		21 195.66		21 195.66		11 780.41	
盈余公积	104 675 539.18	18.31	198 867 406.98	34.79	277 847 793.39	48.61	368 780 707.18	64.52
未分配利润	1 707 134 484.18	26.21	3 857 667 684.05	59.22	6 073 986 124.76	93.25	8 294 914 866.17	127.35
归属于母公司股东权益合计	2 156 275 484.78	23.88	4 404 219 911.56	48.78	6 696 877 868.61	74.17	9 008 730 108.56	99.78
少数股东权益	110 055 532.85		94 795 241.88		117 858 587.63		105 397 205.61	
所有者权益(或股东权益)合计	2 266 331 017.63	25.10	4 499 015 153.44	49.83	6 814 736 456.24	75.48	9 114 127 314.17	100.95
负债和所有者权益(或股东权益)总计	3 460 424 517.68	26.86	6 410 024 690.27	49.76	11 705 730 358.21	90.88	14 821 614 864.52	115.07

表 3－5 上市公司资产负债表结构分析法和比率分析法应用①

报表日期	2013－12－31	2014－12－31	2015－12－31	2016－12－31	2017－12－31
单　位	%	%	%	%	%
流动资产					
货币资金	16.17	12.39	13.74	13.39	9.62
交易性金融资产		2.67	15.77	8.14	24.36
应收票据	20.68	22.32	18.69	16.04	15.50
应收账款	4.16	3.40	5.48	4.12	4.45
预付款项	3.03	1.77	1.73	1.90	1.51
应收利息	0.01	0.02	0.01	0.13	0.23
其他应收款	3.58	12.43	0.35	0.24	0.50
存货	36.93	30.50	29.16	28.14	31.27
其他流动资产	0.00	0.58	2.70	17.67	3.17
流动资产合计	84.57	86.07	87.62	89.75	90.62
非流动资产					
可供出售金融资产	0.00	0.36	0.64	0.51	0.45
长期股权投资	0.47	0.02	0.03	0.00	0.00
投资性房地产	0.06	0.04	0.04	0.03	0.00
固定资产净额	9.86	10.11	8.50	7.25	6.30
在建工程	2.04	0.92	1.12	0.56	0.52
无形资产	1.73	1.52	1.24	0.94	1.15
商誉	0.10	0.08	0.07	0.06	0.05
长期待摊费用	0.08	0.08	0.03	0.04	0.03
递延所得税资产	1.01	0.73	0.66	0.80	0.82
其他非流动资产	0.08	0.06	0.05	0.07	0.06
非流动资产合计	15.43	13.93	12.38	10.25	9.38
资产总计					
流动负债					
短期借款	0.26	0.40	0.35	0.00	0.00
应付票据	15.81	13.50	13.04	13.55	10.31
应付账款	47.38	40.66	42.86	36.55	37.49

① 货币资金 2013 年比率＝2 082 951 549.6(表 3－3 中 2013 年货币资金)÷10 893 817 431.14(表 3－3 中 2013 年流动资产合计)＝16.17%。即流动资产比率＝流动资产合计/资产总额×100%，固定资产比率＝固定资产合计/资产总额×100%，长期投资比率＝长期投资额/资产总额×100%，无形资产比率＝无形资产/资产总额×100%。

续表

报表日期	2013－12－31	2014－12－31	2015－12－31	2016－12－31	2017－12－31
单　　位					
预收款项	10.55	8.14	7.37	12.24	11.38
应付职工薪酬	1.10	1.24	1.69	1.59	1.54
应交税费	4.47	2.59	5.76	3.73	2.87
应付利息	0.01	0.20	0.17	0.33	0.30
应付股利	0.23	0.15	0.01	0.01	0.01
其他应付款	15.19	11.21	9.25	8.93	14.80
一年内到期的非流动负债	0.00	0.00	0.00	0.11	0.00
其他流动负债	0.00	0.00	0.63	0.00	0.00
流动负债合计	95.00	78.09	81.14	77.03	78.71
非流动负债					
长期借款	0.17	0.12	0.11	0.07	0.03
应付债券	0.00	17.76	15.57	20.53	18.80
长期应付款	0.12	0.10	0.08	0.06	0.05
长期应付职工薪酬	0.00	0.33	0.31	0.17	0.12
递延所得税负债	0.00	0.00	0.00	0.01	0.01
长期递延收益	0.00	3.61	2.79	2.14	2.28
其他非流动负债	4.71	0.00	0.00	0.00	0.00
非流动负债合计	5.00	21.91	18.86	22.97	21.29
负债合计					
所有者权益					
实收资本(或股本)	7.69	9.22	7.70	6.57	5.74
资本公积	13.82	11.04	9.24	7.87	6.87
其他综合收益	0.00	0.00	0.00	0.00	0.00
盈余公积	6.33	5.99	5.70	5.36	5.18
未分配利润	72.14	72.78	76.67	79.45	81.62
负债和所有者权益(或股东权益)总计					

【思维空间】从云南白药股份有限公司2013～2017年资产负债表的比较分析表可以选择哪些需要分析的重点项目？从结构分析表分析可以选择哪些需要分析的重点项目？结合比较分析表和结构分析表又可以如何选择？对下一步资产负债表项目的质量分析有哪些帮助？

注意，财务报表分析方法包括了比较分析法、趋势分析法、结构分析法、因素分析法和综合分析法，应用上述方法对上市公司的资产负债表进行分析的时候，并不是单独使用，而是各种分析方法结合使用。

二、资产结构分析

资产负债表的资产结构，指企业的流动资产、长期投资、固定资产、无形资产及其他资产占资产总额的比重。通过分析不同流动性的资产占总资产的比率，能了解企业的资产结构是否合理。

（一）资产结构分析的作用

对资产结构的分析，可帮助我们从宏观角度上掌握企业所在行业的特点、经营管理特点和技术装备水平。

流动资产占资产总额的比例越高，企业的日常生产经营活动越重要。如在企业产品市场需求旺盛或扩大经营规模的时期，企业投入当期生产经营活动的资金要比其他企业、其他时期投入的多。当企业处于蓬勃发展时期时，企业的经营管理就显得非常重要。

流动资产占资产总额的比例越高，说明企业的资金流动性、可变现能力越强。但是该指标受到行业差异的影响较大。所以该指标也是进行行业划分和行业比较的重要指标。商业企业的流动资产往往大于非流动资产，而化工业的情况却恰恰相反。一般来说，纺织、冶金企业该指标在30%～60%，商业批发企业可高达90%以上。

在同一行业中，流动资产、长期投资所占的比重反映出企业的经营特点。流动资产和负债较高的企业稳定性差，却较灵活；而那些非流动性资产和负债占较大比重的企业底子较厚，但转变调整比较困难。长期投资较高的企业，风险较高。无形资产增减和固定资产折旧快慢反映企业的新产品开发能力和技术装备水平。无形资产多的企业，开发创新能力强；而那些固定资产折旧比例较高的企业，技术更新换代快。

因此，通过对资产结构的分析，就能看出行业特点、经营特点和技术装备特点。

【例3-3】 云南白药股份有限公司2013～2017年资产结构分析（见表3-6）。

表3-6　　云南白药股份有限公司2013～2017年纵向资产结构分析表

报表日期	2013-12-31	2014-12-31	2015-12-31	2016-12-31	2017-12-31
货币资金(元)	2 082 951 549.60	2 023 963 712.61	2 649 769 547.43	3 292 608 757.11	2 666 326 412.14
存货(元)	4 757 358 043.23	4 983 310 811.13	5 625 005 009.07	6 918 030 390.07	8 663 278 462.90
流动资产合计(元)	10 893 817 431.14	14 064 345 474.96	16 903 601 748.68	22 067 687 182.74	25 103 556 999.93
固定资产净额(元)	1 269 767 136.49	1 652 178 635.77	1 640 213 179.39	1 782 319 408.22	1 745 371 710.46
无形资产(元)	223 165 380.31	248 835 984.30	238 835 897.43	230 958 182.24	319 374 177.29
在建工程(元)	262 507 902.35	150 069 150.85	215 607 046.12	137 380 770.47	144 807 299.79
非流动资产合计(元)	1 987 098 244.68	2 276 994 718.54	2 387 338 617.41	2 518 958 851.29	2 598 973 540.41
资产总计(元)	12 880 915 675.82	16 341 340 193.50	19 290 940 366.09	24 586 646 034.03	27 702 530 540.34
货币资金占资产比(%)	16.17	12.39	13.74	13.39	9.62
存货占资产比(%)	36.93	30.50	29.16	28.14	31.27

续表

报 表 日 期	2013-12-31	2014-12-31	2015-12-31	2016-12-31	2017-12-31
固定资产净额占资产比(%)	9.86	10.11	8.50	7.25	6.30
无形资产占资产比(%)	1.73	1.52	1.24	0.94	1.15
在建工程占资产比(%)	2.04	0.92	1.12	0.56	0.52
流动资产占资产比(%)	84.57	86.07	87.62	89.75	90.62
非流动资产占资产比(%)	15.43	13.93	12.38	10.25	9.38

【思维空间】从云南白药股份有限公司 2013～2017 年资产负债表纵向资产结构分析表可以得出哪些分析结论？结合资产结构类型，该公司 2013～2017 年分别属于哪种类型？

（二）资产结构类型

不同的资产种类和搭配关系会形成不同的经营风险。企业在构建资产结构时应在生产经营风险之间加以平衡。不同企业对资产风险的偏好不同，在实践中存在三种资产风险结构类型，即保守型资产结构、适中型资产结构和激进型资产结构（见图 3-4）。

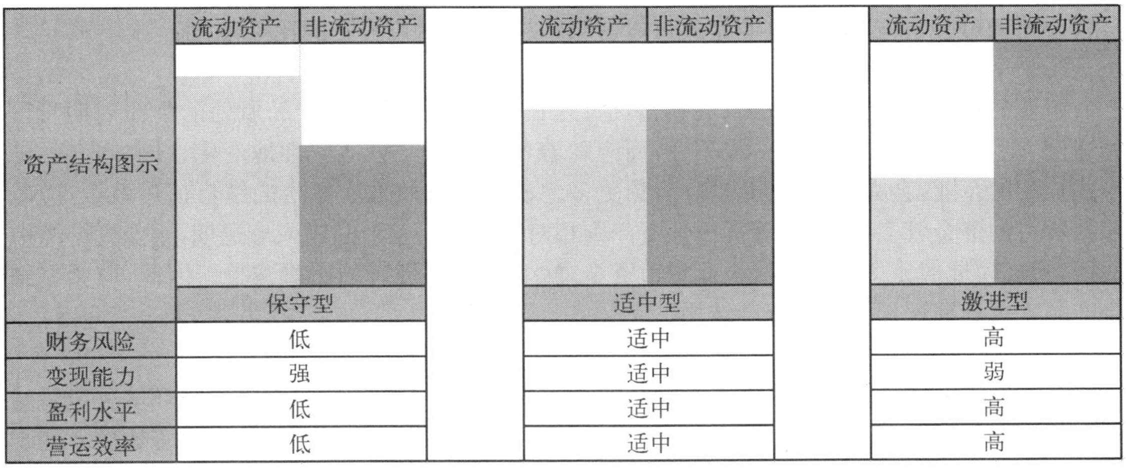

图 3-4　上市公司资产结构类型示意图

1. 保守型资产结构

保守型资产结构是指企业在一定产销量水平上维持大量的金融资产，持有较大量的保险性存货，从而使流动资产处于较高的水平。这种类型的资产结构既可降低财务风险①，又拥有足够的存货以保证生产之需。然而，低收益的流动资产持有大量资金，会降低资产的营运效率和盈利水平。

① 财务风险是包含有企业可能丧失偿债能力的风险和股东收益的可变性。随债务、租赁和优先股筹资在企业资本结构中所占比重的提高，企业支出的固定费用将会增加，结果使企业丧失现金偿付能力的可能性也增大了。企业财务风险的另一方面涉及股东可能得到的收益的相对离差。总之，企业的财务风险包含了股东未来收益的可变性和企业丧失偿债能力的可能性。这两方面都同企业的经营风险（即预期营业收益离差）直接相关。

2. 适中型资产结构

适中型资产结构是指企业在一定产销量水平上维持中等水平的货币资金、存货资金和信用资金，从而使流动资产维持在某一个平均水平。这种资产结构由于注意了风险和收益之间的平衡，是一种风险中性和收益中性的结构，在实践中常被作为追求的理想目标。

3. 激进型资产结构

激进型资产结构是指尽量少地持有金融资产、存货资产和信用资产，从而使流动资产维持在较低水平，而固定资产等长期性资产的比重较高。采用这种结构，企业资产的流动性差、变现能力弱，然而如果经营顺利，资金的盈利水平会提高。因此，这是一种高风险、高收益的资产结构。

（三）决定资产结构的因素

1. 行业特点和经营性质

企业所处的行业特点和经营性质通常对企业的资产结构有着极其重要的影响。生产性企业固定资产的比重一般要大于流通性企业，而机械行业的企业存货比重一般要高于食品行业的企业，航空运输企业的固定资产所占比重一般较大。一般地，母公司企业相对于子公司企业，长期投资的比重较高。

2. 企业规模

企业的不同规模也是影响资产结构的重要因素。从硬件角度看，一般来讲，规模大的企业多半经过大范围购置固定资产，走规模经济和规模效益的路径，所以固定资产的比重比较大，流动资产的比重相对较低，抗风险能力较强；从软件角度看，大的全球公司、跨国企业、跨区域经营公司的母公司与子公司之间是通过投资联系起来的，所以投资的比重较大。

3. 产品生产周期

企业的产品一般会经历成长、成熟、衰退、死亡等几个阶段。与产品所处的生命周期阶段相适应，企业的资产结构并非一成不变，而应随着各阶段的交替适应性地变化。例如，产品处于成长期的企业，会大量添置固定资产，为更多地占领市场而采取宽松的销售信用政策，应收账款所占的资金较多，而现金等货币性资产则相对短缺。一旦产品进入衰退期，企业则会缩短战线，大规模地回笼资金，这时，企业货币资金增多，存货等资产的比重减少。因此，应紧密结合产品生命周期评价企业的资产结构。

4. 宏观经济环境

宏观经济环境是从外部条件方面来影响企业的资产结构变化的。宏观经济环境决定着对外投资机会的大小、投资收益的高低和风险的大小，从而直接影响企业的长期投资数额。处于朝阳产业的企业前景广阔，非流动资产规模与日俱增；处于夕阳产业的企业，经营日益萎缩，货币资金充裕，比重上升。

三、资本结构分析

资本结构是指企业资产负债表右方“负债和所有者权益”的结构：既包括企业负债总规模与所有者权益规模的对比关系，也包括企业各类债务（如短期、长期）占总负债的构成比例和所有者权益中各类股东的持股构成比例，以及所有者权益中各项目的构成比例。

企业适度负债，合理安排借入资金与自有资金的比例关系，既能充分加大负债的财务杠杆①效

---

① 财务杠杆又称筹资杠杆或融资杠杆，它是指由于固定债务利息和优先股股利的存在而导致普通股每股利润变动幅度大于息税前利润变动幅度的现象。

用，又有利于降低企业的综合资本成本①。但负债过度会给企业带来财务风险，甚至破产。

（一）资本结构分析的作用

企业的资本结构状况是企业各利益相关者十分关注的问题，对资本结构的分析能够帮助报表使用者正确地评价企业的价值水平，从而为其科学决策提供良好的基础。对股东而言，资本结构分析有助于判断自己可能获得的财务杠杆利益及应承担的财务风险，并做到对企业的运营安全性和稳定性心中有数；在债权人看来，资本结构分析有利于其判明债权的保障程度，并采取有效的措施保护债权权益；对经营者而言，资本结构分析有助于其对资本结构的合理性作出判断，并根据情况的变化动态地优化资本结构。

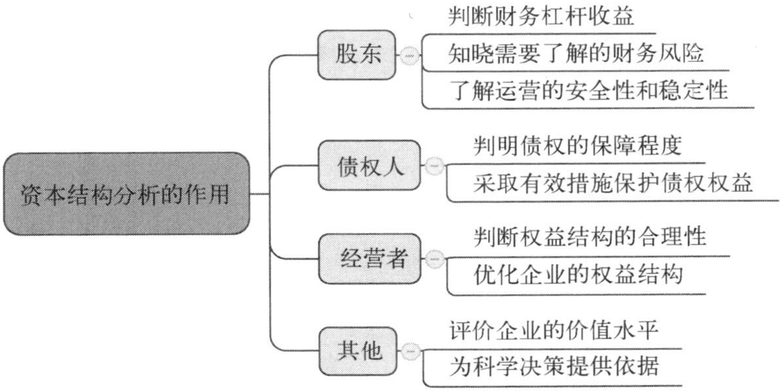

图 3－5　资本结构分析的作用图

（二）资本结构整体分析

资本主要来源于负债和所有者权益，不同的资本结构风险和资金成本是不一样的。由于股东对企业的投资是不能抽回的，不需要企业偿还，所以来自股东的资本是非常稳定的。而来自债权人的资本，无论是短期的还是长期的，是需要企业偿还的，肯定不如来自股东的资本稳定。在财务上，长短期的界定是以一年为限。长期资本的稳定性要大于短期资本的稳定性，期限越长，稳定性则越高。

【例 3－4】　云南白药股份有限公司 2013～2017 年资本结构分析（见表 3－7）。

表 3－7　　云南白药股份有限公司 2013～2017 年资本结构整体分析表

报表日期	2013－12－31	2014－12－31	2015－12－31	2016－12－31	2017－12－31
负债合计（元）	3 852 125 506.92	5 046 219 006.97	5 763 135 043.75	8 743 119 408.89	9 559 613 057.27
所有者权益（元）	9 028 790 168.90	11 295 121 186.53	13 527 805 322.34	15 843 526 625.14	18 142 917 483.07
资产总计（元）	12 880 915 675.82	16 341 340 193.50	19 290 940 366.09	24 586 646 034.03	27 702 530 540.34
资产负债率（%）	29.91	30.88	29.87	35.56	34.51
负债变动额（元）		1 194 093 500.05	1 911 009 536.83	4 890 993 901.97	5 707 487 550.35
负债变动率（%）		31.00	49.61	126.97	148.16

① 综合资本成本，也称为加权平均资本成本，是以各种不同筹资方式的资本成本为基数，以占资本总额的比重为权数计算的加权平均数。分为三个部分：个别资本成本、综合资本成本、资本的边际成本。

续表

报表日期	2013-12-31	2014-12-31	2015-12-31	2016-12-31	2017-12-31
所有者权益变动额(元)		2 266 331 017.63	4 499 015 153.44	6 814 736 456.24	9 114 127 314.17
所有者权益变动率(%)		25.10	49.83	75.48	100.95
资产变动额(元)		3 460 424 517.68	6 410 024 690.27	11 705 730 358.21	14 821 614 864.52
资产变动率(%)		26.86	49.76	90.88	115.07

【思维空间】从云南白药股份有限公司2013～2017年资本结构的比较分析和结构分析数据得出什么结论？属于资本结构类型中的哪一类？

(三) 资本结构类型

不同的资本结构,其收益和风险是不同的。最佳的资本结构应使收益与风险之间平衡。企业应根据自身的特点选择恰当的资本结构。

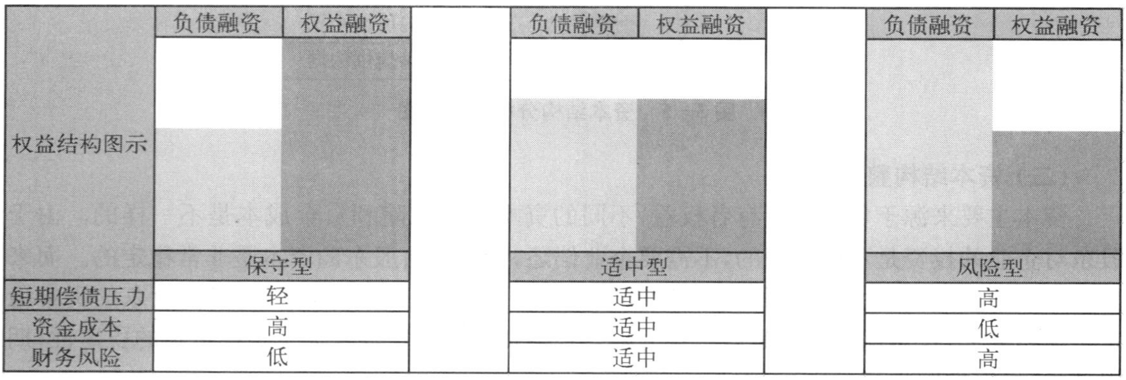

图3-6 上市公司资本结构类型示意图

1. 保守型资本结构

保守型的资本结构是指在资本结构中主要采取股权融资,且负债融资中又以长期负债融资为主。在这种结构下,企业对流动负债的依赖性较低,从而减轻了短期偿债的压力,风险较低;但同时,由于股权融资和长期负债融资的成本较高,会增大企业资金成本。因此,这是一种低风险、高成本的资本结构。

2. 适中型资本结构

适中型资本结构是指股权融资和负债融资的比重主要根据资金使用的用途来确定。用于长期资产的资金由股权融资和长期负债提供;用于流动资产的资金主要由流动负债提供。同时,使股权融资和负债融资的比重保持在较为合理的水平之上。因此,这是一种中等风险和成本的资本结构。

3. 风险型资本结构

风险型资本结构是指在资本结构中全部采用或主要采用负债融资,并且流动负债被大量用于长期资产。显然,这是一种风险高但成本低的资本结构。

（四）决定资本结构的因素

1. 企业销售的增长情况

预计未来销售的增长率，决定财务杠杆在多大程度上扩大每股盈余。如果销售增长率很高，使用具有固定财务费用的债务筹资，就会扩大普通股的每股盈余。除了销售的增长率外，销售是否稳定对资本结构也有重要影响。如果企业的销售比较稳定，则可以较多地负担固定的财务费用；如果销售和盈余有周期性，则负担固定的财务费用将冒较大的财务风险。

2. 企业所有者和管理人员的态度

企业所有者和管理人员的态度对资本结构也有重要影响，因为企业资本结构的决策最终是由他们做出的。

3. 贷款人和信用评级机构的影响

每位公司的财务经理对如何运用财务杠杆都有自己的分析，但贷款人和信用评级机构的态度实际上往往成为决定财务结构的关键因素。

4. 行业因素

不同行业的企业资本结构有很大差别。财务经理必须考虑本企业所处的行业特点，以便考虑最佳的资本结构。

5. 企业规模

一般而言，企业规模越大，筹集资金的方式就越多。

6. 企业的财务状况

获利能力越强、财务状况越好、变现能力越强的公司，就越有能力承担财务上的风险。因而，随着企业变现能力、财务状况和盈利能力的增进，举债融资就越有吸引力。

7. 资产结构

资产结构会以多种方式影响企业的资本结构。拥有大量固定资产的企业主要通过长期负债和发行股票筹集资金；拥有较多流动资产的企业，更多地依赖流动负债来筹集资金；资产适用于抵押贷款的公司举债额较大，如房地产公司的抵押贷款就相当多；以技术研究开发为主的公司则负债很少。

8. 所得税税率的高低

企业利用负债可以获得减税利益。因此，所得税税率越高，则负债的好处越多；反之，如果税率很低，则采用举债方式的减税利益就不十分明显。

9. 利率水平的变动趋势

利率水平的变动趋势也会影响企业的资本结构。以上因素都可能会影响企业的资本结构，财务管理人员应在认真分析上述因素的基础上，根据经验来确定企业的资本结构。

四、资本结构与资产结构的对称分析

尽管总资产与总资本在总额上一定相等，但由不同投资方式产生的资产结构与不同筹资方式产生的资本结构却不完全相同。虽然资产结构与资本结构的适应形式结构很多，但归纳起来可以分为保守结构、稳健结构、平衡结构和风险结构四种类型。

（一）保守结构

在这一结构形式中，无论资产负债表左方的资产结构如何，右方的资金来源方式全部是长期资金，非流动负债与所有者权益的比例高低不影响这种结构形式（见图 3－7）。

<table>
<tr><td rowspan="2">流动资产</td><td>临时性占用流动资产</td><td rowspan="2">非流动负债</td></tr>
<tr><td>永久性占用流动资产</td></tr>
<tr><td colspan="2">非流动资产</td><td>所有者权益</td></tr>
</table>

图 3-7　上市公司资产结构与资本结构对称类型——保守结构

（二）稳健结构

在这一结构形式中，长期资产的资金需要依靠长期资金来解决，短期资产的资金需要则使用长期资金和短期资金共同解决，长期资金和短期资金在满足短期资产的资金需要方面的比例不影响这一形式（见图 3-8）。

在这种结构下，企业的偿债压力较小。但是由于长期资金来源的资金成本一般高于短期资金来源的资金成本，筹资成本较高，这会降低企业的盈利水平。

<table>
<tr><td rowspan="2">流动资产</td><td>临时性占用流动资产</td><td>流动负债</td></tr>
<tr><td>永久性占用流动资产</td><td>非流动负债</td></tr>
<tr><td colspan="2">非流动资产</td><td>所有者权益</td></tr>
</table>

图 3-8　上市公司资产结构与资本结构对称类型——稳健结构

（三）平衡结构

在这一结构形式中，以流动负债满足流动资产的资金需要，以非流动负债及所有者权益满足长期资产的资金需要，长期负债与所有者权益之间的比例如何不是判断这一结构形式的标志。在这种结构下，企业的偿债压力和筹资水平都处于中等水平（见图 3-9）。

<table>
<tr><td>流动资产</td><td>流动负债</td></tr>
<tr><td rowspan="2">非流动资产</td><td>非流动负债</td></tr>
<tr><td>所有者权益</td></tr>
</table>

图 3-9　上市公司资产结构与资本结构对称类型——平衡结构

（四）风险结构

在这一结构形式中，流动负债不仅用于满足流动资产的资金需要，而且还用于满足部分长期资产的资金需要，这一结构形式不因为流动负债在多大程度上满足长期资产的资金需要而改变。在这种结构下，企业的偿债压力较大，但筹资成本相对较低，会在一定程度上增进企业的盈利水平（见图 3-10）。

<table>
<tr><td>流动资产</td><td rowspan="2">流动负债</td></tr>
<tr><td rowspan="3">非流动资产</td></tr>
<tr><td>非流动负债</td></tr>
<tr><td>所有者权益</td></tr>
</table>

图 3-10　上市公司资产结构与资本结构对称类型——风险结构

【例 3－5】 云南白药股份有限公司 2013～2017 年资产负债表资产结构与资本结构之间的平衡分析(见表 3－8)。

表 3－8　　云南白药股份有限公司 2013～2017 年资产结构与资本结构对称分析表

报表日期	2013－12－31	2014－12－31	2015－12－31	2016－12－31	2017－12－31
单　位	元	元	元	元	元
流动资产合计(元)	10 893 817 431.14	14 064 345 474.96	16 903 601 748.68	22 067 687 182.74	25 103 556 999.93
非流动资产合计(元)	1 987 098 244.68	2 276 994 718.54	2 387 338 617.41	2 518 958 851.29	2 598 973 540.41
资产总计(元)	12 880 915 675.82	16 341 340 193.50	19 290 940 366.09	24 586 646 034.03	27 702 530 540.34
流动负债合计(元)	3 659 357 880.12	3 940 365 584.71	4 676 106 483.86	6 734 626 170.23	7 524 369 387.51
非流动负债合计(元)	192 767 626.80	1 105 853 422.26	1 087 028 559.89	2 008 493 238.66	2 035 243 669.76
负债合计(元)	3 852 125 506.92	5 046 219 006.97	5 763 135 043.75	8 743 119 408.89	9 559 613 057.27
所有者权益(或股东权益)合计(元)	9 028 790 168.90	11 295 121 186.53	13 527 805 322.34	15 843 526 625.14	18 142 917 483.07
流动资产占资产比重(%)	84.57	86.07	87.62	89.75	90.62
非流动资产占资产比重(%)	15.43	13.93	12.38	10.25	9.38
流动负债占资产比重(%)	28.41	24.11	24.24	27.39	27.16
非流动负债占资产比重(%)	1.50	6.77	5.63	8.17	7.35
负债占资产比重(%)	29.91	30.88	29.87	35.56	34.51
所有者权益占资产比重(%)	70.09	69.12	70.13	64.44	65.49

云南白药股份有限公司 2013 年资产结构与权益结构对称分析

资产结构比	比　率	权益结构比	比　率
流动资产占资产比重	84.57%	流动负债占资产比重	28.41%
非流动资产占资产比重	15.43%	非流动负债占资产比重	1.50%
		所有者权益占资产比重	70.09%

云南白药股份有限公司 2014 年资产结构与权益结构对称分析

资产结构比	比　率	权益结构比	比　率
流动资产占资产比重	86.07%	流动负债占资产比重	24.11%
非流动资产占资产比重	13.93%	非流动负债占资产比重	6.77%
		所有者权益占资产比重	69.12%

续表

云南白药股份有限公司 2015 年资产结构与权益结构对称分析			
资产结构比	比　率	权益结构比	比　率
流动资产占资产比重	87.62%	流动负债占资产比重	24.24%
非流动资产占资产比重	12.38%	非流动负债占资产比重	5.63%
		所有者权益占资产比重	70.13%
云南白药股份有限公司 2016 年资产结构与权益结构对称分析			
资产结构比	比　率	权益结构比	比　率
流动资产占资产比重	89.75%	流动负债占资产比重	27.39%
非流动资产占资产比重	10.25%	非流动负债占资产比重	8.17%
		所有者权益占资产比重	64.44%
云南白药股份有限公司 2017 年资产结构与权益结构对称分析			
资产结构比	比　率	权益结构比	比　率
流动资产占资产比重	90.62%	流动负债占资产比重	27.16%
非流动资产占资产比重	9.38%	非流动负债占资产比重	7.35%
		所有者权益占资产比重	65.49%

【思维空间】从云南白药股份有限公司 2013～2017 年资产结构与资本结构的配比得出什么结论？每一年的资产结构属于哪种类型？资本结构属于哪种类型？能得出哪些分析结论？能给出哪些财务建议？

第四节　资产负债表项目解读与分析

一、资产项目解读与分析

资产负债表中所列示的资产，一般都是按照其流动性强弱或周转速度的大小来排列的，分为流动资产和非流动资产两大类。其中，流动性强的流动资产依次排在上面，流动性弱的非流动资产则排在后面。

（一）流动资产项目解读与分析

流动资产是企业经营活动中的周转性资产，一般是指企业预计在一个正常营业周期或一个会计年度内（含一年）可以变现、出售或耗用，以及为交易目的而持有的、用于交换其他资产或清偿负债的能力不受限制的现金或现金等价物等。它主要包括货币资金、以公允价值计量且其变动计入当期损益的金融资产、应收票据、应收账款、预付账款、应收股利、应收利息、其他应收款、存货、一年内到期的非流动资产等。经营周期是从企业获得原材料、物料到产品出售收到现金之间的平均时间。一个周期指从现金经过存货、产品、应收款，最后回到现金的过程。当一年内有几个经营周期时，企业用一年作为一个周期。如果经营周期超过一年，企业就使用

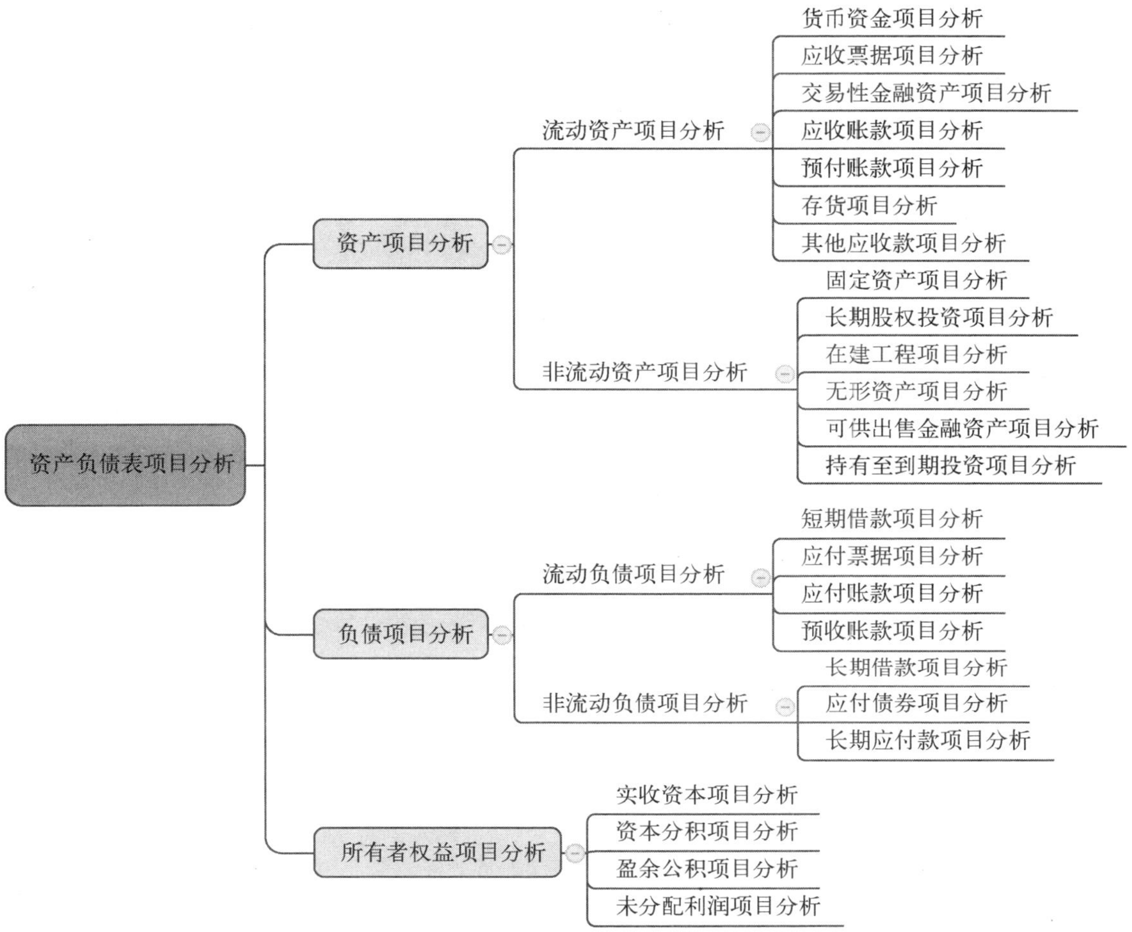

图 3 - 11　上市公司资产负债表项目分析

这个较长的周期。

流动资产在资产负债表中按照流动性大小列示，在流动资产部分的 5 个主要项目和它们的估价基础如表 3 - 9 所示。

1. 货币资金项目解读与分析

货币资金是指企业在经营活动中处于货币状态的资产，包括库存现金、银行结算户存款、外埠存款、银行汇票与银行本票存款、信用卡及信用证存款和企业存出投资款等。现金的流动性最强，随时可以用于进行各种经济业务的计算。因此，必须建立完善而严密的现金管理制度，确保现金的安全。

由于库存现金具有最强的支付能力，我国对库存现金的管理作了严格的规定。按照有关规定，企业的开户银行根据实际情况，为企业核定一个现金库存最高限额，一般以企业 3～5 天日常零星开支所需库存现金量作为现金限额，边远地区和交通不便地区的企业，库存现金可以多于 5 天，但最多不得超过 15 天的日常零星开支。企业每日的现金结存数额，不得超过核定的限额，超过部分应及时送存银行。企业收入的一切款项，除国家另有规定的以外，都必须当日解缴银行；一切支出，除规定可用现金支付的以外，都应按照有关结算规定，通过银行办理转账结算。

表 3-9　　上市公司流动资产估价基础①

项　　目	计 价 基 础
现金和现金等价物	公允价值
短期投资	公允价值
应收账款	估计可收回金额
存货	成本与市价孰低
预付费用	成本

现金管理的主要目的是：首先，保证企业在经济活动中有足够的现金，避免现金的闲置；其次，要防止现金的损失和短缺，避免现金被贪污、侵吞和挪用。对于闲置的现金，企业应该采取有效的投资方法，使其不断增值。一般来说，企业拥有足够的货币资金时，对债权人、供货商的债务偿还和货款支付有较大的保障；但企业的盈利能力会有所下降，因为货币资金只有在流通中才会发生增值。而货币资金短缺时，企业的支付能力又会受到影响，偿债能力方面将面临一定的压力。因此，对货币资金的分析，除了对数量进行分析外，还要对质量进行分析，即对货币资金的运用质量以及对货币资金的构成质量进行分析。具体应该从以下几个方面进行分析。

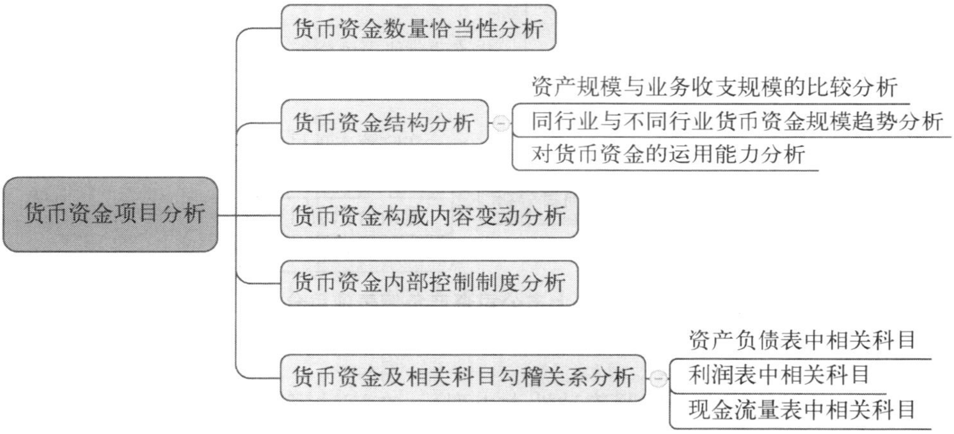

图 3-12　上市公司货币资金项目分析内容

① 可收回金额是指资产的公允价值减去处置费用后的净额与资产预计未来现金流量的现值两者之间的较高者。对于可收回金额(Recoverable Amount)，美国会计准则中可收回金额指公允价值减去销售成本；英国则将其定义为可实现净值与在用价值孰高；在我国，可收回金额的实际含义为未来现金流量的现值。

成本与市价孰低法是指按短期投资的总成本与总市价孰低计算提取跌价损失准备的方法，是存货的计价方法之一。对历史成本原则在运用时的修正，最明显地体现了稳健性原则，其具体含义是指：存货的成本低于市价的按成本计价；存货的市价低于成本的按市价计价。这一计价方法要求将存货因市价下跌而形成的损失计入当期损益，而对于存货因市价上涨而形成的收益不予预计。

公允价值(Fair Value)亦称公允市价、公允价格。熟悉市场情况的买卖双方在公平交易的条件下和自愿的情况下所确定的价格，或无关联的双方在公平交易的条件下一项资产可以被买卖或者一项负债可以被清偿的成交价格。在公允价值计量下，资产和负债按照在公平交易中，熟悉市场情况的交易双方自愿进行资产交换或者债务清偿的金额计量。购买企业对合并业务的记录需要运用公允价值的信息。在实务中，通常由资产评估机构对被并企业的净资产进行评估。

成本法(Cost Method)：是指长期股权投资按投资的实际成本计价的方法。该方法要求当企业增加对外长期投资时才增加长期股权投资的账面价值。

(1) 货币资金规模的恰当性分析

货币资金在总资产中的占比反映了企业经营管理过程中对资金的利用程度。该占比过低,企业的正常经营和正常支付能力将减弱,风险较高;该占比过高,企业的获利能力较差,也说明企业管理当局对资金的利用效率较差。货币资金占比的变化,占比的升高或降低都预示着管理者在货币资金的管理上进行了管理方式的变化;或者是企业的信用政策变化,导致了货币资金回笼的变化(回笼加快,则采用从紧的信用政策;回笼变慢,则采用宽松的信用政策);或者是企业的采购政策发生了变化,要么是赊购比例增加,要么是现金采购比例增加,这取决于货币资金的变动方向。

【例 3-6】 云南白药股份有限公司货币资金项目数量趋势分析。

表 3-10　　云南白药股份有限公司 2013～2017 年货币资金数量变动表

报表日期	2013-12-31	2014-12-31	2015-12-31	2016-12-31	2017-12-31
货币资金(元)	2 082 951 549.60	2 023 963 712.61	2 649 769 547.43	3 292 608 757.11	2 666 326 412.14
定比变动额(元)		−58 987 836.99	566 817 997.83	1 209 657 207.51	583 374 862.54
定比变动率(%)		−2.83	27.21	58.07	28.01
环比变动额(元)		−58 987 836.99	625 805 834.82	642 839 209.68	−626 282 344.97
环比变动率(%)		−2.83	30.92	24.26	−19.02

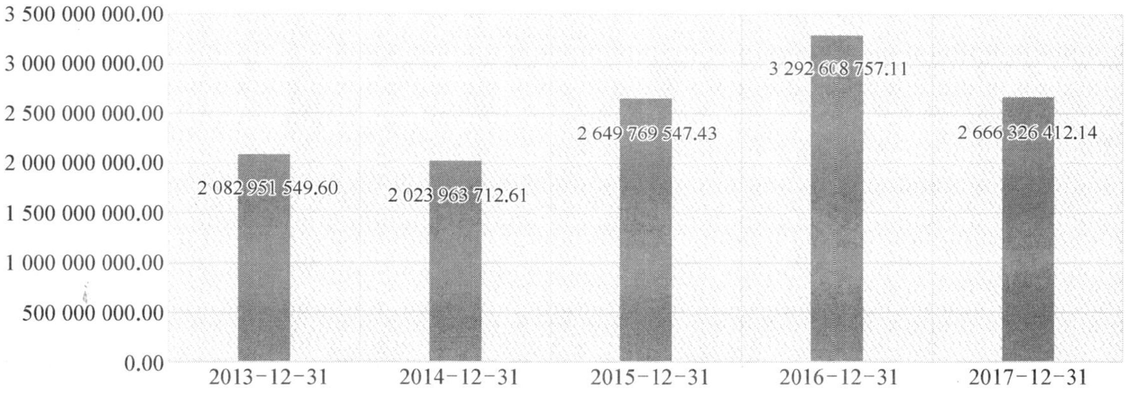

图 3-13　云南白药股份有限公司 2013～2017 年货币资金数量趋势图(单位:元)

【思维空间】图 3-13 和表 3-10 中表明货币资金项目变化的趋势如何?货币资金变动的原因可能是什么?应查阅哪些相关资料?可能说明了什么问题?存在哪些疑问?如何理解定比变动比率与环比变动比率的差异?

(2) 货币资金结构变动趋势分析

为维持企业经营活动的正常运转,企业必须保有一定的货币资金余额。从财务管理角度来看,过低的货币资金持有量将严重影响企业的正常经营活动,制约企业发展,并进而影响企业的商业信誉;而过高的货币资金保有量则在浪费投资机会的同时,还会增加企业的筹资成本。因此,判断企业日常货币资金规模是否适当,就成了企业货币资金运用质量的一个重要方面,企业货币资金的适当规模主要由下列因素决定:

其一，企业的资产规模、业务收支规模。

一般而言，企业的资产总额越大，相应的货币资金规模也就应当越大。业务收支频繁且绝对数额大的企业，处于货币资金形态的资产也会较多。

【例 3-7】 云南白药股份有限公司 2013～2017 年货币资金结构变动趋势分析。

表 3-11　　云南白药股份有限公司 2013～2017 年货币资金结构变动分析表

报表日期	2013-12-31	2014-12-31	2015-12-31	2016-12-31	2017-12-31
货币资金(元)	2 082 951 549.60	2 023 963 712.61	2 649 769 547.43	3 292 608 757.11	2 666 326 412.14
流动资产合计(元)	10 893 817 431.14	14 064 345 474.96	16 903 601 748.68	22 067 687 182.74	25 103 556 999.93
资产总计(元)	12 880 915 675.82	16 341 340 193.50	19 290 940 366.09	24 586 646 034.03	27 702 530 540.34
货币资金占总资产比重(%)	19.12	14.39	15.68	14.92	10.62
货币资金占资产比重(%)	16.17	12.39	13.74	13.39	9.62
流动资产占总资产比重(%)	84.57	86.07	87.62	89.75	90.62

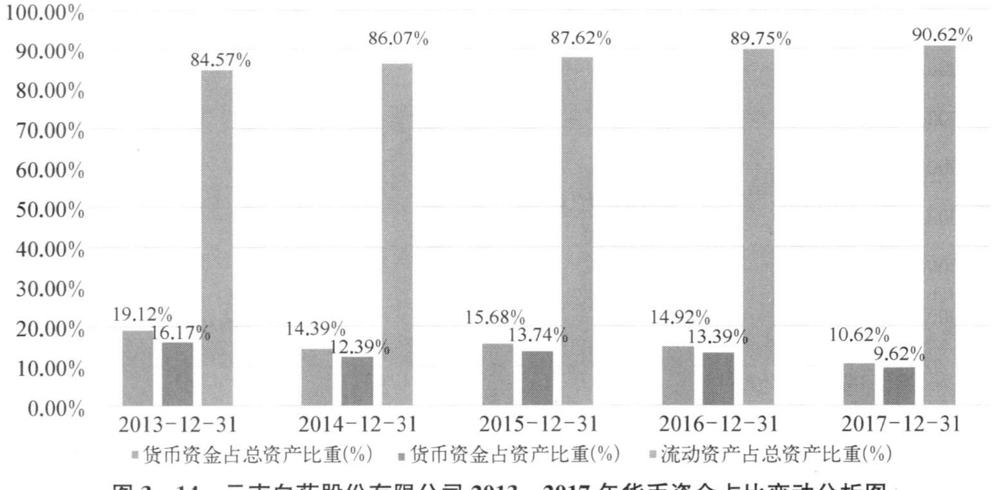

图 3-14　云南白药股份有限公司 2013～2017 年货币资金占比变动分析图

【思维空间】云南白药股份有限公司 2013～2017 年货币资金金额变化，占流动资产以及总资产比率的变动趋势如何？结合流动和总资产的比率的变动，可得出哪些结论？有哪些疑问？

其二，企业的行业特点。

企业的行业特点也制约着货币资金规模：银行业、保险业与工业企业，在相同的总资产规模下，不可能保持相近规模的货币资金。

【例 3-8】 不同行业的货币资金的趋势分析。

表 3-12　　**货币资金行业数据表**

行业	企业名称	报表日期	2013-12-31	2014-12-31	2015-12-31	2016-12-31	2017-12-31
中成药	云南白药	货币资金(元)	2 082 951 549.60	2 023 963 712.61	2 649 769 547.43	3 292 608 757.11	2 666 326 412.14
		流动资产合计(元)	10 893 817 431.14	14 064 345 474.96	16 903 601 748.68	22 067 687 182.74	25 103 556 999.93
		资产总计(元)	12 880 915 675.82	16 341 340 193.50	19 290 940 366.09	24 586 646 034.03	27 702 530 540.34
	白云山	货币资金(元)	1 935 681 740.06	3 180 887 532.85	4 118 291 426.52	13 091 007 880.23	11 697 218 882.84
		流动资产合计(元)	7 298 788 281.51	8 889 049 004.68	9 804 713 951.94	19 513 985 312.60	21 504 553 844.98
		资产总计(元)	12 249 123 151.39	14 210 783 549.15	15 870 577 267.20	25 897 170 220.54	28 314 713 453.32
	同仁堂	货币资金(元)	4 938 260 983.80	4 592 511 864.41	4 735 049 414.01	5 859 224 840.15	5 906 978 020.08
		流动资产合计(元)	9 997 291 087.77	10 512 480 053.95	11 391 986 762.57	13 452 784 966.19	14 683 167 824.57
		资产总计(元)	11 911 900 010.52	12 946 675 907.79	14 339 869 236.38	17 060 010 744.79	18 708 132 920.39
食品、饮料业	贵州茅台	货币资金(元)	25 185 009 331.68	27 710 717 680.21	36 800 749 895.06	66 854 962 118.22	87 868 869 913.34
		流动资产合计(元)	41 931 583 434.23	47 570 929 074.32	65 004 514 023.59	90 180 548 805.57	112 249 185 961.60
		资产总计(元)	55 454 150 677.05	65 873 165 224.63	86 301 463 422.77	112 934 538 280.41	134 610 116 875.08
	伊利股份	货币资金(元)	8 173 346 441.54	14 272 616 386.47	13 083 666 953.14	13 823 654 267.84	21 823 066 175.50
		流动资产合计(元)	16 467 180 048.56	21 001 066 300.53	19 786 152 407.02	20 192 698 635.43	29 845 731 858.45
		资产总计(元)	32 877 387 559.54	39 494 298 817.03	39 630 968 248.50	39 262 272 885.74	49 300 355 318.14
	双汇发展	货币资金(元)	3 845 656 611.42	2 928 640 728.68	2 426 692 246.83	3 303 688 588.09	6 162 804 240.18
		流动资产合计(元)	8 958 094 600.43	8 530 791 355.20	8 915 759 358.91	7 041 053 832.08	10 016 534 867.96
		资产总计(元)	19 746 141 970.40	21 982 434 237.27	22 884 467 166.16	21 351 919 400.65	23 089 066 159.71
房地产行业	万科集团	货币资金(元)	44 365 409 795.23	62 715 253 375.94	53 180 381 016.34	87 032 118 210.63	174 121 009 199.93
		流动资产合计(元)	442 046 585 199.61	464 805 697 453.18	547 024 375 866.34	721 295 427 853.28	1 017 552 832 148.30
		资产总计(元)	479 205 323 490.54	508 408 755 415.65	611 295 567 689.29	830 674 213 924.14	1 165 346 917 804.55
	保利地产	货币资金(元)	33 752 969 830.80	40 069 512 626.00	37 484 915 370.82	46 983 821 928.22	67 801 200 965.58
		流动资产合计(元)	303 008 054 884.41	350 858 011 961.76	384 675 186 038.32	435 122 033 614.42	646 156 927 772.27
		资产总计(元)	313 939 854 320.52	365 765 643 330.35	403 833 203 006.96	467 996 774 750.41	696 451 750 899.16

续表

行　业	企业名称	报 表 日 期	2013-12-31	2014-12-31	2015-12-31	2016-12-31	2017-12-31
房地产行业	华夏幸福	货币资金(元)	9 943 755 630.76	16 193 922 419.66	36 801 674 322.00	45 503 088 103.30	68 104 884 888.26
		流动资产合计(元)	69 348 380 439.37	107 672 285 237.04	153 765 117 726.19	223 561 173 130.66	348 486 284 162.78
		资产总计(元)	74 093 810 903.27	113 964 189 090.04	168 623 352 113.69	249 903 328 792.86	375 864 713 853.92

表 3-13　货币资金行业结构和趋势比较分析表

行业	企业名称	项　　目	2013 年	2014 年	2015 年	2016 年	2017 年
中成药	云南白药	货币资金占流动资产的比重(%)	19.12	14.39	15.68	14.92	10.62
		货币资金占资产的比重(%)	16.17	12.39	13.74	13.39	9.62
	白云山	货币资金占流动资产的比重(%)	26.52	35.78	42.00	67.09	54.39
		货币资金占资产的比重(%)	15.80	22.38	25.95	50.55	41.31
	同仁堂	货币资金占流动资产的比重(%)	49.40	43.69	41.56	43.55	40.23
		货币资金占资产的比重(%)	41.46	35.47	33.02	34.34	31.57
食品、饮料行业	贵州茅台	货币资金占流动资产的比重(%)	45.42	42.07	42.64	59.20	65.28
		货币资金占资产的比重(%)	75.61	72.22	75.32	79.85	83.39
	伊利股份	货币资金占流动资产的比重(%)	49.63	67.96	66.13	68.46	73.12
		货币资金占资产的比重(%)	24.86	36.14	33.01	35.21	44.27
	双汇发展	货币资金占流动资产的比重(%)	42.93	34.33	27.22	46.92	61.53
		货币资金占资产的比重(%)	19.48	13.32	10.60	15.47	26.69
房地产行业	万科集团	货币资金占流动资产的比重(%)	10.04	13.49	9.72	12.07	17.11
		货币资金占资产的比重(%)	9.26	12.34	8.70	10.48	14.94
	保利地产	货币资金占流动资产的比重(%)	11.14	11.42	9.74	10.80	10.49
		货币资金占资产的比重(%)	10.75	10.95	9.28	10.04	9.74
	华夏幸福	货币资金占流动资产的比重(%)	14.34	15.04	23.93	20.35	19.54
		货币资金占资产的比重(%)	13.42	14.21	21.82	18.21	18.12

【思维空间】同行业企业的货币资金规模有何特点？不同行业不同企业的货币资金规模有何特点？行业之间的个性与共性如何体现？

其三，企业对货币资金的运用能力。

货币资金如果仅停留在货币形态，则只能用于支付，其对企业资产增值的直接贡献将会很小。而如果企业的管理人员能善于利用货币资金从事其他经营活动，则企业的获利水平有可能提高。

这就是说，企业过高的货币资金规模，可能意味着企业正在丧失潜在的投资机会，也可能表明企业的管理人员运用资金的效率很低。此外，需要考虑的因素还有：企业偿债的资金需求；企业的利润状况和带来的现金后果；企业所处的融资环境，等等。

（3）货币资金币种构成质量分析

企业资产负债表上的货币资金金额代表了资产负债表日企业的货币资金拥有量。在企业的经济业务仅仅用记账本位币来完成的条件下，由于资产负债表金额的时点特性以及货币资金所具有的自动与资产负债表日的货币购买力相等的特性，我们难以从资产负债表日企业的货币资金拥有量揭示出企业货币资金的质量。但是，必须强调，在货币资金金额一定的条件下，我们仍然有可能对企业货币资金的构成质量进行分析。在企业的经济业务涉及多种货币、企业的货币资金有多种货币的条件下，由于不同货币币值有不同的未来走向，不同货币币值的走向决定了相应货币的质量，此时对企业拥有的各种货币进行汇率趋势分析，就可以确定企业持有的货币资金的质量。

【例3－9】　云南白药股份有限公司2013～2017年货币资金构成分析。

表3－14　　云南白药股份有限公司2013年货币资金币值种类构成明细表

项　目	期　末　数			期　末　数		
	外币金额	折算率	人民币金额	外币金额	折算率	人民币金额
现金：						
人民币			360 948.93			307 913.77
澳元	491.00	5.43	2 666.18	657.00	6.54	4 294.35
银行存款：						
人民币			2 024 522 190.38			1 729 323 228.13
美元	6 144 797.95	6.10	37 464 218.62	3 252 742.68	6.29	20 445 114.12
澳元	19 623.00	5.43	106 554.85	108 950.00	6.54	712 129.88
欧元	1 836.13	8.42	15 458.19	1 836.05	8.32	15 271.53
其他货币资金：						
人民币			20 479 512.45			10 256 558.56
美元						
澳元						
欧元						
合　计			2 082 951 549.60			1 761 064 510.34

表 3-15　　云南白药股份有限公司 2014～2017 年货币资金构成明细表①

项　目	2014 年	2015 年	2016 年	2017 年
库存现金(元)	467 801.95	389 980.90	328 786.15	265 016.18
银行存款(元)	2 008 408 173.46	2 642 283 706.75	3 285 390 406.22	2 665 675 913.66
其他货币资金(元)	15 087 737.20	7 095 859.78	6 889 564.74	385 482.30
合计(元)	2 023 963 712.61	2 649 769 547.43	3 292 608 757.11	2 666 326 412.14
库存现金占比(%)	0.02	0.01	0.01	0.01
银行存款占比(%)	99.23	99.72	99.78	99.98
其他货币资金占比(%)	0.75	0.27	0.21	0.01

【思维空间】从云南白药股份有限公司 2013～2017 年货币资金的币值构成以及种类构成的趋势变动和占比变动可以得出什么结论？2013～2017 年信息披露形式不一样，你更认同哪一种信息披露模式，为什么？

(4) 货币资金规模的持续性分析

货币资金(主要指现金部分)通常被誉为企业的“血液”，因而财务分析者非常关注企业货币资金规模的持续性。企业的货币资金规模发生变化，主要基于以下几个原因：

其一，企业经营活动引起货币资金规模变化。企业在经营活动中创造货币资金的能力通常被视为企业自身的造血功能。在经营战略和经营规模没有明显调整的情况下，一个自身造血功能正常的企业，货币资金规模通常会呈现出不断上升的趋势。我们一般认为，如果一个企业自身的造血功能比较好，货币资金规模的增加主要来自经营活动，那么企业货币资金的生成质量就会比较高。通常情况下，企业经营活动中有两个主要方面会影响企业的造血功能：第一，销售规模以及信用政策的变化。随着宏观经济环境、企业所处行业发展以及企业在行业中的竞争优势发生变化，企业的销售规模会相应发生变化，而销售回款是企业自身创造现金的最主要来源渠道；信用政策的变化也会在一定程度上影响企业销售所收到的货币资金量。第二，企业采购规模以及议价能力的变化。企业的采购行为往往需要企业动用货币资金存量，而由企业在行业中的竞争地位决定的面对上游供应商的议价能力，又会在一定程度上影响当期货币资金支付的相对水平。

其二，企业投资活动引起货币资金规模变化。一般情况下，企业不管是出于扩大再生产的战略需要而大量购入固定资产等长期资产，还是出于对外扩张的战略需要而大举对外投资，都需要动用大量的货币资金，从而引起企业货币资金规模的不同程度的下降；相反，如果企业处置固定资产等长期资产或者收回投资，往往会引起货币资金规模的上升。但值得注意的是，无论是投资还是收回投资，所引起的货币资金规模的变化往往是“一次性”的，主要受各年度企业战略规划与实施情况的影响，通常会呈现出一定的波动性。

其三，企业筹资活动引起货币资金规模变化。企业往往会由于经营活动的资金捉襟见肘、近期有重大投资安排、准备大量派发现金股利、偿还即将到期的银行贷款、改善自身的资本结

① 云南白药股份有限公司年报信息披露的方式 2013 年与 2014～2017 年的不一样，编者根据年报披露数据信息进行整理。

构、引进战略投资者等各种原因，通过举债或者增发股票等方式进行筹资。这些筹集到的资金在使用前会引起企业货币资金规模上升，但其规模随后会由于资金的使用而有所下降，因此，这种货币资金规模的变化通常不具有持续性。

在分析中，我们可以依据企业提供的现金流量表展开相应的货币资金质量分析，考察企业货币资金的生成质量，判断企业货币资金规模的持续性及其合理性，为预测企业未来的货币资金规模走势提供更加科学的依据。

(5) 对货币资金内部控制制度的分析

表 3-16　　货币资金内部控制分析内容

分析项目	分析主要动因	主要分析内容
货币资金收入	销　售	1. 对客户的选择
		2. 对特定客户销售特定商品种类的确定
		3. 对特定客户销售特定商品数量的确定
		4. 销售数量与折扣等级的确定
		5. 商品或产品出库数量和质量的确定
		6. 债权催收政策的制定
		7. 具体收款环节以及会计处理
货币资金支出	购　买	1. 对采购需求的确定(包括采购种类、数量、质量等)
		2. 对采购时机的确定
		3. 对供货商的选择
		4. 从特定供货商采购特定商品种类的确定
		5. 对特定供货商采购特定商品数量的确定
		6. 采购数量和折扣等级的谈判与确定
		7. 付款条件的确定
		8. 采购商品或产品入库数量和质量的确定
		9. 具体付款环节以及会计处理

从企业财务管理的角度来看，企业在收支过程中的内部控制制度的完善程度以及实际执行质量关系到企业的货币资金运用质量。对货币资金内部控制制度的分析主要从货币资金的收入和支出两个方面来进行。在货币资金收入方面，企业应当尽可能地由具有不同权限的人员或部门来完成，以保证企业内部各部门或人员在收款业务全过程的互相牵制态势。在货币资金支出方面，企业应当尽可能地由具有不同权限的人员或部门来完成，以保证企业内部各部门或人员在业务上的互相牵制态势。

2. 交易性金融资产项目解读分析

交易性金融资产(Tradable Financial Assets)是指企业为了近期内出售而持有的金融资产，主要是企业以赚取差价为目的从二级市场购入的各种有价证券，包括股票、债券、基金等。企业进行交易性金融资产投资的目的就是将一部分限制的货币资金转换为有价证券，从而获取高于同期银行存款利率的超额收益；同时，又可以保持其高度的变现性，在企业急需资金的时候将其及时出售变现。

因此，交易性金融资产越多，企业的支付能力和财务适应能力就越强。但是，如果交易性金融资产均属于风险较大的短期股票投资，则企业的支付能力会受到一定的影响。

【例 3-10】 云南白药股份有限公司 2013～2017 年交易性金融资产项目分析。

表 3-17　　云南白药股份有限公司 2013～2017 年交易性金融资产规模趋势变动分析表

指　　标	2013 年	2014 年	2015 年	2016 年	2017 年
交易性金融资产(元)	149 758.72	436 365 087.25	3 041 532 459.02	2 002 300 036.42	6 749 381 578.57
流动资产合计(元)	10 893 817 431.14	14 064 345 474.96	16 903 601 748.68	22 067 687 182.74	25 103 556 999.93
交易性金融资产占流动资产的比重(%)	0.00	3.10	17.99	9.07	26.89
资产总计(元)	12 880 915 675.82	16 341 340 193.50	19 290 940 366.09	24 586 646 034.03	27 702 530 540.34
交易性金融资产占总资产的比重(%)	0.00	2.67	15.77	8.14	24.36
交易性金融资产的变动额(元)		436 215 328.53	3 041 382 700.30	2 002 150 277.70	6 749 231 819.85
交易性金融资产的变动率(%)		291 278.75	2 030 855.17	1 336 917.33	4 506 737.12

表 3-18　　云南白药股份有限公司 2013～2017 年交易性金融资产项目构成分析表

项　　目	2013 年	2014 年	2015 年	2016 年	2017 年
单　　位	元	元	元	元	元
交易性金融资产		436 365 087.25	3 041 532 459.02	2 002 300 036.42	6 749 381 578.57
其中：债务工具投资					
权益工具投资				2 002 300 036.42	6 749 381 578.57
衍生金融资产					
其他		436 365 087.25	3 401 532 459.02		
指定以公允价值计量且其变动计入当期损益的金融资产	149 758.72				
其中：债务工具投资					
权益工具投资					
其他					
合　　计	149 758.72	436 365 087.25	3 401 532 459.02	2 002 300 036.42	6 749 381 578.57

【思维空间】从云南白药股份有限公司 2013～2017 年交易性金融资产以 2013 年为基准年度定比变动额和变动率的规模趋势变动，根据构成信息披露表，可采用什么方法进行数据加工？得到哪些结论？有什么建议？

3. 应收票据项目解读与分析

应收票据是企业由于商品销售或提供劳务等行为而获得的商业汇票所赋予的债权。一般依据票据承兑人的不同,可以分为商业承兑汇票和银行承兑汇票两种。其中,商业承兑汇票是由收款方签发并由付款方承诺到期无条件付款的商业汇票;而银行承兑汇票则是由收款方或付款方签发并经由付款方开户银行到期无条件付款的商业汇票。两者的主要区别在于因承诺人的不同而导致当购货方无法及时付款时,对收款方的债权保障有所不同。显然,从风险角度分析,持有银行承兑的应收票据这一资产的质量便明显高于持有商业承兑汇票这一应收票据资产的质量。

按照制度的规定,应收票据的期限一般为3～6个月,最长不得超过6个月,应收票据因有明确的承兑人,其信用程度较高、风险更小。商业汇票可以到期通过银行办理收款手续,也可以中途转让或办理贴现。应收票据的贴现,是指上市企业融通资金的一种形式。然而,由于票据贴现一般具有追索权,即当票据到期而付款人无力支付时,银行将有权向票据贴现企业追索已贴现的票据款。对贴现企业而言,这将意味着货币资金再次向应收账款的转换,应视为企业的一项或有负债列示于资产负债表的补充资料之中,此种情况的出现在一定程度上会影响到资产的流动性和周转性,也会影响到企业的偿债能力。

因此,在对应收票据的质量进行分析时,需要进行:

(1) 应收票据规模趋势的变动分析。

(2) 应收票据构成内容及构成比率的变动分析。

【例3-11】 云南白药股份有限公司2013～2017年应收票据项目趋势及构成分析。

表3-19　云南白药股份有限公司应收票据2013～2017年应收票据数量趋势变动分析表

指　标	2013年	2014年	2015年	2016年	2017年
应收票据(元)	536 467 059.54	554 880 112.88	1 057 735 076.07	1 012 036 371.97	1 233 810 339.12
流动资产合计	10 893 817 431.14	14 064 345 474.96	16 903 601 748.68	22 067 687 182.74	25 103 556 999.93
应收票据占流动资产的比重(%)	4.92	3.95	6.26	4.59	4.91
资产总计(元)	12 880 915 675.82	16 341 340 193.50	19 290 940 366.09	24 586 646 034.03	27 702 530 540.34
应收票据占总资产的比重(%)	4.16	3.40	5.48	4.12	4.45
应收票据的变动额(元)		18 413 053.34	521 268 016.53	475 569 312.43	697 343 279.58
应收票据的变动率(%)		3.43	97.17	88.65	129.99

表3-20　云南白药股份有限公司应收票据2013～2017年应收票据构成种类变动分析表

项　目	2013年	2014年	2015年	2016年	2017年
单　位	元	元	元	元	元
银行承兑票据	2 664 138 818.28	921 567 448.78	3 606 070 685.32	3 943 361 793.13	4 293 350 836.42
商业承兑票据					
合　计	2 664 138 818.28	921 567 448.78	3 606 070 685.32	3 943 361 793.13	4 293 350 836.42

【思维空间】 从云南白药股份有限公司2013～2017年应收票据，以2013年为基准年度的定比比较，根据应收票据的规模趋势变动，可以得出什么结论？根据应收票据信息披露表，可采用哪些方法进行加工？可以提出哪些财务建议？

（3）应收票据的变现性及潜在财务风险分析。

在分析应收票据强调其具有较强的变现性的同时，必须关注其可能给企业的财务状况造成的负面影响。我国《票据法》规定，票据贴现具有追索权，即如果票据承兑人到期不能兑付，背书人负有连带付款责任。这样，对企业已贴现的商业汇票就是一种“或有负债”，若已贴现的应收票据金额过大，也可能对企业的财务状况带来较大影响。因此，在分析该项目时，应结合会计报表附注中的相关披露，了解企业是否存在已贴现的商业汇票，据以判断其是否会影响企业未来的偿债能力。另外，对于到期的应收票据，因付款人无力支付或其他原因而发生拒付，企业要按应收票据的账面余额将其转入“应收账款”账户，从而将企业的商业债权由“有期”转为“无期”加以核算，这样一来，会在一定程度上影响该项目的变现性和周转性。

【例3－12】 云南白药股份有限公司2013年应收票据财务风险分析。

表3－21　　云南白药股份有限公司2013年应收票据背书但尚未到期票据信息披露表

出票单位	出票日期	到期日	金额(元)	备注
云南东骏药业有限公司	2013年12月27日	2014年3月25日	22 000 000.00	银行承兑汇票
云南东骏药业有限公司	2013年10月31日	2014年1月30日	20 000 000.00	银行承兑汇票
云南东骏药业有限公司	2013年11月29日	2014年2月27日	14 000 000.00	银行承兑汇票
华东医药股份有限公司中成药分公司	2013年11月28日	2014年5月27日	12 000 000.00	银行承兑汇票
昆明锦宽商贸有限公司	2013年10月25日	2014年4月25日	12 000 000.00	银行承兑汇票
其他汇总			795 230 315.82	
合　计			875 230 315.82	

【思维空间】 从云南白药股份有限公司2013年应收票据的背书信息披露可以得出什么结论？根据哪些相关信息来对应收票据的质量进行分析？考虑了哪些因素？

4. 应收账款项目解读与分析

应收账款是指企业因销售商品、提供劳务等经济行为而形成的应收债权（包含企业因销售商品而代客户垫付的运杂费）。通常企业在确认赊销收入实现的同时确认应收账款，且确认金额中按规定不包括企业作为促销手段、为鼓励客户多买而给予客户的商业折扣，但包含企业为早日收回货款而许诺给予买方在现金折扣①内付款而享受的现金折扣。这便意味着企业未来实际收回的款项可能因付款方享受了现金折扣而略低于目前应收账款中所列

① 现金折扣(Cash Discounts)是一种鼓励购买者快速支付他们账单的价格削减方式，其期限在净期限内变更。例如，2/10，净30（2/10，net 30），意思是：如果在10天内付款，购买者能够从发票面值中得到2%的折扣，否则在30天内支付发票的全部金额。并且，它常常是被注明或让人理解为30天的信用期限后利息费用将增加。

示的金额。

应收账款作为商业信用的衍生物，在促进销售的同时，也包含了潜在的信用风险——出现坏账损失的可能性。通常，企业应收账款余额越多、账龄越长，出现坏账损失的可能性就越大。这同企业的信用政策①有着直接的关系：放宽信用政策，将会刺激销售、增大债权规模；紧缩信用政策，则会制约销售、减少债权规模。因此，合理确定信用政策，在刺激销售和减少坏账间寻找赊销政策的最佳点。

会计制度目前规定对此风险应采用备抵法②进行处理，即会计期末按照应收账款年末余额百分比法或账龄分析法等计提坏账准备，并将应收账款合计数扣除坏账准备余额后的数值列示在资产负债表上，这一规定体现了谨慎性原则。然而，由于会计上在计提坏账准备时，是同时把它列入当期的“资产减值损失”（利润表项目）中；而冲减或转回坏账准备时，则相应冲减“资产减值损失”项目。因此，一些企业有可能借助于认为调整隔年应该计提的坏账准备金额来相应调整利润表项目，以期达到调整各期经营成果、粉饰报表的作用。读者对此应特别引起注意，阅读与分析报表时，一定要同时留意报表附注中有关“坏账准备”的计提方法、计提比例、当期计提或冲减转回的坏账准备金额等，以便对报表中应收账款的质量以及转回减值准备对当期利润产生的影响有较为客观的分析。

对应收账款的分析，应从以下几个方面展开：

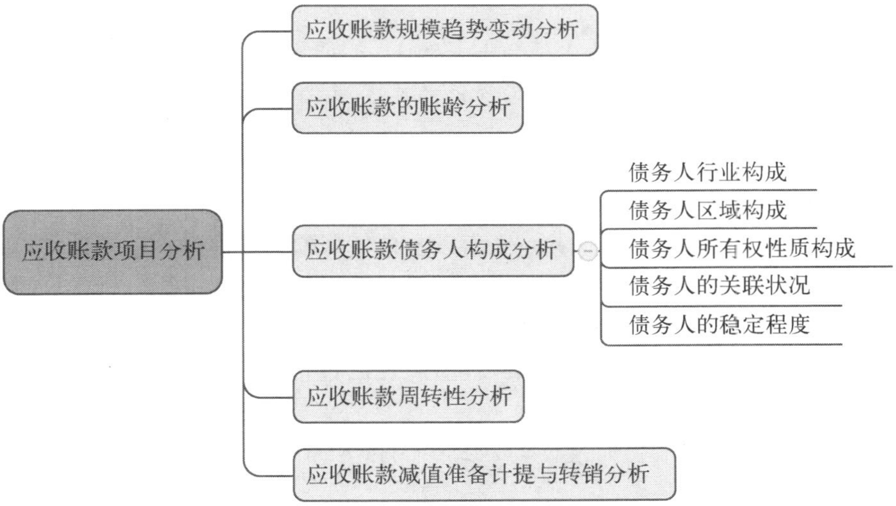

图 3－15　应收账款项目分析内容

（1）应收账款的规模变动趋势分析

分析应收账款的规模，分析项目本身不同时期变动额和变动率及占流动资产的比重变化情况，了解企业应收账款的整体变动趋势，深层次解读项目变动的原因以及对企业经营活动的

① 信用政策是指企业为对应收账款进行规划与控制而确立的基本原则性行为规范，是企业财务政策的一个重要组成部分。信用政策主要包括信用标准、信用条件、收账政策三部分内容，主要作用是调节企业应收账款的水平和质量。

② 备抵法是指在坏账损失实际发生前，就依据权责发生制原则估计损失，并同时形成坏账准备，待坏账损失实际发生时再冲减坏账准备。备抵法是期末在检查应收款项收回的可能性的前提下，预计可能发生的坏账损失，并计提坏账准备，当某一应收款项全部或部分被确认为坏账时，将其金额冲减坏账准备并相应转销应收款项的方法。

影响，为应收账款的管理决策提供依据。

【例 3-13】 云南白药股份有限公司 2013～2017 年应收账款规模趋势分析。

表 3-22　　云南白药股份有限公司 2013～2017 年应收账款规模变动趋势分析表

指　　标	2013 年	2014 年	2015 年	2016 年	2017 年
应收账款(元)	536 467 059.54	554 880 112.88	1 057 735 076.07	1 012 036 371.97	1 233 810 339.12
流动资产合计(元)	10 893 817 431.14	14 064 345 474.96	16 903 601 748.68	22 067 687 182.74	25 103 556 999.93
应收账款占流动资产的比重(%)	4.92	3.95	6.26	4.59	4.91
资产总计(元)	12 880 915 675.82	16 341 340 193.50	19 290 940 366.09	24 586 646 034.03	27 702 530 540.34
应收账款占总资产的比重(%)	4.16	3.40	5.48	4.12	4.45
应收账款的变动额(元)		18 413 053.34	521 268 016.53	475 569 312.43	697 343 279.58
应收账款的变动率(%)		3.43	97.17	88.65	129.99

【思维空间】从云南白药股份有限公司 2013～2017 年应收账款以 2013 年的数据为基准进行定比分析，根据占流动资产以及非流动资产的比率变化可以得出什么结论？可以提出哪些财务建议？

(2) 对债权的账龄进行分析

分析应收账款的账龄结构，着重关注三年以上预付账款的规模是否存在异常；对债权的账龄进行分析，是最传统的一种方法。这种方法通过对债权形成时间进行分析，进而对不同账龄的债权分别判断质量，对现有债权，按欠账期长短进行分类分析。一般而言，未过信用期或已过信用期但拖欠期较短的债权出现坏账的可能性，比已过信用期较长时间的债权发生坏账的可能性小。

【例 3-14】 云南白药股份有限公司 2013～2014 应收账款账龄及坏账准备计提、转销相关分析。

表 3-23　　云南白药股份有限公司 2013 年和 2014 年应收账款坏账准备按账龄信息披露表

账　龄	2013 年			
	账面余额		坏账准备	
	金额(元)	比例(%)	金额(元)	比例(%)
1 年以内	561 907 780.02	96.70	28 095 389.01	5.00
1～2 年	2 967 596.02	0.51	890 278.81	30.00
2～3 年	1 443 378.30	0.25	866 026.98	60.00
3 年以上	14 767 976.08	2.54	14 767 976.08	100.00
合　计	581 086 730.42	100.00	44 619 670.88	

续表

账龄	2014 年			
	账面余额		坏账准备	
	金额(元)	比例(%)	金额(元)	比例(%)
1 年以内	575 946 386.88	95.51	28 797 319.33	5.00
1～2 年	10 472 731.90	1.74	3 142 819.58	30.01
2～3 年	1 000 332.52	0.17	600 199.51	60.00
3 年以上	15 582 910.69	2.58	15 582 910.69	100.00
合 计	603 002 361.99	100.00	48 123 249.11	

【思维空间】从云南白药股份有限公司 2013 年和 2014 年应收账款的账龄结构占比以及坏账准备的计提比率,可以得出什么结论?可以提出哪些财务建议?

(3) 应收账款债务人的构成分析

在很多情况下,企业债权的质量不仅与债权的账龄有关,更与债务人的构成有关。因此,在有条件的情况下,可以通过对债务人的构成分析来对债权的质量进行分析。

【例 3 - 15】 云南白药股份有限公司 2013 年应收账款前五名信息分析。

表 3 - 24　　云南白药股份有限公司 2013 年应收账款金额前五名构成信息披露表

单位名称	与本公司关系	金额(元)	年限	占应收账款总额的比例(%)
云南省第一人民医院	客户	88 558 640.34	1 年以内	15.12
昭通市第一人民医院	客户	27 497 584.64	1 年以内	4.70
曲靖市一院	客户	21 703 843.33	1 年以内	3.71
昆明市第一人民医院	客户	19 093 502.46	1 年以内	3.26
大理白族自治州人民医院	客户	17 219 555.74	1 年以内	2.94
合 计		174 073 126.51		29.73

【思维空间】从云南白药股份有限公司 2013 年应收账款金额前五名的企业性质构成、应收账款总额占比构成可以得出什么结论?可以提出哪些财务建议?2014～2017 年未按照此类信息进行信息披露,作为报表外部使用者,你认为需要此类信息披露吗?为什么?

对债务人的构成进行分析,可以从以下几个方面来进行:

其一,从债务人的行业构成来分析。由于不同行业的成长性差异可能很大,处于同一行业内的企业往往在财务质量方面有较大的相似性,因此,对债务人的各行业构成分析至关重要。

其二,从债务人的区域构成来分析。从债务人的区域构成来看,不同地区的债权人,由于经济发展水平、法制建设条件以及特定的经济环境等方面的差异,对企业自身债务的偿还心态以及偿还能力有相当大的差异;经济发展水平较高、法制建设条件较好以及特定的经济环境较好地区的债务人,一般具有较好的债务清偿信用,因而企业对这些地区的债权的可回收性较强；经济发展水平较为落后、法制建设条件较为薄弱以及特定的经济环境较差地区的债务人，其还款能力较差。

其三，从债务人的所有者权益性质来分析。从债务人的所有者权益性质来看，不同所有制的企业，对其自身债务的偿还心态以及偿还能力也有较大的差异。

其四，从债权企业与债务人的关联状况来分析。从债权企业与债务人的关联状况来看，可以把债务人分为关联方债务人与非关联方债务人。由于关联方彼此之间在债权债务方面的操纵性较强，因此对关联方债务人的偿还状态应予以足够的重视。

其五，从债务人的稳定程度来分析。从债务人的稳定程度来看，稳定债务人的偿债能力一般较好把握，但同时也要关注起近期是否发生了财务困难。一般地，稳定债务人过多，意味着企业的经营业务扩张有限；而临时性或不稳定的债务人，虽然有可能是企业扩展及其经营业务的结果，但其偿债能力一般较难把握。

(4) 应收账款的赊销政策、债权的周转情况分析

对应收账款的分析，应结合利润表和现金流量表来进行综合分析。与应收账款相关的会计科目有利润表中的主营业务收入和现金流量表中的经营活动现金流入。

对应收账款的周转情况进行分析可借助于应收账款周转率①、应收账款平均收账期②等指标。在一定的赊账政策下，企业应收账款平均收账期越长，债权周转速度越慢，债权的变现性也就越差。应收账款周转率越高，说明企业收款速度越快，偿债能力越强。

【例 3-16】 云南白药股份有限公司 2013～2017 年应收账款周转分析。

表 3-25　　云南白药股份有限公司 2013～2017 年应收账款周转情况表

指　标	2013 年	2014 年	2015 年	2016 年	2017 年
应收账款(元)	536 467 059.54	554 880 112.88	1 057 735 076.07	1 012 036 371.97	1 233 810 339.12
应收账款平均余额(元)		545 673 586.21	806 307 594.48	1 034 885 724.02	1 122 923 355.55
销售收入(元)	24 314 614 044.21	22 410 654 404.31	20 738 126 205.08	18 814 366 372.74	15 814 790 880.81
应收账款周转率(次数)		41.069 707 19	25.719 869 62	18.180 139 06	14.083 588 88
应收账款周转天数(天数)		8.887 329 008	14.191 362 76	20.076 854 13	25.916 689 5

【思维空间】 从云南白药股份有限公司 2013～2017 年应收账款的周转比率可以得出什么结论？可以提出哪些财务建议？要提高应收账款周转率，企业可以在哪些方面做出努力？

(5) 对坏账准备政策进行分析

由于资产负债表上列示的是应收账款净额，因此，在分析应收账款的质量时要特别关注企业坏账准备计提的合理性。现行准则强调应收账款作为一项金融资产，应当在资产负债表日对其进行减值检查，将其账面价值与预计未来现金流量现值之间的差额确认为减值损失，计入

---

① 应收账款周转率是企业在一定时期内赊销净收入与平均应收账款余额之比。它是衡量企业应收账款周转速度及管理效率的指标。

② 应收账款平均收账期表示公司从获得应收账款的权利到收回款项、变成现金所需要的时间。

当期损益。分析应收账款坏账准备的计提比例以及增长情况，比较应收账款的增长速度与坏账准备的增长速度是否一致，应收账款、坏账准备的增长速度与销售收入的增长速度是否一致。

企业在确定坏账准备的计提比例时，应当根据企业以往的经验、债务单位的实际财务状况和现金流量的情况，以及其他相关信息合理地进行估计。除有确凿证据表明该项应收款项不能收回或收回的可能性不大外（如债务单位撤销、破产、资不抵债、现金流量严重不足、发生严重的自然灾害等导致停产而在短时间内无法偿付债务等，以及应收款项逾期3年以上），下列各种情况一般不能全额计提坏账准备：当年发生的应收款项；计划对应收款项进行重组；与关联方发生的应收款项；其他已逾期但无确凿证据证明不能收回的应收款项。

企业对于不能收回的应收款项应当查明原因、追究责任。对有确凿证据表明确实无法收回的应收款项，如债务单位已撤销、破产、资不抵债、现金流量严重不足等，根据企业的管理权限，经股东大会或董事会或经理（厂长）办公会或类似机构批准作为坏账损失，冲销提取的坏账准备。

【例3-17】 云南白药股份有限公司2013年和2014～2017年应收账款及坏账准备的计提分析。

表3-26　　云南白药股份有限公司2013年应收账款及坏账准备信息披露表

种　类	2013年			
	账面余额		坏账准备	
	金额（元）	比例（%）	金额（元）	比例（%）
单项金额重大并单项计提坏账准备的应收账款				
按组合计提坏账准备的应收账款				
(1) 账龄组合	581 086 730.42	99.24	44 619 670.88	7.68
组合小计	581 086 730.42	99.24	44 619 670.88	7.68
单项金额虽不重大但单项计提坏账准备的应收账款	4 420 859.26	0.76	4 420 859.26	100.00
合　计	585 507 589.68		49 040 530.14	8.38

表3-27　　云南白药股份有限公司2014～2017年应收账款及坏账准备信息披露表

种　类	2014年				
	账面余额		坏账准备		账面价值
	金额（元）	比例（%）	金额（元）	比例（%）	
按信用风险特征组合计提坏账准备的应收账款	603 002 361.99	99.27	48 122 249.11	7.98	554 880 112.88
单项金额不重大但单独计提坏账准备的应收账款	4 420 859.26	0.73	4 420 859.26	100.00	0.00
合　计	607 423 221.25	1.00	52 543 108.37	8.65	554 880 112.88

续表

种类	2015年				
	账面余额		坏账准备		账面价值
	金额(元)	比例(%)	金额(元)	比例(%)	
按信用风险特征组合计提坏账准备的应收账款	1 134 403 294.13	99.61	76 668 218.06	6.76	1 057 735 076.07
单项金额不重大但单独计提坏账准备的应收账款	4 420 859.26	0.39	4 420 859.26	100.00	0.00
合计	1 138 824 153.39	1.00	81 089 077.32	7.12	1 057 735 076.07

种类	2016年				
	账面余额		坏账准备		账面价值
	金额(元)	比例(%)	金额(元)	比例(%)	
按信用风险特征组合计提坏账准备的应收账款	1 085 019 805.83	100.00	72 893 433.86	6.73	1 012 126 371.97
单项金额不重大但单独计提坏账准备的应收账款					
合计	1 085 019 805.83	1.00	72 893 433.86	6.73	1 012 126 371.97

种类	2017年				
	账面余额		坏账准备		账面价值
	金额(元)	比例(%)	金额(元)	比例(%)	
按信用风险特征组合计提坏账准备的应收账款	1 330 474 034.71	100.00	96 663 695.59	7.27	1 233 810 339.12
单项金额不重大但单独计提坏账准备的应收账款					
合计	1 330 474 034.71	1.00	96 663 695.59	7.27	1 233 810 339.12

【思维空间】从云南白药股份有限公司2013～2017年应收账款的坏账准备的计提、转销信息披露表,可使用哪些财务分析方法对上述表格数据进行加工?加工的目的是什么?可以得出哪些结论?可以提出哪些财务建议?

5. 预付账款项目解读与分析

预付账款是购货方企业依据购货合同或协议的要求,在接受商品之前预先支付给供货方企业货款所形成的一项物项债权。在商品市场逐渐向买方市场转换的情况下,预付账款在企业流动资产中所占的比重相对较小,一般不会构成流动资产的主体部分。预付账款的规模与企业所处行业的经营特点、付款方式以及企业自身的商业信用有关。但如果该项资金在企业流动资产中所占份额非正常偏大,则报表阅读者就应该考虑企业是否将不符合预付账款的项目(如应收账款或其他应收款等)变相转化为了预付账款,或者是企业变相向关联方提供了隐蔽的贷款等。

(1) 预付账款数量规模趋势变动分析

分析预付账款的规模,分析项目不同时期变动额及变动比率,知晓项目变动趋势,把握异常变动并警惕占流动资产的比重变化情况，看是否存在比例变动异常。

【例 3 - 18】 云南白药股份有限公司 2013～2017 年预付账款规模趋势分析。

表 3 - 28　　云南白药股份有限公司 2013～2017 年预付账款规模趋势分析表

指　　标	2013 年	2014 年	2015 年	2016 年	2017 年
预付账款(元)	389 654 315.84	288 951 848.10	333 296 234.23	466 141 193.41	417 960 307.14
流动资产合计(元)	10 893 817 431.14	14 064 345 474.96	16 903 601 748.68	22 067 687 182.74	25 103 556 999.93
预付账款占流动资产的比重(%)	3.58	2.05	1.97	2.11	1.66
资产总计(元)	12 880 915 675.82	16 341 340 193.50	19 290 940 366.09	24 586 646 034.03	27 702 530 540.34
预付账款占总资产的比重(%)	3.03	1.77	1.73	1.90	1.51
预付账款的变动额(元)		−100 702 467.74	−56 358 081.61	76 486 877.57	28 305 991.30
预付账款的变动率(%)		−25.84	−14.46	19.63	7.26

【思维空间】云南白药股份有限公司 2013～2017 年预付账款规模趋势的变动，以 2013 年为基准年度做定比分析，需要查阅哪些资料？能得出什么结论？有哪些疑问？

(2) 预付账款账龄分析

分析预付账款的账龄结构，着重关注三年以上预付账款的规模是否存在异常；

【例 3 - 19】 云南白药股份有限公司 2013～2017 年预付账款账龄分析。

表 3 - 29　　云南白药股份有限公司 2013～2017 年预付账款账龄分析表

账龄	2013 年		2014 年		2015 年		2016 年		2017 年	
	金额(元)	比例(%)	金额(元)	比例(%)	金额(元)	比例(%)	金额(元)	比例(%)	金额(元)	比例(%)
1 年以内	344 967 577.62	88.53	252 258 606.88	87.30	309 284 456.94	92.80	449 419 014.43	96.41	382 907 742.70	91.61
1～2 年	22 417 813.10	5.76	15 540 017.92	5.38	10 169 094.86	3.05	12 780 621.17	2.74	21 364 424.04	5.11
2～3 年	8 737 406.67	2.24	13 039 616.37	4.51	9 830 714.63	2.95	2 112 794.20	0.45	10 897 952.84	2.61
3 年以上	13 531 518.45	3.47	8 113 606.93	2.81	4 011 967.80	1.20	1 828 763.61	0.40	2 790 187.56	0.67
合计	389 654 315.84	100.00	288 951 848.10	100.00	333 296 234.23	100.00	466 141 193.41	100.00	417 960 307.14	100.00

【思维空间】从云南白药股份有限公司 2013～2017 年预付账款账龄结构占比及比率的变动能得出什么结论？

(3) 预付账款单位构成及未结算原因分析

【例 3 - 20】 云南白药股份有限公司 2013 年预付账款前五名信息披露分析。

表 3-30　　云南白药股份有限公司 2013 年预付账款前五名分析信息披露表

年份	单位名称	与本公司关系	金额(元)	时间	未结算原因
2013 年	三人行广告有限公司	非关联方(服务提供商)	167 263 711.40	1 年以内	预付广告费
	文山县苗乡三七种植有限公司	非关联方(供应商)	21 795 000.00	1 年以内、1～2 年、2～3 年	业务未结束
	神威药业有限公司	非关联方(供应商)	10 197 028.20	1 年以内	业务未结束
	文山县华信三期股份有限公司	非关联方(供应商)	10 006 306.65	2 年以内	业务未结束
	昆明尔雅文化传播有限公司	非关联方(服务提供商)	8 002 504.42	3 年以内	业务未结束
合计			217 264 550.67		

【思维空间】根据云南白药股份有限公司 2013 年预付账款前五名的信息披露能得出什么结论？从哪些方面对预付账款的质量进行分析？能得出哪些结论？

综合以上几个方面分析预付账款的质量，判断是否属于正常范围，有无存在预付账款的异常变动并利用预付账款向有关单位提供贷款或其他非正常交易事项的可能。

6. 其他应收款项目的解读与分析

其他应收款是指除应收票据、应收账款、预付账款以外的其他各种应收、暂付款项，包括应收的各种赔款、罚款，应收出租包装物租金，存出保证金，应向职工收取的各种垫付款项，以及不符合预付款性质而按规定转入其他应收款的预付账款等。与“应收账款”项目一样，资产负债表中“其他应收款”项目所列示的金额是扣除了坏账准备后的净额。具体内容如下：应收的各种赔款、罚款；应收出租包装物租金；应向职工收取的各种垫付款项；备用金(向企业各职能科室、车间等拨出的备用金)；存出保证金，如租入包装物支付的押金；预付账款转入；其他各种应收、暂付款项。

其他应收款既然为“其他”，就应该不属于企业主要的债权项目，数额及所占比例不应过大。如果其数额过高，即为不正常现象，容易产生一些不明原因的占用。为此，要借助报表附注仔细分析其具体构成项目的内容和发生时间，特别是金额较大、时间较长、来自关联方的其他应收款。要警惕企业利用该项目粉饰利润、大股东抽逃或无偿占用资金及转移销售收入偷逃税款等行为。在这些情况下，其他应收款中的主要内容就成了无直接效益的资源占用，无论是从盈利性还是从变现性和周转性来看，其质量均较低。

(1) 其他应收款数量及规模趋势分析

分析其他应收款的规模、趋势变动及占流动资产的比重变化情况，看是否存在比例变动异常。

【例 3-21】　云南白药股份有限公司 2013～2017 年其他应收款规模趋势分析。

表 3-31　　云南白药股份有限公司 2013～2017 年其他应收款规模趋势分析表

指标	2013 年	2014 年	2015 年	2016 年	2017 年
其他应收款(元)	461 752 917.87	2 030 738 472.32	68 037 568.82	58 083 933.78	138 948 546.84
流动资产合计(元)	10 893 817 431.14	14 064 345 474.96	16 903 601 748.68	22 067 687 182.74	25 103 556 999.93

续表

指　标	2013 年	2014 年	2015 年	2016 年	2017 年
其他应收款占流动资产的比重(%)	4.24	14.44	0.40	0.26	0.55
资产总计(元)	12 880 915 675.82	16 341 340 193.50	19 290 940 366.09	24 586 646 034.03	27 702 530 540.34
其他应收款占总资产的比重(%)	3.58	12.43	0.35	0.24	0.50
其他应收款的变动额(元)		1 568 985 554.45	−393 715 349.05	−403 668 984.09	−322 804 371.03
其他应收款的变动率(%)		339.79	−85.27	−87.42	−69.91

【思维空间】根据云南白药股份有限公司 2013～2017 年其他应收款趋势的变动能得出什么结论？有哪些疑问？

(2) 其他应收款账龄分析

分析其他应收款的账龄结构，着重关注三年以上预付账款的规模是否存在异常。

【例 3－22】 云南白药股份有限公司 2013 年和 2014 年其他应收款账龄及坏账准备账龄分析。

表 3－32　云南白药股份有限公司 2013 年其他应收款账龄及坏账准备账龄信息披露表

账　龄	2013 年			
	账面余额		坏账准备	
	金额(元)	比例(%)	金额(元)	比例(%)
1 年以内	84 844 958.01	18.41	4 242 247.38	5.00
1～2 年	146 373 418.35	31.76	43 912 025.52	30.00
2～3 年	208 768 026.84	45.30	125 260 816.10	60.00
3 年以上	20 870 046.67	4.53	20 870 046.67	100.00
合　计	460 856 449.87	100.00	194 285 136.17	

表 3－33　云南白药股份有限公司 2014 年其他应收款账龄及坏账准备账龄信息披露表

账　龄	2014 年			
	账面余额		坏账准备	
	金额(元)	比例(%)	金额(元)	比例(%)
1 年以内	59 774 037.83	48.54	2 988 701.90	5.00
1～2 年	34 812 085.92	28.27	10 443 625.79	30.00
2～3 年	14 751 643.18	11.98	8 852 785.90	60.01
3 年以上	13 810 170.79	11.21	13 810 170.79	100.00
合　计	123 147 937.72	100.00	36 095 284.38	

【思维空间】对云南白药股份有限公司2013年和2014年其他应收款的账龄数据的变动及占比率的变动进行分析能得出什么结论？你有哪些财务建议？

（3）其他应收款和坏账准备计提分析

【例3-23】 云南白药股份有限公司2013年和2014年其他应收款坏账准备计提分析。

表3-34　　云南白药股份有限公司2013年其他应收款坏账准备计提分析表

种　　类	2013年			
	账面余额		坏账准备	
	金额（元）	比例（%）	金额（元）	比例（%）
单项金额重大并单项计提坏账准备的其他应收款	195 181 604.17	29.75		
按组合计提坏账准备的其他应收款				
（1）账龄组合	460 856 449.87	70.25	194 285 136.17	42.16
组合小计	460 856 449.87	70.25	194 285 136.17	42.16
单项金额虽不重大但单项计提坏账准备的其他应收款				
合　　计	656 038 054.04	100.00	194 285 136.17	29.61

表3-35　　云南白药股份有限公司2014年其他应收款坏账准备计提分析表

种　　类	2014年				
	账面余额		坏账准备		账面价值
	金额（元）	比例（%）	金额（元）	比例（%）	
单项金额不重大但单独计提坏账准备的应收账款	1 943 682 818.98	94.04			
按信用风险特征组合计提坏账准备的应收账款	123 150 937.72	5.96	36 095 284.38	7.98	554 880 112.88
合　　计	2 066 833 756.70	100.00	36 095 284.38	8.65	554 880 112.88

【思维空间】根据云南白药股份有限公司2013年和2014年其他应收款坏账准备的账面余额和计提能得出什么结论？

（4）期末余额前五名的其他应收款

【例3-24】 云南白药股份有限公司2013年其他应收款前五名信息披露分析。

表3-36　　云南白药股份有限公司2013年其他应收款余额前五名信息披露表

年份	单位名称	与本公司关系	金额（元）	时　间	占其他应收款总额的比例
2013年	云南白药置业有限公司	非关联方	385 811 093.39	1年以内、1～2年、2～3年、3年以上	58.81%

续表

年份	单位名称	与本公司关系	金额(元)	时间	占其他应收款总额的比例
2013年	广发银行"名利双收"1.4亿元(本息)	非关联方	140 945 000.00	1年以内	21.48%
	光大银行"对公保证收益T计划"(本息合计)	非关联方	50 626 604.17	1~2年	7.72%
	工银理财共赢3号(本息)	非关联方	3 610 000.00	3年以上	0.55%
	安全	非关联方	1 050 000.00	1~2年	0.16%
合计			582 042 697.56		88.72%

【思维空间】根据云南白药股份有限公司2013年其他应收款前五名的构成变动,能得出什么结论?

综合以上几个方面分析其他应收款的质量,判断是否属于正常范围,有无存在其他应收款的异常变动并利用其他应收款向有关单位提供贷款或其他非正常交易事项的可能。

7. 存货项目解读与分析

存货是指企业在正常生产经营活动中持有以备耗用或出售的或者为了出售而正处于生产过程中的各类物资。具体包括库存商品、半成品、在产品(包括期末生产成本账户余额)和各类材料、物料、包装物等。

企业持有存货的目的是出售而不是自用或者消耗。企业的资产是否作为存货处理,不是取决于资产的物理特征,而是取决于其持有的目的:如果持有目的是短期周转、销售或快速消耗掉,则应作为存货处理。需要指出的是,为构造固定资产等各项工程而储备的各种材料,虽然同属材料,但由于是用于建造固定资产等各项工程,其价值分次转移,最终目的并非出售,因此不能作为企业的存货进行核算。企业的特种储备以及按照国家指令转向储备的资产不符合存货的定义,因此也不属于存货。

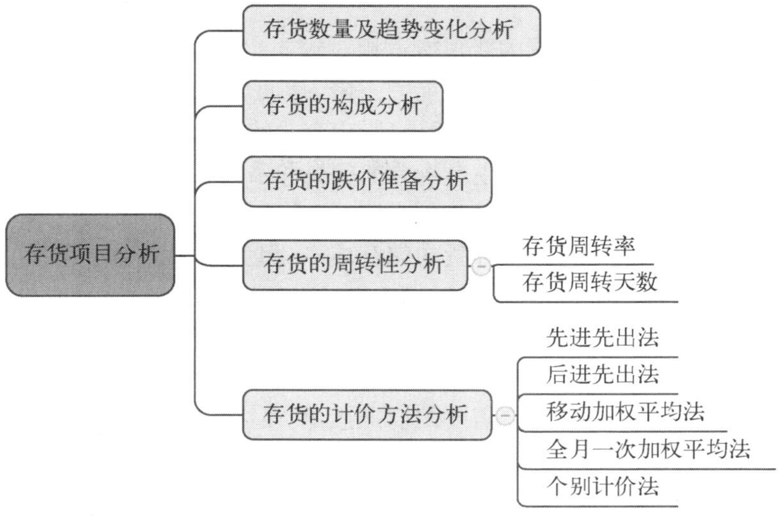

图3-16 上市公司存货项目分析内容

企业通过持有和使用存货，希望达到保障正常的生产经营周转、顺利实现销售获取盈利、降低宏观环境变化带来的波动风险等诸多预期效用。作为企业盈利的物质载体的存货，是企业一项重要的流动资产，所占比重较大，对于企业的风险影响和财务状况来说至关重要。存货项目通常要占用企业大量的资金，会给企业带来持有成本和持有风险，因此，如何在保证正常生产经营运转的同时，最大限度地降低存货持有量并保持存货价值，尽可能加速存货周转，将成为存货管理至关重要的方面。

（1）存货的数量及规模趋势变动分析

分析存货的数量规模以及变动情况，即占流动资产的比重变化情况，看是否存在比例变动异常。

【例 3－25】 云南白药股份有限公司 2013～2017 年存货规模趋势分析。

表 3－37　云南白药股份有限公司 2013～2017 年存货规模趋势分析表

指　　标	2013 年	2014 年	2015 年	2016 年	2017 年
存货(元)	4 757 358 043.23	4 983 310 811.13	5 625 005 009.07	6 918 030 390.07	8 663 278 462.90
流动资产合计(元)	10 893 817 431.14	14 064 345 474.96	16 903 601 748.68	22 067 687 182.74	25 103 556 999.93
存货占流动资产的比重(%)	43.67	35.43	33.28	31.35	34.51
资产总计(元)	12 880 915 675.82	16 341 340 193.50	19 290 940 366.09	24 586 646 034.03	27 702 530 540.34
存货占总资产的比重(%)	36.93	30.50	29.16	28.14	31.27
存货的变动额(元)		225 952 767.90	867 646 965.84	2 160 672 346.84	3 905 920 419.67
存货的变动率(%)		4.75	18.24	45.42	82.10

【思维空间】 云南白药股份有限公司 2013～2017 年存货规模趋势的变动，占非流动资产以及资产总额比率的变动能得出什么结论？结合表 3－4 中存货定比变动，并结合其他关联科目进行勾稽分析，可如何展开？有什么疑问？

与其他流动资产项目相比，存货的变现能力相对较弱。因而存货过多将使存货在流动资产中所占的比重上升，流动资产总体的变现能力下降，从而影响企业的短期偿债能力。而且，存货过多将使企业的资金过多地占用在存货上，影响企业的资金周转。此外，存货过多会使存货的储存成本增加。但是，存货是企业生产经营的前提和条件，存货量不足就无法满足企业正常生产经营的需要，容易导致企业生产经营的中断，使企业失去获利的机会，影响企业的经济效益；而且，存货量过少，虽然可以减少存货的储存成本，但为了保证生产经营的需要，存货的订购次数就会增加，相应地，订购成本就会增加。

因此，作为企业的经营者，应当从生产经营的需要出发，采用科学的方法，确定合理的存货水平。在这方面，经济订货批量①模型将帮助企业经营者进行存货管理。经济订货批量的实质是实现最佳存货规模，即在保证企业生产需要的前提下，使存货总成本达到最低的订购数量。

① 经济订货批量是固定订货批量模型的一种，可以用来确定企业一次订货（外购或自制）的数量。当企业按照经济订货批量来订货时，可实现订货成本与储存成本之和最小化。

(2) 存货的构成分析

【例 3 - 26】 云南白药股份有限公司 2013～2017 年存货项目构成分析。

表 3 - 38 云南白药股份有限公司 2013～2017 年存货账面价值构成项目信息披露表 单位：元

项　目	2013 年	2014 年	2015 年	2016 年	2017 年
原材料	1 301 495 274.83	1 349 294 207.98	1 643 397 026.24	1 916 497 275.37	2 054 634 553.41
在产品	247 493 381.91	264 511 560.45	282 959 493.82	96 183 671.03	55 314 710.95
库存商品	3 200 004 904.87	3 353 041 285.87	3 682 419 946.40	4 850 434 340.53	6 490 700 417.91
包装物及低值易耗品	4 701 956.13	14 867 066.13	12 691 912.46	21 231 481.39	23 240 094.60
消费性生物资产	1 596 690.70	1 596 690.70	1 596 690.70	33 251 593.16	39 338 609.02
委托加工物资	2 065 834.79		1 939 939.45	432 028.59	50 077.01
合　计	4 757 358 043.23	4 983 310 811.13	5 625 005 009.07	6 918 030 390.07	8 663 278 462.90

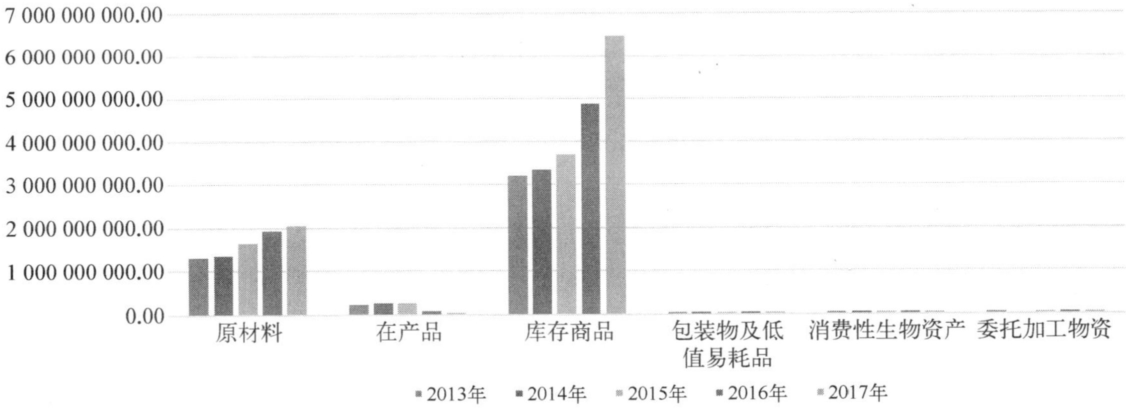

图 3 - 17 云南白药股份有限公司 2013～2017 年存货账面价值构成项目分析图

表 3 - 39 云南白药股份有限公司 2013～2017 年存货账面价值构成项目比率分析表

项　目	2013 年	2014 年	2015 年	2016 年	2017 年
原材料	27.36%	27.08%	29.22%	27.70%	23.72%
在产品	5.20%	5.31%	5.03%	1.39%	0.64%
库存商品	67.26%	67.29%	65.47%	70.11%	74.92%
包装物及低值易耗品	0.10%	0.30%	0.23%	0.31%	0.27%
消费性生物资产	0.03%	0.03%	0.03%	0.48%	0.45%
委托加工物资	0.04%	0.00%	0.03%		0.00%

【思维空间】 根据云南白药股份有限公司 2013～2017 年存货构成金额及比率的变动，能得出什么结论？

(3) 存货的跌价准备分析

企业存货质量的恶化可通过一些外在的表现来判断。一般而言，这些迹象有以下几点：市价持续下跌，并且在可预见的未来无回升的希望；企业使用该项原材料生产的产品的成本大于产品的销售价格；企业因产品更新换代，原有的库存原材料已经不适应新产品的需要，而该原材料的市场价格又低于其账面成本；因企业所提供的产品或劳务过时或消费者偏好改变而使市场的需求发生变化，导致市场价格逐渐降低；存货已霉烂变质；存货已过期且无转让价值；现有存货在生产中已不再需要，并且已无实用价值和转让价值。

一旦出现以上迹象，企业应根据质量恶化的程度来计提存货跌价准备。会计准则规定，存货的期末计价采用成本与可变现净值孰低法，对于可变现净值低于成本的部分，应当计提存货跌价准备。存货跌价准备在质量方面的含义是反映了企业对其存货贬值程度的认识水平和企业可接受的贬值水平。

【例 3-27】 云南白药股份有限公司 2013～2017 年存货跌价准备计提与转回转销分析。

表 3-40　　云南白药股份有限公司 2013 年存货跌价准备计提与转回转销信息披露表　　单位：元

存货种类	年初账面余额	本期计提额	本期减少		期末账面余额
			转回	转销	
原材料	10 220 264.90	9 921 953.93		3 907 063.97	16 235 154.86
在产品					
在建开发产品					
库存商品	27 865 773.78	160 984.63			28 026 758.41
包装物及低值易耗品	528 475.91				528 475.91
消费性生物资产					
委托加工物资					
合计	38 614 514.59	10 082 938.56	0.00	3 907 063.97	44 790 389.18

表 3-41　　云南白药股份有限公司 2014 年存货跌价准备计提与转回转销信息披露表　　单位：元

存货种类	年初账面余额	本期计提额	本期减少		期末账面余额
			转回	转销	
原材料	16 235 154.86	6 690 366.98		9 564 824.41	13 360 697.43
在产品					
在建开发产品					
库存商品	28 026 758.41	7 664 017.67			35 690 776.08
包装物及低值易耗品	528 475.91			528 475.91	0.00
消费性生物资产					
委托加工物资					
合计	44 790 389.18	14 354 384.65	0.00	10 093 300.32	49 051 473.51

表 3-42　　云南白药股份有限公司 2015 年存货跌价准备计提与转回转销信息披露表　　单位：元

存货种类	年初账面余额	本期计提额	本期减少		期末账面余额
			转回	转销	
原材料	13 360 697.43			10 190.58	13 350 506.85
在产品					
在建开发产品					
库存商品	35 690 776.08	122 774.97		100 778.04	35 712 773.01
包装物及低值易耗品	0.00				0.00
消费性生物资产					
委托加工物资					
合计	49 051 473.51	122 774.97	0.00	110 968.62	49 063 279.86

表 3-43　　云南白药股份有限公司 2016 年存货跌价准备计提与转回转销信息披露表　　单位：元

存货种类	年初账面余额	本期计提额	本期减少		期末账面余额
			转回	转销	
原材料	13 350 506.85	528 724.45		450 143.80	13 429 087.50
在产品					
在建开发产品					
库存商品	35 712 773.01	1 249 487.09		3 318 153.46	33 644 106.64
包装物及低值易耗品					
消费性生物资产					
委托加工物资					
合计	49 063 279.86	1 778 211.54	0.00	3 768 297.26	47 073 194.14

表 3-44　　云南白药股份有限公司 2017 年存货跌价准备计提与转回转销信息披露表　　单位：元

存货种类	年初账面余额	本期计提额	本期减少		期末账面余额
			转回	转销	
原材料	13 429 087.50	2 837 177.47		2 196 577.48	14 069 687.49
在产品					
在建开发产品					
库存商品	33 644 106.64	29 136 298.53		6 489 843.21	56 290 561.96
包装物及低值易耗品					
消费性生物资产					
委托加工物资					
合计	47 073 194.14	31 973 476.00	0.00	8 686 420.69	70 360 249.45

【思维空间】云南白药股份有限公司 2013～2017 年存货跌价准备的计提、转回与转销的数据利用财务报表分析方法进行加工，可以得出什么结论？你有哪些财务建议？

（4）存货的周转分析

通过对存货周转率进行分析，考察存货的周转性。存货周转率是一个动态的内部管理指标，反映一定时期的存货流转的速度。从公式上看，它是销售成本和平均存货水平的比值，通常越大越好。尽管存货周转率为一数值，它同样是一个动态运营的反映，因为销售成本决定于公司的采购成本、转换成本、其他成本和成本计算方法，而平均的存货水平也是连续的运营作用的综合结果。企业关注的焦点在于减少存货和加速流转。减少存货可以有效减少资金占用和降低经营风险，改善公司的财务状况和提高抗风险的能力；加速流转可以有效提高公司的盈利能力，从而创造更多的价值。在周转一次可以产生毛利的情况下，在其他条件相同时，企业存货周转速度越快，一定时期的盈利水平也就越高。

【例 3－28】 云南白药股份有限公司 2013～2017 年存货周转情况分析。

表 3－45　云南白药股份有限公司 2013～2017 年存货周转分析表

指　标	2013 年	2014 年	2015 年	2016 年	2017 年
存货(元)	4 757 358 043.23	4 983 310 811.13	5 625 005 009.07	6 918 030 390.07	8 663 278 462.90
存货平均余额(元)		4 870 334 427.18	5 304 157 910.10	6 271 517 699.57	7 790 654 426.49
销售成本(元)	16 731 575 209.69	15 717 961 203.91	14 405 904 824.56	13 139 197 658.34	11 118 384 924.85
存货周转率(次数)		3.227 285 814	2.715 964 545	2.095 058 69	1.427 143 898
存货周转天数(天数)		113.098 132 9	134.390 561 4	174.219 463	255.755 569 3

【思维空间】根据云南白药股份有限公司 2013～2017 年存货周转率以及存货周转天数的变动，能得出什么结论？你有哪些财务建议？

（5）存货的计价方法分析

从计价方法上讲，现行会计制度规定，企业存货的入账基础及初始计量的基础依然为存货的历史（实际）成本。由此决定了企业购入存户的入账价值应包括购买价、价内税和运杂费等从采购到入库前所发生的全部支出（不含增值税等价外税）。而企业委托加工或自行生产的存货（库存商品与半成品等），则应该以加工或生产时所耗用的料、工、费之和作为存货的实际成本计入相关账户中。如果是接受投资者投入的存货，应按照投资双方确认的价值作为实际成本入账。

日常生产经营活动中，企业取得与使用存货的频率是很高的。然而，由于取得存货的时间、地点、批次、方式等的不同，同一种存货的单位入账成本与经营有可能出现不同。这就造成了发出存货时采用不同的计价方法下，当期成本费用与留存资产金额的不一致。从而为企业借助于不同计价方法来粉饰报表提供了可能。

关于存货的计价方法，会计实务中除了使用计划成本之外，在采用实际成本法时，具体又可以分为先进先出法①、全月一次加权平均法②、移动加权平均法③、个别计价法④、毛利率法⑤等。现行会计准则规定：企业所采用的会计方法一经选定，通常不得随意变更；确有必要变更时，应当说明变更的理由与变更内容，以及变更对企业财务状况与以往经营成果的累积影响数额。其目的便是阻止企业利用不同处理方法的选择与变更人为调整报表信息。

8. 一年内到期的非流动资产及其他资产项目解读与分析

一年内到期的非流动资产，是指长期应收款、持有至到期的投资、长期待摊费用等非流动资产中将于1年内到期或摊销完毕的部分。其中一年内到期的长期应收款和持有至到期的投资，将等同于其他应收款和交易性金融资产；而剩余摊销年限不到1年的长期待摊费用，将在1年内全额从资产转化为企业费用，从而直接影响企业未来1年的经营利润。

其他流动资产则是指企业拥有的、不属于上述各具体项目的流动资产，如涉及纠纷的物资及一些临时性项目等。对一年内到期的非流动资产和其他流动资产的分析，应该从数量的规模变动趋势以及构成变动去分析关注波动幅度较大的期间。

(二) 非流动资产项目解读与分析

非流动资产是指企业拥有或控制的、除流动资产外的其他各类资产，通常是指变现周期超过一年的资产。对生产制造型企业而言，这部分资产的多少常常在一定程度上影响或决定着企业生产与经营能力的规模。由于这部分资产占用资金相对较大，而周转速度却相对较低，因而对企业运营效果会产生明显的影响。对非流动资产的分析，应该从其盈利性、变现性、周转性和增值性来分析。

非流动资产主要包括可供出售金融资产、持有至到期投资、长期股权投资、投资性房地产、固定资产、无形资产和商誉等。

1. 可供出售金融资产项目解读与分析

可供出售金融资产通常是指企业没有划分为交易性金融资产、持有至到期投资的金融资产。比如，企业购入的在活跃市场上有报价的股票、债券和基金等，没有划分为以公允价值计量且其变动计入当期损益的金融资产或持有至到期投资等金融资产的，可以归为此类。企业对该项资产并不打算随时变现，或者受某些条件制约无法短期内变现(如限售股)，而是通过长期持有来获取收益，因此，一般来说，该项目的周转性并不强。

可供出售金融资产应当按取得该金融资产的公允价值和相关交易费用之和作为初始确认

---

① 先进先出法是指以先购入的存货应先发出(即用于销售或耗用)这样一种存货实物流动假设为前提，对发出存货进行计价的一种方法。采用这种方法，先购入的存货成本单位在后购入存货成本之前转出，据此确定发出存货和期末存货的成本。具体方法是：收入存货时，逐笔登记收入存货的数量、单价和金额；发出存货时，按照先进先出的原则逐笔登记存货的发出成本和结存金额。

② 以数量为权数计算每种材料的实际平均单价，作为日常发料凭证的计价依据。全月一次加权平均法是指在月末计算一次平均单价，用该单价乘以发出材料数量，即为发出材料的实际成本。

③ 移动加权平均法指企业按实际成本进行材料明细分类核算时，以各批材料收入数量和上批结余材料数量为权数，计算材料平均单位成本的一种方法。采用这种计价方法，每购进一批材料需重新计算一次加权平均单价，据以作为领用材料的单位成本。

④ 个别计价法亦称个别认定法，它是指对发出的存货分别认定其单位成本和发出存货成本的方法。采用这种方法，要求具体存货项目具有明显的标志，而且数量不多、价值较大，如大件、贵重的物品。期末存货的各种项目，分别确定每种物品的单位成本和总成本，然后相加各种存货的成本，即为存货期末全部的成本。

⑤ 毛利率法是指根据本期销售净额乘以上期实际(或本期计划)毛利率匡算本期销售毛利，并据以计算发出存货和期末结存存货成本的一种方法。

金额。支付的价款中包含的已到付息期但尚未领取的债券利息或已宣告但尚未发放的现金股利,应单独确认为应收项目。可供出售金融资产持有期间取得的利息或现金股利,应当计入投资收益。资产负债表日,可供出售金融资产应当以公允价值计量,且公允价值变动计入其他综合收益,当企业急需现金时,该项目上有可能按照公允价值变现,转换为已知金额的现金,因此具有一定的变现性。

当处置可供出售金融资产时,应将取得的价款与该金融资产账面价值之间的差额计入投资损益;同时,将原直接计入所有者权益的公允价值变动累计额对应处置部分的金额转出,计入投资损益。由此可见,该项目的全部盈利只有在出售时才能在当期损益中体现出来,其盈利性的大小完全取决于出售价格与其初始购买成本之间的差额。

(1) 可供出售金融资产的分类准确性分析

在分析该项目时,必须关注其分类是否恰当,确认是否符合相应的标准,会计处理是否正确。尽管按照规定,一旦划定为交易性金融资产,不能再重分类为其他类别的金融资产,其他类别的金融资产也不能再重分类为交易性金融资产,但企业还是有可能处于粉饰业绩的目的,将投资风险小的金融资产划分为交易性金融资产,把公允价值变动收益直接确认为当期损益;将投资风险较大的金融资产划分为可供出售金融资产,把公允价值变动损失通过计入资本公积来避免其对当期损益造成的负面影响;当其实际发生升值时,可通过出售的方式,将其获取的收益通过投资收益在当期收益中得以体现。

(2) 可供出售金融资产的风险及其收益情况分析

可供出售金融资产以股票、债券等资产形态存在的,资产收益率受到资产市场价值波动的直接作用,通过对历史收益率的分析和对企业现有投资资产存量的测度,可以大致估计企业投资收益。风险主要来自两个方面:一是投资品种的价格波动的风险,二是因委托投资等方式将资金交由其他机构操作而产生的信用风险。不管是哪种风险,只要其有可能转化为现实的损失,就应当计提短期投资减值准备。

2. 持有至到期投资项目解读与分析

持有至到期投资是指到期日固定、回收金额固定或可确定,且企业有明确意图和能力持有至到期的非衍生金融资产,包括企业持有的在活跃市场上有公开报价的国债、企业债券以及金融债券等。持有至到期投资的目的主要是通过定期收取利息来获得长期稳定的收益,同时又由于到期收回本金,在很大程度上降低了投资风险。

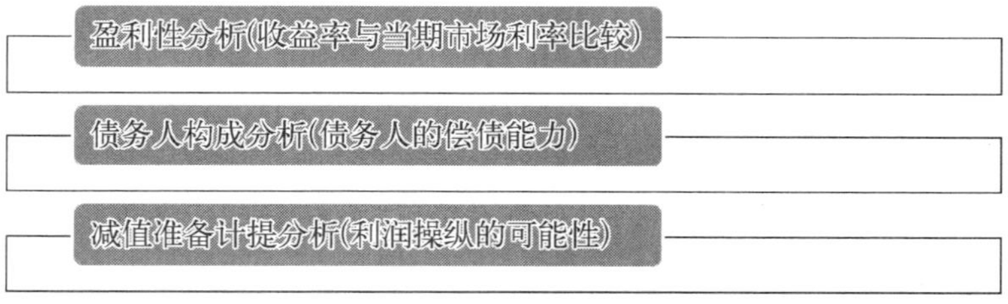

图 3-18　上市公司持有至到期投资项目分析要点

(1) 持有至到期投资的盈利性分析

企业购买国债、企业债券以及金融债券是持有至到期投资的主要内容,其投资收益为定期收取的利息。对持有至到期投资盈利性的分析,首先应当根据当时宏观金融市场环境、判断投资收益的相对水平。一般来说,持有至到期投资的收益率应高于同期银行存款利率,具体收益水平要视债券种类以及所承受的风险大小来定。另外还要注意，持有至到期投资的投资收益是按照权责发生制①原则确定的，并不与现金流入量相对应，即无论投资企业是否收到利息，都要按应收利息计算出当期的投资收益。大多数情况下，投资收益的确认都先于利息的收取，由此会在一定程度上导致当期所确认的投资收益规模与现金收入金额不一致情况的发生。

（2）根据其项目构成及其债务人构成分析持有至到期投资的变现性

对持有至到期投资而言，虽然投资者按照约定，将定期收取利息、到期收回本金，但是债务人能否定期支付利息、到期偿还本金，取决于债务人在需要偿还的时候是否有足够的现金。因此，有必要对其项目构成及其债务人构成进行分析，并在此基础上对债务人的偿债能力作出进一步判断，从而评价该项目的变现性，分析时可参阅会计报表附注中关于持有至到期投资明细表，并结合其他市场信息等因素来进行。

（3）根据持有至到期投资的减值准备情况来分析其变现性

当持有至到期投资发生减值时，应当将其账面价值减至预计未来现金流量的现值。因此，通过分析该项目的减值准备计提情况，便可直接判断持有至到期投资的变现性。但必须注意的是，一些企业有可能处于粉饰业绩的目的，通过少提或多提减值准备的方式来达到虚增或虚减持有至到期投资账面价值和利润的目的。尤其是，按照我国现行准则的规定，大部分长期资产，如固定资产、无形资产、长期股权投资以及采用成本模式计量的投资性房地产所计提的资产减值准备一经计提不得再冲回，而对持有至到期投资、贷款和应收账款等金融资产，计提减值准备后如有客观证据表明该项目价值有所回升，且客观上与确认该损失后的事项有关（如债务人的信用评级已提高）的，原计提的减值准备允许予以冲回。因此，要警惕企业通过该项目操纵利润的情况发生。

3．长期股权投资项目解读与分析

长期股权投资是企业持有的对其子公司合营企业及联营企业的权益性投资及企业持有的对被投资单位不具有控制、共同控制或重大影响，并且在活跃市场中没有报价、公允价值不能可靠计量的权益性投资。资产负债表中“长期股权投资”反映了企业期末所持有该项股权投资的账面价值。

企业进行长期股权投资的目的是多种多样的，有的是为了建立和维持与被投资企业之间稳定的业务关系，理顺上下游供销渠道；有的是为了实现横向联合，增大市场占有率和行业内的竞争实力；有的是为了增强企业多元化经营的能力，从而提高企业抗风险的能力或创造新的利润源泉。无论采用哪种方式，出于什么目的，对大部分企业来说，进行长期股权投资的最终目的都是将其作为自身经营活动的有利补充，提升企业业绩的总体水平。由于长期股权投资通常期限较长、金额巨大，因此该项目对企业的财务状况影响较大。对于企业来说，进行长期股权投资意味着企业相应数额的资金在相当长的时间内无法自行支配使用。另外，由于长期股权投资数额大、期限长、期间不确定因素较多，因而投资风险相对于持有至到期投资而言更大，一旦投资失败，将会给企业带来重大的、长期的损失和负担，甚至是致命的打击。当然，风险和收益是伴生的，当长期股权投资能够带来很高的收益时，就会成为企业收益与现金流量的

---

① 权责发生制又称“应收应付制”，它是以本会计期间发生的费用和收入是否应计入本期损益为标准，处理有关经济业务的一种制度。凡在本期发生应从本期收入中获得补偿的费用，不论是否在本期已实际支付或未付的货币资金，均应作为本期的费用处理；凡在本期发生应归属于本期的收入，不论是否在本期已实际收到或未收到的货币资金，均应作为本期的收入处理。实行这种制度，有利于正确反映各期的费用水平和盈亏状况。

重要源泉，成为企业的“救命稻草”。在分析企业的长期股权投资项目时，应重点从其盈利性和变现性角度进行分析。

（1）长期股权投资数量规模趋势分析

【例 3－29】 云南白药股份有限公司 2013～2017 年长期股权投资规模趋势分析。

表 3－46　　云南白药股份有限公司 2013～2017 年长期股权投资规模趋势分析表

指　标	2013 年	2014 年	2015 年	2016 年	2017 年
长期股权投资(元)	60 423 567.48	3 852 592.22	5 235 397.39	0.00	768 043.48
非流动资产合计(元)	1 987 098 244.68	2 276 994 718.54	2 387 338 617.41	2 518 958 851.29	2 598 973 540.41
长期股权投资占非流动资产的比重(%)	3.04	0.17	0.22	0.00	0.03
资产总计(元)	12 880 915 675.82	16 341 340 193.50	19 290 940 366.09	24 586 646 034.03	27 702 530 540.34
长期股权投资占总资产的比重(%)	0.47	0.02	0.03	0.00	0.00
长期股权投资的变动额(元)		−56 570 975.26	−55 188 170.09	−60 423 567.48	−59 655 524.00
长期股权投资的变动率(%)		−93.62	−91.34	100.00	−98.73

【思维空间】 云南白药股份有限公司 2013～2017 年长期股权投资规模趋势的变动，占非流动资产和资产总额比率的变动能得出哪些结论？

（2）长期股权投资盈利性分析

长期股权投资的盈利性呈现较大的波动性，具体要依据其投资方向、年内所发生的重大变化、投资所运用的资产种类、投资收益确认方法等诸多因素来确定。

其一，长期股权投资方向对盈利性的影响。在考察长期股权投资方向时，应该主要考察投资方的投资方向及构成与其核心竞争力之间的关系。

在投资方属于某个行业上有核心竞争能力的条件下，其对外投资如果与其自身的核心竞争能力相一致，则在投资的管理上，除对被投资方有财务贡献外，投资方会在技术、管理、市场等方面对被投资方进行实质性贡献。在业绩方面，投资方由于与被投资方行业极有可能一致，因此，双方的业绩会经常呈同方向变化；反之，如果其对外投资与其自身的核心竞争能力不相一致，则可能是投资方实现其行业的多元化战略的努力。此时，投资方和被投资方在某些时期的业绩上极有可能出现互补的态势。

其二，长期股权投资年度内的重大变化对盈利性的影响。长期股权投资年度内的重大变化不外乎以下几种情况：收回或者转让某些长期股权投资而导致长期股权投资减少；增加新的长期股权投资而导致某些长期股权投资增加；因权益法确认投资收益而导致长期股权投资增加。

在第一种情况下收回或者转让某些长期股权投资而导致长期股权投资减少，或者是企业试图优化自身的投资结构而进行的投资结构调整，或者是企业为了变现而进行的股权投资的出售活动，还有可能是按照某些约定而收回投资；在第二种情况下，增加新的长期股权投资而导致长期股权投资增加，或者是企业继续其对外扩张的态势而进行的扩张努力，或者是为了实现业绩的增长而进行的投资组合调整，也有可能是为了利用表内表外的非货币资源而进行的资产重组活动；在第三种情况下，因权益法确认投资收益而导致长期股权投资增加，一般应该认为这种增加是一种泡沫资产的增加，对企业难以产生实质性正面贡献。

其三，长期股权投资所运用资产种类对盈利性的影响。概括起来，就长期股权投资所运用的资产种类而言，企业既可以货币资金对外投资，以表内非货币资源对外投资，还可以表外的无形资产对外投资。

在企业以货币资金对外投资的条件下，由于货币资金具有投资方向不受限制的特点，企业因此而形成的对外投资在方向上应该具有选择性强的特点，因而此类投资可以对投资方向的多元化形成直接贡献；在企业以表内的非货币资源对外投资的条件下，企业有可能是在实施资产重组战略，但其投资方向受原有资产结构和质量影响较大，在投资结构上可能与企业的原有经营活动联系较为紧密；在企业以表外的无形资产对外投资的条件下，这种投资的安排应该被认为是企业表外资源价值实现的一种方式。

其四，长期股权投资收益确认方法对盈利性的影响。长期股权投资收益的确认，因其具有一定的特殊性而对企业长期股权投资的盈利性分析有重要影响。

在成本法下，企业的“长期股权投资”项目通常仅反映投资的初始作价（历史成本）。追加或收回投资应当调整长期股权投资的成本。只有在投资发生重大持久性不可逆转的贬值时，才对“长期股权投资”项目作减值处理，并确认投资损失。当收到被投资单位分发的股利（被投资单位宣布发放现金股利）时，在会计上确认投资收益。投资企业确认投资收益，仅限于被投资单位接受投资后产生的累计净利润的分配额，所获得的利润或现金股利超过上述数额的部分作为初始投资成本的收回。也就是说，成本法下的投资收益确认与货币资金的流入有直接关系，即成本法下的投资收益不会带来利润（投资收益）和长期投资的泡沫成本。

在权益法下，被投资方被投资以后有利润时，不论被投资方是否分配现金股利，投资方均按照被投资方的新增净利润的持股份额确认投资收益，同时确认长期投资资产金额的增加。在被投资方分配现金股利时，则相应冲减长期投资的金额。一般情况下，被投资方不可能将其实现的净利润全部作为现金股利分配掉。因此，权益法确认投资收益会不可避免地出现投资收益和长期股权投资的泡沫成分。泡沫成分的大小取决于被投资方分派现金股利的程度。

（3）长期股权投资变现性分析

对长期股权投资而言，在被投资企业为有限责任公司的情况下，投资方的股权投资一般不能从被投资方撤出。投资方如果期望将手中持有的股权投资变现，就只能转让其股权。而转让投资不仅取决于转出方的意愿，还取决于转入方的意愿与双方的讨价还价。这就是说，企业的长期股权投资，要么不能收回，要么以不确定的价格转让，这就使得投资方在股权转让中的损益难以预料。因此，该项目的账面金额与其可收回的金额之间有可能出现很大的差距，这使得长期股权投资的变现性也有可能出现较大幅度的波动。

（4）长期股权投资减值准备计提分析

其一，按照成本法核算的、在活跃市场中没有报价、公允价值不能可靠计量的长期股权投资，在发生减值后，应当将该项投资的账面价值与按照类似金融资产当时市场收益率对未来现金流量折现确定的现值之间的差额确认为减值损失，计入当期收益；计提的减值损失，不得转回。

其二，其他长期股权投资项目，当该项投资的可收回金额低于其账面价值时，应当将其账面价值减记至可收回金额，减记的金额确认为资产减值损失，计入当期损益，同时计提相应的资产减值准备；资产减值损失一经确认，在以后会计期间不得转回。

4. 投资性房地产项目解读与分析

投资性房地产是指为赚取租金或资本增值，或者两者兼有而持有的房地产。投资性房地产在用途、状态、目的等方面与企业自用的厂房、办公楼等作为生产经营活动场所的房地产和房地产开发企业用于销售的房地产是不一样的。投资性房地产是一种经营性活动，主要形式是出租建筑物、出租土地使用权，实质上是一种让渡资产使用权的行为。房地产租金就是让渡资产使用权而取得的使用费收入。投资性房地产的另一种形式是持有并准备增值后转让，其目的是赚取增值收益，也是企业为完成其经营目标所从事的经营性活动以及与之相关的其他活动行程的经济利益总流入。对投资性房地产的分析应从以下几个方面进行：

【例 3－30】 云南白药股份有限公司 2013～2017 年投资性房地产规模趋势分析。

表 3－47　　云南白药股份有限公司 2013～2017 年投资性房地产规模趋势分析表

指　　标	2013 年	2014 年	2015 年	2016 年	2017 年
投资性房地产(元)	60 423 567.48	3 852 592.22	5 235 397.39	0.00	768 043.48
非流动资产合计(元)	1 987 098 244.68	2 276 994 718.54	2 387 338 617.41	2 518 958 851.29	2 598 973 540.41
投资性房地产占非流动资产的比重(%)	3.04	0.17	0.22	0.00	0.03
资产总计(元)	12 880 915 675.82	16 341 340 193.50	19 290 940 366.09	24 586 646 034.03	27 702 530 540.34
投资性房地产占总资产的比重(%)	0.47	0.02	0.03	0.00	0.00
投资性房地产的变动额(元)		−56 570 975.26	−55 188 170.09	−60 423 567.48	−59 655 524.00
投资性房地产的变动率(%)		−93.62	−91.34	−100.00	−98.73

【思维空间】根据云南白药股份有限公司 2013～2017 年投资性房地产规模趋势的变动，占非流动资产以及资产总额比率的变动能得出什么结论？

【例 3－31】 云南白药股份有限公司 2013 年长期股权投资计量分析。

表 3－48　　云南白药股份有限公司 2013 年投资性房地产按成本计量模式信息披露表　　单位：元

项　　目	房屋、建筑物	土地使用权	在建工程	合　　计
一、账面原值				
1. 期初余额	21 363 030.34	8 312 185.25		29 675 215.59
2. 本期增加额				
(1) 外购				
(2) 存货/固定资产/在建工程转入				
(3) 企业合并增加				

续表

项 目	房屋、建筑物	土地使用权	在建工程	合 计
3. 本期减少金额				
(1) 处置				
(2) 其他转出				
4. 期末余额	21 363 030.34	8 312 185.25		29 675 215.59
二、累计折旧和累计摊销				
1. 期初余额	5 377 767.59	1 328 057.64		6 705 825.23
2. 本期增加余额	60 918.96	205 532.73		266 451.69
(1) 计提或摊销	60 918.96	205 530.73		266 449.69
3. 本期减少金额				
(1) 处置				
(2) 其他转出				
4. 期末余额	5 499 605.51	1 739 121.10		7 238 726.61
三、减值准备				
1. 期初余额	1 545 916.43			
2. 本期增加金额				
(1) 计提				
3. 本期减少金额				
(1) 处置				
(2) 其他转出				
4. 期末余额	1 545 916.43			1 545 916.43
四、账面价值				
1. 期末账面价值	465 179.36	6 778 594.88		7 243 774.24
2. 期初账面价值	526 098.32	6 984 127.61		7 510 225.93

【思维空间】根据云南白药股份有限公司 2013 年投资性房地产结构，应用比较分析法和结构分析法对数据如何进行加工？能得出什么结论？

(1) 投资性房地产分类正确性分析

投资性房地产是现行准则颁布实施后资产负债表中新增加的一个项目，对该项目的分析，首先应注意企业对投资性房地产的分类是否恰当，即企业是否将投资性房地产与固定资产、无形资产作了正确的区分。

(2) 投资性房地产的盈利性分析

由于企业持有投资性房地产的目的是赚取租金或资本增值，或两者兼而有之，因此，分析该项目的盈利性是判断其质量的重要因素。

(3) 投资性房地产的计价模式分析

投资性房地产应当按照成本进行初始确认和计量。在对投资性房地产进行后续计量时，通常应当采用成本模式①。企业只有存在确凿证据表明其公允价值能够持续可靠取得的，才允许采用公允价值计量模式。同一企业只能采用一种模式对所有投资性房地产进行后续计量，不得同时采用两种计量模式。采用公允价值模式②计量的，应当同时满足下列条件：① 投资性房地产所在地有活跃的房地产交易市场；② 企业能够从房地产交易市场上取得同类或类似房地产的市场价格及其他相关信息，从而对投资性房地产的公允价值作出合理的估计。可以看出，对于大多数投资性房地产而言，若想采用公允价值计量模式并非难事。而采取公允价值模式，其投资性房地产不计提折旧或进行摊销，以会计期末其公允价值为基础调整其账面价值，公允价值与账面价值之间的差额计入当期损益。现行准则也规定，企业对投资性房地产的计量模式一经确定，不得随意更改。成本模式转为公允价值模式的，应当作为会计政策变更处理。已采用公允价值模式计量的投资性房地产，不得从公允价值模式转为成本模式。因此，在对计量模式选择的问题上，企业还应持谨慎态度。

5. 固定资产项目解读与分析

固定资产是指使用期限较长、单位价值较高，并且在使用过程中保持原有实物形态的资产。固定资产具有以下特点：其一，长期拥有并在生产经营中持续发挥作用；其二，投资数额较大，其经营风险也相对较大；其三，反映企业生产的技术水平、工艺水平；其四，对企业的经济

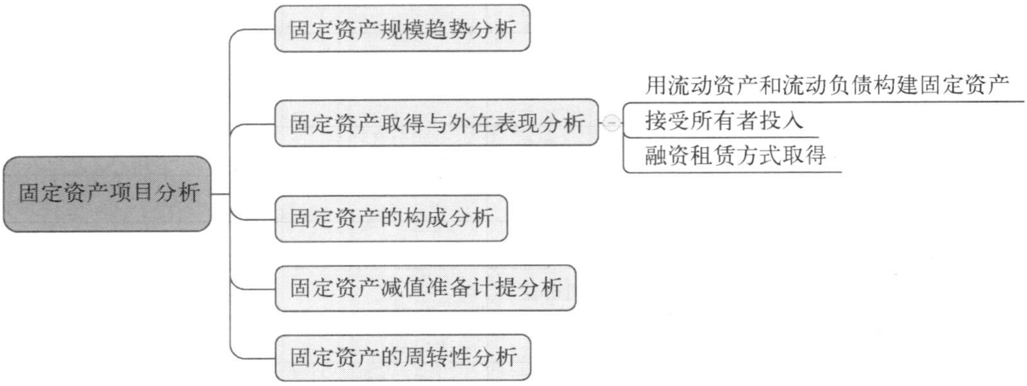

图 3-19　固定资产项目分析框架

① 根据《企业会计准则第 3 号——投资性房地产》规定，一般情况下，企业应当在资产负债表中采用成本模式对投资性房地产进行后续计量。在成本模式下，应当按照《企业会计准则第 4 号——固定资产》和《企业会计准则第 6 号——无形资产》对已出租的建筑物或土地使用权进行计量，并计提折旧或摊销；如果存在减值迹象的，应当按照《企业会计准则第 8 号——资产减值》进行减值测试，并计提相应的减值准备。投资性房地产的计量模式一经确定，不得随意变更，只有存在确凿证据表明其公允价值能够持续可靠取得的，才允许采用公允价值计量模式。

② 投资性房地产的公允价值是指在公平交易中，熟悉情况的当事人之间自愿进行房地产交换的价格。确定投资性房地产的公允价值时，应当参照活跃市场上同类或类似房地产的现行市场价格（市场公开报价）；无法取得同类或类似房地产现行市场价格的，应当参照活跃市场上同类或类似房地产的最近交易价格，并考虑交易情况、交易日期、所在区域等因素，从而对投资性房地产的公允价值作出合理的估计；也可以基于预计未来获得的租金收益和相关现金流量的现值计量。“同类或类似”的房地产，对建筑物而言，是指所处地理位置和地理环境相同、性质相同、结构类型相同或相近、新旧程度相同或相近、可使用状况相同或相近的建筑物；对土地使用权而言，是指同一城区、同一位置区域、所处地理环境相同或相近、可使用状况相同或相近的土地。

效益和财务状况影响巨大；其五，变现性差。固定资产在资产总额中所占比重往往带有较为浓厚的行业色彩，而一个企业拥有的固定资产的规模和先进程度，又代表着该企业在行业中相对的竞争实力和竞争地位。针对某项具体的固定资产项目来说，其利用效率和利用效果的大小，与企业所处的不同历史时期、不同发展阶段以及不同的客观环境有着直接联系，因此，在对固定资产进行质量分析时，一定要强调其相对有用性。此外，固定资产在规模、配置以及分布等方面与企业战略的吻合程度，也会直接影响其盈利性、周转性和变现性。同时，如果能够合理地安排使用，还可以与其他资产产生协同效应，给企业带来超额收益。

（1）固定资产规模趋势分析

【例 3－32】 云南白药股份有限公司 2013～2017 年固定资产规模趋势分析。

表 3－49　　云南白药股份有限公司 2013～2017 年固定资产规模趋势分析表

指　　标	2013 年	2014 年	2015 年	2016 年	2017 年
固定资产(元)	1 269 767 136.49	1 652 178 635.77	1 640 213 179.39	1 782 319 408.22	1 745 371 710.46
非流动资产合计(元)	1 987 098 244.68	2 276 994 718.54	2 387 338 617.41	2 518 958 851.29	2 598 973 540.41
固定资产占非流动资产的比重(%)	63.90	72.56	68.70	70.76	67.16
资产总计(元)	12 880 915 675.82	16 341 340 193.50	19 290 940 366.09	24 586 646 034.03	27 702 530 540.34
固定资产占总资产的比重(%)	9.86	10.11	8.50	7.25	6.30
固定资产的变动额(元)		382 411 499.28	370 446 042.90	512 552 271.73	475 604 573.97
固定资产的变动率(%)		30.12	29.17	40.37	37.46

【思维空间】 云南白药股份有限公司 2013～2017 年固定资产规模趋势的变动，占非流动资产以及资产总额比率的变动能得出什么结论？

企业固定资产规模过大，会造成设备闲置、资产浪费、固定资产使用效率下降；规模过小，生产能力小，不能形成规模效益。固定资产的投资规模必须与企业整体的生产经营水平、发展战略以及所处行业特点相适应，同时也要注意与企业的流动资产规模保持一定的比例关系。如果企业盲目购置新设备，盲目扩大生产规模，就会造成资源的低效利用甚至是浪费，从而影响企业的获利能力。因此，企业应根据其战略发展的需要，适时制定生产经营计划，核定固定资产需要量，据此添置新设备，扩大固定资产规模。

固定资产原值年内的变化在一定程度上反映企业固定资产的质量变化。企业在各个会计期间内固定资产原值的变化，应该朝着优化企业内部固定资产结构、改善企业固定资产的质量、提高企业固定资产利用效果的方向努力。因此，从企业内部固定资产结构的变化与企业生产经营特点之间的吻合程度对企业固定资产质量的变化情况作出判断。

（2）固定资产的取得与财务状况的外在表现分析

固定资产的取得，既可以采用外购方式，又可以采用自建方式，还可直接接受所有者入资和采用融资租赁①、经营租赁②等方式。不同方式对财务状况的外在表现各不相同。

其一，用流动资产和流动负债购建固定资产。

用流动资产和流动负债购置、建造固定资产，就是用货币资金、存货以及短期赊购等方式购买、建造固定资产。显然，这是一种最直接的取得固定资产的方式。这种取得方式的最大特点是取得成本往往是通过市场公平交易确定，成本具有可验证性。

但是，由于这种取得固定资产的方式或者减少流动资产，或者增加流动负债，因而对财务状况的外在表现是恶化企业的营运资金状况。

其二，接受所有者固定资产入资。

这种方式，往往在创建有限责任公司、合伙制企业以及中外合资企业时出现。它对财务状况的显著影响是：第一，增加企业所有者权益的厚实程度，为企业进一步举债奠定基础；第二，成本确定具有主观性——接受入资固定资产成本的确定，或按双方协议约定、或按资产评估确认的价值来确定。不论哪种价值，均不是市场的公平交易价格。

其三，用融资租赁方式取得。

融资租入的固定资产有些类似于分期付款购入固定资产。按照融资租赁的一般做法，融资租入方将租入固定资产视同自己的固定资产处理。将租金的现值及有关附加成本计入融资租入固定资产的成本，并向出租方支付定金，分期付清其余款项。在租赁期内，融资租入的固定资产的法定所有权属于出租方。这样，对承租方来讲，融资租入的固定资产的财务影响将是：第一，减少流动资产（货币），增加流动负债和长期负债。从总体上说，将加大企业负债对所有者权益的比率，降低企业进一步举债的能力。第二，承租方将融资租入的固定资产视同自己的固定资产管理，计提折旧。

在经营性租入固定资产的条件下，承租企业仅支付租金，并将租金计入当期费用。租入的固定资产并不作为承租方的固定资产列示。因此，经营性租入取得的固定资产并不出现在承租方的资产负债表中。

（3）固定资产的结构分析

其一，对固定资产的结构进行分析，通过上市公司年报中对公司固定资产情况的信息披露，可以了解企业固定资产的本期增加、本期减少情况，由此可以分析企业固定资产投资的变化情况，判断企业生产运营的经营策略的变动情况。

【例 3-33】 云南白药股份有限公司2013～2017年固定资产结构分析。

表 3-50　　云南白药股份有限公司 2013 年固定资产年报信息披露表　　单位：元

项　目	年初账面价值	本期增加	本期减少	期末账面价值
一、账面原值合计	1 710 995 196.12	51 500 542.71	22 938 793.36	1 739 556 945.47
其中：房屋及建筑物	1 152 243 424.46	12 237 021.03	13 880 028.92	1 150 600 416.57

① 融资租赁（Financial Lease）是目前国际上最为普遍、最基本的非银行金融形式。它是指出租人根据承租人（用户）的请求，与第三方（供货商）订立供货合同，根据此合同，出租人出资购买承租人选定的设备。同时，出租人与承租人订立一项租赁合同，将设备出租给承租人，并向承租人收取一定的租金。

② 经营租赁（Operating Lease）又称业务租赁，它是由大型生产企业的租赁部或专业租赁公司向用户出租本厂产品的一种租赁业务。出租人一般拥有自己的出租物仓库，一旦承租人提出要求，即可直接把设备出租给用户使用。用户按租约交租金，在租用期满后退还设备。

续表

项　　目	年初账面价值	本期增加	本期减少	期末账面价值
机器设备	476 921 523.02	22 545 412.01	6 766 233.26	492 700 701.77
运输工具	48 745 055.28	4 948 176.99	1 159 118.32	52 534 113.95
电子设备	30 978 412.25	11 697 700.80	1 133 412.86	41 542 700.19
其他	2 106 781.11	72 231.88		2 179 012.99
二、累计折旧合计	340 509 082.36	76 797 757.51	4 374 142.00	412 932 697.87
其中：房屋及建筑物	120 990 296.35	27 345 288.03	1 484 996.93	146 850 587.45
机器设备	180 442 022.37	40 435 571.34	2 369 703.17	218 507 890.54
运输工具	20 125 411.71	4 650 883.78	483 608.69	24 292 686.80
电子设备	17 392 013.44	4 148 070.25	35 833.21	21 504 250.48
其他	1 559 338.49	217 998.11		1 777 336.60
三、固定资产账面净值合计	1 370 486 113.76	−25 297 214.80	18 546 651.36	1 326 642 247.60
其中：房屋及建筑物	1 031 253 128.11	−15 108 267.00	12 395 031.99	1 003 749 829.12
机器设备	296 479 500.65	−17 890 105.33	4 396 530.09	274 192 865.23
运输工具	28 619 643.57	297 293.21	675 509.63	28 241 427.15
电子设备	13 586 398.81	7 549 630.55	1 097 579.65	20 038 449.71
其他	547 442.62	−145 766.23		401 676.39
四、减值准备合计	56 893 301.99		36 190.88	56 857 111.11
其中：房屋及建筑物	53 023 669.46			53 023 669.46
机器设备	3 768 979.48			3 768 979.48
运输工具	93 914.64		36 190.88	57 723.76
电子设备	6 738.41			6 738.41
其他				
五、固定资产账面价值合计	1 313 592 811.77	−25 297 214.80	18 528 460.48	1 269 767 136.49
其中：房屋及建筑物	978 229 458.65	−15 108 267.00	12 395 031.99	950 726 159.66
机器设备	292 710 521.17	−17 890 105.33	4 396 530.09	270 423 885.75
运输工具	28 525 728.93	297 293.21	639 318.75	28 183 703.39
电子设备	13 579 660.40	7 549 630.55	1 097 579.65	20 031 711.30
其他	547 442.62	−145 766.23		401 676.39

表 3-51　　云南白药股份有限公司 2013 年固定资产结构分析表　　单位：%

项　　目	年初账面价值	本期增加	本期减少	期末账面价值
一、账面原值合计				
其中：房屋及建筑物	67.343 46	23.760 96	60.508 98	66.143 30

续表

项　　目	年初账面价值	本期增加	本期减少	期末账面价值
机器设备	27.873 93	43.777 04	29.496 90	28.323 34
运输工具	2.848 93	9.608 01	5.053 09	3.019 97
电子设备	1.810 55	22.713 74	4.941 03	2.388 12
其他	0.123 13	0.140 25	0.000 00	0.125 26
三、固定资产账面净值合计				
其中：房屋及建筑物	75.247 25	59.723 05	66.831 64	75.660 93
机器设备	21.633 16	70.719 66	23.705 25	20.668 18
运输工具	2.088 28	−1.175 20	3.642 22	2.128 79
电子设备	0.991 36	−29.843 72	5.917 94	1.510 46
其他	0.039 95	0.576 21	0.000 00	0.030 28
五、固定资产账面价值合计				
其中：房屋及建筑物	75.247 25	59.723 05	66.831 64	75.660 93
机器设备	21.633 16	70.719 66	23.705 25	20.668 18
运输工具	2.088 28	−1.175 20	3.642 22	2.128 79
电子设备	0.991 36	−29.843 72	5.917 94	1.510 46
其他	0.039 95	0.576 21	0.000 00	0.030 28

表 3－52　　云南白药股份有限公司 2014 年固定资产年报信息披露表　　单位：元

项　　目	房屋及建筑物	机器设备	电子设备	运输设备	其　他	合　　计
一、账面原值						
1. 期初余额	1 150 600 416.57	492 700 701.77	41 542 700.19	52 531 113.95	2 179 012.99	1 739 556 954.47
2. 本期增加金额	231 363 932.48	246 320 438.72	137 985 468.45		2 343 002.07	493 822 841.72
(1) 购置	928 106.36	38 297 241.91	12 089 139.44		109 968.66	51 424 456.37
(2) 在建工程转入	211 194 476.40	173 528 882.00			50 000.00	384 773 231.72
(3) 企业合并增加		34 494 314.81	1 706 329.01		2 183 033.41	57 625 153.63
3. 本期减少金额		16 153 074.87	3 304 437.02	2 156 166.22	1 628 404.86	23 242 082.97
(1) 处置或报废		14 771 876.33	3 304 437.02	2 156 166.22	1 628 404.86	21 860 884.43
(2) 其他转出		1 381 198.54				1 381 198.54
4. 期末余额	1 381 964 349.05	722 868 065.62	52 033 731.62	50 377 947.73	2 893 610.20	2 210 137 704.22
二、累计折旧						
1. 期初余额	146 850 587.45	2 185 507 836.54	21 504 250.48	24 292 686.80	1 777 336.60	412 932 697.87
2. 本期增加金额	28 376 297.10	64 378 908.62	6 541 085.52	4 636 139.73	1 221 017.83	105 153 448.80

续表

项　　目	房屋及建筑物	机器设备	电子设备	运输设备	其　他	合　　计
(1) 计提	26 772 873.68	44 038 349.06	5 854 438.73	4 636 139.73	592 468.30	81 894 269.50
(2) 企业合并增加	1 603 423.42	20 340 559.56	686 646.79		628 549.53	23 259 179.30
3. 本期减少金额		13 641 322.16	2 882 988.25	1 405 824.69	1 546 854.03	19 476 989.13
(1) 处置或报废		12 346 187.42	2 882 988.25	1 405 824.69	1 546 854.03	18 181 854.39
(2) 其他转出		1 295 134.74				1 295 134.74
4. 期末余额	175 226 884.55	269 245 423.00	25 162 347.75	27 523 001.84	1 451 500.40	498 609 157.54
三、减值准备						
1. 期初余额	53 023 669.46	3 768 979.48	6 738.41	57 723.76		5 685 711.11
2. 本期增加金额	2 319 738.44	237 054.68				2 556 793.12
(1) 计提	2 319 738.44	237 054.68				2 556 793.12
3. 本期减少金额		32 806.19		31 187.13		63 993.32
(1) 处置或报废		32 806.19		31 187.13		63 993.32
4. 期末余额	55 343 407.90	3 973 227.97	6 738.41	26 536.63		59 349 910.91
四、账面价值						
1. 期末账面价值	1 151 394 056.60	449 649 414.65	24 864 645.46	22 828 409.26	14 421 089.80	1 652 178 635.77
2. 期初账面价值	950 726 159.66	270 423 885.75	20 031 711.30	28 183 703.39	401 676.39	1 269 767 136.49

表 3-53　　云南白药股份有限公司 2013～2017 年闲置固定资产年报信息披露表　　单位：元

年 份	项　　目	账面原值	累计折旧	减值准备	账面净值
2013	机器设备	1 149 463.70	818 627.47		330 836.23
2014	房屋、建筑物	8 601 019.32	5 861 046.48	2 319 738.44	420 234.40
	机器设备	6 351 394.32	5 847 505.65	237 054.68	266 833.99
	合　计	14 952 413.64	11 708 552.13	2 556 793.12	687 068.39
2015	房屋、建筑物	48 615 657.05	18 766 614.26	1 267 180.12	17 241 862.67
	机器设备	6 351 394.32	5 847 505.65	237 054.68	266 833.99
	合　计	54 967 051.37	24 614 119.91	1 504 234.80	17 508 696.66
2016	房屋、建筑物	67 746 936.16	28 249 504.91	12 575 766.16	26 739 665.09
	机器设备	26 471 080.15	17 642 906.74	226 817.69	8 601 355.72
	电子设备	689 383.72	627 647.80	10 236.99	51 498.93
	其他设备	172 353.87	141 352.28		31 001.59
	合　计	95 079 753.90	46 661 411.73	12 812 820.84	35 423 521.33

续表

年 份	项　　目	账面原值	累计折旧	减值准备	账面净值
2017	房屋、建筑物	39 768 335.09	15 370 109.10	12 757 766.15	11 640 459.84
	机器设备	15 383 155.76	13 858 807.06	60 943.78	1 463 404.92
	电子设备	197 432.24	176 376.31	10 236.99	10 818.94
	合　计	55 348 923.09	29 405 292.47	12 828 946.92	13 114 683.70

【思维空间】根据云南白药股份有限公司2013年年报信息披露及结构分析表可得出什么结论？2014年起信息披露方式发生变化，根据数据进行整理后得到表3－53，可使用哪些财务报表分析方法对数据进行加工？可得出什么结论？

其二，固定资产的结构分析，通过上市公司年报对固定资产生产用固定资产、非生产用固定资产以及闲置固定资产的披露，了解企业固定资产使用方面的情况。正常情况下，非生产用固定资产的增速应该不超过生产用固定资产的增速。应引起重视的是，现在不少企业的非生产性固定资产投资过大，如盖高档办公楼、买高档汽车等，这是造成固定资产利用率低的重要原因。同时，固定资产应及时维护、保养和更新，对技术性能落后、消耗高、效益低的固定资产要下决心处理，引进技术水平高、生产能力强、生产质量高的固定资产，并且要加强对固定资产的维护保管。

(4) 固定资产减值准备的分析

由于当固定资产的可收回金额低于其账面价值时，企业可以按照可回收金额低于其账面价值的差额计提资产减值准备，因此在对企业固定资产的变现性进行分析时，还可以根据企业固定资产减值准备的计提情况对企业固定资产整体的变现性做出初步判断。在此基础上，再结合会计报表附注中有关项目构成的说明以及各项目特点展开进一步的分析。

【例3－34】 云南白药股份有限公司2013～2017年固定资产结构分析。

表3－54　　云南白药股份有限公司2013～2017年固定资产减值准备分析表

项　　目	2013年	2014年	2015年	2016年	2017年
一、固定资产账面原值(元)	1 739 556 945.47	2 210 137 704.22	2 286 756 794.37	661 767 852.19	2 569 885 543.13
其中：房屋及建筑物(元)	1 150 600 416.57	1 381 964 349.05	1 372 288 508.37	240 951 782.94	1 569 956 987.34
机器设备(元)	492 700 701.77	722 868 065.62	800 931 738.49	352 635 405.74	878 553 108.47
运输工具(元)	52 534 113.95	50 377 947.73	49 261 859.72	26 191 586.62	47 839 596.71
电子设备(元)	41 542 700.19	52 033 731.62	61 376 949.38	39 631 987.89	70 493 055.29
其他(元)	2 179 012.99	2 893 610.20	2 897 738.41	2 357 089.00	3 042 795.32
二、减值准备合计(元)	56 857 111.11	59 349 910.91	50 903 621.50	50 633 009.05	64 437 547.75
其中：房屋及建筑物(元)	53 023 669.46	55 343 407.90	47 503 509.54	47 503 509.54	62 962 673.97
减值准备计提比例(%)	4.608 3	4.004 7	3.461 6	19.714 9	4.010 5
机器设备(元)	3 768 979.48	3 973 227.97	3 366 836.92	3 119 262.52	1 464 636.79

续表

项　　目	2013 年	2014 年	2015 年	2016 年	2017 年
减值准备计提比例(%)	0.765 0	0.549 6	0.420 4	0.884 6	0.166 7
运输工具(元)	57 723.76	26 536.63	26 536.63		
减值准备计提比例(%)	0.109 9	0.052 7	0.053 9	0.000 0	0.000 0
电子设备(元)	6 738.41	6 738.41	6 738.41	10 236.99	10 236.99
减值准备计提比例(%)	0.016 2	0.013 0	0.011 0	0.025 8	0.014 5
其他(元)	0.00	0.00	0.00	0.00	0.00
减值准备计提比例(%)	0.00	0.00	0.00	0.00	0.00

表 3-55　　云南白药股份有限公司 2013～2017 年累计折旧和固定资产减值准备分析表　　单位：%

年 份	项　　目	账面原值	累计折旧	减值准备	账面净值
2013	机器设备	100.00	71.22		28.78
2014	房屋、建筑物	57.52	68.14	26.97	4.89
	机器设备	42.48	92.07	3.73	4.20
	合　计	100.00	78.31	17.10	4.60
2015	房屋、建筑物	88.45	38.60	2.61	35.47
	机器设备	11.55	92.07	3.73	4.20
	合　计	100.00	44.78	2.74	31.85
2016	房屋、建筑物	71.25	41.70	18.56	39.47
	机器设备	27.84	66.65	0.86	32.49
	电子设备	0.73	91.04	1.48	7.47
	其他设备	0.18	82.01	0.00	17.99
	合　计	100.00	49.08	13.48	37.26
2017	房屋、建筑物	71.85	38.65	32.08	29.27
	机器设备	27.79	90.09	0.40	9.51
	电子设备	0.36	89.34	5.19	5.48
	合　计	100.00	53.13	23.18	23.69

【思维空间】云南白药股份有限公司 2013～2017 年固定资产减值准备项目构成以及金额和比率的变动说明了什么问题？你有哪些财务建议？

值得注意的是，在实务中，一些企业往往利用固定资产会计政策选择的灵活性，对因技术进步已经陈旧过时不能使用的固定资产不提或少提减值准备，从而虚夸固定资产、虚增利润。

(5) 固定资产周转性分析

固定资产是企业的一类重要资产，在总资产中占有较大比重。更重要的是，固定资产的生产能力关系到企业产品的产量和质量，进而关系到企业的盈利能力。因此，固定资产营运效率如何，即所谓周转性的高低，对企业至关重要。企业要想提高固定资产周转率，就应加强对固定资产的管理，做到固定资产投资的结构合理。

【例 3-35】 云南白药股份有限公司 2013～2017 年固定资产周转情况分析。

表 3-56　　云南白药股份有限公司 2013～2017 年固定资产周转情况分析表

指　　标	2013 年	2014 年	2015 年	2016 年	2017 年
固定资产(元)	1 269 767 136.49	1 652 178 635.77	1 640 213 179.39	1 782 319 408.22	1 745 371 710.46
固定资产平均余额(元)		1 460 972 886.13	1 646 195 907.58	1 711 266 293.81	1 763 845 559.34
销售收入(元)	24 314 614 044.21	22 410 654 404.31	20 738 126 205.08	18 814 366 372.74	15 814 790 880.81
固定资产周转率(次数)		15.339 541 63	12.597 605 25	10.994 411 82	8.966 085 946
固定资产周转天数(天数)		23.794 713 61	28.973 760 71	33.198 683 65	40.708 956 19

【思维空间】云南白药股份有限公司 2013～2017 年固定资产周转相关金额和比率的变动说明了什么问题？你有哪些财务建议帮助公司提高固定资产周转率？

6. 在建工程项目解读与分析

在建工程是指企业尚未完工交付使用的，正处于安装、新建、改扩建，或转入大修理及更新改造过程中的各项工程的账面价值。在我国，企业资产负债表中的在建工程项目，反映企业期末各项未完工工程的实际支出和尚未使用的工程物资的实际成本，反映了企业固定资产新建、改扩建、更新改造、大修理等情况和规模。资产负债表的“在建工程”金额包括了交付安装的设备价值，未完工建筑安装工程已经耗用的材料、工资和费用支出、预付出包工程的价款、已经建筑安装完毕但尚未交付使用的建筑安装工程成本、尚未使用的工程物资的实际成本等。

在建工程本质上是正在形成中的固定资产，它是企业固定资产的一种特殊表现形式。在建工程占用的资金属于长期资金，但是投入前属于流动资金。如果工程管理出现问题，会使大量的流动资产沉淀，甚至造成企业流动资金周转困难。因此，分析该项目时，应深入了解工程的工期长短，及时发现存在的问题。此外，还应重点关注企业的有关借款费用资本化问题。

(1) 在建工程规模分析

【例 3-36】 云南白药股份有限公司 2013～2017 年在建工程规模趋势分析。

表 3-57　　云南白药股份有限公司 2013～2017 年在建工程规模趋势分析表

指　　标	2013 年	2014 年	2015 年	2016 年	2017 年
在建工程(元)	262 507 902.35	150 069 150.85	215 607 046.12	137 380 770.47	144 807 299.79
非流动资产合计(元)	1 987 098 244.68	2 276 994 718.54	2 387 338 617.41	2 518 958 851.29	2 598 973 540.41
在建工程占非流动资产的比重(%)	13.21	6.59	9.03	5.45	5.57
资产总计(元)	12 880 915 675.82	16 341 340 193.50	19 290 940 366.09	24 586 646 034.03	27 702 530 540.34
在建工程占总资产的比重(%)	2.04	0.92	1.12	0.56	0.52

续表

指　　标	2013 年	2014 年	2015 年	2016 年	2017 年
在建工程的变动额(元)		−112 438 751.50	−46 900 856.23	−125 127 131.88	−117 700 602.56
在建工程的变动率(%)		−42.83	−17.87	−47.67	−44.84

【思维空间】云南白药股份有限公司 2013～2017 年在建工程的比率变动，占非流动资产和流动资产比率的变动说明了什么问题？你有哪些财务建议？

(2) 在建工程项目构成分析

在建工程项目基本上可以反映出企业未来的利润增长点。一般来说，上市公司要在其年报附注中披露在建工程中所包括的项目的名称、预计投资金额已投入金额以及完工进度等信息。我们对这些信息进行分析后，结合投资项目的行业特点和市场前景，可以初步判断在建工程的未来盈利潜力，也可以洞察企业在资源配置战略方面所采取的举措和做出的调整。一般来说，如果在建工程能够顺利完工并投入运营，通常都会给企业带来增量收入和增量利润。然而，有些上市公司会在募集资金到位后变更用途，如转变为委托理财进行短期投资炒作，因此在分析在建工程时尤其要关注是不是按照募集资金之初设定的用途来安排使用。

7. 无形资产项目解读与分析

无形资产尽管没有实物形态，但随着科技进步特别是知识经济时代的到来，无形资产对企业生产经营活动的影响越来越大。在知识经济时代，企业控制的无形资产越多，其可持续发展能力和竞争能力就越强。因此企业应重视培育无形资产。在分析无形资产时，应注意分析企业是否按照企业会计制度规定计提了无形资产减值准备以及计提的合理性。如果企业应该计提无形资产减值准备而没有计提或者少计提，不仅会导致无形资产账面价值的虚增，而且会虚增当期的利润总额。一些企业往往通过少提或不提无形资产减值准备来达到虚增无形资产账面价值和利润的目的。

对无形资产的分析，可以从以下几个方面进行。

(1) 无形资产规模趋势变动分析

【例 3-37】 云南白药股份有限公司 2013～2017 年无形资产规模趋势分析。

表 3-58　　云南白药股份有限公司 2013～2017 年无形规模趋势分析表

指　　标	2013 年	2014 年	2015 年	2016 年	2017 年
无形资产(元)	223 165 380.31	248 835 984.30	238 835 897.43	230 958 182.24	319 374 177.29
非流动资产合计(元)	1 987 098 244.68	2 276 994 718.54	2 387 338 617.41	2 518 958 851.29	2 598 973 540.41
无形资产占非流动资产的比重(%)	11.23	10.93	10.00	9.17	12.29
资产总计(元)	12 880 915 675.82	16 341 340 193.50	19 290 940 366.09	24 586 646 034.03	27 702 530 540.34
无形资产占总资产的比重(%)	1.73	1.52	1.24	0.94	1.15
无形资产的变动额(元)		25 670 603.99	15 670 517.12	7 792 801.93	96 208 796.98
无形资产的变动率(%)		11.50	7.02	3.49	43.11

【思维空间】云南白药股份有限公司2013～2017年无形资产的比率变动，占非流动资产和流动资产比率的变动说明了什么问题？你有哪些财务建议？

(2) 无形资产价值分析

在资产负债表中，无形资产项目披露的金额仅是企业外购的无形资产。对于自创的无形资产，在账上只确认金额极小的注册费、聘请律师费等费用作为无形资产的实际成本，大量在研究与开发过程中发生的材料费用、直接参与开发人员的工资及福利费，以及开发过程中发生的租金、借款费用等，均直接计入当期损益。也就是说，在资产负债表上所反映的无形资产的价值有偏颇之处，无法真实反映企业所拥有的全部无形资产的价值。因此，在对无形资产项目进行分析时，要详细阅读报表附注及其他有助于了解企业无形资产来源、性质等情况的说明。

(3) 无形资产质量分析

在许多情况下，无形资产质量恶化是可以通过某些迹象来判断的，具体包括：某项无形资产已被其他新技术所替代，使其为企业创造经济利益的能力受到重大不利影响。某项无形资产的市价在当期大幅度下跌，并在剩余摊销年限内不会恢复。其他足以证明某项无形资产实质上已经发生了减值的情形。

(4) 无形资产摊销的分析

无形资产摊销金额的计算正确与否，会影响无形资产账面价值的真实性。因此，在分析无形资产时应仔细审核无形资产摊销是否符合会计制度的有关规定。此外，在分析时还应注意企业是否有利用无形资产摊销调整利润的行为。

【例3-38】 云南白药股份有限公司2013年无形资产构成分析。

表3-59　　云南白药股份有限公司2013年无形资产构成信息披露表

项　　目	年初账面价值	本期增加	本期减少	期末账面价值
一、账面原值合计	272 912 852.12		647 623.26	272 265 228.86
土地使用权	237 685 316.68		625 176.74	237 060 139.94
北京西客站场地使用权	17 714 401.64			17 714 401.64
产品专利权	37 490.00			37 490.00
产品生产权	1 281 381.86			1 281 381.86
包装手提专利权	850.00			850.00
药号及中药保护品种	11 666 000.00			11 666 000.00
管理软件	1 479 411.94		22 446.52	1 456 965.42
金品技术转让费	814 000.00			814 000.00
药品经营权	2 300 000.00			2 300 000.00
二、累计摊销合计	31 655 518.69	8 196 345.41	8 496.35	39 843 367.75
土地使用权	17 046 701.28	4 802 405.50	8 496.35	21 840 610.43
北京西客站场地使用权	4 702 473.36	783 745.56		5 486 218.92
产品专利权	35 489.47	755.00		36 244.47

续表

项　　目	年初账面价值	本期增加	本期减少	期末账面价值
产品生产权	1 067 818.00	128 138.16		1 195 956.16
包装手提专利权	850.00			850.00
药号及中药保护品种	5 799 751.43	2 320 099.44		8 119 850.87
管理软件	1 210 935.64	103 701.71		1 314 637.35
金品技术转让费	814 000.00			814 000.00
药品经营权	977 499.51	57 500.04		1 034 999.55
三、无形资产净值合计	241 257 333.43	—8 196 345.41	639 126.91	232 421 861.11
土地使用权	220 638 615.40	—4 802 405.50	616 680.39	215 219 529.51
北京西客站场地使用权	13 011 928.28	—783 745.56		12 228 182.72
产品专利权	2 000.53	—755.00		1 245.53
产品生产权	213 563.86	—128 138.16		85 425.70
包装手提专利权				
药号及中药保护品种	5 800 248.57	—2 320 099.44		3 480 149.13
管理软件	268 476.30	—103 701.71	22 446.52	142 328.07
金品技术转让费				
药品经营权	1 322 500.49	—57 500.04		1 265 000.45
四、减值准备合计	9 256 480.80		639 126.91	8 617 353.89
土地使用权			616 680.39	—616 680.39
北京西客站场地使用权	9 256 480.80			9 256 480.80
产品专利权				
产品生产权				
包装手提专利权				
药号及中药保护品种				
管理软件			22 446.52	—22 446.52
金品技术转让费				
药品经营权				
五、无形资产账面价值合计	232 000 852.63	—81 956 345.41		150 044 507.22
土地使用权	220 638 615.40	—4 802 405.50		215 836 209.90
北京西客站场地使用权	3 755 447.48	—783 745.56		2 971 701.92
产品专利权	2 000.53	—755.00		1 245.53
产品生产权	213 563.86	—128 138.16		85 425.70
包装手提专利权				

续表

项　　目	年初账面价值	本期增加	本期减少	期末账面价值
药号及中药保护品种	5 800 248.57	−2 320 099.44		3 480 149.13
管理软件	268 476.30	−103 701.71		164 774.59
金品技术转让费				
药品经营权	1 322 500.49	−57 500.04		1 265 000.45

【思维空间】云南白药股份有限公司2013年无形资产的构成情况如表3-59所示，如何使用财务报表分析方法对2013～2017年的数据进行加工，并进行整理，可以得出哪些方面的结论？有什么疑问？需要查阅哪些资料？外购的无形资产与自制的无形资产在信息披露上有哪些不同？结合云南白药股份有限公司的数据对信息披露有什么建议？

8．长期待摊费用项目解读与分析

长期待摊费用是指企业已经付出但需要由本期及以后数期承担的费用，如经营租赁方式租入的固定资产发生的改良支出等。报表使用者在阅读分析长期待摊费用时，应重点注意该项目的形成原因、分摊方式等，以便判断企业是否有可能将应计未计的当期损耗列入长期待摊费用之中，从而低估了当期成本费用，多计了资产与利润。

从偿债角度来讲，由于长期待摊费用反映的是企业已经支出但尚未列入当期损益的未来的“费用”，因此，作为一项暂时性的特殊的“资产”而言，长期待摊费用对企业的后续偿债能力是没有明显促进作用的。

在分析长期待摊费用项目时，应注意企业是否存在人为将长期待摊份额作为利润调节器的情况。在当期利润不足的情况下，将部门本应当期承担的费用资本化为长期待摊费用，或将长期待摊费用挂账而延期摊销；而在当期利润较为富裕的情况下，又会采用以丰补歉的做法，加大长期待摊费用的摊销力度，为今后经营业绩的保持奠定基础。

表3-60　各项资产变化方向的质量含义汇总表

主要项目	增加的质量含义	减少的质量含义
货币资金	近期偿还债务需求增加；不当筹资行为发生；采用银行承兑汇票结算导致保证金存款增加；企业分公司需周转资金；企业在投资方面没有作为；引起不必要利息支出；形成对外投资的机会成本等	企业严格控制货币资金存量；企业对经营活动产生的现金流量的能力有信心；企业对其筹资环境有信心；经营活动难以产生现金净流入量；现金流量趋于枯竭等
交易性金融资产	企业近期有较为充裕的现金存量并希望通过短期投资来实现较大的增值；持有的债券投资、股票投资、基金投资、权证投资等金融资产市值增加	正常交易波动的结果；企业现金趋于紧张，将持有的交易性金融资产进行处置等
应收票据	企业业务发展迅速；对新扩张的业务采用商业汇票结算以保证回款质量等	企业对交易对象的财务质量有信心；企业业务萎缩；行业竞争加剧，迫使企业放宽信用政策；企业对应收票据进行贴现等
应收账款	企业业务发展迅速；回款质量不到导致长期难以回收；迫于竞争压力或以拓展市场为目的而主动放宽信用政策；通过对该项目注水而虚增营业收入等	企业回款质量较高；紧缩信用政策以提高资产质量；企业计提过高的减值准备；企业业务萎缩等

续表

主要项目	增加的质量含义	减少的质量含义
其他应收款	被母公司、兄弟公司无效益占用；被子公司占用，效益直接表现为投资收益；出资人抽逃注册资本；企业业务发展规模扩张等	企业对本项占用控制严格；业务萎缩等
存货	产品经营结构发生显著变化，企业经营策略有所调整；企业市场需求迅猛，存货储备正常增加；产品生产周期走到尽头；企业错误生产决策导致存货积压；企业采用不正当的费用分摊方法，故意调高期末存货价值，减少产成品成本，操纵毛利率等	企业对存货进行有效控制；企业经营活动萎缩；企业计提过高的减值准备等
可供出售金融资产	以公允价值计量的股票投资、债券投资自身的公允价值在增加；企业投资战略和盈利模式进行主动调整等	股票投资、债权投资自身的公允价值在减少；企业投资战略和盈利模式进行主动调整等
持有至到期投资	企业改变盈利模式，相关投资增长等	企业对持有的相关投资进行处置，或者企业持有投资质量下降，计提了减值准备等
长期应收款	融资租赁业务增长；产品或劳务采用递延方式；具有融资性质的业务模式的采用等	相应业务减少或者债权已经回收等
长期股权投资	企业盈利模式调整，转为更多依靠对外投资；企业实施其多元化战略；企业将其不用或者账面上没有价值的非货币性资产对外投资等；用权益法核算产生投资收益等	企业收缩对外投资战线；质量下降，企业计提了减值准备；用权益法核算产生投资损失等
投资性房地产	投资性房地产规模增加；有关资产公允价值增加等	企业处置了有关资产；资产公允价值降低等
固定资产	企业继续走内涵扩大再生产之路；企业进行产品结构调整，实施产品多样化竞争和发展策略；企业错误决策，增加了市场根本消化不掉的生产能力等	企业进行产品结构调整；企业整体经营规模萎缩等
无形资产	外购无形资产增加；企业占有的土地范围扩大等	企业处置有关无形资产；质量下降，企业计提了减值准备等

二、负债项目解读与分析

负债是指企业由于过去的交易或事项所形成的现时义务，履行这一义务预期会导致企业经济利益的流出。负债在报表中一般按照其偿还期限划分为流动负债与非流动负债两种。

（一）流动负债项目解读与分析

流动负债是指企业需要在一年或超过一年的一个营业周期内偿付的债务，如短期借款、交易性金融负债、应付票据、应付账款、预收账款、应付职工薪酬、应交税费、应付利息、应付股利、其他应付款等。

1．短期借款项目解读与分析

短期借款是为了满足日常生产经营的短期需要而举借的，其利息费用作为企业的财务费用，计入当期损益。短期借款包括了短期流动资金借款、结算借款、票据贴现借款，以及企业借入的在一年或长于一年的一个经营周期以内的新产品试制借款、引进和技术借款、进口原材料短期外汇借款等。

(1) 短期借款规模趋势变动分析

从短期借款的规模趋势变动分析企业短期借款本身的变动趋势及变动原因,以及短期借款在流动负债以及负债总额中的变动幅度,分析企业负债结构的变动、负债资本成本的变动以及对企业财务成本、资产流动性等造成的影响。

【例 3-39】 云南白药股份有限公司 2013～2017 年短期借款项目分析。

表 3-61　　云南白药股份有限公司 2013～2017 年短期借款规模趋势变动分析表

指　　标	2013 年	2014 年	2015 年	2016 年	2017 年
短期借款(元)	10 000 000.00	20 000 000.00	20 000 000.00	0.00	0.00
流动负债合计(元)	3 659 357 880.12	3 940 365 584.71	4 676 106 483.86	6 734 626 170.23	7 524 369 387.51
短期借款占流动负债的比重(%)	0.27	0.51	0.43	0.00	0.00
负债总计(元)	3 852 125 506.92	5 046 219 006.97	5 763 135 043.75	8 743 119 408.89	9 559 613 057.27
短期借款占总负债的比重(%)	0.26	0.40	0.35	0.00	0.00

【思维空间】云南白药股份有限公司 2013～2017 年短期借款占流动负债的比重分别为 0.27%、0.51%、0.43%、0.00%和 0.00%,比率及变动说明了什么问题?有什么疑问?

(2) 与流动资产规模相适应

从财务角度观察,短期借款筹资快捷、弹性较大,任何一个企业在生产经营中都会发生或多或少的短期借款。但短期借款必须与当期流动资产,尤其是存货项目相适应。一般而言,短期借款应当以小于流动资产的数额为上限。短期借款的规模也可能受到企业经营的季节性影响,比如:当季节性或临时性需要产生时,企业就可能通过举借短期借款来满足其资金需要,当这种季节性或临时性需要消除时,企业就会偿还这部分短期借款,从而造成短期借款的变动。

(3) 与企业当期收益相适应

短期借款绝对数的高低并不代表企业营运状况的好坏,关键是企业的产出是否大于投入,即运营效率是否高于借款利率,对此可利用财务杠杆进行分析。

2. 以公允价值计量且其变动计入当期损益的金融负债项目解读与分析

以公允价值计量且其变动计入当期损益的金融负债是指企业为了在近期内出售或回购而持有的,以及采用(对方)短期获利方式进行投融资管理的,或指定以公允价值计量且其变动计入当期损益的金融负债,如应付短期融资券。这类债务的报表数据反映的是截至资产负债表日企业承担的该项债务基于市场价格基础上确认的公允价值。至于该项债务的利息费用以及公允价值变动的部分,按照规定都计入当期损益之中了。在实务操作中,绝大部分企业习惯于将短期融资归类于“短期借款”“短期应付债券”“应付票据”等项目并按照实际成本法进行核算。因此,报表中该项目金额经常为零。

3. 应付票据项目解读与分析

应付票据是指企业因赊销交易而签发的允诺在不超出一年的期限内按票据上规定的日期支付一定金额的银行承兑汇票和商业承兑汇票。在我国,应付票据仅限于商业汇票。商业汇票规定有一定的承兑期限,最长不超过 6 个月,在承兑期限内由交易双方商定具体承付日期。

如果是分期付款，则应一次签发若干张不同期限的汇票。资产负债表中应付票据反映的是尚未到期付款的应付票据面额。这是由出票人出票、委托付款人在票据指定日期无条件支付确定金额给持票人的一种票据，一般是企业在赊购交易中签发并承诺到期无条件付款的商业汇票。我国目前规定商业汇票的付款期限最长不超过 6 个月。对于已经到期的票据，企业需要无条件支付相应款项；无力支付的，将转入应付账款或逾期贷款之中。

由于商业汇票分为带息和不带息两种，其中不带息的商业汇票直接表现为面值；而带息商业汇票还需要在期末计算已经产生但尚未支付票据利息，并在计入财务费用的同时，相应增加应付票据账面金额。因此，期末列示在资产负债表上的应付票据金额表示的是企业截至会计期末尚未到期支付的应付票据的本息之和。

（1）应付票据的数量及规模趋势变动分析

应付票据是因商业信用产生的一种无资金成本或资金成本极低的资金来源，企业在遵守财务制度、维护企业信誉的条件下充分加以利用，可以减少其他筹资方式的筹资数量，节约利息支出。当企业销售规模扩大时，会增加存货需求，使应付账款、应付票据等债务规模扩大；反之，则会使其降低。

应付票据的规模还与企业现金的充裕程度有关，企业资金相对充裕，应付账款、应付票据规模就小些，当企业资金比较紧张时，就会影响到应付账款、应付票据的清欠。

（2）应付票据的构成情况分析

通过分析应付票据的到期情况，可以预测企业未来的现金流量，保证按期偿付应付票据。如果应付票据长期挂账，则警惕是否存在利用关联方造假。

（3）结合存货的增减变动的分析，分析企业关联交易情况

【例 3－40】 云南白药股份有限公司 2013～2017 年应付票据规模趋势分析。

表 3－62　　云南白药股份有限公司 2013～2017 年应付票据规模趋势分析表

指　　标	2013 年	2014 年	2015 年	2016 年	2017 年
应付票据(元)	609 077 745.26	681 124 803.96	751 656 619.76	1 184 334 555.88	985 963 927.01
流动负债合计(元)	3 659 357 880.12	3 940 365 584.71	4 676 106 483.86	6 734 626 170.23	7 524 369 387.51
应付票据占流动负债的比重(%)	16.64	17.29	16.07	17.59	13.10
负债总计(元)	3 852 125 506.92	5 046 219 006.97	5 763 135 043.75	8 743 119 408.89	9 559 613 057.27
应付票据占总负债的比重(%)	15.81	13.50	13.04	13.55	10.31
应付票据的变动额(元)		72 047 058.70	142 578 874.50	575 256 810.62	376 886 181.75
应付票据的变动率(%)		11.83	23.41	94.45	61.88

【思维空间】云南白药股份有限公司 2013～2017 年应付票据占流动负债的比率分别为 16.64%、17.29%、16.07%、17.59%和 13.10%，数据变动趋势说明了什么问题？应付票据占负债的比率分别为 15.81%、13.50%、13.04%、13.55%和 10.31%，数据变动趋势说明了什么问题？以 2013 年为比较基础，2014～2017 年应付票据变动比率为 11.83%、23.41%、94.45%和 61.88%，比率的变动说明了什么？有何财务建议？

【例 3-41】 云南白药股份有限公司 2013～2017 年应付票据构成分析。

表 3-63　　云南白药股份有限公司 2013～2017 年应付票据种类构成分析表

项　　目	2013 年	2014 年	2015 年	2016 年	2017 年
银行承兑汇票(元)	608 204 560.16	681 124 803.96	751 656 619.76	1 095 483 244.36	912 822 698.39
商业承兑汇票(元)	873 185.10			88 851 311.52	73 141 228.62
合计(元)	609 077 745.26	681 124 803.96	751 656 619.76	1 184 334 555.88	985 963 927.01
银行承兑汇票占比(%)	99.86	100.00	100.00	92.50	92.58
商业承兑汇票占比(%)	0.14	0.00	0.00	7.50	7.42

【思维空间】云南白药股份有限公司 2013～2017 年应付票据由银行承兑汇票和商业承兑汇票构成，银行承兑汇票的占比为 99.86%、100%、100%、92.50%和 92.58%，比率及变动说明了什么问题？能得出哪些结论？

4. 应付账款项目解读与分析

应付账款是指企业由于已经购买了商品或接受了劳务而产生的应付未付的款项。报表上的应付款项一般表示赊购时的实际应付金额。但由于收款方出于早收回款项的目的，有时可能会向付款方提供一定的现金折扣选项，如约定付款条件为(2/10，n/60)。这种赊购情况下，如果企业能够在 10 天的现金折扣期内付款，就可以享受原应付款金额 2%的现金折扣，即实际只需要支付 98%的应付款金额即可，少付的部分便是以理财收益的形式冲减企业当期的财务费用；而企业在 10 天之后，即超过现金折扣期之后付款，便需要全额支付原应付账款金额。显然，在存在现金折扣选择下，企业未来实际支付的金额将有可能小于其原有应付账款的账面金额数。

对应付账款的分析，可以从应付账款的规模趋势分析、应付账款的构成分析和应付账款的账龄分析展开。通过规模趋势分析了解企业应付账款的变动趋势，掌控企业业务支付的惯性变动；通过应付账款构成以及账龄信息披露分析，了解企业应付账款的内容及短期或长期支付压力。

【例 3-42】 云南白药股份有限公司 2013～2017 年应付账款规模趋势分析。

表 3-64　　云南白药股份有限公司应付账款规模趋势变动分析表

指　　标	2013 年	2014 年	2015 年	2016 年	2017 年
应付账款(元)	1 825 114 689.64	2 051 602 139.90	2 469 992 541.83	3 195 641 736.85	3 583 844 187.55
流动负债合计(元)	3 659 357 880.12	3 940 365 584.71	4 676 106 483.86	6 734 626 170.23	7 524 369 387.51
应付账款占流动负债的比重(%)	49.88	52.07	52.82	47.45	47.63
负债总计(元)	3 852 125 506.92	5 046 219 006.97	5 763 135 043.75	8 743 119 408.89	9 559 613 057.27
应付账款占总负债的比重(%)	47.38	40.66	42.86	36.55	37.49
应付账款变动额(元)		226 487 450.26	644 877 852.19	1 370 527 047.21	1 758 729 497.91
应付账款变动率(%)		12.41	35.33	75.09	96.36

【思维空间】云南白药股份有限公司 2013～2017 年应付账款的趋势变动以 2013 年数据为基础，分别增长 12.41%、35.33%、75.09%和 96.36%，比率变化说明了什么？应付账款占流动负债的比率分别为 49.88%、52.07%、52.82%、47.45%和 47.63%，比率变动说明了什么？有何财务建议？

【例 3－43】　云南白药股份有限公司 2013～2017 年应付账款构成分析。

表 3－65　　云南白药股份有限公司 2013～2017 年应付账款构成信息披露表　　单位：元

项　　目	2013 年	2014 年	2015 年	2016 年	2017 年
货款	1 801 652 706.15	1 926 057 390.86	2 372 135 707.44	3 111 174 558.71	3 523 636 114.16
工程款	15 505 117.21	120 706 132.01	94 230 986.36	80 423 123.96	54 783 370.99
委托加工款	5 788 676.39	3 759 422.72			
应付劳务费和维修费		566 617.66	3 388 386.44	4 044 054.18	5 424 702.40
关联方交易	1 512.00	13 844.34	237 461.59		
其他	2 166 677.89	498 732.31			
合　计	1 825 114 689.64	2 051 602 139.90	2 469 992 541.83	3 195 641 736.85	3 583 844 187.55

表 3－66　　云南白药股份有限公司 2013～2017 年应付账款构成比率表　　单位：%

项　　目	2013 年	2014 年	2015 年	2016 年	2017 年
货款	98.71	93.88	96.04	97.36	98.32
工程款	0.85	5.88	3.82	2.52	1.53
委托加工款	0.32	0.18	0.00	0.00	0.151 37
应付劳务费和维修费		0.027 62	0.137 18	0.126 55	
关联方交易	0.000 08	0.000 67	0.009 61		
其他	0.118 71	0.024 31			
合　计	100.00	100.00	100.00	100.00	100.00

【思维空间】云南白药股份有限公司 2013～2017 年应付账款由货款、工程款、委托加工款、应付劳务费和维修费、关联方交易以及其他组成，通过比率分析可以得出什么结论？有何财务建议？

【例 3－44】　云南白药股份有限公司 2010～2014 年应付账款账龄分析。

表 3－67　　云南白药股份有限公司 2010～2014 年应付账款账龄信息披露表

项　　目	2010 年	2011 年	2012 年	2013 年	2014 年
1 年以内(含 1 年)(元)	1 466 758 947.82	1 551 149 976.51	1 578 488 298.47	1 774 973 251.67	1 774 973 251.67
1～2 年(含 2 年)(元)	17 795 854.90	23 844 432.59	168 062 980.50	22 060 916.17	22 060 916.17

续表

项　　目	2010 年	2011 年	2012 年	2013 年	2014 年
2～3 年(含 3 年)(元)	1 009 899.32	13 453 961.45	21 204 608.16	8 348 105.14	8 348 105.14
3 年以上(元)	762 947.62	1 687 071.52	14 881 598.44	19 732 416.66	19 732 416.66
应付账款合计(元)	1 486 327 649.66	1 590 135 442.07	1 782 637 485.57	1 825 114 689.64	1 825 114 689.64
1 年以内占比(%)	98.68	97.55	88.55	97.25	97.25
1～2 年(含 2 年)占比(%)	1.20	1.50	9.43	1.21	1.21
2～3 年(含 3 年)占比(%)	0.07	0.85	1.19	0.46	0.46
3 年以上占比(%)	0.05	0.11	0.83	1.08	1.08

【思维空间】根据云南白药股份有限公司 2010～2014 年应付账款账龄分析表可知，一年以内应付账款占比较高，可以得出什么分析结论？从应付账款占流动负债、负债总额的比重可以得出什么分析结论？

5. 预收账款项目解读与分析

预收账款是指企业依据买卖合同或劳务协议，在售出商品、提供劳务之前，预先向购货方及接受劳务方收取的货款或定金。它形成了企业的一项债务，需要未来以转交商品或提供劳务等形式来偿付。资产负债表中的预收账款即表示企业截至期末尚未以商品资产或劳务形式偿还的预收款金额。它既是企业以往现金流入所产生的未来非货币性债务，同时以预收定金的形式，也意味着企业后续履约时还应该会获得一定量的增量资金。

预收账款相当于向买方借用资金后用商品抵偿。预收这种交易支付模式通常用于生产周期长、资金需求量较大的商品销售。

预收账款是企业对采购方预收的款项，是企业对其他企业资金的一种占用，对于企业来说，预收账款越多越好；预示着企业的产品销售情况很好，供不应求。预收账款的规模也体现了企业在交易中的谈判能力和议价能力。预收账款账龄不宜过长，预收账款如果长期挂账有隐匿收入偷漏税或出借银行账户代人进账的嫌疑。

【例 3-45】 云南白药股份有限公司 2013～2017 年预收账款规模趋势变动分析。

表 3-68　　云南白药股份有限公司 2013～2017 年预收账款规模趋势变动分析表

指　　标	2013 年	2014 年	2015 年	2016 年	2017 年
预收账款(元)	406 319 445.61	410 854 656.21	424 749 046.34	1 069 912 787.31	1 088 308 032.88
流动负债合计(元)	3 659 357 880.12	3 940 365 584.71	4 676 106 483.86	6 734 626 170.23	7 524 369 387.51
预收账款占流动负债的比重(%)	11.10	10.43	9.08	15.89	14.46
负债总计(元)	3 852 125 506.92	5 046 219 006.97	5 763 135 043.75	8 743 119 408.89	9 559 613 057.27

续表

指　　标	2013 年	2014 年	2015 年	2016 年	2017 年
预收账款占总负债的比重(%)	10.55	8.14	7.37	12.24	11.38
预收账款变动额(元)		4 535 210.60	18 429 600.73	663 593 341.70	681 988 587.27
预收账款变动率(%)		1.12	4.54	163.32	167.85

【思维空间】从云南白药股份有限公司 2013～2017 年预收账款的趋势变动可知，预收账款的变动比率自 2013 年起，分别为 1.12%、4.54%、163.32%和 167.85%，可以得出什么分析结论？从预收账款占流动负债、负债总额的比重可以得出什么分析结论？有何财务建议？

【例 3－46】　云南白药股份有限公司 2010～2013 年预收账款账龄分析。

表 3－69　　云南白药股份有限公司 2010～2013 年预收账款项目账龄分析表

项　　目	2010 年	2011 年	2012 年	2013 年
1 年以内(含 1 年)(元)	157 510 687.73	341 204 258.68	323 369 659.61	391 726 146.46
1～2 年(含 2 年)(元)	2 118 206.26	812 420.01	23 216 738.49	13 517 458.53
2～3 年(含 3 年)(元)	273 481.14	1 314 037.14	17 226.08	516 907.70
3 年以上(元)	617 328.67	483 887.28	478 572.74	558 932.92
预收账款合计(元)	160 519 703.80	343 814 603.11	347 082 206.92	406 319 445.61
1 年以内(含 1 年)占比(%)	98.13	99.24	93.17	96.41
1～2 年(含 2 年)占比(%)	1.32	0.24	6.69	3.33
2～3 年(含 3 年)占比(%)	0.17	0.38	0.00	0.13
3 年以上占比(%)	0.38	0.14	0.14	0.14

【思维空间】从云南白药股份有限公司 2010～2013 年预付账款的账龄表可知，一年以内应付账款占比较高，分别为 98.13%、99.24%、93.17%和 96.41%，可以得出什么分析结论？从应付账款占流动负债、负债总额的比重可以得出什么分析结论？有何财务建议？

【例 3－47】　云南白药股份有限公司 2013～2017 年预收账款构成分析。

表 3－70　　云南白药股份有限公司预收账款构成信息披露表

指　　标	2013 年	2014 年	2015 年	2016 年	2017 年
货款(元)	405 112 779.99	409 471 030.61	22 529.80	1 067 543 169.78	1 086 610 566.64
租赁费(元)	1 206 665.62	1 383 625.60	423 076 342.51	2 369 617.53	1 697 466.24
关联方往来(元)			1 650 174.03		

续表

指　　标	2013 年	2014 年	2015 年	2016 年	2017 年
合计(元)	406 319 445.61	410 854 656.21	424 749 046.34	1 069 912 787.31	1 088 308 032.88
货款占比(%)	99.703 03	99.663 23	0.005 30	99.778 52	99.844 03
租赁费占比(%)	0.296 97	0.336 77	99.606 19	0.221 48	0.155 97
关联方往来占比(%)	0.000 00	0.000 00	0.388 51	0.000 00	0.000 00

【思维空间】从云南白药股份有限公司 2013～2017 年预收账款的构成可知，预收账款由货款、租赁费和关联方往来构成，能得出什么结论？

6. 其他应付款项目解读与分析

其他应付款是指企业除应付账款与预收账款之外的应付或暂收其他单位与个人的款项。一般包括暂收其他单位与个人的保证金和押金、应付的保险费、应付经营性租入资产的租金，以及应付统筹退休金等。

正常情况下，其他应付款金额一般不会太大。但若企业出现了长期、高额的其他应付款，就应该考虑有可能与公司之间的资金拆借有关，或者是变相占用了子公司或其他关联方的资金所致。此时，在报表上它虽然是一笔短期债务，但实际上也可能会是一项长期占用的无息或低息资金来源。其他应付款分析中应重点关注控股股东应付款、关联单位应付款和账龄超过 3 年的大额应付款等。

【例 3－48】 云南白药股份有限公司 2013～2017 年其他应付款规模趋势变动分析。

表 3－71　　云南白药股份有限公司 2013～2017 年其他应付款规模趋势变动分析表

指　　标	2013 年	2014 年	2015 年	2016 年	2017 年
其他应付款(元)	585 079 000.17	565 772 029.25	533 243 817.57	780 565 254.16	1 414 961 183.44
流动负债合计(元)	3 659 357 880.12	3 940 365 584.71	4 676 106 483.86	6 734 626 170.23	7 524 369 387.51
其他应付款占流动负债的比重(%)	15.99	14.36	11.40	11.59	18.81
负债总计(元)	3 852 125 506.92	5 046 219 006.97	5 763 135 043.75	8 743 119 408.89	9 559 613 057.27
其他应付款占总负债的比重(%)	15.19	11.21	9.25	8.93	14.80
其他应付款变动额(元)		－19 306 970.92	－51 835 182.60	195 486 253.99	829 882 183.27
其他应付款变动率(%)		－3.30	－8.86	33.41	141.84

【思维空间】云南白药股份有限公司 2013～2017 年其他应付款的定比变动(以 2013 年为比较基础)为－3.30%、－8.86%、33.41%和 141.84%，可以得出什么结论？其他应付款占流动负债和负债总额的比率说明了什么？有何财务建议？

【例 3－49】　云南白药股份有限公司 2010～2013 年其他应付款账龄分析。①

表 3－72　　云南白药股份有限公司 2010～2013 年其他付款账龄分析表

账龄结构	2010 年	2011 年	2012 年	2013 年
1 年以内(含 1 年)(元)	315 391 856.15	666 490 532.93	653 236 980.95	371 161 237.90
1～2 年(含 2 年)(元)	467 624 811.31	55 721 427.94	33 943 884.66	165 719 849.34
2～3 年(含 3 年)(元)	12 710 773.10	11 608 049.67	20 813 445.82	12 578 093.47
3 年以上(元)	29 559 258.28	33 332 746.52	30 810 253.53	35 619 819.46
合计(元)	825 286 698.84	767 152 757.06	738 804 564.96	585 079 000.17
1 年以内(含 1 年)(%)	38.22	86.88	88.42	63.44
1～2 年(含 2 年)(%)	56.66	7.26	4.59	28.32
2～3 年(含 3 年)(%)	1.54	1.51	2.82	2.15
3 年以上(%)	3.58	4.34	4.17	6.09

【思维空间】从云南白药股份有限公司 2010～2013 年其他应付款的账龄构成可知，1 年内的其他应付款占比分别为 38.22%、86.88%、88.42%和 63.44%，2 年以内的占比分别为 56.66%、7.26%、4.59%和 28.32%，说明了什么，可以得出什么结论？有何财务建议？

【例 3－50】　云南白药股份有限公司 2013～2017 年其他应付款项目分析。

表 3－73　　云南白药股份有限公司 2013～2017 年其他应付款项目构成表　　单位：元

指　标	2013 年	2014 年	2015 年	2016 年	2017 年
市场维护费	408 705 629.48	256 898 409.58	268 070 761.98	621 575 718.27	604 019 260.30
往来款	6 608 197.36	86 941 617.92	89 051 928.31		
押金及保证金	52 777 184.61	60 097 204.47	64 947 893.11	60 645 682.11	77 543 877.80
保理融资款		51 480 360.90			
代收款项	10 321 405.52	12 464 267.16	7 117 754.40	9 524 127.64	657 689 645.31
个人风险金	587 509.80	2 776 889.80	2 896 968.80	4 200 869.80	3 800 229.70
医药储备金			1 500 000.00	1 500 000.00	1 500 000.00
其他	106 079 073.40	95 113 279.42	99 658 609.97	83 118 856.34	70 408 170.32
合　　计	585 079 000.17	565 772 029.25	533 243 916.57	780 565 254.16	1 414 961 183.43

① 此处使用 2010～2013 年数据是因为公司年报信息披露在 2014～2017 年未持续按照表格内容进行信息披露。

表 3-74　　云南白药股份有限公司 2013～2017 年其他应付款项目构成比率表　　单位：%

指　标	2013 年	2014 年	2015 年	2016 年	2017 年
市场维护费	69.854 78	45.406 70	50.271 70	79.631 49	42.688 04
往来款	1.129 45	15.366 90	16.700 04		
押金及保证金	9.020 52	10.622 16	12.179 77	7.769 46	5.480 28
保理融资款		9.099 14			
代收款项	1.764 10	2.203 05	1.334 80	1.220 16	46.481 11
个人风险金	0.100 42	0.490 81	0.543 27	0.538 18	0.268 57
医药储备金			0.281 30	0.192 17	0.106 01
其他	18.130 73	16.811 24	18.689 12	10.648 55	4.975 98
合　计	100.00	100.00	100.00	100.00	100.00

【思维空间】云南白药股份有限公司 2013～2017 年其他应付款的构成及其比率变动可以得出哪些结论？

7. 应付职工薪酬项目解读与分析

应付职工薪酬，是指企业为获得职工提供的服务或与其解除劳动关系而按有关规定应该支付而尚未支付给职工的各种形式的报酬或补偿，包括应该支付给所有与企业订立了劳动合同或虽未与企业订立劳动合同，但由企业正式任命的各类人员，以及其他为企业提供了与企业职工类似服务性质的人员的工资、奖金、津贴、补贴、职工福利费、社会保险费（含医疗保险、失业保险、养老保险、生育保险及工伤保险）、住房公积金、工会经费和职工教育经费，以及非货币性福利、解除劳动关系应给予的补偿金及其他相关支出等。如果是外商投资企业，还包括了按规定从净利润中提取的职工奖励及福利基金。

应付职工薪酬是企业对职工个人确认的一种负债，也是企业因使用了职工的知识、技能、时间和劳务等而应用于职工的一种劳动力补偿。它在一定程度上体现了企业员工的待遇水平和受重视程度，它影响着企业未来可持续性的劳动力供应关系。但由于大多数企业都是按月结算和发放薪酬的，因此资产负债表中的这一数据通常仅仅反映企业截至期末已经确认但尚未支付或用于职工福利方面的劳动力成本余额，至于职工实际获得的薪酬情况，还应结合现金流量表中“支付给职工以及为职工支付的现金”一项来分析。

在分析应付职工薪酬时，应注意企业是否存在利用职工薪酬的成本费用化与资本化的选择进行盈余管理。对于辞退福利，应关注企业是否存在根据当年经营业绩情况，利用提前或延后确认因解除与职工劳动关系给予补偿而产生的预计负债来进行盈余管理。还可以结合企业职工情况分析应付职工薪酬的合理性，分析是否存在少计或多计成本费用的情况。

【例 3-51】 云南白药股份有限公司 2013～2017 年应付职工薪酬项目分析。

表 3-75　　云南白药股份有限公司 2013～2017 年应付职工薪酬规模趋势分析表

指　标	2013 年	2014 年	2015 年	2016 年	2017 年
应付职工薪酬(元)	42 285 484.96	62 745 978.21	97 467 154.33	138 714 995.62	147 473 502.66
流动负债合计	3 659 357 880.12	3 940 365 584.71	4 676 106 483.86	6 734 626 170.23	7 524 369 387.51

续表

指　　标	2013 年	2014 年	2015 年	2016 年	2017 年
应付职工薪酬占流动负债的比重(%)	0.01	0.02	0.02	0.02	0.02
负债总计(元)	3 852 125 506.92	5 046 219 006.97	5 763 135 043.75	8 743 119 408.89	9 559 613 057.27
应付职工薪酬占总负债的比重(%)	1.10	1.24	1.69	1.59	1.54
其他应付款变动额(元)		20 460 493.25	55 181 669.37	96 429 510.66	105 188 017.70
其他应付款变动率(%)		48.39	130.50	228.04	248.76

表 3－76　　云南白药股份有限公司 2013～2017 年应付职工薪酬项目构成信息披露表　　单位：元

指　　标	2013 年	2014 年	2015 年	2016 年	2017 年
一、工资、奖金、津贴和补贴	24 695 189.69	18 989 376.10	18 446 776.38	62 118 634.86	61 305 195.87
二、职工福利费		15 041.83	15 041.83	15 041.83	17 897.33
三、社会保险费	8 903 866.33	682 094.42	668 843.17	675 073.24	1 190 762.68
其中：1. 医疗保险费	600 306.91	609 912.41	609 588.81	609 492.41	1 053 190.34
2. 基本养老保险费	695 685.70				
3. 年金缴纳	7 403 950.00				
4. 失业保险费	134 295.91				
5. 工伤保险费	26 204.56	27 703.66	18 246.27	17 891.56	67 638.01
6. 生育保险费	43 423.25	44 478.35	40 990.09	47 689.27	69 934.33
四、住房公积金	806 822.44	730 898.44	743 642.44	47 689.27	1 952 481.05
五、工会经费和职工教育经费	6 528 235.32	10 921 418.46	20 150 589.07	743 696.44	18 821 249.93
六、非货币性福利					
七、辞退福利	1 307 224.47	44 489 680.53	4 264 674.19	4 595 886.13	4 101 410.28
八、因解除劳动关系给予的补偿					
九、其他	44 146.71				
其中：以现金结算的股份支付					
十、短期利润分享计划		17 800 000.00			
十一、离职后福利——设定提存计划		9 117 468.43	69 324 892.89	20 773 444.68	22 121 900.52
合　　计	42 285 484.96	62 745 978.21	97 467 154.33	138 714 995.62	147 473 502.66

表 3－77

云南白药股份有限公司 2013～2017 年应付职工薪酬项目比较分析表

指　　标	2014 年与 2013 年比		2015 年与 2013 年比		2016 年与 2013 年比		2017 年与 2013 年比	
	元	%	元	%	元	%	元	%
一、工资、奖金、津贴和补贴	−5 705 813.59	−23.10	−6 248 413.31	−0.25	37 423 445.17	1.52	36 610 006.18	1.48
二、职工福利费	15 041.83		15 041.83		15 041.83		17 897.33	
三、社会保险费	−8 221 771.91	−92.34	−8 235 023.16	−0.92	−8 228 793.09	−0.92	−7 713 103.65	−0.87
其中：1. 医疗保险费	9 605.50	1.60	9 281.90	0.02	9 185.50	0.02	452 883.43	0.75
2. 基本养老保险费	−695 685.70	−100.00	−695 685.70	−1.00	−695 685.70	−1.00	−695 685.70	−1.00
3. 年金缴纳	−7 403 950.00	−100.00	−7 403 950.00	−1.00	−7 403 950.00	−1.00	−7 403 950.00	−1.00
4. 失业保险费	−134 295.91	−100.00	−134 295.91	−1.00	−134 295.91	−1.00	−134 295.91	−1.00
5. 工伤保险费	1 499.10	5.72	−7 958.29	−0.30	−8 313.00	−0.32	41 433.45	1.58
6. 生育保险费	1 055.10	2.43	−2 433.16	−0.06	4 266.02	0.10	26 511.08	0.61
四、住房公积金	−75 924.00	−9.41	−63 180.00	−0.08	−759 133.17	−0.94	1 145 658.61	1.42
五、工会经费和职工教育经费	4 393 183.14	67.30	13 622 353.75	2.09	−5 784 538.88	−0.89	12 293 014.61	1.88
六、非货币性福利	0.00		0.00		0.00		0.00	
七、辞退福利	43 182 456.06	3 303.37	2 957 449.72	2.26	3 288 661.66	2.52	2 794 185.81	2.14
八、因解除劳动关系给予的补偿	0.00		0.00		0.00		0.00	
九、其他	−44 146.71	−100.00	−44 146.71	−1.00	−44 146.71	−1.00	−44 146.71	−1.00
其中：以现金结算的股份支付	0.00		0.00		0.00		0.00	
十、短期利润分享计划	17 800 000.00		0.00		0.00		0.00	
十一、离职后福利——设定提存计划	9 117 468.43		69 324 892.89		20 773 444.68		22 121 900.52	
合　　计	20 460 493.25	48.39	55 181 669.37	1.30	96 429 510.66	2.28	105 188 017.70	2.49

表 3-78　　云南白药股份有限公司 2013～2017 年应付职工薪酬项目结构分析表　　单位：%

指　　标	2013 年	2014 年	2015 年	2016 年	2017 年
一、工资、奖金、津贴和补贴	58.40	30.26	18.93	44.78	41.57
二、职工福利费	1.42	0.97	0.63	0.44	0.71
三、社会保险费	21.06	1.09	0.69	0.49	0.81
其中：1. 医疗保险费	6.74	89.42	91.14	90.29	88.45
2. 基本养老保险费	7.81	0.00	0.00	0.00	0.00
3. 年金缴纳	83.15	0.00	0.00	0.00	0.00
4. 失业保险费	1.51	0.00	0.00	0.00	0.00
5. 工伤保险费	0.29	4.06	2.73	2.65	5.68
6. 生育保险费	0.49	6.52	6.13	7.06	5.87
四、住房公积金	1.91	1.16	0.76	0.03	1.32
五、工会经费和职工教育经费	15.44	17.41	20.67	0.54	12.76
六、非货币性福利					
七、辞退福利					
八、因解除劳动关系给予的补偿					
九、其他	0.10	0.00	0.00	0.00	0.00
其中：以现金结算的股份支付					
十、短期利润分享计划	0.00	28.37	0.00	0.00	0.00
十一、离职后福利——设定提存计划	0.00	14.53	71.13	14.98	15.00
合　　计	100.00	100.00	100.00	100.00	100.00

【思维空间】根据云南白药股份有限公司 2013～2017 年应付职工薪酬的比率变化、构成项目以及结构变化，可以得出什么结论？发现了什么问题？

8. 应交税费项目解读与分析

应交税费是指企业截至资产负债表日应交未交的各种税金，包括增值税、营业税、资源税、城市维护建设税、土地增值税、房产税、土地使用税、车船使用税、企业所得税、代扣代缴的个人所得税、教育费附加、矿产资源补偿费等。至于企业缴纳的印花税和耕地占用税，由于按照相关规定属于应税事项发生时一次性计算并交纳的，因此不包括在“应交税费”项目中。通常，由于各项税金的计算确认与缴纳时间往往会不一致，“应交税费”账户便常常存在一定程度的余额。资产负债表中的“应交税费”金额表明企业已经确认为相关成本费用但截至期末尚未缴纳的税费余额；不过，如果资产负债表中这一项目前“－”号，则代表企业截至目前多交或可以按规定抵扣但尚未抵扣的税金数额。

应交税费分析可以结合收入进行分析，以验证收入的真实性。

【例 3-52】　云南白药股份有限公司 2013～2017 年应交税费项目分析。

表 3-79　　云南白药股份有限公司 2013～2017 年应交税费规模趋势分析表

指　　标	2013 年	2014 年	2015 年	2016 年	2017 年
应交税费(元)	172 130 720.06	130 710 272.53	331 792 600.21	325 725 012.66	274 110 059.55
流动负债合计(元)	3 659 357 880.12	3 940 365 584.71	4 676 106 483.86	6 734 626 170.23	7 524 369 387.51
应交税费占流动负债的比重(%)	0.05	0.03	0.07	0.05	0.04
负债总计(元)	3 852 125 506.92	5 046 219 006.97	5 763 135 043.75	8 743 119 408.89	9 559 613 057.27
应交税费占总负债的比重(%)	4.47	2.59	5.76	3.73	2.87
应交税费变动额(元)		-41 420 447.53	159 661 880.15	153 594 292.60	101 979 339.49
应交税费变动率(%)		-24.06	92.76	89.23	59.25

表 3-80　　云南白药股份有限公司 2013～2017 年应交税费项目构成信息披露表　　单位：元

指　　标	2013 年	2014 年	2015 年	2016 年	2017 年
增值税	-68 072 973.89	9 665 665.80	130 341 075.15	61 837 778.11	54 744 682.90
营业税	-124 449.95	267 076.23	179 655.90	70.00	70.00
城市维护建设税	10 186 335.93	11 835 032.42	9 525 074.70	9 161 977.73	3 839 150.94
企业所得税	216 769 848.49	95 871 142.39	171 952 954.67	237 589 226.10	200 554 973.90
个人所得税	1 708 609.69	1 697 694.94	10 650 205.75	4 897 346.62	6 358 298.36
房产税	2 168 775.47	527 159.72	163 243.43	2 492 774.56	2 601 289.55
土地使用税	863 441.72	692 479.54	33 059.01	1 397 710.18	1 625 446.68
印花税	904 224.18	1 522 440.06	1 916 885.70	1 716 547.34	1 513 641.01
教育费附加	4 689 988.78	5 052 653.34	4 069 542.34	5 082 013.04	1 631 203.50
地方教育费附加	2 895 985.87	3 503 482.61	2 848 098.92	1 539 884.19	1 222 486.91
土地增值税			2 069.35	2 069.35	
消费税	2 297.23		30 033.04	7 135.44	17 935.80
车船使用税			480.00	480.00	480.00
其他	138 636.54	75 445.48	80 222.28		
合　　计	172 130 720.06	130 710 272.53	331 792 600.24	325 725 012.66	274 109 659.55

【思维空间】云南白药股份有限公司 2013～2017 年应交税费的信息披露表，应用财务报表分析方法中的比较分析法、结构分析法对上述表格进行数据加工，想得到哪些信息？可以得出什么结论？

9. 应付利息项目解读与分析

应付利息是指企业按照合同约定应支付的利息，包括吸收存款、分期付息到期还本的长期借款、企业债券等应支付的利息。

【例 3-53】 云南白药股份有限公司 2013～2017 年应付利息项目分析。

表 3-81 云南白药股份有限公司 2013～2017 年应付利息规模趋势分析表

指　　标	2013 年	2014 年	2015 年	2016 年	2017 年
应付利息(元)	312 000.00	9 864 875.83	9 845 432.22	28 887 833.33	28 864 500.00
流动负债合计(元)	3 659 357 880.12	3 940 365 584.71	4 676 106 483.86	6 734 626 170.23	7 524 369 387.51
应付利息占流动负债的比重(%)	0.00	0.00	0.00	0.00	0.00
负债总计(元)	3 852 125 506.92	5 046 219 006.97	5 763 135 043.75	8 743 119 408.89	9 559 613 057.27
应付利息占总负债的比重(%)	0.01	0.20	0.17	0.33	0.30
应付利息变动额(元)		9 552 875.83	9 533 432.22	28 575 833.33	28 552 500.00
应付利息变动率(%)		3 061.82	3 055.59	9 158.92	9 151.44

表 3-82 云南白药股份有限公司 2013～2017 年应付利息项目构成信息披露表 单位：元

指　　标	2013 年	2014 年	2015 年	2016 年	2017 年
分期付息到期还本的长期借款利息	312 000.00	312 000.00	314 310.00	335 333.33	336 488.33
企业债券利息		9 525 000.00	9 525 000.00	28 552 500.00	
短期借款应付利息		27 875.83	6 122.22		
合　　计		9 864 875.83	9 845 432.22	28 887 833.33	

表 3-83 云南白药股份有限公司 2013～2017 年应付利息项目构成信息披露表 单位：%

指　　标	2013 年	2014 年	2015 年	2016 年	2017 年
分期付息到期还本的长期借款利息占比	100.00	3.16	3.19	1.16	100.00
企业债券利息占比	0.00	96.55	96.75	98.84	0.00
短期借款应付利息占比	0.00	0.28	0.06	0.00	0.00
合　　计	100.00	100.00	100.00	100.00	100.00

【思维空间】根据云南白药股份有限公司 2013～2017 年应付利息的比率变化、构成项目及构成比率变化可以得出什么结论？有何财务建议？

10. 应付利润或应付股利项目解读与分析

应付利润是指企业根据董事会提请股东大会批准的利润分配方案中所确定的、应该分配给股东但尚未支付的现金股利或利润金额。企业作为独立核算的经济实体，当实现盈利并按规定提取了必要的盈余公积金之后，在货币资金比较充裕的情况下，一般会依据确定的利润分配政策对剩余可分配利润进行分配，以体现对投资者的投资回报。通常，非股份有限公司习惯以“应付利润”来反映；而股份有限公司则常常以“应付股利”来记录企业已经宣告但尚未支付的股利。

【例 3-54】 云南白药股份有限公司 2013～2017 年应付利润项目分析。

表 3-84　　云南白药股份有限公司 2013～2017 年应付利润规模趋势分析表

指　　标	2013 年	2014 年	2015 年	2016 年	2017 年
应付股利(元)	9 038 794.42	7 690 828.82	843 994.42	843 994.42	843 994.42
流动负债合计(元)	3 659 357 880.12	3 940 365 584.71	4 676 106 483.86	6 734 626 170.23	7 524 369 387.51
应付股利占流动负债的比重(%)	0.00	0.00	0.00	0.00	0.00
负债总计(元)	3 852 125 506.92	5 046 219 006.97	5 763 135 043.75	8 743 119 408.89	9 559 613 057.27
应付股利占总负债的比重(%)	0.23	0.15	0.01	0.01	0.01
应付股利变动额(元)		−1 347 965.60	−8 194 800.00	−8 194 800.00	−8 194 800.00
应付股利变动率(%)		−14.91	−90.66	−90.66	−90.66

【思维空间】云南白药股份有限公司 2013～2017 年应付利润的比率变化、构成项目及构成比率变化可以得出什么结论？应付股利与股利支付率关系如何？如何判断企业股利分配政策的合理性？需要查阅哪些资料？有何建议？

（二）非流动负债项目解读与分析

企业所承担的非流动负债以外的债务即归类为非流动负债，主要包括长期借款、应付债券、长期应付款等。这些债务无须在下一年或下一个经营周期等较短的时期内全额偿还，因此一般成为企业长期资金来源的一个重要组成部分。

1. 长期借款项目解读与分析

长期借款是指企业向银行或其他金融机构借入的、偿还期限在一年以上的款项。这些款项一般多用于满足企业购建或改建、扩建固定资产的需求，以及企业日常运营中对资产的正常需求等。

现行会计准则规定，企业发生长期借款时，应按照借款本金计入“长期借款——本金”中，同时将实际取得的借款与本金之间的差额另行计入“长期借款——利息调整”科目。会计期末，一方面应按照借款的期初账面金额和实际利率计算确认利息费用，同时按借款本金与合同利率计算确认应付利息；另一方面应按照当期利息费用与应付利息的差额调整“长期借款——利息调整”科目。对于一年内即将到期的长期借款，应单另在资产负债表中列入“一年内到期的非流动负债”项目内反映。因此，资产负债表中的长期借款项目表示的是企业期末已经借入但尚未归还的、剩余偿还期限依然在一年以上的长期借款本金与未调整的利差之和。

会计上对于长期借款的利息费用，是根据其不同期间及不同用途区别处理的：属于企业筹建过程中产生的、与购建固定资产或无形资产等长期资产无关的利息费用，一般暂列入“待摊费用”项目，并在企业开始生产经营活动时一次性计入开始生产经营当期的损益之中；属于正常生产活动中对周转性资金的需求而产生的借款利息费用，按规定是计入发生当期的“财务费用”中的；至于那些需要较长时间（通常指一年及以上）的生产与购建才可能达到预定可销售或可使用状态的存货、固定资产与投资性房地产等资产的生产与购建期间所产生的利息费用，在符合会计制度中有关借款费用资本化条件的前提下，一般都是通过“生产成本”“在建工程”等账户最终转为相关资产的账面价值，即不影响当期利润，而是将其“资本化”了，成为相应资产成本的一部分；如若不满足资本化条件，则仍应计入“财务费用”之中，在当期利润表中给予扣除。

显然，对长期借款利息费用的不同处理方式，将直接影响企业报表中资产、费用乃至利润的金额。企业若将不能资本化的利息费用予以资本化，会因相应减少当期财务费用而虚增利润，同时虚增相关资产金额，这就有可能导致报表使用者因此盲目乐观，产生决策分析上的失误。因此，在阅读与分析报表时，对于企业借款费用的处理，也应引起必要的重视。

【例 3-55】 云南白药股份有限公司 2013～2017 年长期借款规模趋势分析。

表 3-85　　云南白药股份有限公司 2013～2017 年长期借款规模趋势分析表

指　　标	2013 年	2014 年	2015 年	2016 年	2017 年
长期借款(元)	6 684 882.14	6 100 000.00	6 100 000.00	6 100 000.00	2 500 000.00
非流动负债合计(元)	192 767 626.80	1 105 853 422.26	1 087 028 559.89	2 008 493 238.66	2 035 243 669.76
长期借款占非流动负债的比重(%)	3.467 84	0.551 61	0.561 16	0.303 71	0.122 84
负债总计(元)	3 852 125 506.92	5 046 219 006.97	5 763 135 043.75	8 743 119 408.89	9 559 613 057.27
应付债券占总负债的比重(%)	0.17	0.12	0.11	0.07	0.03
长期借款环比变动额(元)		−584 882.14	0.00	0.00	−3 600 000.00
长期借款环比变动率(%)		−8.75	0.00	0.00	−59.02
非流动负债环比变动额(元)		913 085 795.46	−18 824 862.37	921 464 678.77	26 750 431.10
非流动负债环比变动率(%)		473.67	−1.70	84.77	1.33
负债环比变动额(元)		1 194 093 500.05	716 916 036.78	2 979 984 365.14	816 493 648.38
负债环比变动率(%)		31.00	14.21	51.71	9.34

【思维空间】云南白药股份有限公司 2013～2017 年长期借款占非流动负债的比率分别为 3.467 84%、0.551 61%、0.561 16%、0.303 71%和 0.122 84%，数据变动趋势说明了什么问题？长期借款以 2013 年为比较基础，环比变动率为−8.75 %、0.00%、0.00%和−59.02%，非流动负债的环比变动率为 473.67%、−1.70%、84.77%和 1.33%，比较两个的变动趋势可以得出什么结论？有何财务建议？

【例 3-56】 云南白药股份有限公司 2013～2017 年长期借款项目构成分析。

表 3-86　　云南白药股份有限公司 2013～2017 年长期借款项目信息披露表　　单位：元

指　　标	2013 年	2014 年	2015 年	2016 年	2017 年
质押借款					
抵押借款					
保证借款	1 000 000.00	2 600 000.00	2 600 000.00	2 600 000.00	1 500 000.00
信用借款	5 684 882.14	3 500 000.00	3 500 000.00	3 500 000.00	1 000 000.00
合　　计	6 684 882.14	6 100 000.00	6 100 000.00	6 100 000.00	2 500 000.00

表 3-87　　云南白药股份有限公司 2013～2017 年长期借款项目构成比率分析表　　单位：%

项　　目	2013 年	2014 年	2015 年	2016 年	2017 年
保证借款占比	14.96	42.62	42.62	42.62	60.00
信用借款占比	85.04	57.38	57.38	57.38	40.00
合　　计	100.00	100.00	100.00	100.00	100.00

【思维空间】云南白药股份有限公司 2013～2017 年长期借款由保证借款和信用借款构成，保证借款占比为 14.96%、42.62%、42.62%、42.62%和 60.00%，信用借款占比为 85.04%、57.38%、57.38%、57.38%和 40.00%，趋势的变化说明了什么问题？可以得出什么结论？有何财务建议？

2. 应付债券项目解读与分析

应付债券是指企业在符合债券发行条件的前提下，按照一定份额筹资策略所发行的、偿还期限在一年以上的各种债券，如普通债券以及可转换公司债券等。由于债券发行不可避免地会受到经济、金融环境以及公司自身财务状况、债券期限、票面利率与实际市场利率等多种因素的影响，因此其发行价格便有可能存在着溢价、平价和折价三种情况。

根据会计准则的要求，企业在核算应付债券时，先是将应付债券的面值计入“应付债券——债券面值”科目中，同时将溢价或折价金额计入“应付债券——利息调整”科目并在债券的有效存续期内，按照实际利率进行摊销。因此，资产负债表上的“应付债券”金额可能包含三方面的内容：截至资产负债表日企业应付债券的面值、已经产生但尚未支付的债券利息，以及包含（或已经扣除）尚未摊销完的债券溢价（或折价）的摊余部分。

企业发行债券与发行股票相比不会分散所有者的权益，利息可税前抵扣，由此债券利息会形成明显的财务杠杆作用。当然，债券的缺点也是明显的，企业必须定期支付利息并在到期日偿还本金，在时间上稍有拖延，公司会陷入被迫清盘的绝境。与其他长期负债筹资方式相比，发行债券的突出优点在于筹资对象广、市场大。但是这种筹资方式成本高、风险大、限制条件多，是其不利的一面。债券筹资的成本体现在利息率上：利息率高，则企业需要支付较高的负债成本；利息率低，则企业的筹资成本低。利息率的高低是与债券风险相关联的，因此，对发行债券企业的应付债券分析要着重考察企业的风险水平，应对企业应付债券的数额、增减变动及其对企业财务状况的影响给予足够的重视。

【例 3-57】　云南白药股份有限公司 2013～2017 年应付债券项目分析。

表 3-88　　云南白药股份有限公司 2013～2017 年应付债券规模趋势分析表

指　标	2013 年	2014 年	2015 年	2016 年	2017 年
应付债券(元)	0.00	896 412 000.00	897 160 800.00	1 795 279 200.00	1 797 180 000.00
非流动负债合计(元)	192 767 626.80	1 105 853 422.26	1 087 028 559.89	2 008 493 238.66	2 035 243 669.76
应付债券占非流动负债的比重(%)	0.00	81.06	82.53	89.38	88.30
负债总计(元)	3 852 125 506.92	5 046 219 006.97	5 763 135 043.75	8 743 119 408.89	9 559 613 057.27
应付债券占总负债的比重(%)	0.00	17.76	15.57	20.53	18.80
应付债券环比变动额(元)		896 412 000.00	748 800.00	898 118 400.00	1 900 800.00
应付债券环比变动率(%)		100.00	0.08	100.11	0.11
非流动负债环比变动额(元)		913 085 795.46	−18 824 862.37	921 464 678.77	26 750 431.10
非流动负债环比变动率(%)		473.67	−1.70	84.77	1.33
负债环比变动额(元)		1 194 093 500.05	716 916 036.78	2 979 984 365.14	816 493 648.38
负债环比变动率(%)		31.00	14.21	51.71	9.34

【思维空间】云南白药股份有限公司 2013～2017 年应付债券占非流动负债的比率分别为 0.00%、81.06%、82.53%、89.38%和 88.30%，数据变动趋势说明了什么问题？应付债券以 2013 年为比较基础，环比变动率为 100%、0.08%、100.11%和 0.11%，非流动负债的环比变动率为 473.67%、−1.70%、84.77%和 1.33%，比较两个的变动趋势可以得出什么结论？

3. 长期应付款和专项应付款项目解读与分析

除了长期借款和长期应付债券之外，企业其他的长期负债，通常是通过“长期应付款”或“专项应付款”项目进行反映的。其中，长期应付款主要包括应付补偿贸易引进设备款和应付融资租赁款，以及以分期付款方式购入固定资产而发生的长期应付款项等。而专项应付款则是指企业取得政府(或其他渠道)拨入的、尚未完工核销的、具有专门或特定用途的款项，如专项用于技术改造、技术研究与开发的款项。这部分专项应付款由于在项目完成后，通常是核销并转入企业资本公积中，因此一般情况下在发生了相应的研究或技术改造支出后是无须偿还的，构成了企业一项无偿的长期资金来源。

【例 3-58】 云南白药股份有限公司 2013～2017 年长期应付款项目分析。

表 3-89　　云南白药股份有限公司 2013～2017 年长期应付款规模趋势分析表

指　标	2013 年	2014 年	2015 年	2016 年	2017 年
长期应付款(元)	4 814 832.43	4 814 832.43	4 814 832.43	4 814 832.43	4 814 832.43
非流动负债合计(元)	192 767 626.80	1 105 853 422.26	1 087 028 559.89	2 008 493 238.66	2 035 243 669.76

续表

指　　标	2013 年	2014 年	2015 年	2016 年	2017 年
长期应付款占非流动负债的比重(%)	0.024 98	0.004 35	0.004 43	0.002 40	0.002 37
负债总计(元)	3 852 125 506.92	5 046 219 006.97	5 763 135 043.75	8 743 119 408.89	9 559 613 057.27
长期应付款占总负债的比重(%)	0.12	0.10	0.08	0.06	0.05

表 3－90　云南白药股份有限公司 2013～2017 年长期应付款项目构成信息披露表　单位：元

指　　标	2013 年	2014 年	2015 年	2016 年	2017 年
子公司丽江药业的职工安置费	4 599 793.00	4 599 793.00	4 599 793.00	4 599 793.00	4 599 793.00
英伦公司	215 039.43	215 039.43	215 039.43	215 039.43	215 039.43
合　　计	4 814 832.43	4 814 832.43	4 814 832.43	4 814 832.43	4 814 832.43

【思维空间】云南白药股份有限公司 2013～2017 年长期应付款未发生变化，说明了什么问题？需要查阅哪些相关资料予以说明？有何财务建议？此财务处理方式你认为合理吗？

4. 预计负债项目解读与分析

预计负债是指根据或有事项等相关准则确认的一些需要预计的债务，如因对外提供担保、未决诉讼、产品质量保证、重组义务以及固定资产或矿区权益弃置修复义务等产生，可以合理估算的预计经济资源的流出。

根据《企业会计准则第 13 号——或有事项》的规定，预计负债应该在资产负债表中单独反映，并同时在报表附注中对导致各项预计负债的原因作相应的披露，这也有助于报表阅读者充分了解企业可能存在的未来义务，以及这些义务对企业的影响。预计负债的分析时要重点关注：企业预计负债的确认是否符合有关会计准则的规定；预计负债的计量是否准确。预计负债的计量，应当考虑风险和不确定性、货币的时间价值、未来事项等因素。

5. 递延收益项目解读与分析

递延收益是根据《企业会计准则第 16 号——政府补助》的规定，记录和反映企业获得的、应分配计入以后相应会计期间损益的政府补助金额，包括财政拨款、财政贴息、税收返还、无偿划拨非货币性资产等。它反映了企业从政府那里获得的财政支持，也显示着企业未来特定时期将会因分摊递延收益而产生一定的利得收入。

【例 3－59】　云南白药股份有限公司 2013～2017 年递延收益项目分析。

表 3－91　云南白药股份有限公司 2013～2017 年递延收益规模趋势分析表

指　　标	2013 年	2014 年	2015 年	2016 年	2017 年
递延收益(元)	0.00	182 099 121.96	161 071 195.40	186 971 985.60	218 271 627.15
非流动负债合计(元)	192 767 626.80	1 105 853 422.26	1 087 028 559.89	2 008 493 238.66	2 035 243 669.76

续表

指　　标	2013 年	2014 年	2015 年	2016 年	2017 年
递延收益占非流动负债的比重(%)	0.00	0.16	0.15	0.09	0.11
负债总计(元)	3 852 125 506.92	5 046 219 006.97	5 763 135 043.75	8 743 119 408.89	9 559 613 057.27
递延收益占总负债的比重(%)	0.00	3.61	2.79	2.14	2.28

【思维空间】云南白药股份有限公司 2013～2017 年递延收益的比率变化、占非流动负债及负债总额的比率变化可以得出什么结论？有何财务建议？

6. 递延所得税负债项目解读与分析

与“递延所得税资产”相对应，“递延所得税负债”是由于会计准则与企业所得税法在确认收入与费用方面存在的时间上的不一致所形成的企业未来应纳税暂时性差异导致的所得税负债。与前面的递延所得税资产类同，两者都是在计算确认所得税时产生的。

【例 3－60】 云南白药股份有限公司 2013～2017 年递延所得税项目分析。

表 3－92　　云南白药股份有限公司 2013～2017 年递延所得税负债规模趋势分析表

指　　标	2013 年	2014 年	2015 年	2016 年	2017 年
递延所得税(元)	0.00	0.00	0.00	570 593.48	570 593.48
非流动负债合计(元)	192 767 626.80	1 105 853 422.26	1 087 028 559.89	2 008 493 238.66	2 035 243 669.76
递延所得税占非流动负债的比重(%)	0.00	0.00	0.00	0.000 28	0.000 28
负债总计(元)	3 852 125 506.92	5 046 219 006.97	5 763 135 043.75	8 743 119 408.89	9 559 613 057.27
递延所得税占总负债的比重(%)	0.00	0.00	0.00	0.01	0.01

【思维空间】云南白药股份有限公司 2013～2017 年递延所得税的比率变化、占非流动负债及负债总额的比率变化可以得出什么结论？

三、所有者权益项目解读与分析

所有者权益是指企业所有者(或股东)在企业资产中所享有的经济利益。从资金价值的对应关系上讲，相当于企业全部资产偿还全部债务之后的余值。一般包括实收资本、资本公积、盈余公积和未分配利润。

(一) 实收资本项目解读与分析

实收资本是指企业收到的、由投资者投入的、构成企业注册资本金的那部分投入资本(股份有限公司通常称为“股本”)。一般包括国家资本金、法人资本金和个人资本金等。《公司法》及其他相关法律法规中对企业成立时的注册资本金规定了最低限额，即所谓的法定注册资本金。企业在正常生产经营活动中一般应该保持实收资本的相对稳定。投资者除依法转让其所持有的股权份额之外，除非特殊情况，一般不能抽回投资。确有必要增减实收资本的，也必须是在经过股东大会或相关决策机构的认可并在不违反有关法律法规规定的前提下，通过必要的程序方可实施。因此，在没有进行增资扩股的情况下，资产负债表中所列示的企业各期的实收资本或股本一般是相同的。

除企业或公司章程中另有规定之外，投资者在企业所拥有的权益多少，并不完全取决于他投入企业的资源总数，而是取决于他所投资源中计入实收资本（或股本）中的金额大小与占比高低。通常，对后加入企业的投资者而言，往往都是溢价出资，即他所投入企业的资源价值，有一部分是不计入实收资本（或股本）的，而是计入下述的“资本公积”中。这一方面是对原有投资者为企业做出贡献的补偿，另一方面也是因后加入的投资者将与原投资者共同分享企业以往的既得利益而对原投资者支付的对价。

对实收资本的分析，应该从以下几个方面入手：

1. 实收资本规模趋势分析

规模趋势分析，从投入资本几年的趋势变动，分析其所有者权益资本的增长速度和变化趋势；分析投入资本的增加，有多少是资本公积或盈余公积转入的，有多少是增发新股转入的。

2. 实收资本股东构成分析

按照股东对公司的影响程度，一般可以将股东分为控股股东、重大影响股东和非重大影响股东（即小股东）三种类型。分析实收资本项目时，要关注股权结构、股权性质以及股东构成情况。由于控股股东和重大影响股东在很大程度上决定企业未来的发展战略和方向，因此，应着重分析他们的背景、资源优势、自身的经营状况、投资目的等，以判断这些股东的“立场”是否与全体股东的“立场”一致：是站在“全体股东的立场”来真正支持企业谋求长期发展，还是站在“自身立场”来掏空企业以谋求自身发展？这些判断分析的结论对于预测企业的未来发展方向和趋势极具价值。

【例 3-61】 云南白药股份有限公司 2013～2017 年实收资本变动分析。

表 3-93　　云南白药股份有限公司 2013～2017 年实收资本项目构成分析表

指　标	2013 年	2014 年	2015 年	2016 年	2017 年
实收资本(元)	694 266 479.00	1 041 399 718.00	1 041 399 718.00	1 041 399 718.00	1 041 399 718.00
所有者权益合计(元)	9 028 790 168.90	11 295 121 186.53	13 527 805 322.34	15 843 526 625.14	18 142 917 483.07
实收资本占所有者权益的比重(%)	7.69	9.22	7.70	6.57	5.74
实收资本环比变动额(元)		347 133 239.00	0.00	0.00	0.00
实收资本环比变动率(%)		50.00	0.00	0.00	0.00

【思维空间】云南白药股份有限公司 2013～2017 年实收资本变动情况表现为 2014 年增长了 50%，通过查阅年报可以知晓变动的原因是什么？2015～2017 年环比未发生变化，说明了什么？实收资本占所有者权益的比率分别为 7.69%、9.22%、7.70%、6.57%和 5.74%，自 2014 年以来呈逐年下降趋势，说明了什么问题？根据变动比率和占比比率可以得出哪些财务结论？有何财务建议？

（二）资本公积项目解读与分析

资本公积是企业收到投资者的超出其在企业注册资本（或股本）中所占份额的投资，以及直接计入所有者权益的利得和损失等。资本公积包括资本溢价以及直接计入所有者权益的利得和损失等。资本溢价相当于股权筹资款与股本面值的差额，其体现了股东对企业未来财务状况的信心。

直接计入所有者权益的利得主要由这样一些交易或事项引起：（1）采用权益法核算的长期股权投资，在持股比例不变的情况下，被投资单位除净损益之外的所有者权益的其他变动，企业按持股比例计算应享有的份额；（2）以权益结算的股份支付换取职工或其他方提供的服务；（3）存货或自用房地产转换为投资性房地产，其公允价值大于原账面净值的部分；（4）可供出售金融资产公允价值的变动；（5）可供出售外币非货币性项目的汇兑差额；（6）金融资产重分类因计量属性变动而产生的差额，等等。目前在资本公积——其他资本公积核算的有：权益结算的股份支付，授予日按照权益工具的公允价值贷方记入“资本公积——其他资本公积”科目；可转换公司债券的权益成分的公允价值变动仍记入“资本公积——其他资本公积”科目。

资本公积从本质上来讲属于投入资本的范畴，由于我国采用注册资本制度等导致了资本公积的产生。我国《公司法》等法律规定，资本公积的用途主要是转增资本，即增加实收资本（或股本）。虽然资本公积转增资本并不能导致所有者权益总额的增加，但资本公积转增资本，一方面可以改变企业投入资本结构，体现企业稳健、持续发展的潜力；另一方面，对股份有限公司而言，它会增加投资者持有的股份，从而增加公司股票的流动量，进而激活股价，提高股票的交易量和资本的流动性。此外，对于债权人来说，实收资本是所有者权益最本质的体现，是其考虑投资风险的重要影响因素。因此，将资本公积转增资本不仅可以更好地反映投资者的权益，也会影响到债权人的信贷决策。

对资本公积项目的分析可以从资本公积项目规模趋势的变化以及项目构成两个方面来展开。

【例 3－62】 云南白药股份有限公司 2013～2017 年资本公积规模趋势的分析。

表 3－94　　云南白药股份有限公司 2013～2017 年资本公积项目规模趋势分析表

指　　标	2013 年	2014 年	2015 年	2016 年	2017 年
资本公积(元)	1 247 558 342.19	1 246 637 294.94	1 249 856 654.05	1 247 215 783.98	1 247 215 783.98
所有者权益合计(元)	9 028 790 168.90	11 295 121 186.53	13 527 805 322.34	15 843 526 625.14	18 142 917 483.07
资本公积占所有者权益的比重(%)	13.82	11.04	9.24	7.87	6.87
资本公积定比变动额(元)		−921 047.25	2 298 311.86	−342 558.21	−342 558.21
资本公积定比变动率(%)		−0.07	0.18	−0.03	−0.03
所有者权益定比变动额(元)		2 266 331 017.63	4 499 015 153.44	6 814 736 456.24	9 114 127 314.17
所有者权益定比变动率(%)		25.10	49.83	75.48	100.95

【思维空间】云南白药股份有限公司 2013～2017 年资本公积占所有者权益的比重分别为 13.82%、11.04%、9.24%、7.87%和 6.87%，占比的变化可能说明了什么？资本公积以 2013 年为比较基础，环比变动率分别为－0.07%、0.18%、－0.03%和－0.03%，而所有者权益以 2013 年为比较基础，变动率为 25.10%、49.83%、75.48%和 100.95%，两者的变动趋势比较结果怎样？说明了哪些问题？你有哪些财务建议？

【例 3－63】 云南白药股份有限公司 2013～2017 年资本公积项目构成分析。

表 3－95　云南白药股份有限公司 2013～2017 年资本公积项目年报信息披露表　单位：元

指　　标	2013 年	2014 年	2015 年	2016 年	2017 年
资本溢价（股本溢价）	1 209 165 930.50	1 209 165 930.50	1 209 165 930.50	1 209 165 930.50	1 209 165 930.50
其他资本公积	38 392 411.69	37 471 364.44	40 690 723.55	38 049 853.48	38 049 853.48
合　　计	1 247 558 342.19	1 246 637 294.94	1 249 856 654.05	1 247 215 783.98	1 247 215 783.98

表 3－96　云南白药股份有限公司 2013～2017 年资本公积项目构成分析表

项　　目	2013 年	2014 年	2015 年	2016 年	2017 年
其他资本公积环比变动额（元）		－921 047.25	3 219 359.11	－2 640 870.07	0.00
其他资本公积变动率（%）		－2.40	8.59	－6.49	0.00
资本溢价占比（%）	96.92	96.99	96.74	96.95	96.95
其他资本公积占比（%）	3.08	3.01	3.26	3.05	3.05

【思维空间】云南白药股份有限公司 2013～2017 年资本公积由资本溢价和其他资本公积组成，自 2013 年以来，资本溢价未发生变化说明了什么？其他资本公积的变动比率分别为－2.40%、8.59%、－6.49%和 0.00%，说明了哪些问题？你有哪些财务建议？

（三）盈余公积项目解读与分析

盈余公积是从净利润中提取的、具有特定用途的资金。盈余公积可以分为两种：(1) 法定盈余公积金，按税后利润的 10%提取（非公司制企业也可按超出 10%比例提取），在此项公积金已达注册资本的 50%时企业可不再提取；(2) 任意盈余公积金，按股东大会等类似权力机构的决议提取。企业盈余公积的主要用途有三项：

其一，弥补亏损。

企业发生的经营性亏损，企业主要用自己的经营积累自行弥补。弥补亏损的渠道大体有三条：一是用以后年度税前利润弥补。按照规定，企业发生亏损，可以用以后年度实现的税前利润进行弥补，但弥补期限不得超过 5 年。二是用以后年度税后利润弥补，超过了税收规定的税前利润弥补期限，未弥补的以前年度亏损可用所得税税后利润弥补。三是用盈余公积弥补，但要事先由公司董事会提议并经股东大会批准。

其二，转增资本（或股本）。

经股东大会决议，企业可以将盈余公积转增为资本。在转增资本时企业应注意：要先办理增资手续；要按股东原有股份比例结转，股份有限公司可采用发放新股等方式增加股本；盈余公积转增资本时，在转增后留存的此项公积金应不少于注册资本的25%。

其三，扩大企业生产经营。

盈余公积的提取，并不是指其实际占用形态，提取盈余公积也并不是单独将这部分资金从企业资金周转过程中抽出。企业盈余公积的结存数，实际只表现为企业所有者权益的组成部分，表明企业生产经营资金的一个来源而已。其形成的资金可表现为一定的货币资金，也可能表现为一定的实物资产，如存货和固定资产等，随同企业的其他来源所形成的资金进行循环周转，用于企业的生产经营。

盈余公积和未分配利润统称留存收益，留存收益来源于企业在生产经营活动中所实现的净利润，它与实收资本和资本公积的区别在于，实收资本和资本公积来源于企业的资本投入，而留存收益则来源于企业的资本增值。留存收益的分析主要是分析留存收益的总额、变动原因和变动趋势，评价其变动的合理性。

【例3-64】 云南白药股份有限公司2013～2017年盈余公积规模趋势的分析。

表3-97　　云南白药股份有限公司2013～2017年盈余公积项目规模趋势分析表

指　　标	2013年	2014年	2015年	2016年	2017年
盈余公积(元)	571 587 797.53	676 263 336.71	770 455 204.51	849 435 590.92	940 368 504.71
所有者权益合计(元)	9 028 790 168.90	11 295 121 186.53	13 527 805 322.34	15 843 526 625.14	18 142 917 483.07
盈余公积占所有者权益的比重(%)	6.33	5.99	5.70	5.36	5.18
盈余公积定比变动额(元)		104 675 539.18	198 867 406.98	277 847 793.39	368 780 707.18
盈余公积定比变动率(%)		18.31	34.79	48.61	64.52
所有者权益定比变动额(元)		2 266 331 017.63	4 499 015 153.44	6 814 736 456.24	9 114 127 314.17
所有者权益定比变动率(%)		25.10	49.83	75.48	100.95

【思维空间】云南白药股份有限公司2013～2017年盈余公积占所有者权益的比重分别为6.33%、5.99%、5.70%、5.36%和5.18%，占比的变化可能说明了什么？盈余公积以2013年为比较基础，变动率分别为18.31%、34.79%、48.61%和64.52%，而所有者权益以2013年为比较基础，变动率为25.10%、49.83%、75.48%和100.95%，两者的变动趋势比较结果怎样？说明了哪些问题？你有哪些财务建议？

【例3-65】 云南白药股份有限公司2013～2017年盈余公积项目构成分析。

表3-98　　云南白药股份有限公司2013～2017年盈余公积项目信息披露信息表　　单位：元

指　　标	2013年	2014年	2015年	2016年	2017年
法定盈余公积	528 299 005.53	632 974 544.71	727 166 412.51	806 146 798.92	897 079 712.71
任意盈余公积	43 288 792.00	43 288 792.00	43 288 792.00	43 288 792.00	43 288 792.00
合　　计	571 587 797.53	676 263 336.71	770 455 204.51	849 435 590.92	940 368 504.71

表 3-99　　云南白药股份有限公司 2013～2017 年盈余公积项目构成分析表

项　　目	2013 年	2014 年	2015 年	2016 年	2017 年
法定盈余公积金环比变动额(元)		104 675 539.18	94 191 867.80	78 980 386.41	90 932 913.79
法定盈余公积金变动率(%)		19.81	14.88	10.86	11.28
法定盈余公积金占比(%)	92.43	93.60	94.38	94.90	95.40
任意盈余公积金占比(%)	7.57	6.40	5.62	5.10	4.60
提取法定盈余公积金比率(%)	2.10	1.16	0.98	0.59	0.19

【思维空间】云南白药股份有限公司 2013～2017 年盈余公积分为法定盈余公积和任意盈余公积，法定盈余公积的提取比率分别为 2.10%、1.16%、0.98%、0.59%和 0.19%，提取比率逐年下降说明了什么？任意盈余公积 5 年来未发生变化，说明了什么？

（四）未分配利润项目解读与分析

未分配利润是指企业净利润分配后的剩余部分，即净利润中尚未指定用途、归所有者享有的部分。它是企业留待以后进行分配的结存利润，企业对于这部分利润的使用具有较大的自主权。

未分配利润是所有者权益的重要组成部分，它勾稽资产负债表与利润表。从数量上讲，未分配利润是期初未分配利润加上本期实现的净利润，减去提取的各种盈余公积和分出利润后的余额。资产负债表中，该项目如为负数，则表示未弥补的亏损。对未分配利润的分析可以从项目的规模趋势分析和项目的构成分析展开，通过项目规模趋势分析可以了解企业未分配利润的变动情况，了解企业的盈利趋势；通过未分配利润的项目构成，可以了解企业未分配利润的分配过程、亏损的弥补以及公积金的计提情况。

【例 3-66】　云南白药股份有限公司 2013～2017 年未分配利润项目的分析。

表 3-100　　云南白药股份有限公司 2013～2017 年未分配利润项目规模趋势分析表

指　　标	2013 年	2014 年	2015 年	2016 年	2017 年
未分配利润(元)	6 513 609 624.19	8 220 744 108.37	10 371 277 308.24	12 587 595 748.95	14 808 524 490.36
所有者权益合计(元)	9 028 790 168.90	11 295 121 186.53	13 527 805 322.34	15 843 526 625.14	18 142 917 483.07
未分配利润占所有者权益的比重(%)	72.14	72.78	76.67	79.45	81.62
未分配利润定比变动额(元)		1 707 134 484.18	3 857 667 684.05	6 073 986 124.76	8 294 914 866.17
未分配利润定比变动率(%)		26.21	59.22	93.25	127.35
所有者权益定比变动额(元)		2 266 331 017.63	4 499 015 153.44	6 814 736 456.24	9 114 127 314.17
所有者权益定比变动率(%)		25.10	49.83	75.48	100.95

【思维空间】云南白药股份有限公司 2013～2017 年未分配利润占所有者权益的比重分别为 72.14%、72.78%、76.67%、79.45%和 81.62%，占比的变化可能说明了什么？未分配利润以 2013 年为比较基础，变动率分别为 26.21%、59.22%、93.25%和 127.35%，而所有者权益以 2013 年为比较基础，变动率为 25.10%、49.83%、75.48%和 100.95%，两者的变动趋势比较结果怎样？说明了哪些问题？你有哪些财务建议？

【例 3－67】 云南白药股份有限公司 2013～2017 年未分配利润构成的分析。

表 3－101　　云南白药股份有限公司 2013～2017 年未分配利润项目信息披露表　　单位：元

指　　标	2013 年	2014 年	2015 年	2016 年	2017 年
调整前　上年期末未分配利润	4 654 218 315.11	6 513 609 624.19	8 220 744 108.37	10 371 277 308.24	12 587 595 847.95
调整　年初未分配利润合计数(调增＋　调减－)	－2 952 262.88				
调整后　年初未分配利润	4 651 266 052.23	6 513 609 624.19	8 220 744 108.37	10 371 277 308.24	12 587 595 847.95
加：本期归属于母公司所有者的净利润	2 321 453 787.17	2 506 076 501.86	2 506 076 501.86	2 919 876 812.88	34 144 981 429.60
减：提取法定盈余公积	146 690 299.66	104 675 539.18	104 675 539.18	78 980 386.41	90 932 913.79
提取任意盈余公积					
提取一般风险准备					
应付普通股股利	312 419 915.55	347 133 239.50	347 133 239.50	624 839 830.80	933 119 774.40
转做股本的普通股股利		347 133 239.00	347 133 239.00		
其他				－261 845.04	
期末未分配利润	6 513 609 624.19	8 220 744 108.37	8 220 744 108.37	12 587 595 748.95	14 808 524 490.36

表 3－102　　云南白药股份有限公司 2013～2017 年未分配利润项目分析过程表

项　　目	2013 年	2014 年	2015 年	2016 年	2017 年
调整后年末未分配利润变动额(元)		1 862 343 571.96	3 569 478 056.14	5 720 011 256.01	7 936 329 795.72
调整后年末未分配利润变动率(%)		40.04	76.74	122.98	170.63
本期归属于母公司所有者的净利润变动额(元)		184 622 714.69	184 622 714.69	598 423 025.71	31 823 527 642.43
本期归属于母公司所有者的净利润变动率(%)		7.95	107.95	25.78	1 370.84
提取法定盈余公积金比率(%)	2.10	1.16	0.98	0.59	0.19
应付普通股股利比率(%)	4.48	3.85	3.24	4.70	2.00
期末未分配利润变动额(元)		1 707 134 484.18	1 707 134 484.18	6 073 986 124.76	8 294 914 866.17
期末未分配利润变动率(%)		26.21	26.21	93.25	127.35

【思维空间】根据云南白药股份有限公司 2013～2017 年未分配利润信息披露的表格内容，应用比较分析法和结构分析法进行加工整理后，可以得出年初未分配利润、法定盈余公积金提取、普通股股利支付率和期末未分配利润变动率等指标，从以上指标的变动你能得出哪些结论？你有哪些财务建议？

第五节　资产负债表综合分析

一、资产的流动性与短期偿债能力分析

短期偿债能力是指企业在短期(一般为一年)内偿还债务的能力。短期偿债能力对企业至关重要，如果企业无法保持一定的短期偿债能力，则意味着不仅不能满足短期债权人的要求，而且在偿还长期债务方面也存在问题。即使是一个盈利企业，也会面临由于资金调度不畅不能偿还到期债务而破产的风险。

在分析企业的短期偿债能力时，企业资产的流动性问题十分突出，在权责发生制下，企业有盈利并不足以说明其具有短期偿债能力。这是因为偿还到期债务要以货币资金支付，而企业的利润与企业实际持有的现金有一定差距。也就是说，一个企业可能有很高的利润，但如果缺乏可支配的现金，就没有能力偿还到期债务；反之，一个企业也可能有亏损，但只要它实际持有一定量的现金，就说明其具有相应的短期偿债能力。企业短期偿债能力的强弱往往表现为资产变现能力的强弱。

(一) 短期偿债能力主要比率分析

1. 流动比率

流动比率是指一定时期内企业的流动资产与流动负债的比率，它是衡量企业短期流动性最常用的比率之一，它代表企业用其流动资产偿还到期债务的保障程度。其计算公式如下：

$$流动比率=\frac{流动资产}{流动负债}\times 100\%$$

由于流动资产中的存货存在潜亏、应收账款存在坏账等风险，且这些项目的变现性较弱，一般认为流动比率达到 2 时，企业财务状况才比较稳妥可靠。但这种说法已经被实际情况的发展逐步否定，随着社会化大生产的发展，该比率不断趋于下降。

流动比率有其局限性，使用时应注意：

(1) 较高的流动比率仅仅说明企业有足够的可变现资产来还债，并不能表明有足够的现金来还债。因为较高的流动比率很可能是存货的积压或应收账款的呆账造成的，在此情况下，如果现金不足，仍会出现偿债困难。此外，在运用该比率时，还应在流动资产中剔除待摊费用等不可变现的因素。

(2) 从合理利用资金的角度而言，各行各业、各个不同企业应根据自身的情况和行业特点，确定一个流动比率的最佳点。例如，存货周转较快、结算资产较好的企业，其流动比率可以小于 2，这样既能满足偿债需要，又能使该比率不致过高。若流动比率过高，往往说明企业在资金使用上不足，此时，应将其多余的资金用于收益性较好的项目或用于其他目的。

(3) 当企业用流动资产偿还流动负债或通过增加流动负债来购买流动资产时，流动比率

计算公式中的分子与分母将等量地增加或减少，并造成流动比率本身的变化。流动比率的这一特点，使得企业管理当局又可能在该比率不理想时，通过年末突击偿还短期负债，下年年初再如数举新债等手段粉饰其流动比率的状况。例如，假定某企业年末流动资产为 400 万元，流动负债为 250 万元，则流动比率为 1.6，为粉饰财务指标，在年末暂时用 100 万元的货币资金偿还应付账款，则流动比率立即变为 2。因此，使用流动比率，还应注意分析其会计期末前后一段时间流动资产与流动负债数额方面的变化情况。

2. 速动比率

速动比率是指一定时期内企业的速动资产与流动负债的比率。

速动资产是指现金和易于变现、几乎可以随时用来偿还债务的那些流动资产，一般由货币资金、短期投资、应收票据、应收账款等构成，但不包括存货、待摊费用。存货的流动性较差，其变现不仅要经过销货和收款两个环节，所需时间较长，而且存货中有可能存在残次商品；而待摊费用本身是费用的资本化，不能变现。因此，用流动资产扣除了存货等流动性较差项目而计算出来的速动比率，代表了企业直接的偿债能力。速动比率的计算公式如下：

$$速动比率=\frac{速动资产}{流动负债}\times 100\%$$

值得注意的是，使用该指标时，一方面，要关注企业管理当局有无粉饰指标现象；另一方面，对于判断速动比率的标准不能绝对化，对不同行业、不同企业要具体问题具体分析。例如，零售企业大量采用现金结算，应收账款很少，因而，允许其保持低于 1 的速动比率。

3. 现金比率

现金比率是指一定时期内企业的现金及现金等价物与流动负债的比率。这里的现金是指企业的货币资金，现金等价物是指有价证券（一般为短期投资和应收票据）。现金比率代表了企业随时可以偿债的能力或对流动负债的随时支付程度。其计算公式如下：

$$现金比率=\frac{现金及现金等价物}{流动负债}\times 100\%$$

速动比率已将存货、待摊费用等变现能力较差的流动资产剔除，但速动资产中的应收账款等优势也会因客户倒闭、抵押等情况使变现能力受到影响，甚至出现坏账，最终减弱企业的短期偿债能力。尤其是在企业面临财务危机时，即使有较高的流动比率和速动比率，也无法满足债权人的要求。因此，最稳健或者说最保守的方法就是采用现金比率来衡量企业的短期偿债能力。

必须指出的是，企业在正常经营的情况下，现金比率数值越高，说明其短期偿债能力越强，但这也同样显示企业的资金使用效果不佳，分布不太合理，因为现金是企业中收益率最低的资金。只有当企业处在特定情况下（如债务重组、破产清算），使用现金比率才有意义。

【例 3-68】 云南白药股份有限公司短期偿债能力比率分析。

表 3-103　　云南白药股份有限公司 2013～2017 年短期偿债能力比率分析表

项　目	2013 年	2014 年	2015 年	2016 年	2017 年
流动资产(元)	10 893 817 431.14	14 064 345 474.96	16 903 601 748.68	22 067 687 182.74	25 103 556 999.93
流动负债(元)	3 659 357 880.12	3 940 365 584.71	4 676 106 483.86	6 734 626 170.23	7 524 369 387.51

续表

项　目	2013 年	2014 年	2015 年	2016 年	2017 年
流动比率(%)	2.98	3.57	3.61	3.28	3.34
存货(元)	4 757 358 043.23	4 983 310 811.13	5 625 005 009.07	6 918 030 390.07	8 663 278 462.90
速动资产	6 136 459 387.91	9 081 034 663.83	11 278 596 739.61	15 149 656 792.67	16 440 278 537.03
速动比率(%)	1.68	2.30	2.41	2.25	2.18
现金及现金等价物(元)	2 082 951 549.60	2 023 963 712.61	2 642 673 687.65	1 870 713 526.20	1 757 426 603.10
现金比率(%)	0.57	0.51	0.57	0.28	0.23

【思维空间】云南白药股份有限公司 2013～2017 年流动比率分别为 2.98%、3.57%、3.61%、3.28%和 3.34%，呈小幅波动，波动范围为 0.06%～0.59%。流动比率的变化趋势可能说明了什么问题？速动比率分别为 1.68%、2.30%、2.41%、2.25%和 2.18%，呈小幅波动，波动范围为 0.07%～0.62%。速动比率的变化趋势可能说明了什么问题？现金比率分别为 0.57%、0.51%、0.57%、0.28%和 0.23%，呈逐年下降趋势。现金比率的变化趋势可能说明了什么问题？结合企业的资产状况和财务状况，你认为企业流动比率、速动比率和现金比率的变化对企业带来了哪些可能的影响？你有哪些财务建议？

（二）影响短期偿债能力的其他因素

分析企业短期偿债能力时，还应注意未在财务报表上充分披露的其他因素。

1. 准备变现的长期资产

企业依据本身的经营战略往往在特定日期将一些长期资产变现。例如：由于机器设备使用年限较长，企业准备将其清理出售，这无疑会增强企业以后会计期间资产的流动性。分析时应谨慎处理此类情况，因为长期资产一般是企业的生产资料，是经营活动中所必需的，即使是过剩的长期资产在短期内也不易变现。在分析这项潜在的现金流时，要注意固定资产变现的速度、变现的金额。固定资产的新旧程度、专用化程度都会影响固定资产的变现能力。

2. 商业信用

企业良好的商业信用主要表现在：一是企业拥有著名品牌，与债权人关系良好，在出现短期债务偿还困难的时候通常比较容易通过与债权人的协商达成延期付款，或者取得较为宽松的贷款以新债偿还旧债。当然，这种增强偿债能力的潜在因素具有高度不确定性，容易受整体资金环境的影响。二是具备发行企业股票或企业债券的能力，增强企业资产的流动性。良好的长期融资能力往往是缓解短期偿债危机的重要保证。

3. 尚未使用的银行授信额度

在企业长期业务往来中，银行基于对客户多年来信用状况的考察和“与客户共同成长”的理念，通常会给予优质客户一定的授信额度。在这个额度内，企业可以随时向银行提出申请取得贷款，从而提高企业现金支付的能力。正是因为银行给予企业的授信额度有助于改善企业的财务形象，增强企业的现金支付能力，所以那些有幸得到银行授信的企业都会迫不及待地向市场宣布这一好消息。

4. 担保责任、已贴现的商业汇票引起的债务

担保责任、已贴现的商业汇票引起的债务，会计上称之为“或有负债”。根据《中华人民共和国票据法》的规定，债务担保人负有连带偿债责任。一旦被担保人无法偿还债务，就将由担保人偿付。可见，对于担保人而言，提供担保时就形成了对金融机构的或有负债，此项或有负债最终是否转变为一笔实际的负债，取决于到期时被担保人能不能偿还债务，此项或有负债也只有在被担保人到期偿还了债务后才消失。目前，我国企业互为债务担保的很多，而由此造成企业破产的情况也时有发生。另外，企业已向银行贴现的商业汇票，银行仍对企业拥有资金追索权，即如果票据到期出票人无力还款给贴现银行，银行将向贴现人收取款项。因此，企业担保责任和已贴现的商业汇票引起的债务必然减弱企业的短期偿债能力。

5. 未作记录的或有负债

未作记录的或有负债范围较广，如有纠纷的税款、尚未了结的诉讼案件、有争议的财产纠纷、销售创新、大件商品的售后服务等均会对企业短期偿债能力产生负面影响。《中华人民共和国会计法》规定，单位提供的担保、未决诉讼等或有事项，应当按照国家统一的会计制度的规定，在财务会计报告中予以说明。

对于影响企业短期偿债能力的其他因素，可以侧重于对企业的会计报表附注和财务状况说明书的相关内容进行分析、评价。

二、资本结构与长期偿债能力分析

(一) 长期偿债能力主要比率分析

任何企业，每当其通过那些成本或费用是固定的融资手段(如借款、租赁或发行优先股票等)来对所拥有的资产进行资金融通时，该企业就被认为是使用了财务杠杆；而财务杠杆比率则是衡量企业在多大程度上使用财务杠杆或在多大范围内发挥财务杠杆作用的重要指标。衡量财务杠杆作用或反映企业长期偿债能力的指标主要有下述几个：

1. 资产负债比率

资产负债率也称为负债比率，是企业全部负债总额与全部资产总额的比率，表示在企业全部资金来源中，从债权人方面取得数额的比重。该指标用于衡量企业利用负债融资进行财务活动的能力，是显示企业财务风险的重要指标。其计算公式如下：

$$资产负债率=\frac{负债总额}{资产总额}\times 100\%$$

资产负债率是从总体上反映企业偿债能力的指标。该指标越低，表明企业偿债能力越强。但资产负债比率并非越低越好。采用资产负债比率时应注意以下两点：

(1) 各利益主体(如债权人、所有者、经营者)往往因为不同的利益驱动而从不同的角度来评价资产负债率。

对企业债权人而言，他们最为关心的就是所提供的信贷资金的安全性，期望能于约定的时间内收回本息。这必然决定了债权人总是要求资产负债比率越低越好，希望企业的每一元债务有更多的资产作后盾。如果企业的主权资本较少，表明投资者投入的份额不足，经营过程中创造和留存收益的部分较少，债权人就会感到其债权风险较大，因此可能做出提前收回贷款、转移债权或不再提供信贷的决策。

对企业所有者来说，首要目标就是提高投资收益水平，并将投入的资本维持在适度的风险水平上。由于负债会给投资者带来杠杆收益，而且不会稀释其股权，因此投资者希望利用债务提高企业的盈利水平。但债务同时也会给投资者带来风险，因为债务的成本是固定的，如果企业经营不善或遭受意外打击而出现经营风险①，由于收益大幅度滑坡，贷款利息还需照常支付，损失必然由所有者负担，由此增加了投资风险。对此，投资者往往用预期资产报酬率与借款利率进行比较判断，若前者大于后者，表明投资者投入企业的资本将获得双重利益，即在获得正常利润的同时，还能获得资产报酬率高于借款利率的差额，这时，资产负债比率越高越好；若前者小于后者，则表明借入资本利息的一部分要用所有者投入资本而获得的利润数额来弥补，此时，投资者希望资产负债比率越低越好。

从企业经营者角度来看，应将资产负债比率控制在适度水平上。由于债务成本的税前扣除和杠杆收益功能，任何企业均不可避免地要利用债务，但负债超出某一程度时，则不能为债权人所接受，企业将不能获取后续贷款。随着负债的增加，企业的财务风险不断加大，进而危及主权资本的安全和收益的稳定，也会动摇投资者对经营者的信任。

(2) 结合实际分析和评价资产负债比率。

企业资产负债比率多少为佳，并没有一个公认的标准，在分析和评价时，通常要结合国情、同行业的平均水平或现金水平、本企业的前期水平及预算水平来进行。

企业的负债总额和资产总额包含着丰富的内容，各个企业在计算这一指标时，口径并不完全一致，如坏账准备、长期投资减值准备、固定资产减值准备、递延税项等项目的处理就存在着广泛的差异。因此，将该指标与其他行业和平均水平进行对比分析时，要注意斟酌用于计算的各个数字的实际内涵，提出差异因素后，再做评价。

2. 所有者权益比率和权益乘数

所有者权益比率是企业所有者权益总额与资产总额之比，表明主权资本在全部资产中所占的份额。其计算公式为：

$$所有者权益比率=\frac{所有者权益总额}{资产总额}\times 100\%$$

所有者权益比率与资产负债比率之和应该等于1。这两个比率是从不同的侧面反映企业的长期资金来源的。所有者权益比率越大，资产负债比率就越小，企业的财务风险就越小；反之亦然。

所有者权益比率的倒数，称作权益乘数，它表明企业的资产总额是所有者权益的多少倍。该乘数越大，说明投资者投入的一定量资本在生产经营中所运营的资产越多。权益乘数的计算公式为：

$$权益乘数=\frac{资产总额}{所有者权益总额}\times 100\%$$

所有者权益比率和权益乘数是对资产负债比率的必要补充。运用这两个指标分析企业长期偿债能力时，应注意以下几点：

(1) 它们与资产负债比率一样都是用于衡量长期偿债能力的，两个指标可以互相补

① 经营风险是由于意外的汇率变动导致企业未来的经营性现金流量发生变化，从而影响企业的市场价值的可能性。企业价值的变化程度取决于汇率变动因素对企业未来销售量、价格和成本的影响程度。

充。在资产负债比率分析中应注意的问题,在所有者权益比率和权益乘数分析中也应引起注意。

(2) 它们与资产负债比率之间是有区别的。其区别是反映长期偿债能力的侧重点不同。所有者权益比率和权益乘数侧重于揭示资产总额与所有者权益的倍数关系,倍数越大,说明企业资产对负债的依赖程度越高,风险越大;资产负债比率侧重于揭示总资产中有多少是靠负债取得的,说明债权人权益受保障的程度。

3. 产权比率

产权比率也称负债与所有者权益比率,是企业负债总额与所有者权益总额之比。其计算公式为:

$$产权比率=\frac{负债总额}{所有者权益总额}\times 100\%$$

产权比率实际上也是资产负债比率的另一种表现形式,只不过其表达得更为直接、明显,更侧重于揭示企业财务结构的稳健程度。产权比率越低,说明企业的长期偿债能力越强,债权人承担的风险越小。但当这一比率过低时,所有者权益比重过大,意味着企业有可能失去充分发挥负债的财务杠杆作用的大好时机;反之,当该指标过高时,表明企业过度运用财务杠杆,增加了企业的财务风险。

4. 有形净值债务率

有形净值债务比率就是将无形资产、长期待摊费用从所有者权益中予以扣除,从而计算出的企业负债总额与有形净值之间的比率。该指标实际上是一个更保守、谨慎的产权比率。其计算公式为:

$$资产负债率=\frac{负债总额}{所有者权益-无形资产-长期待摊费用}\times 100\%$$

所有者权益代表了企业的净资产,而它减去无形资产和长期待摊费用后被称为有形资产。之所以进一步考察负债对有形资产的比例关系,是因为无形资产的价值具有很大的不确定性,而长期待摊费用本身就是企业费用的资本化,它们往往不能用于偿债。因此,在企业陷入债务危机或面临清算等特殊情况下,强调对债权人有形财产的保障。有形净值债务比率实际上是产权比率的延伸,是更谨慎、保守地反映债权人利益保障程度的指标。该比率越低,表明债权人利益的保障程度越高,企业有效偿债能力越强;反之依然。

5. 长期负债比率

长期负债比率是指企业的长期负债与负债总额之间的比例关系,用以反映企业负债中长期负债的份额,其计算公式为:

$$资产负债率=\frac{长期负债}{负债总额}\times 100\%$$

长期负债比率的高低可以反映企业借入资本成本的高低,也可以反映企业筹措长期负债资金的能力。相对而言,长期负债具有期限长、成本高、风险低、稳定性强的特点。在资金需求量一定的情况下,提高长期负债比率,就意味着企业对短期借入资金依赖性的降低,从而减轻企业的当期偿债压力。

【例 3-69】 云南白药股份有限公司长期偿债能力比率分析。

表 3-104　　云南白药股份有限公司 2013～2017 年长期偿债能力分析表

项　　目	2013 年	2014 年	2015 年	2016 年	2017 年
资产总额(元)	12 880 915 675.82	16 341 340 193.50	19 290 940 366.09	24 586 646 034.03	27 702 530 540.34
负债总额(元)	3 852 125 506.92	5 046 219 006.97	5 763 135 043.75	8 743 119 408.89	9 559 613 057.27
所有者权益总额(元)	9 028 790 168.90	11 295 121 186.53	13 527 805 322.34	15 843 526 625.14	18 142 917 483.07
资产负债率(%)	29.91	30.88	29.87	35.56	34.51
所有者权益比率(%)	70.09	69.12	70.13	64.44	65.49
权益乘数(%)	142.66	144.68	142.60	155.18	152.69
产权比率(%)	42.66	44.68	42.60	55.18	52.69

【思维空间】云南白药股份有限公司 2013～2017 年资产负债率分别为 29.91%、30.88%、29.87%、35.56%和 34.51%，呈逐年小幅度增长趋势。资产负债率的变化趋势可能说明了什么问题？结合企业的资产状况和财务状况，你认为企业资产负债率的增长对企业带来了哪些可能的影响？你有哪些财务建议？

(二) 影响长期偿债能力的其他因素

分析企业长期偿债能力时，除了对上述直接反映长期偿债能力的指标进行分析评价之外，还应注意未在财务报表中充分披露的下列因素。

1. 资产价值的影响

资产负债表上的资产价值主要是以历史成本为基础确认计量的，这些资产的账面价值与实际价值往往有一定差距，表现在：

(1) 资产的账面价值可能被高估或低估。

如前所述，资产的账面价值是历史数据，而市场处于不断变化之中，所以某些资产的账面价值已不能完全反映其实际价值，如企业处于城市中心地段的厂房会发生大幅度增值，而一些技术落后的设备其账面价值又会被大大低于市场价值。

(2) 某些入账的资产毫无变现价值。

这类项目包括待摊费用、长期待摊费用，以及某些人为制造的应收账款、存货等。前者已作为费用支出，只是因为会计上的配比原则才作为资产保留在账面上的；而后者是“粉饰”的结果，这类资产的流动性几乎为零，对于企业的偿债能力毫无意义。

(3) 资产尚未全部入账。

按照现行会计制度，企业的资产并非全部在资产负债表中得到反映，往往一些非常重要的项目未被列作资产入账。例如，企业自行开发的、成本较低而计入期间费用的商标权、专利权等，其商用价值是不容忽视的。又如，一些企业的衍生金融工具以公允价值披露在会计报表附注中，这种揭示有助于使用者分析与之相关的企业的重大盈利机会或重大潜在风险。

2. 长期经营性租赁的影响

当企业急需某项设备而又缺乏足够的资金时，可以通过租赁方式解决。财产租赁有融资租赁与经营租赁两种形式，融资租赁的设备可视同企业的自有资产，相应的租赁费作为长期负债处理；而企业经营租赁的设备则不包括在固定资产总额中，如果该设备被长期占用，形成了一项长期固定的租赁费用，实际上是一种长期筹资行为，但其租赁费用又不能作为长期负债处理。因此，需要偿还的债务和用作偿债保障的资产两方面都出现了特殊情况，若被忽略，就会对企业的长期偿债能力产生负面影响。

3. 或有事项和承诺事项的影响

或有事项是指企业现存的一种状态或处境，其最终结果是否发生损失或收益，依其未来不确定是否发生而定。按照谨慎性原则，企业应尽量预计可能发生的损失和负债，而不得预计可能发生的收益和资产。目前，我国已出台了《企业会计准则第 13 号——或有事项》，要求企业在资产负债表内确认"预计负债"，在表外披露已贴现的应收票据及为其他企业的贷款担保、未决诉讼等或有负债。此外，中国证监会要求股份有限公司在招股说明书中披露或有负债及重大未决诉讼事项。

承诺事项是指企业由具有法律效力的合同或协议的要求而引起义务的事项。例如，与贷款有关的承诺、信用证承诺、售后回购协议下的承诺。又如，企业在与职工签订的劳动合同中，承诺职工在聘用期间及解聘或退休时，可以享受一定的待遇等。这些往往构成企业的一种长期负担，但又没有出现在财务报表上。目前，我国《企业会计制度》要求企业在会计报表附注中详细披露承诺事项。

本章小结

资产负债表是反映企业在某一特定日期财务状况的静态会计报表，它反映企业在某一特定日期所拥有或控制的经济资源、所承担的现时义务和所有者对净资产的要求权。资产负债表根据会计账簿日常记录的大量数据浓缩整理后编制而成，是与企业会计账簿关系最为紧密的财务报表。通过资产负债表可以了解企业的资产结构、资本结构、资源配置能力及偿债能力等财务情况，但同时资产负债表信息也具有一定的局限性。通过资产负债表报表项目的编制内涵及其各类质量分析方法，可以了解资产负债表的基本信息质量情况。通过分析企业的资产结构和资本结构的类型，可以评价企业资产结构及资本结构的质量及其对称关系，进而评价企业经营活动的特点。资产负债表趋势分析则通过时间序列上的数据统计分析方法，为我们揭示了报表项目内在发展变化的特点及规律。

思考题

1. 资产负债表分析的主要作用是什么？
2. 资产负债表分析主要包括哪些内容？
3. 简述企业会计准则下资产负债表的格式及内容。
4. 无形资产质量分析中有哪些特点和难点？
5. 历史成本原则和公允价值原则如何影响资产质量分析？
6. 简述应收款项质量分析的主要内容。
7. 简述如何进行存货质量分析。
8. 简述如何进行固定资产质量分析。

练习题

一、单项选择题

1. 某企业现在的流动比率为 2，下列各项经济业务中将会引起该比率降低的是(　　)。

A. 用银行存款偿还应付账款　　　　B. 发行股票收到银行存款

C. 收回应收账款　　D. 开出短期票据获得借款

2. 某企业年初流动比率为2.2,速动比率为1,年末流动比率为2.4,速动比率为0.9。发生这种情况的原因最有可能是因为年末发生了(　　)。

A. 存货数额增加、流动负债数额增加　　B. 应收账款数额、比重增加
C. 应付账款数额增加　　D. 预收账款数额增加

3. 资产负债表的附表是(　　)。

A. 利润分配表　　B. 分部报表
C. 财务报表附注　　D. 应交增值税明细表

4. 从严格意义上说,计算应收账款周转率时应使用的收入指标是(　　)。

A. 主营业务收入　　B. 赊销净额　　C. 销售收入　　D. 营业利润

5. 企业(　　)时,可以增加流动资产的实际变现能力。

A. 取得应收票据贴现款　　B. 为其他单位提供债务担保
C. 拥有较多的长期资产　　D. 有可动用的银行贷款指标

6. 正大公司2001年年末资产总额为1 650 000元,负债总额为1 023 000元,计算产权比率为(　　)。

A. 0.62　　B. 0.61　　C. 0.38　　D. 1.63

7. 企业的应收账款周转天数为90天,存货周转天数为180天,则简化计算营业周期为(　　)天。

A. 90　　B. 180　　C. 270　　D. 360

8. 以下对市盈率表述正确的是(　　)。

A. 过高的市盈率蕴含着较高的风险　　B. 过高的市盈率意味着较低的风险
C. 市盈率越高越好　　D. 市盈率越低越好

9. 减少企业流动资产变现能力的因素是(　　)。

A. 取得商业承兑汇票　　B. 未决诉讼、仲裁形成的或有负债
C. 有可动用的银行贷款指标　　D. 长期投资到期收回

10. 流动资产和流动负债的比值被称为(　　)。

A. 流动比率　　B. 速动比率
C. 营运比率　　D. 资产负债比率

11. 在企业编制的会计报表中,反映财务状况变动的报表是(　　)。

A. 现金流量表　　B. 资产负债表　　C. 利润表　　D. 股东权益变动表

12. 财务报表分中,投资人是指(　　)。

A. 社会公众　　B. 金融机构　　C. 优先股东　　D. 普通股东

13. 投资报酬分析的最主要分析主体是(　　)。

A. 短期债权人　　B. 长期债权人　　C. 企业所有者　　D. 上级主管部门

14. 通货膨胀环境下,一般采用(　　)能够较为精确地计量收益。

A. 个别计价法　　B. 加权平均法　　C. 先进先出法　　D. 后进先出法

15. 以下不属于企业的或有负债的是(　　)。

A. 担保　　B. 未决诉讼　　C. 应收票据　　D. 应收账款抵借

16. 企业财务会计对内报告表不包括(　　)。

A. 成本报表　　B. 制造费用明细表
C. 管理费用明细表　　D. 利润分配表

17. 企业短期偿债能力表现为(　　)。

A. 债务偿还期　　B. 资产变现能力　　C. 债务规模　　D. 其他

18. 在资产负债表中,为了保证生产和销售的连续性而投资的资产项目是(　　)。

A. 货币资金　　B. 应收账款　　C. 长期股权投资　　D. 固定资产

19. 下列信息中不由资产负债表提供的是(　　)。

A. 企业资产状况　　B. 企业的债务情况

C. 企业的债权人信息　　D. 企业的自有资金

20. 下列有关流动负债项目表述错误的是(　　)。

A. 企业的应付票据如果到期不能支付，不仅会影响企业的信誉，影响以后资金的募集，而且还会招致银行的罚款

B. 应付账款属于企业的一种短期资金来源，信用期一般在 30～60 天，而且一般不用支付利息

C. 对企业来说，预收账款越多越好

D. 职工退休后货币性收入和非货币性福利由社保机构统一管理，不计入企业应付职工薪酬

二、多项选择题

1. 存货周转率偏低的原因可能是(　　)。

A. 企业应收账款管理存在的问题　　B. 降价销售

C. 产品滞销　　D. 销售政策发生变化

2. 应收账款周转加快，可以说明(　　)。

A. 资金回笼相对加快　　B. 坏账损失相对减少

C. 资产流动性变强　　D. 营业收入有增加

3. 保守速动资产一般是指以下几项流动资产(　　)。

A. 短期证券投资净额　　B. 预付账款

C. 应收账款净额　　D. 货币资金

4. 存货周转率可以以(　　)为计算基础。

A. 主营业务收入　　B. 主营业务成本　　C. 其他业务收入　　D. 营业费用

5. 不能用于偿还流动负债的流动资产有(　　)。

A. 信用卡保证金存款　　B. 有退货权的应收账款

C. 存出投资款　　D. 回收期一年以上的应收账款

6. 影响企业资产周转率的因素包括(　　)。

A. 资产的管理力度　　B. 经营周期的长短

C. 资产构成及其质量　　D. 企业所采用的财务政策

7. 影响企业长期偿债能力的因素有(　　)。

A. 资产价值　　B. 长期经营性租赁　　C. 或有事项　　D. 承诺事项

8. 下列属于反映资产负债表中短期偿债能力指标的有(　　)。

A. 流动比率　　B. 速动比率　　C. 现金比率　　D. 资产负债率

9. 企业货币资金持有量的影响因素包括(　　)。

A. 企业规模　　B. 货币资金的构成

C. 企业所在行业　　D. 企业的负债结构

10. 资产负债表的作用表现在(　　)。

A. 揭示企业资本结构和资产结构　　B. 了解偿还能力

C. 预测财务状况的发展趋势　　D. 反映现金支付能力

三、判断题

1. 企业销售收入增加时流动资产周转将加快。(　　)

2. 资产周转速度加快将一定引起资产占用的节约。(　　)

3. 应收账款周转天数分析与应收账款账龄分析的含义一致。(　　)

4. 在任何情况下，资产周转都是越快越好。(　　)

5. 计算企业各项资产周转率时都可使用销售额作为分子。(　　)

6. 运用流动资产周转次数和流动资产周转天数评价营运能力的结论总是一致的。 (　　)
7. 对公司股东而言,企业资产负债率越高越好。 (　　)
8. 流动比率越高,表明企业流动资产周转越快。 (　　)
9. 获利能力越强的企业,其短期偿债能力也越强。 (　　)
10. 利息保障倍数是从现金流的角度分析对企业长期债务偿还的保障程度。 (　　)

四、案例分析

1. 东方公司产销 A 产品,销售条件是“2/10,n/30”。2017 年度资产负债表(简表)如表 3-105 所示:

表 3-105　　东方公司资产负债表(简表)

2017 年 12 月 31 日　　单位:千元

资　　产	金　　额	负债及所有者权益	金　　额
货币资金	5	应付账款	380
应收账款	290	其他应付款	225
存　　货	600	银行借款	140
固定资产	800	长期负债	300
		普通股	100
		留存收益	550
资产总计	1 695	负债及所有者权益总计	1 695

2017 年利润表的有关资料如下:营业收入 3 800 千元,营业成本 3 300 千元,净利润 100 千元。

要求:

(1) 根据以上信息,填充该公司本年年末有关财务比率数据,并列示所填数据的计算过程。

(2) 与本企业 2016 年财务比率比较,说明该公司经营管理可能存在的问题。

表 3-106　　公司财务比率计算表

财　务　比　率	2017 年	2016 年
流动比率		1.25
速动比率		43%
资产负债率		58%
产权比率		1.4
存货周转率		7.5 次
应收账款周转天数		22 天
总资产周转率		2.76 次
资产报酬率		13%
毛利率		16.3%
销售净利率		4.7%

2. 甲上市公司为增值税一般纳税人，适用的增值税税率为17%。原材料和库存商品均按实际成本核算，商品售价不含增值税，其销售成本随销售同时结转。2017年1月1日资产负债表(简表)如表3-107所示：

表3-107　　甲上市公司资产负债表(简表)

2017年1月1日　　单位：万元

资　　产	年初余额	负债和所有者权益	年初余额
货币资金	320.4	短期借款	200
交易性金融资产	0	应付账款	84
应收票据	24	应付票据	40
应收账款	159.2	预收账款	60
预付账款	0.16	应付职工薪酬	4
存货	368	应交税费	9.6
长期股权投资	480	应付利息	40
固定资产	1 442	长期借款	1 008
在建工程	100	实收资本	1 600
无形资产	204	盈余公积	96
长期待摊费用	50	未分配利润	6.16
资产总计	3 147.76	负债和所有者权益总计	3 147.76

2017年甲上市公司发生如下交易或事项：

(1) 以商业承兑汇票支付方式购入材料一批，发票账单已经收到，增值税专用发票上注明的货款为30万元，增值税额为5.1万元，材料已验收入库。

(2) 委托证券公司购入公允价值为100万元的股票，作为交易性金融资产核算。期末交易性金融资产仍为100万元。

(3) 计算并确认短期借款利息5万元。

(4) 计算并计提坏账准备8万元。

(5) 计提行政管理部门用固定资产折旧20万元；摊销管理用无形资产成本10万元。

(6) 销售库存商品一批，该批商品售价为100万元，增值税为17万元，实际成本为65万元，商品已发出。甲公司已于上年预收货款60万元，其余款项尚未结清。

(7) 分配工资费用，其中企业行政管理人员工资15万元，在建工程人员工资5万元。

(8) 计提应计入在建工程成本的长期借款利息20万元。

(9) 确认对联营企业的长期投资收益50万元。

(10) 计算并确认应交城市维护建设税3万元(教育费附加略)。

(11) 转销无法支付的应付账款30万元。

(12) 本年度实现利润总额54万元，所得税费用和应交所得税均为18万元(不考虑其他因素)；提取盈余公积3.6万元。

要求：

(1) 编制甲上市公司2017年度上述交易或事项的会计分录(不需要编制各损益类科目结转本年利润以及利润分配的有关会计分录，要求写出“应交税费”科目的明细科目和专栏名称，答案中的金额单位用万元表示)。

(2) 填列甲上市公司2017年12月31日的资产负债表。

表 3-108　　甲上市公司资产负债表(简表)

2017 年 12 月 31 日　　单位：万元

资　　产	年末余额	负债和所有者权益	年末余额
货币资金		短期借款	
交易性金融资产		应付账款	
应收票据		应付票据	
应收账款		预收账款	
预付账款		应付职工薪酬	
存货		应交税费	
长期股权投资		应付利息	
固定资产		长期借款	
在建工程		实收资本	
无形资产		盈余公积	
长期待摊费用		未分配利润	
资产总计		负债和所有者权益总计	

3. 下面资料中给出的表格为红星公司 2017 年 12 月 31 日的合并资产负债表。从以下方面进行分析，并对企业的管理给出几点建议。

(1) 资产结构分析

表 3-109　　红星公司资产结构表

项　　目	金额(万元)	比例(%)
流动资产合计	44 820.00	68.86
非流动资产总计	12 242.00	31.14
资产总计	65 089.00	100.00

请问：从表 3-109 我们可以看出什么问题？

(2) 负债与权益结构分析

表 3-110　　资本结构表

项　　目	金额(万元)	比例(%)
流动负债合计	11 730.00	18.02
长期负债合计	12 000.00	18.44
所有者权益	41 359.00	63.54
负债与所有者权益总计	65 089.00	100.00

请问：从表 3-110 中我们可以看出什么问题？

(3) 资产与负债匹配分析

表 3－111　　资产与负债匹配结构表

<table>
<tr><td rowspan="2">流动资产</td><td>临时性占用流动资产</td><td>流动负债</td></tr>
<tr><td>永久性占用流动资产</td><td>非流动负债</td></tr>
<tr><td colspan="2">非流动资产</td><td>所有者权益</td></tr>
</table>

请问：假设该公司实施稳健型的匹配结构，从表 3－111 中我们可以看出什么问题？

（4）固定资产比率分析

公司 2017 年包括在建工程在内的固定资产合计为 10 471 万元，占资产总计的比例为 16.09%。企业的固定资产比重与行业特征有关，但一般认为，工业企业固定资产比重为 40%，商业企业固定资产比重为 30%较为适宜。

表 3－112　　固定资产结构表

项　　目	金额（万元）	比例（%）
固定资产原值	29 393.00	100.00
减去：固定资产折旧	13 721.00	46.68
固定资产净值	15 672.00	53.32
减去：固定资产减值	6 875.00	23.39
固定资产净额	8 797.00	29.93

请问：从该公司固定资产的构成上（见表 3－112），我们能分析出什么问题？

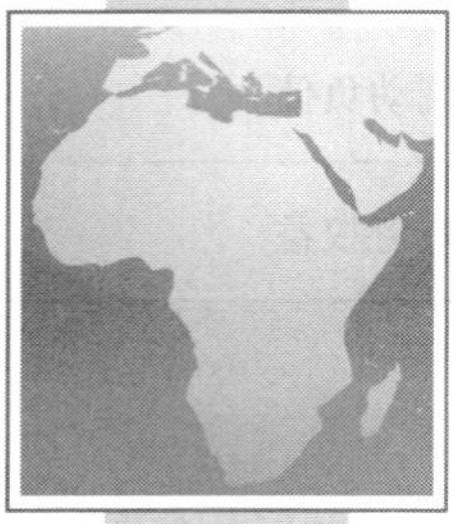

第四章
利润表的编制与分析

理论学习目标

◇ 了解利润表的概念及结构、作用及局限性。
◇ 掌握利润表的格式内容及具体核算过程。
◇ 理解利润表中的收入利得类项目、成本费用类各项目的编制方法及质量分析要求。
◇ 初步学会利润质量评价的基本原则。

能力实现目标

◇ 掌握利润表的初步分析方法。
◇ 应用财务报表分析方法对利润表的整体、项目进行分析。
◇ 撰写上市公司利润表财务分析报告。

第一节　利润表概述

一、利润表的含义及作用

（一）利润表的含义

利润表是反映企业在一定会计期间的经营成果的会计报表，属于一张动态报表。反映某上市公司某年1月1日至12月31日经营成果的利润表，它反映的就是该期间的情况。利润表是根据“收入－费用＝利润”这一会计等式编制的。由于企业一定会计期间的经营成果既有可能盈利，也有可能亏损，因此，利润表也被称为损益表。它全面揭示了企业在某一特定时期实现的收入、产生的成本费用及企业实现利润或发生亏损的情况。

现行会计制度规定，企业每个月都应当编制当月的利润表。上市公司则需要按规定披露季度、半年度和年度的利润表，用以反映企业在各个时期的盈亏情况以及所得与所耗之间配比效果方面的信息。

（二）利润表反映的信息内容

对报表使用者来说，利润表主要为报表使用者提供以下几个方面的信息：

1. 利润表可以反映企业当期生产经营活动中的成本耗费及其产生的收益情况。这是企业持续性经营利润的主要来源，一定程度上具有较为稳定的可预测性，有助于了解企业正常生产经营项目的综合获利水平。

2. 利润表提供了企业相关的资本利得与损失情况，如投资收益、公允价值变动损益、营业

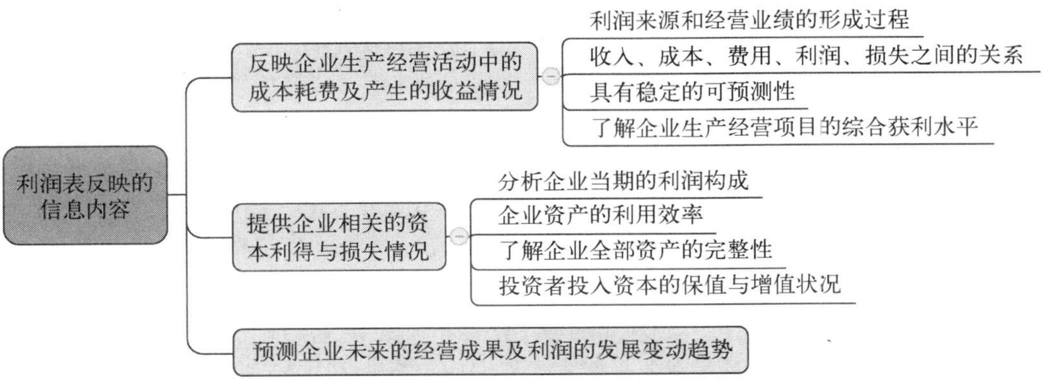

图 4－1　利润表反映的信息

外收入与营业外支出等，有助于分析企业当期的利润构成，以及企业利用全部资产的整体效果；同时，也有助于了解企业全部资产的完整性及投资者投入资本的保值与增值状况。

3. 通过连续各期利润表数据的比较，有助于分析预测企业未来的经营成果以及利润的发展变动趋势。

（三）利润表的作用

利润表的主要目的是将企业经营成果的信息，提供给各种报表使用者，以供他们作为决策的依据或参考。利润表的主要作用：

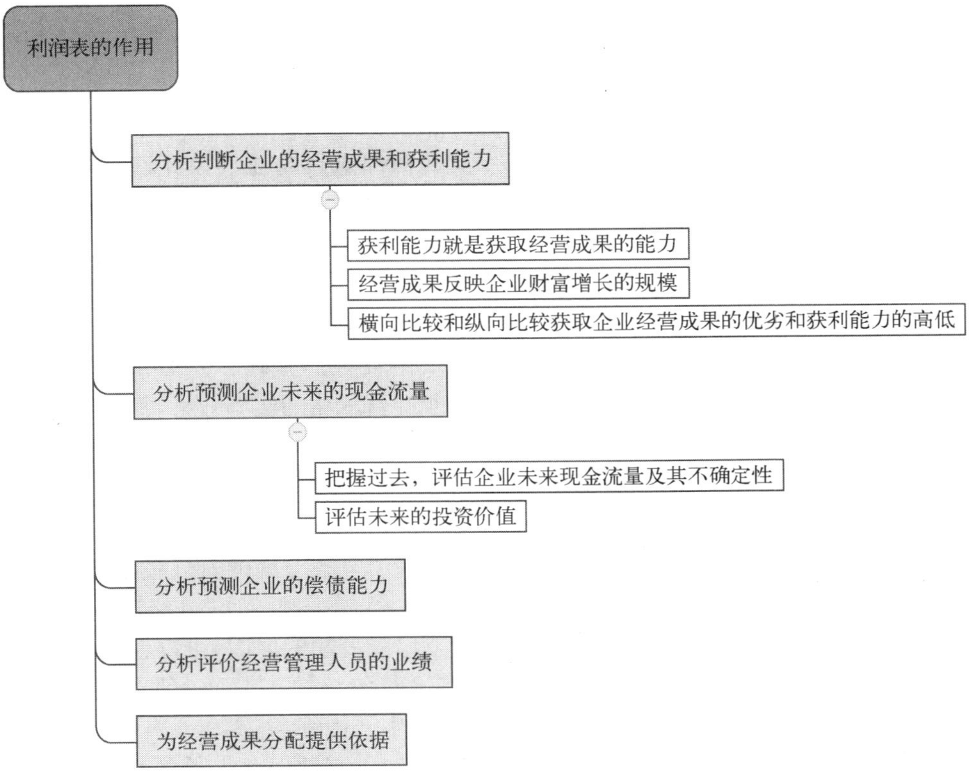

图 4－2　利润表的作用

1. 有助于解释、评价和预测企业的经营成果和盈利能力

经营成果是指一定时期内企业生产经营活动所创造的有效劳动成果的总和。通常在利润表中以净利润和综合收益的形式来反映。它们是绝对值指标，可以反映企业创造财富的绝对规模（通常引起资产增加或者负债减少）。盈利能力则是指企业在一定时期内运用一定经济资源（如人力、物力）获取经营成果的能力，因此它需要通过相对值指标来衡量，如资产报酬率、权益报酬率、成本费用利润率以及人均利润等。然而，这些指标实际上也只反映了企业创造财富的相对规模。

本书对企业盈利能力的诠释，除了从数量维度强调利润的绝对规模和相对规模之外，还尤其强调利润的质量维度，在分析形成利润的各个项目的质量的基础上，从含金量、持续性以及与企业战略的吻合性三个方面考察企业整体的利润质量分析和比较利润表的相关信息，有助于企业的股东、债权人和管理者解释评价和预测企业的经营成果和盈利能力，据以针对是否投资或追加投资、投向何处、投资多少等做出决策。

2. 有助于解释、评价和预测企业的偿债能力

偿债能力通常是指企业以资产清偿债务的能力。利润表本身并不直接提供偿债能力的信息，然而企业的偿债能力不仅取决于资产的流动性和资本结构，而且取决于企业的盈利能力。企业在个别年份盈利能力不足，不一定会影响偿债能力，但若一家企业长期丧失盈利能力，资产的流动性必然逐步由好转坏，资本结构也将逐渐由优变劣，企业最终有可能陷入资不抵债的困境。因此对于连年亏损的企业来说，其偿债能力通常会受到较大的影响。分析和比较利润表的相关信息，有助于企业的债权人和管理者间接地解释评价和预测企业的偿债能力，尤其是长期偿债能力，并揭示偿债能力的变化趋势，更客观地做出各种信贷决策，如维持、扩大或收缩现有信贷规模，应提出何种信贷条件等；管理者也可据以找出提高偿债能力的有效途径，进一步改善企业的财务形象。

3. 有助于评价企业经营战略的实施效果

企业经营首先面临的是一系列战略选择，不同的战略选择与盈利模式选择会形成不同的利润结构，因而企业的利润结构体现了公司的战略实施效果。利润的各组成要素之间的比例关系或在利润总额中所占的比重构成了利润的结构特征。不同的利润项目对公司的获利能力有着极不相同的意义。高质量的利润结构意味着公司所依赖的业务与公司的战略高度一致并保持较稳定的行业竞争地位和核心竞争力，拥有较扎实的资产支持、较强的现金获取能力以及较光明的市场发展前景，这些都将为公司未来发展奠定良好的基础。分析和比较利润表的相关信息，有助于企业的股东和债权人了解和评价企业经营战略的实施效果，据以预测企业未来的发展方向和发展趋势；管理层也可以有效发现企业经营战略实施过程中存在的问题，更加及时地采取措施以保证经营目标的顺利实现。

4. 有助于评价和考核经营者的经营业绩

利润表中的各个项目体现了企业在生产、经营和理财等各方面的管理效率与效益，是对企业经营业绩的直接揭示，是经营者受托责任履行情况的真实反映。通过比较前后期利润表上各项收入、费用、成本及收益的增减变动情况，分析其增减变动的原因，可以较为客观地评价各职能部门、各生产经营单位的绩效，以及这些部门和人员的绩效与整个企业经营成果的关系，以便评判各部门管理人员的功过得失，及时做出采购、生产销售、筹资和人事等方面的调整，使各项活动趋于合理。因此，分析和比较利润表的相关信息，有助于企业所有者考核经营者的经营业绩，评价经营者的受托责任履行情况。

5. 有助于企业做出更科学的经营决策

比较和分析利润表中各种构成要素，可掌握各项收入、成本费用与利润之间的升降趋势，发现各方面工作中存在的问题，查找原因，改善经营管理，努力组织收入、控制成本费用开支，提高资金的使用效率和效益。此外，还可以通过收支结构和业务结构分析，评价各分部业绩成长对企业总体效益的贡献程度；通过对利润的形成过程进行分析，找出形成利润的主要来源。这些信息均可以为企业的经营决策提供非常有价值的依据。然而，利润表的上述重要作用能否得到正常发挥，与利润表中各项目的信息质量直接相关。由于会计程序和方法的可选择性，收入和成本费用各项目在确认计量过程中不可能不受到人为主观因素的影响，企业可能会选用对其有利的程序方法，从而导致经营成果的虚增或虚减，例如，在折旧费用、坏账损失和已售商品成本等方面都存在多种会计核算方法的选择问题，这在一定程度上会影响会计信息的可比性和可靠性。

二、利润表的结构

为了把利润表的信息恰当地反映出来，便于报表使用者理解和使用，需要把列入利润表的各个项目按照一定的顺序进行排列，以形成相对稳定的结构。由于不同国家或地区对利润表所提供的信息要求不完全相同，利润表的结构也不完全相同。目前，常见的利润表结构主要有单步式和多步式两种。

(一) 单步式利润表

单步式利润表将所有的收入和收益相加后减去所有的费用和损失，一步便可计算出本期净利润。单步式利润表一般分为收入和收益、费用和损失、净利润三部分。用收入和收益合计减去费用和损失合计，即可计算出净利润。

单步式利润表的主要优点为：首先，结构简单，便于理解；其次，对收入和费用一视同仁，不分彼此先后，清楚表明各项收入和费用的同等重要性。但单步式利润表不能提供较为详细的分类利润信息，不利于前后期相应项目的比较，不好对利润各组成部分进行结构分析。

(二) 多步式利润表

多步式利润表将企业的收益和费用按性质分类，并以不同的方式将它们结合起来，提供各种各样的中间信息。因为净利润的计算需要经过好几个抵减步骤，所以叫作多步式利润表。多步式利润表的结构是按照企业收益形成的主要环节，通过营业毛利、营业利润、利润总额、净利润和综合收益四个层次来分步披露企业收益，它详细揭示了企业收益的形成过程。

表 4-1　　云南白药股份有限公司 2013～2017 年利润表

报表日期	2013-12-31	2014-12-31	2015-12-31	2016-12-31	2017-12-31
单　　位	元	元	元	元	元
一、营业总收入	15 814 790 880.81	18 814 366 372.74	20 738 126 205.08	22 410 654 404.31	24 314 614 044.21
营业收入	15 814 790 880.81	18 814 366 372.74	20 738 126 205.08	22 410 654 404.31	24 314 614 044.21
二、营业总成本	13 860 725 232.91	16 090 076 187.69	17 744 878 365.65	19 284 683 853.68	21 108 882 216.33

续表

报表日期	2013－12－31	2014－12－31	2015－12－31	2016－12－31	2017－12－31
单　位	元	元	元	元	元
营业成本	11 118 384 924.85	13 139 197 658.34	14 405 904 824.56	15 717 961 203.91	16 731 575 209.69
营业税金及附加	76 341 078.12	92 145 422.68	104 474 208.74	153 831 164.69	169 652 929.65
销售费用	2 012 574 359.11	2 430 382 334.23	2 709 561 529.63	2 840 488 664.16	3 683 512 377.95
管理费用	461 893 854.45	551 645 264.52	493 208 556.35	483 543 639.69	386 763 241.47
财务费用	7 862 388.75	15 177 180.40	13 112 110.39	89 682 813.93	72 543 501.12
资产减值损失	183 668 627.63	－138 471 672.48	18 617 135.98	－823 632.70	64 834 956.45
公允价值变动收益	0.00	0.00	0.00	0.00	0.00
投资收益	684 864 992.03	105 535 360.44	174 993 478.24	193 859 113.34	276 911 622.85
其中：对联营企业和合营企业的投资收益	－1 861 432.52	－1 152 170.92	－1 258 065.90	326 299.79	－8 418.40
汇兑收益	0.00	0.00	0.00	0.00	0.00
三、营业利润	2 638 930 639.93	2 829 825 545.49	3 168 241 317.67	3 319 829 663.97	3 620 723 532.36
加：营业外收入	68 782 104.40	90 169 945.83	74 966 469.86	89 260 388.74	7 039 621.04
减：营业外支出	6 401 721.81	9 850 343.51	27 872 603.87	11 584 603.18	5 915 625.68
其中：非流动资产处置损失	1 152 072.07	1 386 743.54	896 902.52	2 142 073.69	0.00
四、利润总额	2 701 311 022.52	2 910 145 147.81	3 215 335 183.66	3 397 505 449.53	3 621 847 527.72
减：所得税费用	379 857 235.35	412 818 469.51	459 754 073.56	466 615 846.45	489 313 357.27
五、净利润	2 321 453 787.17	2 497 326 678.30	2 755 581 110.10	2 930 889 603.08	3 132 534 170.45
归属于母公司所有者的净利润	2 321 453 787.17	2 506 076 501.86	2 770 841 401.07	2 919 876 812.88	3 144 981 429.60
少数股东损益	0.00	－8 749 823.56	－15 260 290.97	11 012 790.20	－12 447 259.15
六、每股收益					
基本每股收益(元/股)	3.34	2.41	2.66	2.80	3.02
稀释每股收益(元/股)	3.34	2.41	2.66	2.80	3.02
七、其他综合收益	2 027 329.60	－1 746 730.33	0.00	0.00	－23 538.12
八、综合收益总额	2 323 481 116.77	2 495 579 947.97	2 755 581 110.10	2 930 889 603.08	3 132 510 632.33
归属于母公司所有者的综合收益总额	2 323 481 116.77	2 504 329 771.53	2 770 841 401.07	2 919 876 812.88	3 144 972 014.35
归属于少数股东的综合收益总额	0.00	－8 749 823.56	－15 260 290.97	11 012 790.20	－12 461 382.02

多步式利润表可以提供比较详细的中间利润指标，便于对企业生产经营情况进行分析，有利于不同企业之间进行比较，以正确评价企业的经营业绩和获利能力，并预测企业今后的经营趋势和盈利能力。由于多步式利润表比单步式利润表能提供更为有用的信息，其结构更为科学，我国统一会计制度规定企业利润表采用多步式利润表。

三、利润表的局限性

利润表在企业盈利能力和发展能力的分析中作用很大，但运用利润表分析时也存在着很大的局限性，表现在以下几个方面：

（一）不包括未实现利润和已实现未摊销费用

在收入方面，由于有实现原则的影响，利润表只反映企业已实现的利润，而不包括未实现的利润，如以后销售商品和提供劳务的合同、分期收款销售商品等。而这部分往往又是报表使用者较为关注的内容。有些已支付尚未摊销的费用以及数额尚未确定的费用也未在利润表中反映，也会对利润产生影响。

（二）未考虑物价变动的影响

现行会计利润的计算，只考虑了对原始投入货币资本的保全。在物价变动情况下，货币资本和保全并不能从实物形态或使用效能上保持资本的完整，因而可能造成虚盈实亏。长此下去，企业投资者投入的实物资本将受到逐步侵蚀，经营受到影响，这是很危险的。

（三）销售成本未反映现时实际价值

资产计价以历史成本为基础，转入本期已销产品成本并不反映企业资产的真实价值，其利润由现时收入与历史成本对比计算得出，影响企业经营效果的真实性。

在分析利润表时，必须注意它的作用及存在的局限性，以便得出正确的结论，获得正确的会计信息。

第二节　利润表项目的内涵与编制

一、利润表项目的内涵

（一）收入

1. 收入的定义

收入是指企业在日常活动中形成的、会导致所有者权益增加的、与所有者投入资本无关的经济利益的总流入。根据收入的定义，收入具有以下几个方面的特征，如表 4－2 所示。

表 4－2　　收入的基本特征

收入的特征	含　　义
收入是企业在日常活动中形成的	日常活动是指企业为完成其经营目标所从事的经常性活动以及与之相关的活动
收入是与所有者投入资本无关的经济利益的总流入	收入应当会导致经济利益的流入，从而导致资产的增加。例如，企业销售商品，应当受到现金或者有权在未来收到现金，才表明交易符合收入的定义。但是在实务中，经济利益的流入有时是所有者投入资本的增加所导致的，所有者投入资本的增加不应当确认为收入，而应当将其直接确认为所有者权益

续表

收入的特征	含　　义
收入会导致所有者权益的增加	与收入相关的经济利益的流入应当会导致所有者权益的增加，不会导致所有者权益增加的经济利益的流入不符合收入的定义，不应确认为收入

2. 收入的确认条件

收入在确认时除了应当符合收入定义外，还应当满足严格的确认条件。收入只有在经济利益很可能流入，从而导致企业资产增加或者负债减少且经济利益的流入额能够可靠计量时才能予以确认。因此，收入的确认至少应当符合以下条件：一是与收入相关的经济利益很可能流入企业；二是经济利益流入企业的结果会导致企业资产的增加或者负债的减少；三是经济利益的流入额能够可靠地计量。

(1) 销售商品收入的确认：企业已将商品控制权上的主要风险和报酬转移给购货方；企业既没有保留通常与所有权相联系的继续管理权，也没有对已售的商品实施有效控制；收入的金额能够可靠地计量；相关的经济利益很可能流入企业；相关的已发生或将发生的成本能够可靠地计量。

(2) 提供劳务收入的确认：收入的金额能够可靠地计量；相关的经济利益很可能流入企业；交易的完工进度能够可靠地确定；交易中已发生和将发生的成本能够可靠地计量。

(3) 让渡资产使用权收入的确认：相关的经济利益很可能流入企业；收入的金额能够可靠地计量。

3. 收入信息的列报

企业应当在附注中披露与收入有关的下列信息。

(1) 收入确认和计量所采用的会计政策、对于确定收入确认的时点和金额具有重大影响的判断以及这些判断的变更，包括确定履约进度的方法及采用该方法的原因、评估客户取得所转让商品控制权时点的相关判断，在确定交易价格、估计计入交易价格的可变对价、分摊交易价格以及计量预期将退还给客户的款项等类似义务时所采用的方法等。

(2) 与合同相关的下列信息。

① 与本期确认收入相关的信息，包括与客户之间的合同产生的收入，该收入按主要类别(如类型、经营地区、市场或客户类型、合同类型、商品转让的时间、合同期限、销售渠道等)分解的信息，以及该分解信息与每一报告分部的收入之间的关系等。

② 与应收款项、合同资产和合同负债的账面价值相关的信息，包括与客户之间的合同产生的应收款项、合同资产和合同负债的期初和期末账面价值、对上述应收款项和合同资产确认的减值损失、在本期确认的包括在合同负债期初账面价值中的收入、前期已经履行(或部分履行)的履约义务在本期调整的收入、履行履约义务的时间与通常的付款时间之间的关系以及此类因素对合同资产和合同负债账面价值的影响的定量或定性信息、合同资产和合同负债的账面价值在本期内发生的重大变动情况等。

③ 与履约义务相关的信息，包括履约义务通常的履行时间、重要的支付条款、企业承诺转让的商品的性质(包括说明企业是否作为代理人)、企业承担的预期将退还给客户的款项等类似义务质量保证的类型及相关义务等。

④ 与分摊至剩余履约义务的交易价格相关的信息，包括分摊至本期末尚未履行（或部分未履行）履约义务的交易价格总额、上述金额确认为收入的预计时间的定量或定性信息、未包括在交易价格的对价金额（如可变对价）等。

（3）与合同成本有关的资产相关的信息，包括确定该资产金额所做的判断、该资产的摊销方法、按该资产主要类别（如为取得合同发生的成本、为履行合同开展的初始活动发生的成本等）披露的期末账面价值以及本期确认的摊销及减值损失金额等。

（4）企业因预计客户取得商品控制权与客户支付价款间隔未超过一年而未考虑合同中存在的重大融资成分，或者因合同取得成本的摊销期限未超过一年而将其在发生时计入当期损益的应当披露该事实。

（二）费用

1. 费用的定义

费用（Expenses）是指企业在日常活动中发生的、会导致所有者权益减少的与向所有者分配利润无关的经济利益的总流出。主要包括营业成本、税金及附加、管理费用、财务费用、销售费用以及所得税费用等。由于费用是为了取得收入而发生，因此费用的确认范围与确认时间应当遵循配比原则，与相应收入的确认范围与确认时间相联系。另外，投资损失和营业外支出并不是企业在日常活动中形成的经济利益，因此不应当作为费用处理。

在学习费用的概念时，应着重强调费用与资产的区别和联系。一般情况下，企业为取得一项资产或者完成一项工作总要发生一定数量的支出，如为生产产品所发生的料、工、费等各种耗费，在所生产的产品出售之前，这些支出作为存货的取得成本反映在资产负债表上（作为存货资产），只有在产品已经销售（即带来了当期经济利益）之后，才将其转入费用（计入“营业成本”项目）。因此，一项支出是计为资产的成本还是利润表上的费用，取决于其所带来的经济利益是不是在当期。那些能够带来未来经济利益流入的支出，一般情况下应计入资产的成本反映在资产负债表上，而只有带来了当期经济利益流入的支出，才作为费用反映。

在利润表上，与当期收入配比的结果是产生当期利润。费用具有如下基本特征：

（1）费用在企业的日常活动中发生，而不是在偶发的交易或事项中发生，如营业成本、税金及附加、管理费用、财务费用、销售费用以及所得税费用等。在判定一个企业的费用应该包含哪些内容时，通常是以该企业收入的确认为基础保证费用与收入，无论是在确认范围上还是在确认时间上都相互配比。

（2）费用既可能表现为企业货币资产或非货币资产的减少，如减少银行存款、存货等；也可能表现为企业负债的增加（如当期发生但尚未支付的各种费用）；或者二者兼而有之。

（3）费用能导致企业所有者权益的减少。向所有者分配利润而引起的企业所有者权益的减少并不属于费用，因此，将费用定义为一种与日常活动相关的“经济利益的流出”。

（4）费用只包括本企业经济利益的流出，不包括为第三方或客户垫付的款项，如代付运费、保险费等。代付的款项不属于本企业的经济利益流出，不能作为本企业的费用，而应作为“其他应收款”等资产项目处理。

2. 费用的确认条件

费用只有在经济利益很可能流出从而导致企业资产减少或者负债增加，且经济利益的流出额能够可靠计量时才能予以确认。

企业为生产产品、提供劳务等发生的可归属于产品成本、劳务成本等的费用，应当在确认产品销售收入、劳务收入等时，将已销售产品、已提供劳务的成本等计入当期损益。

企业发生的支出不产生经济利益的，或者即使能够产生经济利益但不符合或者不再符合资产确认条件的，应当在发生时确认为费用，计入当期损益。

企业发生的交易或者事项导致其承担了一项负债而又不确认为一项资产的，应当在发生时确认为费用，计入当期损益。

【思维空间】费用与成本的区别主要表现在：期间费用是资产的耗费，它与一定的会计期间相联系，而与生产哪一种产品无关；生产成本与一定种类和数量的产品相联系，而不论发生在哪一个会计期间。企业的产品销售后，其生产成本就转化为销售当期的费用，称为产品销售成本或主营业务成本。

（三）利润

1. 利润的定义

利润(Profit)是指企业在一定会计期间的经营成果。利润包括收入减去费用后的净额、投资收益以及直接计入当期利润的利得和损失等。其中，收入减去费用后的净额反映的是企业日常活动的业绩；直接计入当期利润的利得和损失是指应当计入当期损益、最终会引起所有者权益发生增减变动的、与所有者投入资本或者向所有者分配利润无关的利得(如营业外收入)或者损失(如营业外支出)，它反映的是非日常活动的业绩。

在利润表上，利润是一个有不同结构和内涵的概念体系。利润按其构成的不同层次可划分为营业利润、利润总额和净利润。

利润是衡量企业盈利能力和判断企业质量优劣的一种重要标志，也是评价企业管理层业绩的一项重要指标，更是投资者等财务报告使用者进行决策时的重要参考。利润具有如下基本特征：

(1) 利润既包括企业在日常活动中产生的经营成果，也包括在偶发的交易或事项等非日常活动中产生的经营成果，它是企业当期业绩的全面反映。

(2) 利润既可能表现为企业货币资产的增加，也可以表现为非货币性资产的增加，如应收账款、应收票据等。因此，企业“有利润不见得有钱”。利润是以权责发生制为基础、在将收入和费用相互配比之后所产生的结果。

(3) 利润会导致企业所有者权益的增加，相应地，亏损会导致企业所有者权益的减少。由于通过发行股票之类的方式融资以及向所有者分配利润等所引起的所有者权益的变化并不属于利润，因此，利润是能导致企业所有者权益增加(或减少)，但与所有者投入资本和向所有者分配利润无关的“经济利益的净流入(或净流出)”。

(4) 由于在遵循权责发生制确认收入和费用的过程中，在确认时间和计量金额等问题上均不可避免地需要一些人为的估计和判断，因此，利润无论是在实现期间上还是在规模上均带有一定的主观因素和操纵空间，这是会计固有的局限性造成的，与会计准则完善与否无关。

2. 利润的确认条件

利润包括收入减去费用后的净额、直接计入当期利润的利得和损失等。直接计入当期利润的利得和损失，是指应当计入当期损益、会导致所有者权益发生增减变动的、与所有者投入资本或者向所有者分配利润无关的利得或者损失。利润金额取决于收入和费用、直接计入当期利润的利得和损失金额的计量。

二、利润表的编制

(一) 利润表的编制步骤

第一步，以营业收入为基础，计算营业利润。

营业利润＝营业收入－营业成本－税金及附加－销售费用－管理费用－财务费用－资产减值损失＋公允价值变动收益(－公允价值变动损失)＋投资收益(－投资损失)

第二步，以营业利润为基础，计算利润总额。

利润总额＝营业利润＋营业外收入－营业外支出

第三步，以利润总额为基础，计算净利润。

净利润＝利润总额－所得税费用

第四步，以净利润(或净亏损)为基础，计算每股收益。

第五步，以净利润(或净亏损)和其他综合收益为基础，计算综合收益总额。

(二) 利润表构成项目的填列方法

利润表各项目均需填列“本期金额”和“上期金额”两栏。其中“上期金额”栏内各项数字，应根据上年该期利润表的“本期金额”栏内所列数字填列。“本期金额”栏内各期数字，除“基本每股收益”和“稀释每股收益”项目外，应当按相关科目的发生额分析填列。

(三) 利润表各项目核算的内容及其填列

1. “营业收入”项目，反映企业经营业务所取得的收入总额，包括主营业务收入和其他业务收入。本项目应根据“主营业务收入”账户和“其他业务收入”科目的发生额合计填列。“主营业务收入”反映企业经营主要业务所取得的收入总额。“其他业务收入”反映企业在主要业务之外的其他经营活动中所取得的收入总额。

2. “营业成本”项目，反映企业经营业务发生的实际成本，包括主营业务成本和其他业务成本。“主营业务成本”反映企业经营主要业务发生的实际成本。“其他业务成本”反映企业在主要业务之外的其他经营活动中所发生的实际成本。本项目应根据“主营业务成本”账户和“其他业务成本”科目的发生额合计填列。

3. “税金及附加”项目，反映企业经营业务应负担的消费税、城市维护建设税、资源税、土地增值税和教育费附加等。本项目应根据“税金及附加”科目的发生额分析填列。

4. “销售费用”项目，反映企业在销售商品过程中发生包装费、广告费的费用，以及为销售本企业商品而专设的销售机构(含销售网点、售后服务网点等)的职工薪酬、业务费、折旧费等经营费用。本项目应根据“销售费用”科目的发生额分析填列。

5. “管理费用”项目，企业为组织和管理企业生产经营所发生的管理费用。包括企业在筹建期间内发生的开办费、董事会和行政管理部门在企业的经营管理中发生的或者应该由企业统一负担的公司经费(包括行政管理部门职工工资及福利费、物料消耗、低值易耗品摊销、办公费和差旅费等)、工会经费、董事会费(包括董事会成员津贴、会议费和差旅费等)、聘请中介机构费、咨询费(含顾问费)、诉讼费、业务招待费、技术转让费、矿产资源补偿费、研究费用、排污费等。本项目应根据“管理费用”科目的发生额分析填列。

6. “财务费用”项目,企业为筹集生产经营所需资金等而发生的筹资费用,包括利息支出(减利息收入)、汇兑损益以及相关的手续费、企业发生的现金折扣或者收到的现金折扣等。本项目应根据“财务费用”科目的发生额分析填列。

7. “资产减值损失”项目,反映企业计提各项资产减值准备所形成的损失。本项目应根据“资产减值损失”科目的发生额分析填列。

8. “公允价值变动损益”项目,反映企业资产因公允价值变动而发生的损益。本项目应根据“公允价值变动损益”科目的发生额分析填列。

9. “投资收益”项目,反映企业以各种方式对外投资所取得的收益。本项目应根据“投资收益”科目的发生额分析填列,如为投资损失,以“—”号填列。

10. “营业外收入”项目,反映企业发生的与其经营活动无直接关系的各项收入。包括非流动资产处置利得、非货币性资产交换利得、债务重组利得、政府补助、盘盈利得、捐赠利得等。本项目应根据“营业外收入”科目的发生额分析填列。

11. “营业外支出”项目,反映企业发生的与其经营活动无直接关系的各项支出。包括非流动资产处置损失、非货币性资产交换损失、债务重组损失、公益性捐赠支出、非常损失、盘亏损失等。本项目应根据“营业外成本”科目的发生额分析填列。

12. “所得税费用”项目,反映企业应该从当期利润总额中扣除的所得税费用。本项目应根据“所得税费用”科目的发生额分析填列。

13. “营业利润”报表项目反映企业当期的营业利润或者亏损,是企业经营类资产和投资类资产共同形成的经营成果。

14. “利润总额”报表项目,反映企业当期的利润总额或者亏损,是用来计算所得税的依据。如为亏损,以“—”号填列。

15. “净利润”项目,反映企业实现的净利润,是用来等待分配的利润成果。如为净亏损,以“—”号填列。

16. “归属于母公司所有者的净利润”项目,反映在企业合并净利润中归属于母公司股东的净利润。

17. “少数股东损益”项目,反映企业实现的利润中不属于母公司的部分。

18. “每股收益项目”项目,反映企业税后利润与股本的比率。

19. “基本每股收益”项目,反映企业不存在稀释性潜在普通股的每股收益。

20. “稀释每股收益”项目,反映企业存在稀释性潜在普通股的每股收益。

第三节 利润表的分析

对利润表进行分析,先应用比较分析法和结构分析法对利润表的数据进行整理和加工,在此基础上对利润表按照项目类别分类分析。

【例 4-1】 云南白药股份有限公司 2013～2017 年利润表比较分析和结构分析。

表 4－3 云南白药股份有限公司利润表比较分析表

报表日期	2014 年与 2013 年比较		2015 年与 2013 年比较		2016 年与 2013 年比较		2017 年与 2013 年比较	
单　位	绝对数(元)	相对数	绝对数(元)	相对数	绝对数(元)	相对数	绝对数(元)	相对数
一、营业总收入	2 999 575 491.93	18.97%	4 923 335 324.27	31.13%	6 595 863 523.50	41.71%	8 499 823 163.40	53.75%
营业收入	2 999 575 491.93	18.97%	4 923 335 324.27	31.13%	6 595 863 523.50	41.71%	8 499 823 163.40	53.75%
二、营业总成本	2 229 350 954.78	16.08%	3 884 153 132.74	28.02%	5 423 958 620.77	39.13%	7 248 156 983.42	52.29%
营业成本	2 020 812 733.49	18.18%	3 287 519 899.71	29.57%	4 599 576 279.06	41.37%	5 613 190 284.84	50.49%
营业税金及附加	15 804 344.56	20.70%	28 133 130.62	36.85%	77 490 086.57	101.51%	93 311 851.53	122.23%
销售费用	417 807 975.12	20.76%	696 987 170.52	34.63%	827 914 305.05	41.14%	1 670 938 018.84	83.02%
管理费用	89 751 410.07	19.43%	31 314 701.90	6.78%	21 649 785.24	4.69%	−75 130 612.98	−16.27%
财务费用	7 314 791.65	93.04%	5 249 721.64	66.77%	81 820 425.18	1 040.66%	64 681 112.37	822.66%
资产减值损失	−322 140 300.11	−175.39%	−165 051 491.65	−89.86%	−184 492 260.33	−100.45%	−118 833 671.18	−64.70%
公允价值变动收益	0.00		0.00					
投资收益	−579 329 631.59	−84.59%	−509 871 513.79	−74.45%	−491 005 878.69	−71.69%	−407 953 369.18	−59.57%
其中：对联营企业和合营企业的投资收益	709 261.60	−38.10%	603 366.62	−32.41%	2 187 732.31	117.53%	1 853 014.12	−99.55%
汇兑收益	0.00		0.00					
三、营业利润	190 894 905.56	7.23%	529 310 677.74	20.06%	680 899 024.04	25.80%	981 792 892.43	37.20%
加：营业外收入	21 387 841.43	31.10%	6 184 365.46	8.99%	20 478 284.34	29.77%	−61 742 483.36	−89.77%
减：营业外支出	3 448 621.70	53.87%	21 470 882.06	335.39%	5 182 881.37	80.96%	−486 096.13	−7.59%

续表

报表日期	2014年与2013年比较		2015年与2013年比较		2016年与2013年比较		2017年与2013年比较	
单　　位	绝对数(元)	相对数	绝对数(元)	相对数	绝对数(元)	相对数	绝对数(元)	相对数
其中：非流动资产处置损失	234 671.47	20.37%	−255 169.55	−22.15%	990 001.62	85.93%	−1 152 072.07	−100.00%
四、利润总额	208 834 125.29	7.73%	514 024 161.14	19.03%	696 194 427.01	25.77%	920 536 505.20	34.08%
减：所得税费用	32 961 234.16	8.68%	79 896 838.21	21.03%	86 758 611.10	22.84%	109 456 121.92	28.82%
五、净利润	175 872 891.13	7.58%	434 127 322.93	18.70%	609 435 815.91	26.25%	811 080 383.28	34.94%
归属于母公司所有者的净利润	184 622 714.69	7.95%	449 387 613.90	19.36%	598 423 025.71	25.78%	823 527 642.43	35.47%
少数股东损益	−8 749 823.56		−15 260 290.97		11 012 790.20		−12 447 259.15	
六、每股收益	0.00		0.00					
基本每股收益(元/股)	−0.93	−27.84%	−0.68	−20.36%	−0.54	−16.17%	−0.32	−9.58%
稀释每股收益(元/股)	−0.93	−27.84%	−0.68	−20.36%	−0.54	−16.17%	−0.32	−9.58%
七、其他综合收益	−3 774 059.93	−186.16%	−2 027 329.60	−100.00%	−2 027 329.60	−100.00%	−2 050 867.72	−101.16%
八、综合收益总额	172 098 831.20	7.41%	432 099 993.33	18.60%	607 408 486.31	26.14%	809 029 515.56	34.82%
归属于母公司所有者的综合收益总额	180 848 654.76	7.78%	447 360 284.30	19.25%	596 395 696.11	25.67%	821 490 897.58	35.36%
归属于少数股东的综合收益总额	−8 749 823.56		−15 260 290.97		11 012 790.20		−12 461 382.02	

表 4-4 云南白药股份有限公司利润表结构分析表

报表日期	2013-12-31	2014-12-31	2015-12-31	2016-12-31	2017-12-31
二、营业总成本(元)	13 860 725 232.91	16 090 076 187.69	17 744 878 365.65	19 284 683 853.68	21 108 882 216.33
营业成本(元)	11 118 384 924.85	13 139 197 658.34	14 405 904 824.56	15 717 961 203.91	16 731 575 209.69
营业税金及附加(元)	76 341 078.12	92 145 422.68	104 474 208.74	153 831 164.69	169 652 929.65
销售费用(元)	2 012 574 359.11	2 430 382 334.23	2 709 561 529.63	2 840 488 664.16	3 683 512 377.95
管理费用(元)	461 893 854.45	551 645 264.52	493 208 556.35	483 543 639.69	386 763 241.47
财务费用(元)	7 862 388.75	15 177 180.40	13 112 110.39	89 682 813.93	72 543 501.12
资产减值损失(元)	183 668 627.63	−138 471 672.48	18 617 135.98	−823 632.70	64 834 956.45
公允价值变动收益(元)	0.00	0.00	0.00	0.00	0.00
投资收益(元)	684 864 992.03	105 535 360.44	174 993 478.24	193 859 113.34	276 911 622.85
营业成本占营业总成本比重(%)	80.22	81.66	81.18	81.50	79.26
营业税金及附加占营业总成本比重(%)	0.55	0.57	0.59	0.80	0.80
销售费用占营业总成本比重(%)	14.52	15.10	15.27	14.73	17.45
管理费用占营业总成本比重(%)	3.33	3.43	2.78	2.51	1.83
财务费用占营业总成本比重(%)	0.06	0.09	0.07	0.47	0.34
资产减值损失占营业总成本比重(%)	1.33	−0.86	0.10	0.00	0.31
公允价值变动收益占营业总成本比重(%)	0.00	0.00	0.00	0.00	0.00
投资收益占营业总成本比重(%)	4.94	0.66	0.99	1.01	1.31

一、收入类项目的解读与分析

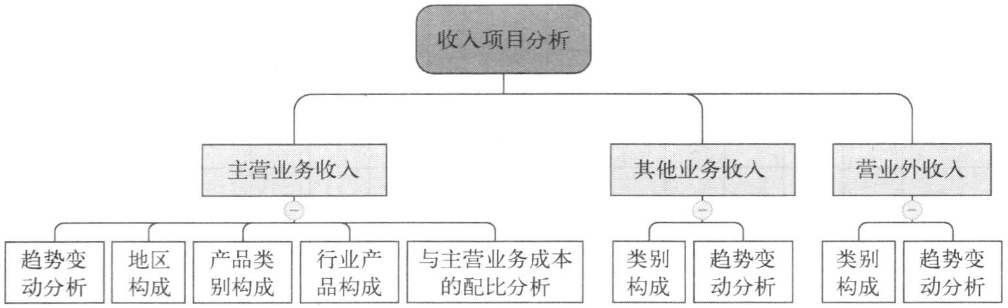

图 4-3 利润表收入项目分析

(一) 主营业务收入的分析

主营业务收入只是企业主要经营活动所产生的收入。不同行业不同单位的主营业务活动有所不同,主营业务收入所包含内容也有所区别。如对工业企业而言,主营业务收入主要是指销售商品、自制半成品、待制品、待修品、提供工业性劳务等所创造的收入;而对酒店、餐饮企业而言,客房收入与餐饮收入即构成主要的营业收入内容;至于租赁公司,则租金收入便成为其主营业务收入等。主营业务收入一般在企业的营业性收入中占有较大比例,对企业日常运营及相应的经济效益起着举足轻重的影响。

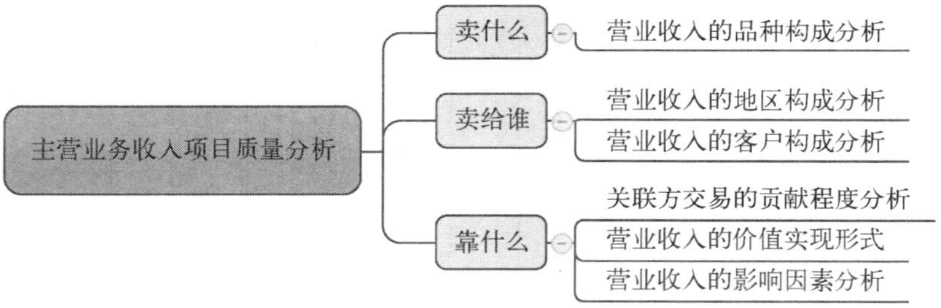

图 4-4 主营业务收入项目质量分析

在对企业的主营业务收入进行分析,应该从以下几个方面入手:

1. 企业营业收入的行业以及品种构成

从现在的情况来看,企业大多数从事多种商品或劳务的经营活动。在从事多品种经营的条件下,企业不同品种商品或劳务的营业收入构成对信息使用具有十分重要的意义:占总收入比重大的商品或劳务是企业过去业绩的主要增长点。此外,信息使用者可以通过对体现企业过去主要业绩的商品或劳务的未来发展趋势进行分析,初步判断企业业绩的持续性,进而分析企业的未来发展趋势。

【例 4-2】 云南白药股份有限公司 2010～2013 年利润表营业收入行业分析。

表 4-5　　云南白药股份有限公司 2010～2013 年营业收入行业分析表

项　　目	2010 年	2011 年	2012 年	2013 年
主营业务收入(元)	10 046 046 653.07	11 247 656 882.87	13 639 347 910.09	15 777 978 426.36
其他业务收入(元)	29 391 181.19	64 665 549.16	47 476 615.48	36 812 454.45

续表

项　　目	2010 年	2011 年	2012 年	2013 年
合计(元)	10 075 437 834.26	11 312 322 432.03	15 777 978 426.36	15 814 790 880.81
以 2010 年为基数比较(元)		1 236 884 597.77	5 702 540 592.10	5 739 353 046.55
以 2010 年为基数比较(%)		12.31	56.76	57.13
主营业务收入占总收入比率(%)	99.71	99.43	86.45	99.77
其他按业务收入占总收入比率(%)	0.29	0.57	0.30	0.23
主营业务成本(元)	6 981 028 636.43	7 865 090 915.01	9 577 988 633.88	11 095 404 763.52
其他业务成本(元)	23 736 025.01	56 717 313.13		22 980 161.33
合计(元)	7 004 764 661.44	7 921 808 228.14	9 577 988 633.88	11 118 384 924.85
以 2010 年为基数比较(元)		917 043 566.70	2 573 223 972.44	4 113 620 263.41
以 2010 年为基数比较(%)		13.09	36.74	58.73
主营业务成本占总成本比率(%)	99.66	99.28	100.00	99.79
其他业务成本占总成本(%)	0.34	0.72	0.00	0.21
主营业务成本占主营业务收入的比重(%)	69.49	69.93	70.22	70.32
其他业务成本占其他业务收入的比重(%)	80.76	87.71		62.42
营业成本占营业收入的比重(%)	69.52	70.03	60.70	70.30

【思维空间】从云南白药 2010～2013 年的主营业务收入行业分析表中可以看出，自 2010 年以来，工业销售收入的比率逐年降低，商业销售收入的占比逐年增加，从此比率变化可以得出什么结论？从营业成本占营业收入的比重说明了什么问题？结合行业销售收入变动，可以得出什么结论？

2. 企业营业收入的地区构成

在企业为不同地区提供产品或劳务的情况下，企业在不同地区商品或劳务的营业收入构成对信息使用者也具有重要价值：占总收入比重大的地区是企业过去业绩的主要地区增长点。从消费者的心理与行为表现来看，不同地区的消费者对不同品牌的商品具有不同的偏好。不同地区的市场潜力则在很大程度上制约企业的未来发展。

【例 4－3】 云南白药股份有限公司 2010～2013 年利润表营业收入地区构成分析。

表 4－6　　云南白药股份有限公司营业收入地区构成分析表　　单位：元

产品名称	2010 年		2011 年	
	营业收入	营业成本	营业收入	营业成本
国内	10 013 507 168.22	6 967 546 854.61	11 221 237 802.56	7 855 545 549.01
其中：省内	6 987 525 790.13	5 976 667 616.78	7 459 315 490.47	6 252 888 909.55

续表

产品名称	2010年		2011年	
	营业收入	营业成本	营业收入	营业成本
省外	3 025 981 378.09	990 879 237.83	3 761 922 312.09	1 602 656 639.46
国外	32 539 484.85	13 481 781.82	26 419 080.31	9 545 366.00
合计	10 046 046 653.07	6 981 028 636.43	11 247 656 882.87	7 865 090 915.01
国内占总额比	99.68%	99.81%	99.77%	99.88%
国外占总额比	0.32%	0.19%	0.23%	0.12%
省内占国内比	69.78%	85.78%	66.47%	79.60%
省外占国内比	30.22%	14.22%	33.53%	20.40%
营业成本占营业收入的比重				
国内	69.58%		70.01%	
其中：省内	85.53%		83.83%	
省外	32.75%		42.60%	
国外	41.43%		36.13%	
合计	69.49%		69.93%	

产品名称	2012年		2013年	
	营业收入	营业成本	营业收入	营业成本
国内	13 583 492 039.24	9 507 514 568.15	15 729 945 430.27	11 080 910 315.05
其中：省内			10 016 042 582.87	8 263 327 665.30
省外			5 713 902 847.40	2 817 582 649.75
国外	55 855 870.85	30 514 832.45	48 032 996.09	14 494 448.47
合计	13 639 347 910.09	9 538 029 400.60	15 777 978 426.36	11 095 404 763.52
国内占总额比	99.59%	99.68%	99.70%	99.87%
国外占总额比	0.41%	0.32%	0.30%	0.13%
省内占国内比			63.67%	74.57%
省外占国内比			36.33%	25.43%
营业成本占营业收入的比重				
国内	69.99%		70.44%	
其中：省内			82.50%	
省外			49.31%	
国外	54.63%		30.18%	
合计	69.93%		70.32%	

【思维空间】从云南白药2010～2013年的主营业务收入行业地区的构成能得出哪些财务分析结论？能给出哪些财务建议？

3. 与关联方交易的收入在总收入中的比重

在企业形成集团化经营的条件下，集团内各个企业之间就有可能发生关联方交易。由于关联方之间的密切联系，关联方之间就有可能为了“包装”某个企业的业绩而人为制造一些业务。当然，关联方之间的交易也有企业间正常交易的成分。但是，信息使用者必须关注以关联方销售为主体形成的营业收入在交易价格、交易的实现时间等方面的非市场化因素。

4. 分析营业收入的价值实现方式

营业收入是企业获取经营利润的根本，也是反映企业业务规模大小的直接指标。但相同的营业收入却可能存在质量上的明显区别，这主要与营业收入也包含着赊销收入有关。企业创造一定量的营业收入，可能对应着等量的货币资金增量，也可能在赊销形势下对应着应收账款，两者的后续可利用价值及其质量显然有所不同。因此，评价营业收入的质量，应该同时结合现金流量表中的“销售商品、提供劳务所收到的现金”项目来进行。

5. 分析营业收入影响因素

企业营业收入的大小主要受销售量和销售价格的影响，因此进行营业收入分析，应在分析收入总量变动的基础上，进一步确认销售量和销售价格对其的影响程度。分析步骤如下：

$$营业收入增长额=本期实际营业收入-基期营业收入$$

$$营业收入增长率=\frac{营业收入增长额}{基期营业收入}\times 100\%$$

$$销售量变动对营业收入的影响=基期营业收入\times 销售量增长率$$

$$销售量增长率=\left[\frac{\sum 产品实际销售量\times 基期单价}{\sum 产品基期销售量\times 基期单价}-1\right]\times 100\%$$

$$价格变动对收入的影响=营业收入增长额-销售量变动对营业收入的影响$$

通过销售量与销售价格对收入的影响分析，不仅可明确企业销售量及销售价格对收入的影响程度，而且可了解企业的竞争战略选择及效果。

【例4-4】 云南白药股份有限公司2013～2017年利润表营业收入影响因素分析。

表4-7　　云南白药股份有限公司2013～2017年营业收入影响因素分析表

项　　目	2013年	2014年	2015年	2016年	2017年
主营业务收入(元)	15 814 790 880.81	18 814 366 372.74	20 738 126 205.08	22 410 654 404.31	24 314 614 044.21
营业收入增长额(元)		2 999 575 491.93	1 923 759 832.34	1 672 528 199.23	1 903 959 639.90
营业收入增长率(%)		18.97	10.22	8.06	8.50

【思维空间】从云南白药2013～2017年的主营业务收入影响因素分析中营业收入增长率方面的比率变动可以得出什么结论？有哪些财务建议？

（二）其他业务收入项目的分析

其他业务收入是指企业在基本业务之外，从事其他生产经营活动所取得的收入。如制造型企业的运输业务收入、出售多余原材料所获得的收入，以及非租赁公司经营性出租资产的租金收入以及出租包装物收入等。

（三）营业外收入项目的分析

营业外收入是指与企业日常生产经营活动没有直接关系的各项收入。这种收入不影响企业的营业利润，通常也不具有持续性或稳定性。营业外收入包括：企业处置固定资产、无形资产等非流动资产所产生的净收益，以及非货币性资产交换利得、债务重组收益、接受捐赠的收益和来自政府的补助等。

企业在会计报表附注中应该对收入确认所采用的会计政策，包括确定提供劳务交易完工进度的方法；本期确认的销售商品收入、提供劳务收入、利息收入和使用费收入的金额进行相关披露。

【例 4－5】 云南白药股份有限公司 2013～2017 年利润表营业外收入分析。

表 4－8　　云南白药股份有限公司营业外收入信息披露表

项　　目	2013 年	2014 年	2015 年	2016 年	2017 年
单　　位	元	元	元	元	元
1. 非流动资产处置利得合计	7 882 744.49	80 989.27	4 887 500.26	6 130 102.37	49 127.16
其中：固定资产处置利得	72 719.75	80 989.27	4 887 500.26	6 130 102.37	49 127.16
无形资产处置利得	7 751 024.74				
2. 非货币性资产交换利得					
3. 债务重组利得					
4. 政府补助	57 853 485.64	83 729 680.59	68 090 714.10	77 392 832.88	
5. 盘盈利得					
6. 捐赠利得					50 000.00
7. 其他			1 988 255.50	5 737 453.49	6 940 493.88
合　计	65 736 230.13	83 810 669.86	74 966 469.86	89 260 388.74	6 989 621.04

表 4－9　　云南白药股份有限公司营业外收入结构分析表

项　　目	2013 年	2014 年	2015 年	2016 年	2017 年
1. 非流动资产处置利得合计	11.991 5%	0.096 6%	6.519 6%	6.867 7%	0.702 9%
其中：固定资产处置利得	0.110 6%	0.096 6%	6.519 6%	6.867 7%	0.702 9%
无形资产处置利得	11.791 1%	0.000 0%	0.000 0%	0.000 0%	0.000 0%
2. 非货币性资产交换利得					

续表

项　　目	2013 年	2014 年	2015 年	2016 年	2017 年
3. 债务重组利得					
4. 政府补助	88.008 5%	99.903 4%	90.828 2%	86.704 6%	0.000 0%
5. 盘盈利得					
6. 捐赠利得					0.715 3%
7. 其他			2.652 2%	6.427 8%	99.297 1%
合　　计	100.000 0%	100.000 0%	100.000 0%	100.000 0%	100.000 0%

【思维空间】从云南白药 2013～2017 年的营业外收入年报所披露的信息进行结构分析和趋势分析的加工整理后，可以得出什么结论？有哪些财务建议？

二、费用类项目解读与分析

（一）营业成本项目解读与分析

1. 主营业务成本项目解读与分析

主营业务成本是指企业为了获取主营业务收入而直接发生的经济代价。如为获得销售商品的收入而发生的所售出商品的取得成本、为获得劳务收入而付出的劳务成本、为取得租金收入而产生的出租物价值损耗等，属于创收过程中的直接代价。

工业企业产品销售成本是指已售产品的实际生产成本，它是根据已销产品的数量和单位生产成本计算出来的。已销商品的成本即商品采购成本，是商业企业为销售商品而在采购时支付的成本。它又分为国内购进商品成本和国外购进商品成本。国内购进商品成本包括国内购进商品的原始进价即实际支付给供货单位的进货价款、购入环节交纳的税金和国内购进商品并已出口所收取的退税数(作为当期出口商品成本的减项)；国外购进商品成本中还要包括关税等一系列相关费用。而服务类企业营业成本的构成项目会因所处行业不同而有所不同，基本上都包括与所提供劳务直接相关的人力、物力等方面的开支。

影响企业的营业成本水平的因素，既有企业不可控的因素(如受市场因素的影响而引起的价格波动)，也有企业可以控制的因素(如在一定的市场价格水平条件下，企业可以通过选择供货渠道、采购批量等来控制成本水平)，还有企业通过成本会计系统的会计核算对营业成本的人为处理因素。因此，对营业成本的质量评价应综合考虑多种因素。一般地，在分析中至少应关注以下几个方面：

(1) 营业成本的计算是否真实？会计核算方法(如存货计价方法、固定资产折旧方法等)的选择是否恰当、稳健？当期有无发生变更？其变更是否对营业成本产生较大影响？

(2) 营业成本是否存在异常波动？导致其异常波动的因素可能有哪些？哪些是可控因素？哪些是不可控因素？哪些是暂时性因素？哪些可能是对企业长期发展造成影响的因素？影响程度如何？

(3) 对企业全部销售成本的本年度实际完成情况与上年度实际情况进行对比分析，从产品类别角度分析各类产品或各主要产品销售成本升降的幅度，以及对全部销售成本的影响程度。分析差异产生的原因，与营业收入的变动幅度是否一致？

【例 4－6】 云南白药股份有限公司 2013～2017 年利润表营业收入与营业成本的对比分析。

表 4－10　　营业收入与营业成本的对比分析表

报表日期	2013－12－31	2014－12－31	2015－12－31	2016－12－31	2017－12－31
单　　位	元	元	元	元	元
营业收入	15 814 790 880.81	18 814 366 372.74	20 738 126 205.08	22 410 654 404.31	24 314 614 044.21
其中：主营业务收入	15 777 978 426.36	18 781 631 567.08	20 711 033 256.06	22 362 176 110.78	24 248 987 776.85
其他业务收入	36 812 454.45	32 734 805.66	27 092 949.02	48 478 293.53	65 626 267.36
营业成本	11 118 384 924.85	13 139 197 658.34	14 405 904 824.56	15 717 961 203.91	16 731 575 209.69
其中：主营业务成本	11 095 404 763.52	13 119 681 126.41	14 392 934 938.98	15 680 976 698.83	16 670 982 272.12
其他业务成本	22 980 161.33	19 516 531.93	12 969 885.58	36 984 505.08	60 592 937.57

表 4－11　　营业收入与营业成本的比较分析表

报表日期	2014 年与 2013 年比较		2015 年与 2013 年比较		2016 年与 2013 年比较		2017 年与 2013 年比较	
单位	绝对数（元）	相对数（%）	绝对数（元）	相对数（%）	绝对数（元）	相对数（%）	绝对数（元）	相对数（%）
营业收入	2 999 575 491.93	18.97	4 923 335 324.27	31.13	6 595 863 523.50	41.71	8 499 823 163.40	53.75
营业成本	2 020 812 733.49	18.18	3 287 519 899.71	29.57	4 599 576 279.06	41.37	5 613 190 284.84	50.49

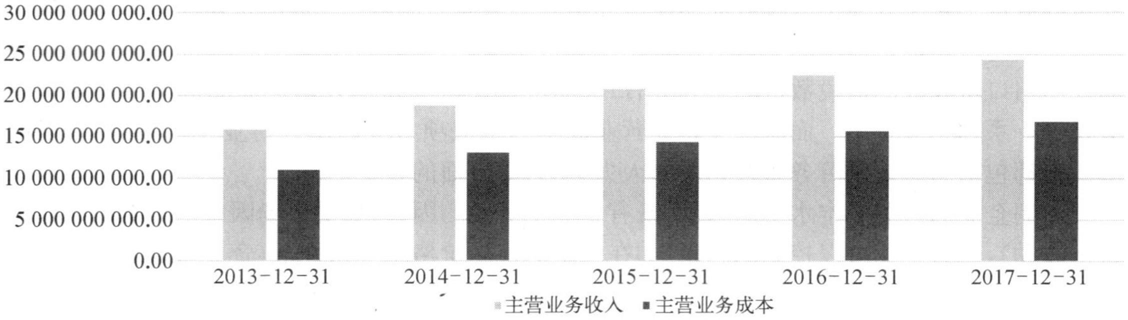

图 4－5　营业收入与营业成本的比较分析图

【思维空间】从云南白药 2013～2017 年的营业收入与营业成本的比较和趋势分析中，可以得出什么结论？有哪些财务建议？

需要强调的是，对营业成本与期末存货余额之间相对规模的异常波动应格外关注。以制造企业为例，在不考虑企业当期在生产、存储和销售过程中可能会发生毁损的情况下，当期的营业成本和期末存货的加总应该等于当期可供出售产品成本的总额（即期初余额加上当期入库的存货总额）。在实务中，企业的营业成本往往是在期末经汇总一并结转，而不是在每次销售产品时立即结转，因此在营业成本和期末存货余额之间往往存在此消彼长的关系。在企业的生产、销售规模趋于稳定的情况下，营业成本与期末存货余额之间的相对规模应该大体保持不变，而当营业成本与期末存货余额之间的相对规模出现异常波动，尤其是企业的毛利率也随之发生异常波动时，若这种现象无法用正常的理由进行解释，则往往可能是企业出于某种动机，通过“低转成本”或者“高转成本”等手段人为操纵利润的一种迹象。

2. 其他业务成本项目解读与分析

其他业务成本则是企业在获得其他业务收入时所付出的代价，包括运输业务的直接耗费、出售多余原材料的成本、出租包装物所摊销的价值，以及应由其他业务支出直接承担的流转税及附加费用等。

（二）税金及附加

税金及附加是指企业从事生产经营活动、按税法规定应纳并在会计上应从营业利润中扣除的各项流转额及其附加，包括消费税、关税、资源税、城市维护建设税，以及应交教育费附加等，体现的是企业生产经营环节中的税收负担。该项目总额通常与当期营业收入之间存在一定的正相关关系。因此，通过对以往几期营业税金及附加与营业收入之间的数据对比，可以大致了解企业经营收入所需承担的流转税负的情况。

【例 4－7】 云南白药股份有限公司 2013～2017 年利润表营业税金及附加分析。

表 4－12　　云南白药股份有限公司营业税金及附加分析表

项　　目	2013 年	2014 年	2015 年	2016 年	2017 年
营业税(元)	957 358.81	2 055 688.26	1 705 629.72	957 358.81	904 537.59
地方教育费附加(元)					15 876 235.66
城市维护建设税(元)	52 405 153.69	62 962 539.01	71 533 532.94	52 405 153.69	79 815 086.80
教育费附加(元)	22 781 144.34	26 911 425.84	30 743 438.45	22 781 144.34	34 308 372.62
房产税(元)	188 913.53	208 664.14	120 124.05	188 913.53	11 325 387.75
车船使用税(元)					34 537.55
消费税(元)	8 507.75	7 105.43	371 483.58	8 507.75	541 081.60
印花税(元)					5 217 500.02
合计(元)	76 341 078.12	92 145 422.68	104 474 208.74	76 341 078.12	148 022 739.59
各税种占比(%)					
营业税占比(%)	1.25	2.23	1.63	1.25	0.61
城市维护建设税占比(%)	68.65	68.33	68.47	68.65	53.92
教育费附加占比(%)	29.84	29.21	29.43	29.84	23.18
房产税占比(%)	0.25	0.23	0.11	0.25	7.65
车船使用税占比(%)	0.00	0.00	0.00	0.00	0.02
消费税占比(%)	0.01	0.01	0.36	0.01	3.52

【思维空间】从云南白药 2013～2017 年的营业税金及附加的趋势和结构分析，可以得出什么结论？有哪些财务建议？

（三）期间费用

期间费用是指企业经营活动过程中所发生的，容易确定其发生期间或归属期间，但难以直接或间接将其归属于某一具体产品或劳务项目成本的费用。根据权责发生制和配比原则的要求，这些费用应直接在发生当期的损益中列支，具体包括销售费用、管理费用和财务费用三项。

对各项期间费用的质量分析应强调两个方面的内容：(1) 分析期间费用的质量，不能只强调各项期间费用发生的规模，更应强调各项费用发生后所带来的效益。大部分的期间费用在规模上都是相对固定的，即不能简单通过压缩规模来控制期间费用。有些期间费用如广告费、研发费、人力资源开发等，虽然可以通过企业决策来改变其发生规模，但是规模的压缩往往会直接影响企业的发展前景，所以在期间费用控制方面，不要片面强调节约和压缩，而要强调效益，不要追求费用最小化，而要追求成本效益最大化。(2) 分析期间费用的质量，应关注各项费用对人的行为和心理所产生的影响。适当的费用宽松可以调动员工的积极性、创造性和忠诚度，这对企业是有益的。否则，得到控制的仅仅是费用的发生规模，而其结果可能会导致企业效益和效率更大幅度地下降。如果在企业的费用预算管理中考虑心理因素，所带来的增量效用可能会远高于增量费用支出。只要企业在发展，控制期间费用发生的绝对规模就不应该成为期间费用预算管理的首要目标，相应地，成本费用率也不应该成为期间费用质量的唯一考核标准。

1. 销售费用

销售费用是指企业为促销商品、推销劳务而发生的、应当有当期损益承担的费用，如产品宣传费、推广费、运输费、装卸费、保险费、展览费、陈列费等，以及企业专设营销机构所产生的各项运行经费，如专属营销机构的人员工资、福利、办公费、折旧费、培训费、固定资产折旧与修理费等。

销售费用的高低在一定程度上反映了企业的营销力度，是企业当期为了开拓市场、促销产品而产生的，需要在发生时列入档期利润表，从营业所得中得到补偿。对销售费用的质量分析应着重考察以下几个方面：

(1) 计算销售费用与营业收入和核心利润的比率，通过同行业比较和前后期比较，结合行业竞争状况和企业在销售费用控制方面的举措，考察销售费用支出的有效性。

(2) 分析销售费用中诸如广告费、促销费、展览费、销售网点业务费等与企业营销策略有关的项目所占比重的变化情况，关注这些项目对企业长期销售能力改善、企业长期发展可能做出的贡献，考察销售费用的长期效应。

(3) 在销售费用存在异常波动的情况下，结合行业竞争态势和竞争格局的变化、企业营销策略的变化以及相关会计政策的变化等因素，判断销售费用波动的合理性，关注是否有人为主观操纵的迹象。

【例 4-8】 云南白药股份有限公司 2013～2017 年利润表销售费用分析。

表 4-13　云南白药股份有限公司销售费用分析信息披露表　单位：元

项　目	2013 年	2014 年	2015 年	2016 年	2017 年
市场维护费	798 543 291.78	859 056 220.78	986 431 770.89	771 152 114.48	1 454 835 279.98
广告宣传费	380 297 594.39	602 545 834.18	552 105 073.84	706 897 245.44	689 520 697.25
职工薪酬	321 730 817.69	465 541 014.10	681 835 672.98	735 282 876.09	847 633 547.61
运输装卸费	176 563 365.41	194 113 327.89	223 247 617.15	228 703 168.40	269 716 003.30

续表

项　目	2013 年	2014 年	2015 年	2016 年	2017 年
综合管理				40 802 157.33	25 731 208.25
促销及广告费	61 582 390.34	59 735 162.79	16 008 357.78	28 091 122.71	14 050 776.24
制作费	43 010 831.11	40 495 276.73	44 023 320.30	49 951 373.03	49 551 432.47
租赁费	37 437 307.47	41 041 815.14	45 974 142.30	51 556 615.01	45 281 883.42
差旅费	35 973 338.02	37 195 415.48	34 158 276.93	56 949 315.94	40 980 436.31
办公费	21 568 666.51	19 631 434.17	23 134 164.02	34 888 374.15	31 203 785.87
样品费	14 687 383.38	6 967 640.71	2 100 524.78	12 914 605.32	20 743 690.01
策划服务费	12 906 053.17	25 234 559.35	19 530 022.68	35 936 914.77	87 661 222.47
咨询费	9 008 902.11	6 567 745.07	5 337 984.26	4 804 893.50	11 505 081.42
汽车使用费	7 123 907.83	7 971 402.90	6 506 550.04	6 059 813.45	2 336 894.66
折旧与摊销	6 762 211.99	3 077 399.47	2 224 409.70	690 627.80	2 081 444.00
仓储费	3 116 981.31	7 684 479.05	9 962 453.73	12 052 799.15	18 101 111.08
装修费	2 379 979.09	3 448 421.92	204 641.49	4 388 474.09	2 974 071.56
商品损耗	2 074 274.41	4 520 756.38	1 287 210.03	2 229 457.45	
修理费	1 981 051.57	2 010 829.00	2 799 544.26	5 109 099.46	3 930 709.64
劳务手续费		3 569 748.96	3 975 842.79	1 674 476.09	513 789.50
邮寄费		4 051 836.15	6 306 974.14		
医保设施、网络服务费		4 549 723.89	3 422 471.37		
物料消耗		2 170 708.24	8 986 070.01	10 209 027.81	15 193 644.82
医院托管费		8 372 798.50	7 513 959.92		
会务费		7 619 975.50	7 347 956.97	13 454 833.36	6 687 761.54
技术服务费				12 914 605.32	20 743 690.01
劳动保护费		10 895 981.76	7 202 940.85	2 293 214.79	4 176 879.62
其他	75 826 011.53	2 276 884.12	7 933 576.42	12 512 283.41	15 795 805.59
合　计	2 012 574 359.11	2 430 346 392.23	2 709 561 529.63	2 841 519 488.35	3 680 950 846.62

表 4-14　　云南白药股份有限公司销售费用结构分析表

项　目	2013 年	2014 年	2015 年	2016 年	2017 年
市场维护费	39.677 7%	35.347 1%	36.405 6%	27.138 7%	39.523 4%
广告宣传费	18.896 1%	24.792 6%	20.376 2%	24.877 4%	18.732 1%
职工薪酬	15.986 0%	19.155 3%	25.164 1%	25.876 4%	23.027 6%
运输装卸费	8.773 0%	7.987 1%	8.239 3%	8.048 6%	7.327 3%

续表

项　　目	2013 年	2014 年	2015 年	2016 年	2017 年
综合管理				1.435 9%	0.699 0%
促销及广告费	3.059 9%	2.457 9%	0.590 8%	0.988 6%	0.381 7%
制作费	2.137 1%	1.666 2%	1.624 7%	1.757 9%	1.346 2%
租赁费	1.860 2%	1.688 7%	1.696 7%	1.814 4%	1.230 2%
差旅费	1.787 4%	1.530 5%	1.260 7%	2.004 2%	1.113 3%
办公费	1.071 7%	0.807 8%	0.853 8%	1.227 8%	0.847 7%
样品费	0.729 8%	0.286 7%	0.077 5%	0.454 5%	0.563 5%
策划服务费	0.641 3%	1.038 3%	0.720 8%	1.264 7%	2.381 5%
咨询费	0.447 6%	0.270 2%	0.197 0%	0.169 1%	0.312 6%
汽车使用费	0.354 0%	0.328 0%	0.240 1%	0.213 3%	0.063 5%
折旧与摊销	0.336 0%	0.126 6%	0.082 1%	0.024 3%	0.056 5%
仓储费	0.154 9%	0.316 2%	0.367 7%	0.424 2%	0.491 8%
装修费	0.118 3%	0.141 9%	0.007 6%	0.154 4%	0.080 8%
商品损耗	0.103 1%	0.186 0%	0.047 5%	0.078 5%	0.000 0%
修理费	0.098 4%	0.082 7%	0.103 3%	0.179 8%	0.106 8%
劳务手续费		0.146 9%	0.146 7%	0.058 9%	0.014 0%
邮寄费		0.166 7%	0.232 8%		
医保设施、网络服务费		0.187 2%	0.126 3%		
物料消耗		0.089 3%	0.331 6%	0.359 3%	0.412 8%
医院托管费		0.344 5%	0.277 3%		
会务费		0.313 5%	0.271 2%	0.473 5%	0.181 7%
技术服务费				0.454 5%	0.563 5%
劳动保护费		0.448 3%	0.265 8%	0.080 7%	0.113 5%
其他	3.767 6%	0.093 7%	0.292 8%	0.440 3%	0.429 1%
合　计	100.000 0%	100.000 0%	100.000 0%	100.000 0%	100.000 0%

【思维空间】根据云南白药2013～2017年的销售费用的趋势和结构分析，从费用使用以及使用效率方面可以得出什么结论？有哪些财务建议？

2. 管理费用

管理费用是指企业行政管理部门为阻止和管理生产经营活动而发生的各项费用，企业筹建期间内发生的开办费的摊销，董事会和行政职能部门在企业经营管理活动中发生的董事会费和公司经费，应由企业统一负担的工会经费、职工教育经费、聘请中介机构的费用，以及诉讼费、审计费、咨询费、绿化费、排污费、业务招待费、房产税、车船使用水、土地使用水、印花税、技术转让费、矿产资源补偿费、研究开发费用及其他行政性费用等。

管理费用是维持企业正常运行的基本开支，在发生时列入当期利润表中，直接影响当期营业利润。管理费用开支过多，可能意味着企业经费控制不得力，管理效率低下、存在一定程度的浪费或虚报行为；但管理费用过低，也可能是过度压缩了一下必要的开支，如缩减职工教育经费、降低研究开发费用等，这种短期行为反而可能会影响企业长期的经营管理效应。

【例 4-9】 云南白药股份有限公司 2013～2017 年利润表管理费用分析。

表 4-15　　**云南白药股份有限公司管理费用分析信息披露表**　　单位：元

项　目	2013 年	2014 年	2015 年	2016 年	2017 年
职工薪酬	141 020 425.34	220 346 118.19	177 868 194.02	176 944 705.68	159 944 385.92
企业技术研发费	141 020 425.34	95 291 293.73	100 373 029.32	89 927 020.86	84 035 411.19
存货盘盈或盘亏			15 298 881.52	45 972 315.54	8 682 002.01
折旧与摊销	28 858 844.84	46 332 957.59	45 011 910.43	37 172 766.46	41 424 967.09
税金	28 858 844.84	46 332 957.59	46 636 844.77	20 854 734.32	
办公费	5 815 102.99	13 322 581.61	7 610 567.23	16 326 003.98	4 734 320.19
样品费	8 411 090.10	15 776 636.68	14 088 223.10	13 511 966.66	11 065 249.19
业务招待费	41 577 094.75	36 558 972.48	12 062 831.28	11 146 609.60	10 250 851.78
劳动保护费			4 363 659.39	10 540 388.98	524 206.91
物料消耗			2 147 015.80	7 973 221.25	3 733 117.75
中介机构服务费	14 245 488.66	11 545 598.84	11 894 479.43	5 570 728.99	10 988 741.17
差旅费	5 864 198.93	6 682 954.57	6 931 905.23	5 021 340.39	4 881 916.87
绿化、排污费			3 541 846.38	4 932 651.94	5 050 274.56
安保及清洁费			2 155 470.00	4 235 130.12	4 101 787.00
修理费			1 892 337.83	3 923 592.47	3 950 053.79
水电及物业管理费			8 118 885.63	3 189 798.03	7 838 212.86
劳务费	17 840 411.39	1 344 566.58	7 737 223.81	1 912 515.92	1 422 250.99
汽车使用费	9 402 777.80	8 808 148.56	11 450 577.24	1 903 739.78	1 277 654.81
会务费	6 525 859.11	2 655 372.30	1 770 231.54	1 843 502.89	
董事会费			740 862.15	1 236 024.64	1 131 407.45
商标注册费			492 021.32	1 113 551.18	1 455 558.62
财产保险费			1 202 401.59	978 664.38	1 035 277.05
股权费用			571 125.66	880 603.82	802 982.52
广告及宣传费			950 941.16	820 372.77	1 138 704.33
租赁费			387 125.30	263 236.75	698 625.46
诉讼费			582 325.50	260 436.00	749 319.22
辐照费			2 111 460.78		

续表

项　目	2013 年	2014 年	2015 年	2016 年	2017 年
合理损耗	21 266 693.82	20 639 646.82			
其他	69 701 582.40	26 761 026.30	5 216 178.94	15 088 016.30	15 845 962.74
合　计	540 408 840.31	552 398 831.84	493 208 556.35	483 543 639.70	386 763 241.47

表 4-16　　云南白药股份有限公司管理费用结构分析表

项　目	2013 年	2014 年	2015 年	2016 年	2017 年
市场维护费	26.095 1%	39.889 0%	36.063 5%	36.593 3%	41.354 6%
广告宣传费	26.095 1%	17.250 5%	20.351 0%	18.597 5%	21.727 9%
制作费	0.000 0%	0.000 0%	3.101 9%	9.507 4%	2.244 8%
职工薪酬	5.340 2%	8.387 6%	9.126 3%	7.687 6%	10.710 7%
会务费		8.387 6%	9.455 8%	4.312 9%	0.000 0%
样品费	1.076 1%	2.411 8%	1.543 1%	3.376 3%	1.224 1%
运输装卸费	1.556 4%	2.856 0%	2.856 4%	2.794 4%	2.861 0%
促销及广告费	7.693 6%	6.618 2%	2.445 8%	2.305 2%	2.650 4%
医院托管费		0.000 0%	0.884 7%		
汽车使用费	0.000 0%	0.000 0%	0.435 3%	1.648 9%	0.965 2%
综合管理				1.152 1%	2.841 2%
差旅费	1.085 1%	1.209 8%	1.405 5%	1.038 4%	1.262 2%
办公费	0.000 0%	0.000 0%	0.718 1%	1.020 1%	1.305 8%
策划服务费	0.000 0%	0.000 0%	0.437 0%	0.875 9%	1.060 5%
咨询费	0.000 0%	0.000 0%	0.383 7%	0.811 4%	1.021 3%
租赁费	0.000 0%	0.000 0%	1.646 1%	0.659 7%	2.026 6%
仓储费	3.301 3%	0.243 4%	1.568 8%	0.395 5%	0.367 7%
装修费	1.739 9%	1.594 5%	2.321 7%	0.393 7%	0.330 3%
修理费	0.000 0%	0.000 0%	0.150 2%	0.255 6%	0.292 5%
折旧与摊销	0.000 0%	0.000 0%	0.099 8%	0.230 3%	0.376 3%
劳务手续费		0.000 0%	0.243 8%	0.202 4%	0.267 7%
邮寄费		0.000 0%	0.115 8%		
商品损耗	0.000 0%	0.000 0%	0.192 8%	0.169 7%	0.294 4%
物料消耗		0.000 0%	0.078 5%	0.054 4%	0.180 6%
医保设施、网络服务费		0.000 0%	0.118 1%		
辐照费			0.428 1%		

续表

项　　目	2013 年	2014 年	2015 年	2016 年	2017 年
合理损耗	3.935 3%	3.736 4%			
其他	12.897 9%	4.844 5%	1.057 6%	3.120 3%	4.097 1%
合　计	100.000 0%	100.000 0%	100.000 0%	100.000 0%	100.000 0%

【思维空间】根据云南白药 2013～2017 年的管理费用的趋势和结构分析，从费用使用以及使用效率方面可以得出什么结论？有哪些财务建议？

3. 财务费用

财务费用是指企业在生产经营活动中为募集或调配所需资金而发生的相关费用，包括利息收支的净差额（利息支出减利息收入）、汇兑净损失、支付给金融机构的手续费以及企业发生或收到的现金折扣及其他相关费用等。其中：

（1）利息收支净差额，是指企业发生的、用于正常生产经营活动中的经营性借款利息、应付债券利息、票据贴现息等利息支出，扣除相应的存款利息收入后的净额。它反映的是企业利用净经营性金融负债所支付的资金使用代价。

（2）汇兑净损失，是指企业存在外币业务的情况下，因汇率波动导致不同时期折算汇率的不同而产生的货币性资产与货币性负债的折算差额。当汇率波动不大时，汇兑净损失往往也是比较小的；但若在一段较长时期内，汇率的波动趋势呈单一方向变动时，企业可能面临较大的汇兑净损失或汇兑净收益。无论哪种情况，现实中汇率不可能永远朝着一个方向波动，因此，汇兑净损益也常常带有较大的不确定性，在一定程度上也并不属于企业的经营所得或所耗。

（3）现金折扣，是指销售方早日收回货款而许诺给予买方在约定期限内提前付款所享受的价格折扣。这也就意味着销售企业在提供了现金折扣付款条件的前提下，未来实际收回的款项有可能因付款方享受了现金折扣而低于目前应收账款中所列示的金额。这部分已经产生的现金折扣对销售方而言，是作为企业的理财费用列入“财务费用”之中的；而对于购买企业而言，则作为其理财收益冲减“财务费用”金额。

通常情况下，由于支付给金融机构的手续费以及上述现金折扣等金额都相对较小，因此，在汇率波动不明显、汇兑净损益不大的前提下，企业的财务费用便主要是由用资代价构成的，则此时的财务费用主要反映了企业一定时期的资金使用成本情况。

一般情况下，经营期间所发生的利息支出会构成企业财务费用的主体。而企业贷款利息水平的高低主要取决于三个因素：贷款规模、贷款利息率和贷款期限。

（1）贷款规模

企业贷款规模的降低可以导致计入利润表的财务费用下降，增加企业的当期利润。但是，我们更应关注贷款规模下降的恰当性，即是否与企业经营战略调整相适应，是否与企业未来的资金需求相适应，是否有可能因贷款规模的降低而限制企业的未来发展。

（2）贷款利息率和贷款期限

从企业融资的角度来看，贷款利息率的具体水平主要取决于以下几个因素：一定时期资本市场的供求关系、贷款规模、贷款的担保条件以及贷款企业的信誉等。在利率的选择上，可以采用固定利率、变动利率或浮动利率等。可见，影响贷款利率的既有企业不可控制的因素，也有企业可以控制的因素。在不考虑贷款规模和贷款期限的条件下，企业的利息费用将随着利率水平而波动。在分析中，应主要关注可控性因素的影响，了解企业贷款利率升降背后所揭示的融资环境、企业信誉等方面的变化，对企业因贷款利率的宏观下调等不可控因素而导致的财务费用降低则不应给予过高的评价。

【例 4-10】 云南白药股份有限公司 2013～2017 年利润表财务费用分析。

表 4-17　　云南白药股份有限公司财务费用分析信息披露表

项　目	2013 年	2014 年	2015 年	2016 年	2017 年
利息支出	21 355 380.42	45 844 394.32	78 791 187.63	124 905 007.05	127 882 597.85
减：利息收入	19 774 485.25	27 129 984.89	58 224 407.06	45 970 204.54	78 096 374.50
利息净支出			20 566 780.57	78 934 802.51	49 786 223.35
汇兑损失	3 348 154.50	795 352.34	550 404.88	939 973.80	8 491 071.43
减：汇兑收益	328 809.14	687 343.91	4 793 635.51	7 587 493.98	1 180 798.41
汇兑净损失			−4 243 230.63	−6 647 520.18	7 310 273.02
银行手续费			6 626 017.01	7 847 022.76	4 302 783.60
其他	3 262 148.22	−3 645 237.46	−9 837 456.56	9 548 508.84	11 144 221.15
合　计	7 862 388.75	15 177 180.40	13 112 110.39	89 682 813.93	72 543 501.12

【思维空间】根据云南白药 2013～2017 年的财务费用的结构分析，从贷款规模、费用的构成方面可以得出什么结论？有哪些财务建议？

（四）资产减值损失

根据《企业会计准则——基本准则》中对资产的定义，资产应该是企业拥有或控制的、能为企业带来经济利益的资源。实际经济活动中，随着对资产的使用和经济、技术环境的发展变化，经济资源的作用也难免会发生相应改变，其未来可能给企业带来的经济利益的预期也会出现调整。一旦某项资产能为企业带来的预期经济利益已不复存在或明显低于其账面价值，说明该项资产发生了价值减损，即出现了潜在的损失。此时，财务上便应当将该资产的账面价值进行必要的调整，调减至该资产未来的可收回金额，以便在资产负债表上真实反映资产的实际可利用价值；而因此调减的部分即确认的资产减值损失反映在利润表中。

资产减值损失是企业资产当期发生的无形损耗，它不会直接产生货币资金的流出，仅属于资产使用过程中的潜亏，因此会减少企业的当期利润。然而，由于资产日后能为企业带来的经济利息毕竟只是一种预期，带有一定的不确定性。在某些时期可能会发生预期的减损，而在另一时期或环境下也有可能出现预期的增加。我国《企业会计准则第 8 号——资产减值》第十七条明确规定“资产减值损失一经确认，在以后会计期间不得转回”。这主要是为了防止个别企业借用资产预期价值的变动人为调整和粉饰报表；但同时也意味着在某些特定情况下，一些已经确认了资产减值损失的资产，未来也有可能出现价值回升，从而为企业带来一定的潜在利益。

因此，对资产减值损失的理解与分析，应结合资产的具体特性和特定的经济运行环境来考虑，包括对未来的合理预期。

(1) 在谨慎性原则下，需要选择账面价值与公允价值中较低的一个作为资产价值的披露标准，也就是说，只要资产按照其账面价值进行披露而不计提任何减值准备，就表明该项资产的质量良好，实现了保值增值；而只有在资产由于某种原因发生贬值时，才需要通过计提减值准备将其账面价值降至公允价值。因此，资产减值损失反映了企业资产项目的贬值程度及规模，在一定程度上揭示出这些资产的保值质量以及企业对这些资产的管理质量。涉及的资产主要包括债权、存货、固定资产、无形资产以及长期股权投资等。

（2）在对各项资产进行减值测试时，关键环节是要恰当地确定各项资产的公允价值，而公允价值的确定从某种程度上说不可避免主观上的估计和判断，因此，资产减值损失的确认问题实质上属于会计估计问题。既然是估计，就存在人为因素，即存在企业利用主观估计因素蓄意操纵利润的可能。因此，资产减值损失计提恰当与否将直接影响企业利润的真实性与利润质量。

【例 4－11】 云南白药股份有限公司 2013～2017 年利润表资产减值损失分析。

表 4－18　　云南白药股份有限公司资产减值损失信息披露表　　单位：元

项　　目	2013 年	2014 年	2015 年	2016 年	2017 年
一、坏账损失	173 585 689.07	－154 987 748.45	20 994 361.01	－2 601 844.24	32 861 480.45
二、存货跌价损失	10 082 938.56	13 959 282.85	122 744.97	1 778 211.54	31 973 476.00
三、固定资产减值损失		2 556 793.12	－2 500 000.00		
合　计	183 668 627.63	－138 471 672.48	18 617 135.98	－823 632.70	64 834 956.45

表 4－19　　云南白药股份有限公司资产减值损失结构分析表

项　　目	2013 年	2014 年	2015 年	2016 年	2017 年
一、坏账损失	94.510 3%	111.927 4%	112.769 0%	315.898 6%	50.684 8%
二、存货跌价损失	5.489 7%	－10.081 0%	0.659 3%	－215.898 6%	49.315 2%
三、固定资产减值损失	0.000 0%	－1.846 4%	－13.428 5%	0.000 0%	0.000 0%
合　计	100.000 0%	100.000 0%	100.000 0%	100.000 0%	100.000 0%

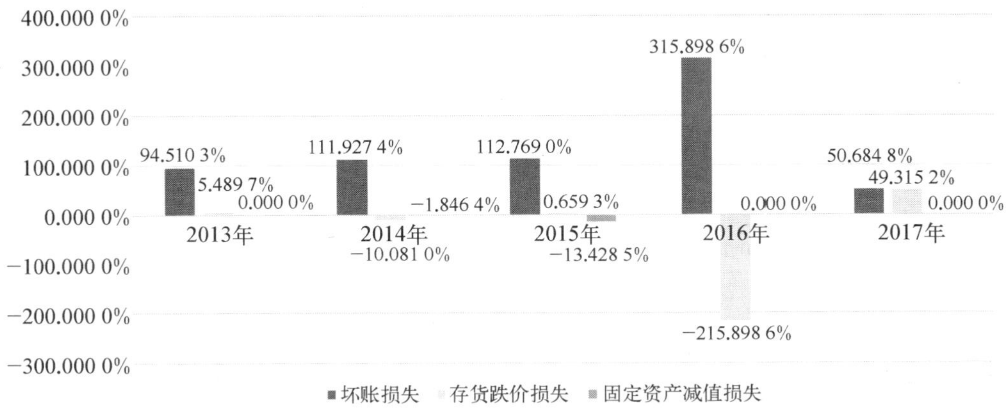

图 4－6　云南白药股份有限公司资产减值损失结构分析图

【思维空间】根据云南白药2013～2017年的资产减值损失的结构分析，从资产减值损失的构成方面可以得出什么结论？有哪些财务建议？

（五）营业外支出

营业外支出是指与企业日常生产经营活动没有直接关系的各项支出。包括了企业处置固定资产、无形资产等非流动资产的净损失和企业已有资产的盘亏净损失、非货币性资产的交换损失，以及债务重组损失、捐赠支出、罚款支出、非正常财产损失等。

【例4-12】 云南白药股份有限公司2013～2017年利润表营业外支出分析。

表4-20 云南白药股份有限公司营业外支出信息披露表 单位：元

项目	2013年	2014年	2015年	2016年	2017年
非流动资产毁损报废损失	1 152 072.07	1 386 743.54	896 902.52	2 130 055.51	1 099 165.31
债务重组损失					
非货币性资产交换损失					
对外捐赠	2 394 479.33	4 106 550.37	345 000.00	1 029 653.81	646 269.04
非常损失					93 852.00
盘亏损失					421 653.21
其他	2 855 170.41	4 357 049.60	26 630 701.35	8 412 875.68	3 654 686.12
合计	6 401 721.81	9 850 343.51	27 872 603.87	11 572 585.00	5 915 626.68

表4-21 云南白药股份有限公司营业外支出结构分析表

项目	2013年	2014年	2015年	2016年	2017年
非流动资产毁损报废损失	17.996 3%	14.078 1%	3.217 9%	18.406 0%	18.580 7%
债务重组损失					
非货币性资产交换损失					
对外捐赠	37.403 7%	41.689 4%	1.237 8%	8.897 4%	10.924 8%
非常损失					1.586 5%
盘亏损失					7.127 8%
其他	44.600 0%	44.232 5%	95.544 4%	72.696 6%	61.780 2%
合计	100.000 0%	100.000 0%	100.000 0%	100.000 0%	100.000 0%

【思维空间】根据云南白药2013～2017年的营业外支出的趋势和结构分析，从营业外支出的构成方面可以得出什么结论？有哪些财务建议？

（六）所得税费用

所得税是指企业按照税法规定，就其一定时期的应纳税所得，按照规定税率计算缴纳税款。利润表上的“所得税费用”，是指企业在一定会计期间内、在不影响向国家如数缴纳应交所得税的前提下，按照企业所得税会计政策所确认的所得税“费用”。此处应特别强调以下两个问题：

（1）企业当期应该向国家缴纳的所得税金额，并不一定等于企业当期的利润总额与当期适用的所得税税率的乘积。

利润表上的利润总额，一般是依据企业会计准则的各相关原则与方法核算确认的，目的是为了全面、如实地反映企业一定会计期间的财务及其变动状况与经营成果，强调的是“真实性”和“完整性”。而计算交纳所得税时采用的利润基数则是根据税法及相应的税收法规计算确认的应纳税所得额，突出的是“经济合理、公平税负、有力竞争”的原则。因此，两者之间难免会在个别收入或费用的确认问题上有所不同。

由于会计制度与税收法规之间在收益的实现以及费用的扣减问题上存在着确认口径或确认时间等方面的不同，因此，按照会计制度计算的税前会计利润（即利润总额）与按照税法规定计算的应纳税所得额之间也不可避免地存在着差异。例如：会计上将持有国债所获得的利息收入作为投资收益列入利润总额，但按照税法规定，国债利息收入是无须计缴所得税的，也就是不必计入应纳税所得额中；再如，企业发生的非公益性赞助支出、行政处罚支出，会计上都作为营业外支出在税前利润总额中全额扣除，但按照税法规定，这些开支在计算应纳税所得额时是不允许先行扣除的。因此，企业计算当期应交所得税时，应首先根据税法规定对利润表中的利润总额做相应调整，计算出应纳税所得额，然后再以应纳税所得额与相应税率相乘计算出应交所得税税额。即：

应纳税所得额＝利润总额±纳税调整项目（即税法规定与会计处理在确认收入与费用方面的当期差额）

本期应交所得税＝应纳税所得额×当期所得税税率

由此可见，企业当期是否应该缴纳所得税，以及应该缴纳多少所得税，并不是完全由当期实现的利润总额决定的，而是与当期调整后的应纳税所得额和相应的税率直接相关。当应纳税所得额小于零时，即使利润表中的利润总额为整数，企业当期也无须缴纳所得税；反之，应纳税所得额大于零时，即使利润表中的利润总额为负数，企业当期也应该照章纳税。

（2）利润表上的“所得税费用”，并不一定等于企业当期实际应交的所得税税额，而仅仅只是财务上在当期确认的所得税“费用”。

根据所得税会计的相关理论，实务中对于有关所得税的会计处理，一直存在着两种不同的核算方法，即应付税款法和纳税影响会计法。

① 应付税款法。该方法是基于收付实现制[①]基础上进行的会计处理。在这种方法下，

---

① 收付实现制亦称“收付实现基础”或“现收现付制”，是“权责发生制”的对称。在会计核算中，是以款项是否已经收到或付出作为计算标准来确定本期收益和费用的一种方法。凡在本期内实际收到或付出的一切款项，无论其发生时间早晚或是否应该由本期承担，均作为本期的收益和费用处理。如：本期支付而由后期受益费用，一律由本期核销进入本期成本，不再分摊。采用这种方法，优点是期末无须对本期的收益和费用进行调整，核算手续比较简单，但不能正确地反映各期的成本和盈亏情况。我国预算会计都采用收付实现制，因为它能真实地反映当年的预算收支实际执行结果，既能避免预算上的虚假平衡，又便于资金调度和统筹使用。

税前会计利润(即利润总额)和应纳税所得额之间存在的所有差异(含暂时性差异[①]和永久性差异[②])对当期应交所得税的影响，均在当期确认为所得税费用。也就是说，此时会计上完全不考虑上述差异的具体情况，一律按照企业实际应交所得税税额的多少确认相应的所得税费用。因此，这种方法下的所得税费用与当期应交所得税金额是完全一致的：

本期所得税费用＝本期应交所得税

在这种方法下，利润表上的“所得税费用”金额便一定等于企业当期实际承担的所得税税赋，即等于当期实际应该交纳的所得税额。

② 纳税影响会计法。这是在权责发生制基础上进行的所得税会计处理。该方法是将因暂时性差异产生的对所得税的影响，递延或分配到以后各期(及在以后各期中转回)。在这种方法下，所得税视为是企业在经营活动中为获得收益而付出的一项代价或费用。因此，根据配比原则的要求，应该与相应的收益与耗费列入同一个会计期间。由此而产生的暂时性差异对所得税的影响，包括在利润表的“所得税费用”项目及资产负债表的“递延所得数资产”或“递延所得税负债”之中。

实务中，纳税影响会计法有可以划分为递延法[③]和债务法[④]两种，区别主要在于税率出现变动时对“递延所得数资产”或“递延所得税负债”是否调整的问题。根据《企业会计准则第18号——所得税》中的规定，应对已确认的“递延所得税资产”或“递延所得税负债”重新计量调整，并将变动影响数计入当期“所得税费用”中。

显然，在这种方法下，利润表上的“所得税费用”金额便不一定等于企业当期实际承担的所得税税赋了。

三、收益类项目解读与分析

(一) 公允价值变动损益

公允价值变动损益主要包括企业交易性金融资产和交易性金融负债，在会计期间由于公允价值变动所产生的账面利得或损失，以及指定采用公允价值模式计量且变动计入当期损益的其他金融资产与金融负债、投资性房地产、套期保值业务等的公允价值变动所形成的计入当期损益的利得或损失。

值得注意的是，公允价值是基于较为成熟的公开市场以及较为完善的信息沟通的基础上

① 暂时性差异是由税收法规与会计准则确认时间或计税基础不同而产生的差异。有“时间性差异”和“其他差异”之分。前者源于会计准则对收入与费用的确认期间不同于税收法规要求的申报期间；后者则源于会计准则对资产或负债账面价值的确定不同于税收法规规定的收税基础。暂时性差异不仅影响当期的应税收益，而且影响以后各期的纳税额。因此，暂时性差异需要进行账务调整。

② 永久性差异是由税收法规与会计准则计算口径不一而产生的差异。具体而言，一些会计准则确认的收入或费用，税收法规不予确认；而另一些在会计准则中不属于收入的项目，税收法规却作为应税收入。这些差异一旦发生，便永久存在。永久性差异只影响当期的应税收益，而不影响以后各期的纳税额。因此，永久性差异不存在账务调整问题。

③ 递延法是按暂时性差异发生年度的税率计算其纳税影响数，作为递延所得税负债或递延所得税资产的一种方法。是将本期时间性差异产生的影响所得税的金额递延和分配到以后各期，并同时转回原已确认的时间性差异对本期所得税的影响金额。在税率变动或开征新税时，对递延税款的账面余额不作调整。

④ 债务法是指将本期由于时间性差异产生的影响所得税的金额，递延和分配到以后各期，并同时转回已确认的时间性差异的所得税影响金额，在税率变更或开征新税时，需要调整递延税款的账面余额。

确定的资产或负债的市场估价，随着市场环境的变化，公允价值也可能出现波动。账面上或报表上的公允价值变动损益虽然影响着企业当期的利润，但在相应资产或负债没有真正转移或处置之前，这些变动损益还仅仅只是一笔带有不确定性的预期。一旦市场环境出现了逆转，这些损益有可能大幅度减少甚至消失或出现相反的情况。

（二）投资净收益

该项目是指企业对外投资（包括债券投资和股权投资）所取得的投资收益扣除投资损失之后的净额。

投资收益是指企业在对外投资活动中所获得的利润，包括债券投资获得的利息收入、股权投资获得的股息收入、收回投资所获得的高于其账面投资价值的部分，以及用权益法核算股权投资时、按照所持有被投资单位的股份比例和被投资单位当期实现的净利润所计算确认的部分。

投资损失则为企业收回投资时所产生的收回所得低于账面价值的部分，以及用权益法核算股权投资时、按照所持有的被投资单位的股份比例和被投资单位当期发生的净亏损所计算确认的部分。

新企业会计准则将投资收益归属于企业营业利润的范畴，这具有一定的合理性。毕竟目前许多企业在日常生产经营的同时，也非常注重对经济资源的充分、合理利用，以及多元化投资与扩张。对外投资无疑成为不少企业利用资源、维持产业链、蓄势扩张、增加收益的一项经常性措施。然而，对外投资所得毕竟与企业自身的产品生产与日常经营所得有所不同：前者在很大程度上依赖于被投资方的营运业绩和市场评价以及利润分配政策，存在部分收益的非持续性；后者则更多依赖于企业自身的技术、成本控制，以及生产与管理水平，具有较大的连续性和可预期性。两者对未来的可预期影响明显不同。因此，报表阅读者在依据营业利润等数据分析企业盈利能力时，有必要就此分别考虑，甚至暂时将投资净收益对营业利润的影响予以剔除，以便于对未来经营状况的合理预测。

（三）每股收益

每股收益也称为每股盈余，是企业一段时期所实现的归属于普通股股东的税后净利润与普通股股数的比率。反映了普通股股东每持有一股普通股所能享有的当期净利润或所应承担的当期净亏损。每股收益属于衡量企业业绩水平的一项财务指标，也是投资者评价企业盈利与成长潜力的重要指标之一。根据计算时对普通股股数的确定方法的不同，每股收益指标又进一步分为“基本每股收益”和“稀释每股收益”两种。其中基本每股收益的计算公式如下：

基本每股收益＝当期归属于普通股股东的净利润÷普通股股数的加权平均数

公式中，“普通股股数的加权平均数”是考虑到企业当期因增资扩股等情况对实际可利用股权资本的不同利用时长而进行的必要调整，其计算公式为：

普通股股数的加权平均数＝期初普通股股数＋当期新增普通股股数×新增后至期末的持续时间÷报告期时间－当期回购的普通股股数×回购后至期末的持续时间÷报告期时间

而稀释每股收益，是以基本每股收益为基础，假设企业具有发行在外的稀释性潜在普通股

(如可转换债券①、认股权证②、股份期权③等未来行权或转换时会影响普通股股数的项目)均已转换为普通股股票,并在此假设下对归属于普通股股东的当期净利润以及发行在外的普通股股数的加权平均数进行调整,以调整后的数据计算而得的每股收益。稀释每股收益反映了企业在未来潜在普通股兑现后的股权资本结构下的预期盈利水平。对企业进行投资收益项目质量分析时,应从以下两个方面去考察:

1. 对利润含金量的影响分析

(1) 在持有期间获取的投资收益

由于投资企业对合营企业和联营企业的长期股权投资采用权益法,将被投资企业所实现的净利润(或者发生的净亏损)的相应份额确认为投资收益,因此这种投资收益的含金量取决于被投资企业的分红政策,可以肯定的是,只要被投资企业不将净利润全部用于分红,投资企业所确认的投资收益就会存在不同程度的“水分”,有可能造成投资企业“有利润而没有现金流”;而投资企业对其子公司的长期股权投资采用的是成本法,将子公司所宣告分派的现金股利按照其持股比例确认为投资收益,因此投资企业(即母公司)的这种投资收益的含金量基本上都是有保障的;其他投资性资产在持有期间所带来的投资收益,无论是股利还是利息,一般情况下都会带来相应的现金流入。

(2) 在处置时获取的投资收益

由于在利润表上是将售价与初始取得成本之间的差额确认为投资收益,而在现金流量表上“收回投资收到的现金”主要取决于各项投资性资产的售价高低,因此,处置收益的含金量具有很大的不确定性,难以一概而论。

2. 对利润持续性带来的影响分析

无论企业持有哪种投资性资产,均意味着相应金额的资产在投资期间实实在在地流出了企业,即这部分资产并不在企业的直接控制之下,除了债权性投资能带来固定的利息收益之外,其他投资性资产给企业带来的收益大小主要取决于被投资企业的收益情况和分红政策,因而均具有一定的波动性和不可预见性,这会在一定程度上影响企业利润的持续性。

四、利润项目的分析

(一) 利润项目的解读与分析

1. 主营业务利润项目解读与分析

主营业务利润是企业主营业务收入扣除主营业务成本和主营业务税金及附加后的余额,

---

① 可转换债券是债券持有人可按照发行时约定的价格将债券转换成公司的普通股票的债券。如果债券持有人不想转换,则可以继续持有债券,直到偿还期满时收取本金和利息,或者在流通市场出售变现。如果持有人看好发债公司股票增值潜力,在宽限期之后可以行使转换权,按照预定转换价格将债券转换成为股票,发债公司不得拒绝。该债券利率一般低于普通公司的债券利率,企业发行可转换债券可以降低筹资成本。可转换债券持有人还享有在一定条件下将债券回售给发行人的权利,发行人在一定条件下拥有强制赎回债券的权利。

② 认股权证是由股份有限公司发行的可认购其股票的一种买入期权。它赋予持有者在一定期限内以事先约定的价格购买发行公司一定股份的权利。对于筹资公司而言,发行认股权证是一种特殊的筹资手段。认股权证本身含有期权条款,其持有者在认购股份之前,对发行公司既不拥有债权也不拥有股权,而只是拥有股票认购权。尽管如此,发行公司可以通过发行认股权证筹得现金,还可用于公司成立时对承销商的一种补偿。

③ 股份期权(Phantom Stock Plan,PSP),又称虚拟股票计划,在非上市股份有限公司中,首先将公司所有权转化为若干虚拟股份,然后根据特定的契约条件,赋予企业经营者或劳动者在一定的时间内以某个约定的价格购买一定份额的股权(虚拟股份)的权利。

是企业营业利润的重要组成部分。一个企业主营业务利润的大小与其是否有好的产品，以及主营业务规模、成本、费用控制程度紧密相关。如果主营业务利润很大，一般说明该企业产品具有一定的销货规模和市场占有率，主营业务业绩较突出。分析主营业务利润可以从影响主营业务利润的因素入手，来确定各因素的影响程度。计算主营业务利润的基本公式如下：

$$\begin{aligned}\text{主营业务利润} &= \text{主营业务收入} - \text{主营业务成本} - \text{主营业务税金及附加} \\ &= \sum \text{主营业务销售数量} \times (\text{单位产品售价} - \text{单位产品成本} \\ &\quad - \text{单位产品税金及附加}) \\ &= \sum (\text{主营业务销售数量} \times \text{单位产品利润})\end{aligned}$$

从上面的公式可以看出：影响主营业务利润总额的因素有销售数量、销售产品品种结构、单价、主营业务税金及附加、主营业务成本。这五项因素任何一项发生变动，都会影响主营业务利润。如果销售数量增加，单位主营业务利润高的主营业务越多，并且单位售价越高，成本、税金越低，那么实现的主营业务利润就越大；反之，实现的主营业务利润就越小。这五项因素变动有内在联系，有时销售单价下降，影响了单位产品利润，但降价能扩大销售数量，使企业利润总额反而增加；有时销售数量扩大，会使产品成本下降，因为每件产品负担的固定费用减少了，从而使利润总额增加。

2. 营业利润项目解读与分析

按现行制度规定，营业利润是企业主营业务利润加上其他业务利润，减去销售费用、管理费用、财务费用、资产减值准备，再加上公允价值变动收益、投资收益后的金额。

企业营业利润的多少代表了企业的总体经营管理水平和效果。通常，营业利润越多的企业，效益越好。

当企业营业利润额较大时，通常认为该企业经营管理水平和效果较好。分析的时候应从以下几个方面展开：其一，主营业务利润与其他业务利润的结构分析；其二，投资收益的规模分析。

当企业营业利润额较小时，应着重分析主营业务利润的大小、多种经营的发展情况和期间费用的多少。如果企业主营业务利润和其他业务利润均较大，但其期间费用较高，或者说投资收益出现较大亏损，也会使营业利润较小，这就要重点分析销售费用、管理费用和财务费用三项费用的构成情况，找出三项费用居高的原因，严格进行控制和管理，通过降低费用来提高营业利润。

3. 利润总额和净利润项目解读与分析

企业的利润总额由营业利润和非营业利润组成，利润总额减去所得税后的余额就是净利润。在正常情况下，企业的非营业利润较少，所得税也是相对稳定的，因此，只要营业利润较大，利润总额和净利润也会较大。在分析时要注意盈利的质量高低，即盈利是否具有可持续性。

【例 4-13】 云南白药股份有限公司 2013～2017 年利润表利润项目分析。

表 4-22　　云南白药股份有限公司利润分析表

报表日期	2013-12-31	2014-12-31	2015-12-31	2016-12-31	2017-12-31
一、营业总收入(元)	15 814 790 880.81	18 814 366 372.74	20 738 126 205.08	22 410 654 404.31	24 314 614 044.21
二、营业总成本(元)	13 860 725 232.91	16 090 076 187.69	17 744 878 365.65	19 284 683 853.68	21 108 882 216.33

续表

报表日期	2013-12-31	2014-12-31	2015-12-31	2016-12-31	2017-12-31
三、营业利润(元)	2 638 930 639.93	2 829 825 545.49	3 168 241 317.67	3 319 829 663.97	3 620 723 532.36
四、利润总额(元)	2 701 311 022.52	2 910 145 147.81	3 215 335 183.66	3 397 505 449.53	3 621 847 527.72
五、净利润(元)	2 321 453 787.17	2 497 326 678.30	2 755 581 110.10	2 930 889 603.08	3 132 534 170.45
营业收入增长率(%)		18.97	31.13	41.71	53.75
营业总成本增长率(%)		16.08	28.02	39.13	52.29
营业利润增长率(%)		7.23	20.06	25.80	37.20
利润总额增长率(%)		7.73	19.03	25.77	34.08
净利润增长率(%)		7.58	18.70	26.25	34.94

【思维空间】从云南白药2013～2017年的利润的层次以及不同层级的增长率趋势和分析可以得出什么结论？通过营业收入增长率、营业成本增长率、利润总额增长率以及净利润增长率的趋势分析图可以得出什么结论？有哪些财务建议？

（二）利润结构质量分析

一般来说，企业的净利润表示企业盈利能力强，企业的发展前景看好。但正如前面对利润项目的分析中指出的，利润还存在着结构问题，而盈利的结构是否合理，决定着企业的长远发展前景。因此，进行利润的质量分析对决策有着十分重要的现实意义。

表4-23　利润结构类型示意表

项目	A						B					
主营业务利润	盈利						亏损					
营业利润	盈利			亏损			盈利			亏损		
利润总额	盈利		亏损	盈利		亏损	盈利		亏损	盈利		亏损
净利润	盈利	亏损	亏损	盈利	亏损	亏损	盈利	亏损	亏损	盈利	亏损	亏损
类别编号	A1	A2	A3	A4	A5	A6	B1	B2	B3	B4	B5	B6

A1、A2、A3为扩张企业的经营状况。

其中，A1的利润质量最高。主营业务实现的盈利不仅可以弥补各项期间费用，还可向国家上交所得税，并最终形成可供企业发展或向股东分红的净利润，保证了企业具有可持续发展的能力，是企业利润结构的理想状态。

A2产生亏损的原因在于应税所得与会计收益出现了巨大的差额，当"应税所得>会计收益÷所得税税率"时，便会出现这种状况。究其原因无外乎两种：暂时性差异和永久性差异。暂时性差异可随着时间的推移逐步消失，它对净利润的影响是暂时的。如果A2产生亏损是暂时性差异造成的，尽管出现亏损，也可视同为A1来理解。若是由于永久性差异造成的，如资质的产品用于自营工程项目、支付各种赞助费、发生和计提过多的业务招待费及减值准备等，则应对具体原因进行具体分析。一般来说，A2的亏损状况是暂时现象，但要注意限制各种赞助费和业务招待费的开支。

A3 的出现，表明企业发生了投资损失或出现过多的营业外支出，如处置固定资产和无形资产发生的净损失。若因为投资损失，则应分析撤回投资的可能性，确保企业主营业务的发展。

A4、A5、A6 表明企业毛利率偏低、投资收益少，不足以弥补各项期间费用。其中，A6 是因毛利率而产生亏损的代表。A4 出现的盈利主要是投资收益和营业外收入形成的，投资收益的出现，说明企业过去的投资决策是正确的，以后还可继续在一段时间内享受这种正确决策带来的红利；营业外收入为 A4 盈利现象做出了巨大的贡献，但这种盈利只是暂时的，进行财务分析时，可视同为 A6 考虑。A5 的出现，说明本期存在应税所得大于会计收益现象，无论是何种差异造成的，均可视同为 A6 看待。

B1、B2、B3 的共同点在于主营业务利润为负，而营业利润为正。这种现象的出现，表明企业其他业务突出或企业拥有巨大的存量现金，或者拥有较多的对外投资，能够产生足够的其他业务收益、利息收入或投资收益来弥补主营业务的不足。作为管理者要考虑产业结构的调整，或寻求好的项目，以此来形成企业利润新的增长点。B1、B2 拥有一定的营业外收入，而 B3 则要考虑减少营业外支出的金额。

B4、B6 表明企业要考虑进行深层次的变革或转产，否则会面临破产的危险。B4 出现盈利，是由于营业外收入过多，利润质量不高，而 B6 则显示企业陷入危机之中。

【例 4－14】 云南白药股份有限公司 2013～2017 年利润表利润项目质量分析。

表 4－24　　云南白药股份有限公司利润分析表

项　　目	2013 年	2014 年	2015 年	2016 年	2017 年
主营业务利润	盈利	盈利	盈利	盈利	盈利
营业利润	盈利	盈利	盈利	盈利	盈利
利润总额	盈利	盈利	盈利	盈利	盈利
净利润	盈利	盈利	盈利	盈利	盈利

【思维空间】从云南白药 2013～2017 年的利润的层次可以得出什么结论？

（三）利润的内涵质量分析

1. 利润质量低下的表现

由于企业经营管理、产品市场需求等方面的原因，或者报表的编制者出于各种目的对利润进行人为修饰等，利润的质量或利润表的信息质量可能并不高，其主要表现在以下几个方面：

(1) 无形资产、长期待摊费用非正常上升。这种不正常上升，有可能是企业因当前发生费用及损失无能力吸收而暂放入这些项内，将实亏转化为潜亏。

(2) 一次性的收入突升，如利用资产重组、非货币性资产置换、股权投资转让、非生产性资产与企业建筑性销售所得调节盈余，企业可能用这些手段调节利润。

(3) 期间费用中广告费用占销售收入额的比率相对下降，这样可以提高当期利润，但从长期看对企业不利。

(4) 对各项准备金不提或少提，改变折旧计提方法或者就提取不足等，借以提高当期利润。企业计提八项减值准备的幅度取决于企业对资产贬值程度的主观认识。企业过低的各项准备，往往虚增利润，给未来的经营成果带来很大的负面影响。

(5) 归入税收费用的递延税款增加，没有资金支出的应付工资、应付福利费上升，暗示企业支付工资能力降低，现金流向可能存在问题。

(6) 毛利率下降，说明企业可能因市场竞争激烈，降低了产品价格，或是成本失去了控制，有上升趋势，或者企业产品组合发生了变化，对企业利润产生影响。

(7) 存货周转率变低，可能是企业销售能力差或产品有问题不适应市场需要，或者库存产品材料有问题，或生产存在问题。

(8) 会计政策、会计估计在一个比较自由的问题上运用方式发生了变化，它可能是企业经营状况发生变化的估计，也可能仅仅是为了创造更高的利润。

(9) 应收账款增长与过去的经验不一致，为了实现销售目标，可以运用信贷销售创造销售和利润，将以后实现的销售提前。商业性应付账款展期或延长正常商业信用期间，企业大量的货款不能及时回收，产生挂账、呆账和坏账的风险加大，业绩放在应收款上，利润的质量最佳。

(10) 企业的业绩过分依赖非主营业务。有些企业为了维持一定的利润水平，通常以非主营业务实现的利润来弥补主营业务利润和投资收益的不足，如出售投资和固定资产，增加利润。这种方法可以使企业短期内维持表面的繁荣，但会影响企业的长期发展战略。

2. 利润质量的因素分析

在分析利润的质量时，可以将影响利润质量的个别因素单独列示或剔除出来，之后再对企业的利润进行分析。这些因素包括以下几点：

(1) 不良资产

不良资产是指长期待摊费用等虚拟资产和高龄应收账款、存货跌价和积压损失、投资损失、固定资产损失等可能产生潜亏的资产项目。如果不良资产的总额接近或超过净资产，或者不良资产的增加额(增加幅度)超过净利润的增加额(增加幅度)，说明企业当期利润有水分。

(2) 关联交易

将来自关联企业的营业收入和利润予以剔除，分析企业的盈利能力在多大程度上依赖于关联企业。如果主要依赖于关联企业，就应特别关注关联交易的定价政策，分析企业是否以不等价交换的方式与关联企业进行交易以调节盈余。当然，有的集团总公司只管生产，而子公司专门从事销售，这是例外情况，分析时要区别对待，不能一概而论。

(3) 异常利润

将其他业务利润、投资收益、营业外收入从企业利润总额中扣除，以分析评价企业利润来源的主要渠道及稳定性。分析中要特别注意投资收益、营业外收入等一次性的偶然收入。

(四) 利润的持续性分析

利润的持续性是指企业盈利能力在过去与未来一段时期内持续发展的状况。一般情况下，我们说企业具有较强的盈利能力，应该强调它在行业中保持相对稳固的竞争地位和核心竞争力，具有较光明的市场发展前景，而不是仅仅关注当期盈利的规模，更何况它会受到某些偶发的政策性、市场性或者企业内部某些因素的影响。企业实现的利润水平是否具有持续性是判断企业投资价值的核心要素。不具备持续盈利能力的企业，其前景处于高度不确定状态，持续经营的会计基本假设可能“摇摇欲坠”。此外，如果企业某一期间所实现的利润规模是采用人为手段粉饰(甚至造假)的结果，那么这样的利润因缺乏持续性迟早会露出马脚。因此，利润的持续性分析应成为衡量企业利润质量的另一重要方面。利润的持续性可以从成长性和波动性两个方面分别考察。

1．利润的成长性分析

成长性是企业发展的灵魂，是衡量企业财务状况和预测企业发展前景的重要方面。由于在利润的构成中核心利润最能体现企业在行业中的竞争地位和核心竞争力，因此，可通过核心利润及核心利润率的增长幅度来考察企业在核心业务上的盈利能力变化趋势。而核心利润的高低关键取决于产品销售等业务带来的营业收入的增长幅度，因此，通常情况下，营业收入的增减变化也可以在一定程度上反映出企业的成长性和未来的发展趋势。此外，企业毛利及毛利率的走势也是考察企业核心竞争力变化的一个非常重要的方面。

（1）营业收入增长率

营业收入增长率往往是衡量企业经营状况和市场占有能力、预测企业经营业务拓展趋势的重要标志。不断增加的营业收入是企业生存的基础和发展的条件。通常具有高成长性的企业都是主营业务突出、经营比较简单的企业。营业收入增长率越高，表明企业产品的市场需求越大，业务扩张能力越强。

营业收入增长率可以作为衡量公司产品生命周期的一个重要参考指标，用以判断公司发展所处的阶段。经验数据告诉我们，在不考虑行业差异的情况下，如果营业收入增长率超过10％，一般说明企业产品处于成长期，将继续保持较好的增长势头，尚未面临产品更新的风险，属于成长型企业；如果一家企业的营业收入增长率能连续几年保持在30％以上，那么可以认为这家企业具备高成长性，往往会成为市场上受追捧的投资对象；如果营业收入增长率在5％～10％，则说明企业产品已进入稳定期，不久将进入衰退期，需要着手新产品的开发；而如果该比率低于5％，就基本上说明企业产品已进入衰退期，保持市场份额已经很困难，业务利润开始滑坡，如果没有开发出新产品，企业将日趋衰落。

（2）毛利与毛利率的走势

行业毛利率的平均水平会在一定程度上反映出所处行业的基本特征，如行业的竞争状况、行业的成熟程度等；行业内企业毛利率的相对水平又会在一定程度上反映出企业产品在市场上的相对竞争实力，而产品的竞争实力又是企业核心竞争力的重要决定因素。因此，分析企业毛利率的水平及其走势非常必要。如果企业拥有较高的毛利率，可能是由于以下几种原因：第一，企业所从事的产品经营活动具有垄断地位，在这种情况下，我们应该关注企业所拥有的垄断地位会保持多久；第二，企业所从事的产品经营活动由于各种原因具有较强的核心竞争力，在这种情况下，我们应该关注企业长期保持其核心竞争力的能力；第三，企业所从事的产品经营活动由于行业周期性波动而出现暂时的走高，在这种情况下，我们应该关注企业所从事行业的周期性变化规律；第四，企业由于盲目生产产品导致产大于销、存货积压而引起毛利率的提高，在这种情况下，我们应该关注企业的产品生产决策是基于市场的未来需求还是纯粹的决策失误；第五，企业会计处理不当，故意选择调高毛利率的手段，在这种情况下，我们应该考虑它对企业未来业绩的影响，同时要关注注册会计师出具的审计报告的意见类型与措辞。而如果企业与行业平均水平相比拥有较低的毛利率，则可能是由于以下几种原因：第一，企业产品的生命周期已经进入衰退期，在这种情况下，通常会伴随着全行业毛利率的普遍下滑，我们应该关注企业在产品转型、产品开发等方面的举措，分析企业有无盈利模式转变的战略性思考；第二，企业产品在品牌、质量、成本和价格等方面没有竞争力，在这种情况下，我们应该关注企业的核心竞争力到底体现在哪些方面，未来发展前景如何；第三，企业会计处理不当，故意选择调低毛利率的手段，在这种情况下，我们同样应该关注注册会计师出具的审计报告的意见类型与措辞，并考虑它对企业未来业绩的影响。无论是哪种情况造成的毛利率下滑，都意味着当期企业单位产品的盈利能力在下降。

(3) 核心利润与核心利润率的增长率

前已述及，在以自身经营为主的企业，核心利润应该成为企业一定时期财务业绩的主体。因此，通过计算和比较企业近几年来核心利润的增长率，既可以考察企业基本业绩的历史变化趋势，还可以据此大体判断企业未来业绩的走势。值得注意的是，应当特别关注企业的核心利润年度间的非经营性变化。非经营性变化是指通过会计调整来人为安排核心利润的过高或过低情况。实际上，我们在前面分析毛利率变化、销售费用变化和管理费用变化时考虑的会计调整因素，必然会综合反映到核心利润的变化上。核心利润与营业收入之比就是核心利润率。很明显，核心利润率是企业经营活动基本盈利能力的表现。通过计算企业核心利润率的增长率，可以更进一步把握企业自身经营活动的盈利能力的变化情况。同时，将企业的核心利润率与其目标核心利润率、特定企业的核心利润率以及同行业平均核心利润率进行比较，可以更清晰地认识企业的核心竞争力和竞争地位。

2. 利润的波动性分析

利润的波动性是指企业利润无法相对保持稳定而出现业绩变化的区间范围，可以通过企业各期利润的相对变化幅度来加以衡量。我们认为，如果企业的利润构成中存在某些无法持续发生的“非经常性损益”项目，就会在一定程度上影响企业利润的波动性。在此基础上，还要分析企业所面临的内外部环境、自身的竞争优势以及战略调整情况等各方面因素对利润波动性可能带来的影响。

非经常性损益是指公司发生的与经营业务无直接关系，以及虽与经营业务相关，但由于其性质、金额或发生频率而影响了真实、公允地反映公司正常盈利能力的各项收入、支出。关于哪些项目应该属于非经常性损益项目，难以穷举，只能依据会计准则进行实质性判断。

根据财政部和中国证监会的现行规定，上市公司对非经常性损益项目的相关信息应该在利润表下面以补充资料的形式予以披露，而在披露上市公司的净资产收益率和每股收益两个财务指标时，也应该同时披露扣除非经常性损益后的两个指标的相关结果。

在判断某项损益是否为非经常性损益时，除了考虑该项损益与生产经营活动的联系外，更重要的是考虑该项损益的性质、金额或发生频率的大小。具体地说，在经营活动、投资活动以及筹资活动中，都有可能带来一些非经常性损益。

(1) 经营活动可能涉及的非经常性损益项目

企业在商品经营活动中，对于显失公允的关联购销交易产生的损益、资产的处置或置换损益、债务重组损失、有关资产的盘盈或盘亏，以及相关的补贴收入税收优惠等应作为非经常性损益处理。这些项目通常在利润表中体现为“营业外收入(或支出)”项目。需要说明的是，营业外收入中包含的各种税收优惠及税收返还、财政补助等其他各种补贴收入，若符合相关规定，且能在未来较长期限内获得，则应该将这些收益作为企业经常性损益的组成内容。信息使用者可以结合营业外收入(或支出)项目的附注说明来加以判断。另外，对企业资产计提减值准备而发生的资产减值损失是企业在持续经营过程中经常发生的事项，因此不应该将资产减值损失看作非经常性损益。但在我国部分上市公司中，在企业扭亏为盈或保持盈利势头的关键年份，往往出现资产减值损失这类“小项目”成为业绩主要支撑项的情形。这时信息使用者就应该对这种“小项目的大贡献”的可持续性进行考察。

(2) 投资活动可能涉及的非经常性损益项目

企业发生的投资活动通常包括股权投资和债权投资两种基本类型，由此获取的投资收益能否作为企业的经常性损益，应该根据其形成的具体来源进行分析。

① 企业基于战略发展的考虑进行各种长期投资，其主要目的并不在于短期内转让以获取价差收益。因此，通过对外的长期股权、债权投资在持有期间所获取的正常投资收益，应该作为经常性损益。但是，长期投资的处置收益属于"一次性"的偶发业务，由此而产生的损益应该全部作为非经常性损益处理，否则无法合理地评价企业的盈利能力。

② 企业进行的各种短期投资（包括委托理财产品）的目的主要在于获取短期内的差价收益，由于在经营活动中收入和支出之间存在时间差，可能导致部分资金闲置，因此，如果企业利用暂时闲置的资金（而非借入的资金）直接进行（而非委托其他单位进行）短期投资，则可以将此类投资产生的收益作为企业的经常性损益处理。因此，在实务中，利润表中的"公允价值变动收益"通常不列入非经常性损益，但由于它属于未实现损益，如果在企业利润构成中占比过大，要额外关注该项目对企业利润持续性所造成的影响。

③ 如果企业发生向其他企业拆出资金或委托金融机构发放贷款，也应该作为企业的投资活动。如果此类活动产生的收益高于或低于银行同期贷款利率，则应该将实际获取的收益与按照银行同期贷款利率计算的结果之间的差额作为非经常性损益处理。

(3) 筹资活动可能涉及的非经常性损益项目

筹资活动可能涉及的非经常性损益项目主要有三类，即企业进行工程项目建设获得的财政贴息收益计入当期损益的部分，企业向关联企业及其他企业拆入资金时实际支付的资金占用费与按照同期银行贷款利率计算的结果之间的差额，以及由于汇率变动而形成的汇兑差额。这些项目大多数都会反映在企业的财务费用中，但信息使用者能否获取相关信息，要视上市公司对财务费用附注披露的详略程度而定。

(4) 其他应作为非经常性损益的项目

其他应作为非经常性损益的项目如捐赠支出、债务重组损失、罚款收入或支出、非常损失等（不含前面提及的项目）基本上都列示于营业外收入或支出项目中。此外，由于公司会计政策在制定以后一般应该保持相对稳定，因此会计政策变更不应是经常发生的事项，"由于变更会计政策对以前年度进行追溯调整而引起的以前年度损益的变化"应该作为当年的非经常性损益处理。这方面信息可以在股东权益变动表中找到。

第四节 利润表的综合分析

利润表为我们提供了企业盈利过程和结果的财务信息，报表使用者都非常重视和关心这类信息，这类信息对分析企业的盈利能力极为重要。

一、主营业务盈利能力的分析

(一) 主营业务收入利润率

主营业务收入利润率是指企业利润与主营业务收入的百分比。其计算公式如下：

$$\text{主营业务收入利润率}=\frac{\text{利润}}{\text{主营业务收入}}\times 100\%$$

从利润表来看，企业的利润可以分为四个层次：主营业务利润、营业利润、利润总额、净利润。其中，利润总额和净利润包含着非主营业务利润因素，所以更能直接反映主营业务盈利能力的指标是主营业务利润率和营业利润率。由于商品销售业务是企业的主要经营活动，因此，主营业务利润率水平的高低对企业总体盈利能力有着重要影响。通过对主营业务收入利润率的分析，可以发现企业经营理财状况的稳定性，发现企业面临的危险或可能出现的转机。

将上述公式中的利润改为主营业务利润、营业利润和净利润等便可得到如下计算公式：

$$主营业务利润率=\frac{主营业务利润}{主营业务收入}\times 100\%$$

$$营业利润率=\frac{营业利润}{主营业务收入}\times 100\%$$

$$主营业务收入净利率=\frac{净利润}{主营业务收入}\times 100\%$$

（二）成本利润率

成本利润率是指利润与成本的比例。其计算公式如下：

$$成本利润率=\frac{利润}{成本}\times 100\%$$

与利润一样，成本也可以分为几个层次，所以成本利润率可以按以下方式计算：

1. 主营业务成本利润率

主营业务成本利润率分析主营业务成本对主营业务利润的影响。其计算公式如下：

$$主营业务成本利润率=\frac{主营业务利润}{主营业务成本}\times 100\%$$

2. 成本费用利润率

成本费用利润率分析成本费用对营业利润的影响。成本费用包括主营业务成本、其他业务支出、销售费用、管理费用、财务费用。其计算公式如下：

$$成本费用利润率=\frac{营业利润}{成本费用总额}\times 100\%$$

3. 税前成本利润率

税前成本利润率反映税前成本对利润总额的影响。税前成本由成本费用和营业外支出构成。其计算公式如下：

$$税前成本利润率=\frac{利润总额}{税前成本}\times 100\%$$

4. 税后成本净利率

税后成本净利率反映企业税后成本对净利润的影响。税后成本由税前成本和所得税费用构成。其计算公式如下：

$$税后成本利润率=\frac{净利润}{税后成本}\times 100\%$$

将成本与利润的关系分为以上四个层次，符合收益与成本匹配的原则，有助于揭示企业各项成本的使用效果。在以上成本利润率中，主营业务成本利润率最具代表性，它反映了企业主要成本的利用效果，是企业加强成本管理的关键指标。

二、资产盈利能力的分析

资产利润率指标是企业一定时期内的利润与资产平均余额之比，反映的是企业投资与利润产出的关系。资产利润率可以分为总资产利润率和各种具体资产利润率两大类指标。

（一）总资产利润率指标

$$总资产净利率=\frac{净利润}{总资产平均额}\times 100\%=\frac{净利润}{(期初资产占用额+期末资产占用额)\div 2}\times 100\%$$

一般来说，该指标越大说明企业资产运作能力越强，资产周转速度越快，资产的盈利水平越高。但如果总资产净利率太高，说明企业可能存在一定的财务风险。分析中应注意到总资产净利率还会受企业经营规模等经营措施的影响，企业经营范围的扩大和投资的增加都会引起总资产净利率的改变。如果企业总资产净利率连续几年持续下降，则应分析原因。

影响总资产净利率的因素较多，主要影响因素有企业产品盈利能力和企业资产结构。企业产品盈利能力是提高总资产净利率的基础，主营业务净利率提高，企业资产的净利率才有可能提高；而企业资产结构的调整也有助于提高企业总资产净利率，因为企业的资产有生产经营用资产、非生产经营用资产、不良资产、闲置资产等，而有生产经营用资产才会给企业形成盈利。

（二）资产息税前利润率

资产息税前利润率也称基本获利率，是企业的息税前利润与总资产平均余额之比。该指标反映企业总体的获利能力。该指标是将公司占用的全部资产作为一种投入，对应的是息税前利润总和，以评价公司的投入和产出的效率。公司的投入就是占用的资产总额，其回报就是息税前利润。其计算公式为：

$$资产息税前利润率=\frac{息税前利润}{总资产平均余额}\times 100\%=\frac{净利润+所得税+利息费用}{总资产平均额}\times 100\%$$

不同时期和不同企业的资本结构不同，负债成本高低随负债程度而不同，负债高则成本大，负债低则成本小，而负债成本是要通过企业利润来弥补的。因此，资产息税前利润率采用了息税前利润来计算，更能真实地反映企业实际的盈利能力，更适合于企业不同时期的比较和其他企业的比较。

（三）资产利润率

资产利润率又称投资盈利率、资产所得率、资产报酬率、企业资金利润率，是反映企业资产盈利能力的指标。是指企业在一定时间内实现的利润与同期资产平均占用额的比率。企业资产利润率这项指标能促使企业全面改善生产经营管理，不断提高企业的经济效益。

$$资产利润率=\frac{利润总额}{总资产平均额}\times 100\%$$

采用利润总额计算的资产利润率能反映企业在交纳所得税之前的实际利润状况，与总资产净利率相比，能反映所得税对企业最终盈利水平的影响。

（四）流动资产利润率

流动资产利润率是企业一定时期的利润总额与流动资产平均额之间的比率，它是反映流动资产利用效果的一个综合性指标。其计算公式如下：

$$流动资产利润率=\frac{利润总额}{流动资产平均额}\times 100\%$$

一般来讲，该指标越大，说明流动资产利用水平越高，流动资产周转越快。由于不同行业的流动资产占用状况不同，在分析该指标时，一方面应与该企业的历史水平比较，另一方面应与同行业的平均水平和先进水平比较，了解企业流动资产利用水平的高低。

（五）固定资产利润率

固定资产利润率是企业一定时期利润总额与固定资产平均占用额之间的比率，是反映固定资产综合利用水平和盈利能力的重要指标，其计算公式如下：

$$固定资产利润率=\frac{利润总额}{固定资产平均额}\times 100\%$$

固定资产平均额有原值和净值之分，从企业总资产组成角度分析，采用固定资产净值更好。一般来讲，该指标越大，说明企业固定资产的利用水平越高，固定资产盈利能力越好，固定资产的周转越快。由于不同行业不同时期的固定资产占用水平不同，在分析该指标时，既应与本企业的历史水平比较，又应与同行业的平均水平和先进水平比较，全面了解企业固定资产利用水平的高低。

三、企业净资产盈利能力的分析

（一）股东权益利润率

股东权益利润率即企业净利润与股东权益平均额的比率，该指标体现了企业投资者拥有的权益获得净利润的能力，反映了投入资本及其积累与报酬的关系，是评价企业资本经营效率的重要指标，该指标在上市公司业绩综合排序中列为第一。其计算公式如下：

$$股东权益利润率=\frac{净利润}{主股东权益平均额}\times 100\%$$

一般来讲，股东权益利润率越高，企业资本运营效果越好，投资者和债权人利益保障程度越大。如果企业股东权益利润率能在一段较长时间内保持持续增长，说明企业的资本盈利能力稳定上升。若为上市公司，则公司的股票价格一般都会上涨，公司价值会增大。提高企业股东权益利润率最直接的方法是增加负债资本，因为当企业投资利润率大于负债利率时，增加负债就能提高股东权益利润率，但这时企业财务风险也将上升。因此，只有当企业股东权益利润率上升而企业财务风险没有较大幅度增大时，才能说明企业财务状况良好。

（二）普通股权益利润率

股东权益利润率包括普通股权益利润率和优先股权益利润率。在普通股股东和优先股股东中，普通股股东才是企业的最终所有者，他们对普通股权益盈利能力相当关注。因此，在企业既发行了普通股又发行了优先股的情况下，应进一步分析普通股权益的盈利能力。普通股权益利润率的计算公式如下：

$$普通股权益利润率=\frac{净利润-优先股股利}{主普通股股东权益}\times 100\%$$

（三）普通股每股收益

普通股盈利能力除了用普通股权益利润率表示外，还可以用反映普通股每股盈利能力的普通股每股收益来表示。普通股每股收益的计算公式如下：

$$普通股每股收益=\frac{净利润-优先股股利}{对外分配的普通股股数}\times 100\%$$

一般来说，每股收益越大，说明企业的盈利能力越强，企业经营状况和财务状况越好，企业发放股利的可能性越大，企业股票价格上升的可能性越大。每股收益是反映上市公司盈利能力最重要的财务指标，在分析时可以将本企业不同时期每股收益相比较，了解企业盈利能力的变化趋势；也可以将本企业每股收益同其他企业每股收益相比较，评价企业相对的盈利能力。

值得一提的是，如果企业在本会计年度发行新股或分派股票股利，则公式中的分母普通股股数应按发行时间的加权平均数来计算。其计算公式如下：

$$普通股平均股数=年初股数+新增股数\times\frac{新增股数时间（月）}{12}\times 100\%$$

$$平均发行在外普通股股数=\sum\frac{发行在外普通股股数\times 发行在外月份数}{12}$$

如果企业发行了有可能转换为普通股的优先股或可转换债券等，当这些可转换证券在一定条件下行使其转换权后，就会增加企业的普通股股数，同时导致普通股每股收益下降。因此，在进行每股收益分析时，应充分考虑实际存在的稀释因素，计算预期摊薄后的每股收益，并将其与原来的每股收益进行比较分析。

在计算每股收益（摊薄前）时，由于在转化为普通股股票后，债券的利息和优先股的股息均不需要再支付，所以应首先调整可分配给普通股股东的净利润，其次应调整对外发行的普通股股数。

对每股收益进行分析时应注意以下几个问题：

第一，每股收益不反映股票包含的风险。

第二，股票是一个份额概念，不同股票的每一股在经济上不等量，它们所含有的净资产和市价不同，即换取每股收益的投入量不相同，限制了每股收益的企业间比较。

第三，每股收益多，不一定意味着多分红，还要看企业的股利分配政策。

【例 4－15】 云南白药股份有限公司 2013～2017 年利润表比率分析。

表 4－25　　**云南白药股份有限公司利润比率表**

项　　目	2013 年	2014 年	2015 年	2016 年	2017 年
每股收益（元）	3.34	2.41	2.66	2.8	3.02
总资产利润率（%）	18.02	15.29	14.28	11.92	11.31
主营业务利润率（%）	29.21	29.67	30.03	29.17	30.48
营业利润率（%）	16.68	15.04	15.27	14.81	14.89
成本费用利润率（%）	19.75	17.96	18.13	17.61	17.21
主营业务成本率（%）	70.30	69.84	69.47	70.00	68.81

续表

项　　目	2013 年	2014 年	2015 年	2016 年	2017 年
销售净利率(%)	14.68	13.27	13.28	13.08	12.88
净资产报酬率(%)	30.28	26.22	24.77	22.67	21.45

【思维空间】从云南白药 2013～2017 年的利润比率表中的比率以及趋势分析图可以得出哪些结论？有哪些财务建议？

本章小结

利润表是反映企业某一时期的经营成果的动态报表，它全面揭示了企业在某一特定时期实现的收入、产生的成本费用及企业实现利润或发生亏损的情况。利润表项目本身体现了企业会计利润计算的步骤和过程，是企业进行利润分配的重要依据。我国现行的利润表编制通过营业利润、利润总额、净利润和综合收益四个层次来分步披露企业的收益，并详细揭示企业收益的形成过程。利润表具体的项目质量分析包括对各类收入项目的编制方法理解及质量分析、对各类费用项目的编制方法理解及质量分析，以及对利润质量的评价。利润表的结构分析主要体现为编制共同比利润表、利润构成比重分析以及盈利模式分析。利润表趋势分析则通过时间序列上的数据统计分析方法为我们揭示报表项目自身变化的特点及原因。

思考题

1. 利润表分析的主要作用是什么？
2. 利润表分析有何局限性？
3. 如何评价利润表各步骤层次利润的质量？
4. 利润分配与利润表的内在关系是什么？
5. 利润表与资产负债表之间的数据勾稽关系是什么？
6. 权责发生制的编制原则如何影响利润表信息披露及质量？
7. 现行企业利润表中净利润是如何计算出来的？
8. 利润表中体现出的阶段性财务成果有哪些？
9. 如何理解企业利润的质量？
10. 企业计算所得税时，为什么不能直接以会计利润作为纳税依据？

练习题

一、单项选择题

1. 反映企业全部财务成果的指标是(　　)。

A. 主营业务利润　　B. 营业利润　　C. 利润总额　　D. 净利润

2. 企业商品经营盈利状况最终取决于(　　)。

A. 主营业务利润　　B. 营业利润　　C. 利润总额　　D. 投资收益

3. 企业提取法定盈余公积金是在(　　)。

A. 提取法定公益金之后　　B. 弥补企业以前年度亏损之后

C. 支付各项税收的滞纳金和罚款之后　　D. 支付普通股股利之前

4. 企业用盈余公积金分配股利后，法定盈余公积金不得低于注册资本的(　　)。

A. 10%　　B. 20%　　C. 25%　　D. 50%

5. 如果企业本年销售收入增长快于销售成本的增长，那么企业本年营业利润(　　)。

A. 一定大于零　　B. 一定大于上年营业利润

C. 一定大于上年利润总额　　D. 不一定大于上年营业利润

6. 反映企业所有者最终取得的财务成果的指标是(　　)。

A. 营业收入　　B. 营业利润　　C. 利润总额　　D. 净利润

7. 总资产报酬率是指(　　)与平均总资产之间的比率。

A. 利润总额　　B. 息税前利润　　C. 净利润　　D. 营业利润

8. (　　)是反映盈利能力的核心指标。

A. 总资产报酬率　　B. 股利发放率　　C. 总资产周转率　　D. 净资产收益率

9. 下列关于利润表的表述错误的是(　　)。

A. 利润表是一种动态的时期报表

B. 利润表主要揭示企业在一定时期的收入实现、费用消耗以及由此计算出来的企业利润(或亏损)的情况

C. 凭借利润表，可以评价企业生产经营所面临的财务风险、企业的获利能力和成长潜力

D. 利润表的列报不一定必须充分反映企业经营业绩的主要来源和构成

10. 我国实务中企业利润表通常采用的形式是(　　)。

A. 单步式　　B. 多步式　　C. 报告式　　D. 账户式

11. 软件开发企业为客户开发软件的收入属于(　　)。

A. 提供劳务收入　　B. 建造合同收入

C. 销售商品收入　　D. 让渡资产使用权收入

12. 企业将营业收入分为主营业务收入和其他业务收入的依据是(　　)。

A. 经济利益流入的多少　　B. 收入的可持续性

C. 对利润的贡献程度　　D. 日常活动在企业中的重要性

13. 下列税费中不计入税金及附加的是(　　)。

A. 城建税　　B. 消费税

C. 与投资性房地产相关的房产税　　D. 增值税

14. 报表使用者通过利润表趋势分析能够(　　)。

A. 评价企业收益的不同来源构成

B. 评价不同业务的盈利水平和获利能力

C. 评价不同业务对企业总盈利水平的影响方向和影响程度

D. 对多个会计期间企业的盈利水平及变动趋势进行评价

15. 与获利能力分析有关的财务报表分析中，最为重要的是(　　)。

A. 资产负债表分析　　B. 利润表分析

C. 现金流量表分析　　D. 报表附注分析

16. 下列不属于企业利润质量低下表现的是(　　)。

A. 应收账款不正常增加，应收账款平均收账期不正常延长

B. 企业频繁变更会计政策和会计估计

C. 应收账款不正常增加，应收账款平均收账期不正常延长

D. 企业营业毛利率持续较高

17. 下列关于每股收益的表述错误的是(　　)。

A. 上市公司必须在利润表中列示基本每股收益和稀释每股收益

B. 每股收益反映企业为每一普通股和优先股股份所实现的税后净利润(不包括优先股)

C. 稀释每股收益要考虑到当期所有发行在外的稀释性潜在普通股的影响

D. 每股收益是用于反映企业的经营成果,衡量普通股的投资回报及投资风险的财务指标

18. 要想取得财务杠杆效应,应当使全部资本利润率(　　)借款利息率。

A. 大于　　B. 小于　　C. 等于　　D. 无关系

19. 某产品的销售单价是 180 元,单位成本是 120 元,本月实现销售 2 500 件,则本月实现的毛利额为(　　)元。

A. 300 000　　B. 450 000　　C. 750 000　　D. 150 000

20. 庆英公司 2000 年实现利润情况如下:主营业务利润 3 000 万元,其他业务利润 68 万元,资产减值准备 56 万元,营业费用 280 万元,管理费用 320 万元,主营业务收入实现 4 800 万元,则营业利润率是(　　)。

A. 62.5%　　B. 64.2%　　C. 51.4%　　D. 50.25%

二、多项选择题

1. 销售费用结构分析应主要分析的指标有(　　)。

A. 销售费用变动率　　B. 销售费用变动额

C. 销售费用结构比率　　D. 百元销售收入销售费用

2. 下列内容中属于利润表主要反映的项目是(　　)。

A. 营业总收入　　B. 营业利润　　C. 营业费用　　D. 每股收益

3. 下列有关"营业收入"的理解正确的是(　　)。

A. 在日常活动中形成的　　B. 会导致所有者权益增加

C. 与所有者投资资本相关　　D. 营业收入是影响企业财务成果的重要因素

4. 对不同的报表使用者而言,营运能力分析具有不一样的意义,对此理解正确的是(　　)。

A. 对经营者而言,营运能力分析有助于优化资产结构

B. 对企业的现有股东而言,营运能力分析有助于判断企业财务的安全性、资本保全程度

C. 对企业的潜在投资者而言,营运能力分析有助于判断资产实现收益的能力

D. 对债权人而言,营运能力分析有助于判断其债券的物质保障程度和安全性

5. 下列属于企业盈利能力指标的有(　　)。

A. 资产负债率　　B. 每股收益　　C. 市盈率　　D. 存货周转率

6. 企业广义收入的构成分析包括(　　)。

A. 收入与利得分析　　B. 主营业务收入和其他业务收入分析

C. 现销收入与赊销收入分析　　D. 产品品种构成分析

7. 企业利润表的局限性包括(　　)。

A. 不包括未实现利润和已实现的未摊销费用

B. 未考虑物价变动的影响

C. 销售成本未反映现实实际价值

D. 未列示企业利润的形成过程

8. 利润表的作用包括(　　)。

A. 判断企业的经营成果和获利能力

B. 预测企业未来的偿债能力和现金流动状况

C. 评价经营管理人员的业绩

D. 为经营成果分配提供重要依据

9. 企业销售收入的确认条件需同时满足(　　)。

A. 商品所有权上的主要风险和报酬已转移给购货方

B. 没有保留通常与所有权相联系的继续管理权,也没有对已售出的商品实施有效控制

C. 收入的金额能够可靠地计量

D. 相关的经济利益很可能流入企业

10. 企业应当在附注中披露与收入有关的信息有(　　)。

A. 收入确认所采用的会计政策，包括确定提供劳务交易完工进度的方法

B. 本期确认的销售商品收入、提供劳务收入、利息收入和使用费收入的金额

C. 主营业务产品的销售单价

D. 主营业务产品的销售成本

三、判断题

1. 企业成本总额的增加不一定意味着利润的下降和企业管理水平的下降。　(　　)

2. 全部销售成本分析是从产品类别角度找出各类产品或主要产品销售成本的构成内容及结构比重。　(　　)

3. 只要两个公司处于同一行业，我们就可以对其财务状况进行比较分析。　(　　)

4. 利润总额反映了企业全部经济活动的财务成果，它包括营业利润及营业外收支净额等，但不包括非流动资产处置损益。　(　　)

5. 一般来讲，在销售规模一定的情况下，存货周转速度越快，存货的管理水平越低。　(　　)

6. 企业负债比例越高，财务杠杆系数越大，财务风险越大。　(　　)

7. 经营活动业绩评价使用的利润表和现金流量表都以权责发生制为基础反映。　(　　)

8. 如果企业的销售毛利率非常低，那么销售净利率也不会很理想；如果企业的销售毛利率非常高，那么销售净利率也会很高。　(　　)

9. 营业收入的产品品种构成分析可以揭示企业在不同地区的市场潜力。　(　　)

10. 企业当期财务费用的大小主要受借款规模、借款利率和借款期限的影响。　(　　)

四、案例分析题

1. 某公司 2017 年、2016 年的利润表资料如表 4 - 26 所示。该公司管理层希望能进一步了解公司最近两年的利润变动情况及其构成情况。

表 4 - 26　　**利润表**　　单位：万元

项　　目	2017 年度	2016 年度
一、营业收入	6 035 988.00	5 443 644.00
减：营业成本	3 837 558.00	3 639 991.00
税金及附加	25 104.00	18 539.00
销售费用	1 325 833.00	1 007 455.00
管理费用	345 616.00	316 323.00
财务费用	29 716.00	15 489.00
资产减值损失	1 362.00	17 643.00
加：公允价值变动收益		
投资收益	18 635.00	10 774.00
二、营业利润	489 432.00	438 969.00
加：营业外收入	71 227.00	46 341.00

续表

项　　目	2017 年度	2016 年度
其中：非流动资产处置利得	754.00	739.00
减：营业外支出	8 306.00	6 721.00
其中：非流动资产处置损失	2 714.00	3 447.00
三、利润总额	552 353.00	478 589.00
减：所得税	86 911.00	61 935.00
四、净利润	465 442.00	416 654.00
归属于母公司所有者的净利润	463 179.00	414 428.00
少数股东损益	2 263.00	2 258.00
五、每股收益		
(一) 基本每股收益	0.76	0.68
(二) 稀释每股收益	0.76	0.68
六、其他综合收益的税后净额	17 428.00	259.00
七、综合收益总额	482 607.00	416 913.00
归属于母公司所有者的综合收益总额	480 607.00	414 687.00
归属于少数股东的综合收益总额	2 263.00	2 226.00

要求：

(1) 对该公司利润表水平进行分析，并给予管理层相应建议。

(2) 对该公司利润表结构进行分析，并给予管理层相应建议。

2. 某企业 2016 年和 2017 年的销售成本资料见表 4-27。

表 4-27

产品名称	实际销售量(个)	实际单位销售成本(元)		实际销售总成本(元)	
		2016 年	2017 年	2016 年	2017 年
主要产品				669 000	645 000
A	50 000	5.2	5	260 000	250 000
B	30 000	4.3	4.1	129 000	123 000
C	80 000	3.5	3.4	280 000	272 000
非主要产品				90 000	84 000
D	6 000	15	14	90 000	84 000
全部产品				759 000	729 000

要求：根据表 4-27 资料对企业全部销售成本的完成情况进行分析，并提出销售成本控制的重点。

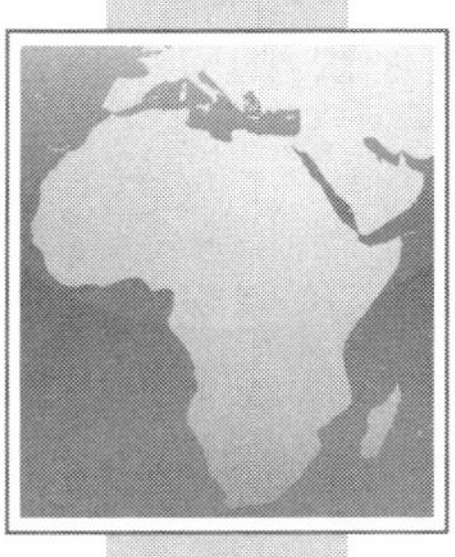

第五章
现金流量表的解读与分析

理论学习目标

◇ 了解现金流量表的概念与结构、作用及意义。
◇ 掌握现金流量的内涵及主要分类。
◇ 理解现金流量表的各报表项目内容及分析。
◇ 掌握各类活动现金流量质量分析方法。
◇ 理解现金流量表的结构分析方法和作用，并能够结合财务知识对现金流量未来的变动趋势做出判断分析。

能力实现目标

◇ 利用直接法和间接法熟练编制现金流量表。
◇ 应用财务报表分析方法对现金流量表进行分析。
◇ 撰写现金流量表财务分析报告。

第一节　现金流量表概述

一、现金流量表的定义与结构

（一）现金流量表及相关概念的含义

1．现金流量表

现金流量表是反映企业一定会计期间内有关现金和现金等价物的流入、流出情况及其净流量的会计报表。现金流量表的主要目的是反映企业会计期间经营活动、投资活动和筹资活动等对现金及现金等价物所产生的影响。从编制原则上看，现金流量表按照收付实现制原则编制，将权责发生制下的盈利信息调整为收付实现制下的现金流量信息，便于信息使用者了解企业利润的含金量，为评价企业的支付能力、偿债能力和周转能力，预测企业未来现金流量提供重要的依据。

2．现金

现金是指企业库存现金以及可以随时用于支付的存款，包括库存现金、银行存款和其他货币资金等。不能随时用于支付的存款不属于现金。

会计上所说的现金通常是指企业的库存现金，而现金流量表中的现金不仅包括“现金”账户核算的库存现金，还包括企业“银行存款”账户核算的存入金融企业、随时可以用于支付的存款，也包括“其他货币资金”账户核算的外埠存款、银行汇票存款、银行本票存款和在途货币资金。

应注意的是，银行存款和其他货币资金中不能随时用于支付的存款，如不能随时支取的定期存款等，不应作为现金，而应列作投资；提前通知金融企业便可支取的定期存款，则应包括在现金范围内。

3. 现金等价物

现金等价物是指企业持有的期限短、流动性强、易于转换为已知金额现金、价值变动风险很小的投资。期限短，一般是指从购买日起3个月内到期。现金等价物通常包括3个月内到期的债券投资等。权益性投资变现的金额通常不确定，因而不属于现金等价物。企业应当根据具体情况确定现金等价物的范围，一经确定，不得随意变更。

4. 现金流量

现金流量是某一时段内企业现金和现金等价物流入和流出的数量，如企业销售商品、提供劳务、出售固定资产、向银行借款等取得现金，形成企业的现金流入；购买原材料、接受劳务、购建固定资产、对外投资、偿还债务等而支付的现金，形成企业的现金流出。现金流量信息能够表明企业的经营状况是否良好、资金是否紧张以及企业偿付能力大小等，从而为投资者、债权人、企业管理者提供非常有用的信息。

应该注意的是，企业货币资金不同形态之间的转换不会产生现金的流入和流出，如企业从银行提取现金，是企业现金存放形式的转换，现金并未流出企业，不构成现金流量；同样，现金与现金等价物之间的转换也不属于现金流量。

在市场经济条件下，企业的现金流转情况在很大程度上影响着企业的生存和发展。企业现金充裕，就可以及时购入必要的材料物资和固定资产，及时支付工资、偿还债务、支付股利和利息；反之，企业的正常生产经营则会受到影响，甚至引发企业的生存危机。在实际工作中，有些企业利润表上反映的是盈利，却没有现金支付能力，偿还不了到期的债务；而有些企业利润表上反映的是亏损，却现金充足，不仅能经营运作，甚至能对外投资。这是因为利润表是按权责发生制编制的。现金管理已经成为企业财务管理的一个重要方面，受到企业管理人员、投资者、债权人以及政府监管部门的关注。

（二）现金流量表的结构

根据企业业务活动的性质和现金流量的来源，将企业一定期间产生的现金流量分为三类：经营活动现金流量、投资活动现金流量和筹资活动现金流量。现金流量根据现金的流向，可分为现金流入量、现金流出量以及现金净流量。现金流量表的格式有两种：一种按全部现金流入量和现金流出量归类，最后用总流入量减总流出量得出企业现金净流量；另一种按经营活动现金流量、投资活动现金流量、筹资活动现金流量和特殊项目的现金流量分别归集其流入量、流出量和净流量，最后得出企业现金净流量。我国会计准则规定现金流量表采用后一种格式。

现金流量表的基本结构有三部分：表首、基本部分、补充资料。

1. 表首

该部分表明企业名称、现金流量的会计期间、货币单位和报表编号。

2. 基本部分

基本部分介绍各种活动的现金流量及净流量。

(1) 经营活动产生的现金流量

经营活动产生的现金流量是指企业除投资活动和筹资活动以外的其他所有交易或事项所产生的现金流量，如购销商品、提供或接受劳务、缴纳税费、支付职工薪酬、进行日常管理与营销活动等行为中所涉及的现金流入与流出等。

（2）投资活动产生的现金流量

投资活动产生的现金流量是指企业对外进行的股权或债权性投资、对内发生的购建或处置固定资产、无形资产及其他长期资产等活动中所涉及的现金流量。如企业借款、收回股权与债权、购买或转让固定资产、无形资产等。

（3）筹资活动产生的现金流量

筹资活动产生的现金流量则是指企业所有与筹资活动相关的直接活动所涉及或引起的现金流量。如企业借款、发行股票与发行债券、融资租赁、偿还债务本金与利息、派发现金股息等。

3. 补充资料

补充资料包括：将净利润调节为经营活动现金净流量；不涉及现金收支的投资和筹资活动；现金和现金等价物的净增减情况。

各类活动产生的现金流量以及它们之间的结构关系如下：

各类活动产生的现金流量净额＝现金流入小计－现金流出小计

现金及现金等价物净增加额＝经营活动产生的现金流量净额＋投资活动产生的现金流量净额＋筹资活动产生的现金流量净额±汇率变动对现金的影响额

表 5-1　　云南白药股份有限公司 2013～2017 年现金流量表

报表日期	2013-12-31	2014-12-31	2015-12-31	2016-12-31	2017-12-31
单　位	元	元	元	元	元
一、经营活动产生的现金流量					
销售商品、提供劳务收到的现金	16 663 067 969.64	19 945 133 443.92	22 452 805 855.29	27 274 532 482.57	28 062 904 138.83
收到的税费返还	0.00	0.00	0.00	8 576 182.67	13 526 073.48
收到的其他与经营活动有关的现金	116 289 913.26	349 606 385.22	158 816 952.89	125 042 863.74	783 329 598.52
经营活动现金流入小计	16 779 357 882.90	20 294 739 829.14	22 611 622 808.18	27 408 201 528.98	28 859 759 810.83
购买商品、接受劳务支付的现金	12 732 537 611.98	14 190 355 741.73	15 668 489 730.06	19 060 561 636.95	21 310 575 493.69
支付给职工以及为职工支付的现金	686 460 978.18	946 900 754.60	1 085 399 259.79	1 187 860 947.35	1 278 263 315.48
支付的各项税费	1 115 041 466.46	1 523 425 009.35	1 478 244 192.56	1 864 153 734.73	1 877 721 577.15
支付的其他与经营活动有关的现金	1 903 676 239.39	2 047 194 143.83	2 199 989 224.58	2 310 857 526.98	3 237 509 475.61
经营活动现金流出小计	16 437 716 296.01	18 707 875 649.51	20 432 122 406.99	24 423 443 846.01	27 704 069 861.93

续表

报表日期	2013-12-31	2014-12-31	2015-12-31	2016-12-31	2017-12-31
单　位	元	元	元	元	元
经营活动产生的现金流量净额	341 641 586.89	1 586 864 179.63	2 179 500 401.19	2 984 757 682.97	1 155 689 948.90
二、投资活动产生的现金流量					
收回投资所收到的现金	0.00	100 000 000.00	1 733 744 649.12	3 022 172 422.60	6 725 563 746.72
取得投资收益所收到的现金	42 254 919.29	87 693 360.84	163 630 519.22	185 758 392.12	287 538 334.62
处置固定资产、无形资产和其他长期资产所收回的现金净额	103 604.68	270 994.46	127 011.76	6 519 035.62	62 350 985.61
处置子公司及其他营业单位收到的现金净额	641 584 152.34	0.00	0.00	0.00	0.00
收到的其他与投资活动有关的现金	0.00	66 433 674.73	0.00	4 202 322.51	520 234 671.64
投资活动现金流入小计	683 942 676.31	254 398 030.03	1 897 502 180.10	3 218 652 172.85	7 595 687 738.59
购建固定资产、无形资产和其他长期资产所支付的现金	75 136 080.86	180 298 525.73	135 804 696.72	140 632 036.17	193 206 847.22
投资所支付的现金	225 885 000.00	2 288 852 003.50	2 723 752 071.77	5 564 056 050.00	7 754 281 542.15
取得子公司及其他营业单位支付的现金净额	92 273 600.00	0.00	0.00	86 120 334.69	0.00
支付的其他与投资活动有关的现金	0.00	0.00	0.00	1 415 040 756.39	0.00
投资活动现金流出小计	393 294 680.86	2 469 150 529.23	2 859 556 768.49	7 205 849 177.25	7 947 488 389.37
投资活动产生的现金流量净额	290 647 995.45	−2 214 752 499.20	−962 054 588.39	−3 987 197 004.40	−351 800 650.78
三、筹资活动产生的现金流量					
吸收投资收到的现金	0.00	0.00	0.00	11 900 000.00	0.00
其中：子公司吸收少数股东投资收到的现金	0.00	0.00	0.00	4 900 000.00	0.00
取得借款收到的现金	10 000 000.00	30 000 000.00	20 000 000.00	896 544 000.00	0.00
发行债券收到的现金	0.00	896 256 000.00	0.00	0.00	0.00

续表

报表日期	2013-12-31	2014-12-31	2015-12-31	2016-12-31	2017-12-31
单　位	元	元	元	元	元
收到其他与筹资活动有关的现金	5 387 629.40	353 178 997.74	439 823 816.21	35 627 200.00	30 664 618.85
筹资活动现金流入小计	15 387 629.40	1 279 434 997.74	459 823 816.21	944 071 200.00	30 664 618.85
偿还债务支付的现金	10 000 000.00	42 184 882.14	20 000 000.00	20 000 000.00	11 100 000.00
分配股利、利润或偿付利息所支付的现金	313 145 137.68	370 107 698.18	587 947 510.84	691 687 830.11	930 792 696.49
其中：子公司支付给少数股东的股利、利润	0.00	8 194 800.00	6 846 834.40	0.00	0.00
支付其他与筹资活动有关的现金	1 317 308.73	297 731 780.79	455 012 813.71	7 036 081.45	500 000.00
筹资活动现金流出小计	324 462 446.41	710 024 361.11	1 062 960 324.55	718 723 911.56	942 392 696.49
筹资活动产生的现金流量净额	−309 074 817.01	569 410 636.63	−603 136 508.34	225 347 288.44	−911 728 077.64
四、汇率变动对现金及现金等价物的影响	−1 327 726.07	−510 154.05	4 400 670.58	5 131 871.54	−5 448 143.58
五、现金及现金等价物净增加额	321 887 039.26	−58 987 836.99	618 709 975.04	−771 960 161.45	−113 286 923.10
加：期初现金及现金等价物余额	1 761 064 510.34	2 082 951 549.60	2 023 963 712.61	2 642 673 687.65	1 870 713 526.20
六、期末现金及现金等价物余额	2 082 951 549.60	2 023 963 712.61	2 642 673 687.65	1 870 713 526.20	1 757 426 603.10
附注					
净利润	2 321 453 787.17	2 497 326 678.30	2 755 581 110.10	2 930 889 603.08	3 132 534 170.45
少数股东权益					
未确认的投资损失					
资产减值准备	183 668 627.63	−138 471 672.48	18 617 135.98	−823 632.70	64 834 956.45
固定资产折旧、油气资产折耗、生产性物资折旧	77 874 788.04	77 746 907.81	112 083 764.24	107 046 444.03	117 118 763.86
无形资产摊销	8 196 345.41	10 756 866.26	9 757 838.95	9 510 493.70	12 530 850.72
长期待摊费用摊销	5 821 738.28	3 598 046.53	3 588 956.70	2 434 129.89	3 060 588.10
待摊费用的减少					
预提费用的增加					

续表

报表日期	2013-12-31	2014-12-31	2015-12-31	2016-12-31	2017-12-31
单　　位	元	元	元	元	元
处置固定资产、无形资产和其他长期资产的损失	−6 670 672.42	858 503.46	−3 990 597.74	−4 676 111.30	−59 711 047.23
固定资产报废损失	0.00	447 250.81	0.00	688 082.62	1 050 038.15
公允价值变动损失					
递延收益增加(减：减少)					
预计负债					
财务费用	725 222.13	24 289 891.18	64 863 409.94	83 340 597.12	79 634 029.53
投资损失	−684 864 992.03	−105 535 360.44	−174 993 478.24	−193 859 113.34	−276 911 622.85
递延所得税资产减少	−54 386 661.53	13 291 651.73	−7 606 693.99	−70 140 400.83	−29 738 388.89
递延所得税负债增加	0.00	0.00	0.00	570 593.48	0.00
存货的减少	−1 118 629 380.49	−220 407 098.00	−641 706 004.29	−1 294 803 592.54	−1 777 221 548.83
经营性应收项目的减少	−1 265 418 110.56	−704 247 398.42	−709 914 747.50	−771 201 988.33	−1 030 565 114.87
经营性应付项目的增加	899 097 214.72	158 770 931.39	781 327 656.48	2 213 889 333.14	918 319 107.61
已完工尚未结算款的减少(减：增加)					
已结算尚未完工款的增加(减：减少)					
其他	−25 226 319.46	−31 561 018.50	−28 107 949.44	−28 106 755.05	755 166.70
经营活动产生现金流量净额	341 641 586.89	1 586 864 179.63	2 179 500 401.19	2 984 757 682.97	1 155 689 948.90
债务转为资本					
一年内到期的可转换公司债券					
融资租入固定资产					
现金的期末余额	2 082 951 549.60	2 023 963 712.61	2 642 673 687.65	1 870 713 526.20	1 757 426 603.10
现金的期初余额	1 761 064 510.34	2 082 951 549.60	2 023 963 712.61	2 642 673 687.65	1 870 713 526.20
现金等价物的期末余额					
现金等价物的期初余额					
现金及现金等价物的净增加额	321 887 039.26	−58 987 836.99	618 709 975.04	−771 960 161.45	−113 286 923.10

二、现金流量表的作用

现金流量表是综合反映企业在一定会计期间现金流入和流出及增减变动情况的报表。这里的“现金”是一种广义的现金，包括企业的现金和现金等价物。其中，现金是指企业库存现金以及可以随时用于支付的存款；现金等价物是指企业持有的期限短(3个月以内)、流动性强、易于转换为已知金额现金、价值变动风险很小的投资。

我们知道，在市场经济条件下，企业的现金流转情况在很大程度上影响着企业的生存和发展。企业现金充裕，就可以及时购入必要的材料物资和固定资产，及时支付工资、偿还债务、支付股利和利息；反之，企业的正常生产经营则会受到影响，甚至引发企业的生存危机。在实际工作中，有些企业利润表上反映的是盈利，却没有现金支付能力，偿还不了到期的债务；而有些企业利润表上反映的是亏损，却现金充足，不仅能经营运作，甚至能对外投资。这是因为利润表是按权责发生制编制的，而现金流量表是按收付实现制编制的。现金管理已经成为企业财务管理的一个重要方面，受到企业管理人员、投资者、债权人以及政府监管部门的关注。

具体而言，现金流量表的作用有以下三个方面。

(1) 有助于评价企业的支付能力、偿债能力和运营能力。

通过现金流量表，并配合资产负债表和利润表，将现金与流动负债进行比较，可计算出现金比率；将现金流量净额与发行在外的普通股加权平均股数进行比较，可计算出每股现金流量；将经营活动现金流量净额与净利润进行比较，可计算出盈利现金比率。通过这些指标，可以了解企业的现金能否偿还到期债务、支付股利和进行必要的固定资产投资，了解企业现金流转效率和效果等，从而便于投资者做出投资决策、债权人做出信贷决策。

(2) 有助于预测企业未来现金流量。

评价过去是为了预测未来。通过现金流量表所反映的企业过去一定期间的现金流量以及其他生产经营指标，可以了解企业现金的来源和用途是否合理、经营活动产生的现金流量有多少、企业在多大程度上依赖于外部资金，从而预测企业未来现金流量，为企业编制现金流量计划、组织现金调度、合理节约使用现金创造条件，为投资者和债权人评价企业的未来现金流量、做出决策提供必要信息。

(3) 有助于分析企业收益质量及影响现金净流量的因素。

利润表中列示的净利润指标，反映了企业一定期间的经营成果，这是体现企业经营业绩的最重要的一个指标。但是，利润表是按照权责发生制原则编制的，它不能反映企业经营活动产生了多少现金，并且没有反映投资活动和筹资活动对企业财务状况的影响。通过编制现金流量表，可以掌握企业经营活动、投资活动和筹资活动产生的现金流量，将经营活动产生的现金流量与净利润相比较，就可以从现金流量的角度了解净利润的质量，并进一步判断哪些因素影响现金流入，从而为分析和判断企业的财务前景提供信息。

第二节　现金流量表的解读与编制

一、现金流量表的编制方法及程序

编制现金流量表时，列报经营活动现金流量的方法有两种：一是直接法；二是间接法。

(一) 直接法

所谓直接法,是指按现金收入和现金支出的主要类别直接反映企业经营活动产生的现金流量,如销售商品、提供劳务收到的现金,购买商品、接受劳务支付的现金等就是按现金收入和支出的类别直接反映的。

(二) 间接法

所谓间接法,是指以净利润为起算点,调整不涉及现金的收入、费用、营业外收支等有关项目,剔除投资活动、筹资活动对现金流量的影响,据此计算出经营活动产生的现金流量。

编制现金流量表时,企业可根据业务量的大小及复杂程度,选择采用工作底稿法、T 型账户法,或直接根据有关科目的记录分析填列现金流量表。

采用直接法编报现金流量表,便于分析企业经营活动产生的现金流量的来源和用途,预测企业现金流量的未来前景;采用间接法编报现金流量表,便于将净利润与经营活动产生的现金流量净额进行比较,了解净利润与经营活动产生的现金流量差异的原因,从现金流量的角度分析净利润的质量。因此,现金流量表准则规定企业应当采用直接法编报现金流量表,同时要求在附注中提供以净利润为基础调节到经营活动现金流量的信息。

二、现金流量表各项目核算的内容及其填列

(一) 经营活动现金流量项目的内容与填列

经营活动是指企业投资活动和筹资活动以外的所有交易和事项。各类企业由于行业特点不同,对经营活动的认定存在一定差异。就工商企业来说,经营活动主要包括:销售商品、提供劳务、经营性租赁、购买商品、接受劳务、广告宣传、推销产品、缴纳税款等。在我国,企业经营活动产生的现金流量应当采用直接法填列。直接法是指通过现金收入和现金支出的主要类别列示经营活动的现金流量。

1. 经营活动现金流量流入项目

(1)“销售商品、提供劳务收到的现金”项目,反映企业本期销售商品、提供劳务收到的现金,以及前期销售商品、提供劳务本期收到的现金(包括应向购买者收取的增值税销项税额)和本期预收的款项,减去本期销售本期退回商品和前期销售本期退回商品支付的现金。企业销售材料和代购代销业务收到的现金,也在本项目反映。

销售商品、提供劳务收到的现金=销售商品、提供劳务产生的“收入和增值税销项税额”+应收账款本期减少额(期初余额-期末余额)+应收票据本期减少额(期初余额-期末余额)+预收款项本期增加额(期末余额-期初余额)±特殊调整业务

例如:甲公司 2014 年实现营业收入为 1 000 万元,其中现销收入 550 万元,赊销收入 450 万元;当年收回以前年度赊销的收入 380 万元,当年预收货款 120 万元,预付货款 30 万元;当年因销售退回支付的现金 20 万元,当年购货退回收到的现金 40 万元,则甲公司当年销售商品提供劳务收到的现金=现销收入 550+以前年度赊销的收入 380+预收货款 120-销售退回支付的现金 20=1 030(万元)。

(2)“收到的税费返还”项目,反映企业收到返还的所得税、增值税、营业税、消费税、关税和教育费附加等各种税费返还款。

(3)“收到其他与经营活动有关的现金”项目,反映企业经营租赁收到的租金等其他与经

营活动有关的现金流入，金额较大的应当单独列示。

2. 经营活动现金流量流出项目分析

(1)“购买商品 、接受劳务支付的现金”项目，反映企业本期购买商品、接受劳务实际支付的现金(包括增值税进项税额)，以及本期支付前期购买商品、接受劳务的未付款项和本期预付款项，减去本期发生的购货退回收到的现金。企业购买材料和代购代销业务支付的现金，也在本项目反映。

购买商品、接受劳务支付的现金＝当期购买商品、接受劳务支付的现金＋当期支付前期的应付账款和应付票据＋当期预付的款项－当期因购货退回收到的现金

(2)“支付给职工以及为职工支付的现金”项目，反映企业当期实际支付给从事生产经营与管理活动的在职职工的工资、奖金、津贴和补贴，以及为这些职工支付的诸如养老保险、失业保险、商业保险、住房公积、困难补助等其他有关方面的现金等。

需要提醒的是，“支付给职工以及为职工支付的现金”中并不一定包含了企业为全体职工支付的现金，而仅仅是为从事生产经营与管理活动的在职职工支付的现金。如果出现以下情况：第一，支付给在建工程人员的工资及其他费用在“购建固定资产、无形资产和其他长期资产支付的现金”项目反映；第二，支付给离退休人员的各项费用在“支付其他与经营活动有关的现金”项目反映。这两者虽然也属于企业经常性的现金流出，但与企业日常经营运作中所形成的人力成本略有不同：前者体现了企业非货币性长期资产的成本的一部分，而后者体现了企业在离退休人员的安置赡养等方面所承担的部分社会责任。

【例 5－1】 某企业 20××年度有关工资和福利费资料如表 5－2 所示。

表 5－2 **20××年工资和福利费用明细表** 单位：元

项目	年初数	本期分配或计提数		期末数
应付职工薪酬	生产工人工资	100 000	1 000 000	80 000
	车间管理人员工资	40 000	500 000	30 000
	行政管理人员工资	60 000	800 000	45 000
	在建工程人员工资	20 000	300 000	15 000

假定应付职工薪酬本期减少数均以银行存款支付，应付职工薪酬为贷方余额。假定不考虑其他事项。要求：计算支付给职工以及为职工支付的现金。

解析：支付给职工以及为职工支付的现金＝(100 000＋40 000＋60 000)＋(1 000 000＋500 000＋800 000)－(80 000＋30 000＋45 000)＝2 345 000(元)。

(3)“支付的各项税费”项目，反映企业本年发生并支付、前期发生本期支付以及预交的各项税费，包括所得税、增值税、营业税、消费税、印花税、房产税、土地增值税、车船税、教育费附加等。从项目覆盖的时间上讲，包含了当期发生且交纳的相关税费，以及补交以前各期应交未交的有关税费和预交日后的相关税费等；从涉及的税费类型上讲，包含了企业所交纳的几乎各种税费，当然也有例外事项，如企业支付的、按规定应计入固定资产成本中的耕地占用税，以及在购买商品时随交易价款一并支付的增值税等，都不在这一项目中反映。前者列式在“购买固定资产、无形资产和其他长期资产支付的现金”项目中；后者则包含在“购买商品、接受劳务支

付的现金”项目中。

【例 5-2】 某企业20××年有关资料如下：

利润表中的所得税费用为500 000元(假定均为当期应交所得税产生的所得税费用)；“应交税费——应交所得税”科目年初数为20 000元，年末数为10 000元。假定不考虑其他税费。

要求：根据上述资料，计算“支付的各项税费”项目的金额。

解析：支付的各项税费＝20 000＋500 000－10 000＝510 000(元)。

(4)“支付其他与经营活动有关的现金”项目，反映企业经营租赁支付的租金、支付的差旅费、业务招待费、保险费、罚款支出等其他与经营活动有关的现金流出，金额较大的应当单独列示。

(二) 投资活动现金流量项目解读

企业对外进行股权或债权投资，并不直接影响其当期的经营活动，但是在日后的转让与收回，却是企业未来一笔不小的资金流入；此外，股权投资所可能带来的对被投资方的控股或重大影响，也有可能对企业未来获得经营物资或打开购销渠道、增强经营获利与获取现金的能力等提供潜在的和良好的帮助，甚至有助于企业达成经营方面的战略合作。

至于企业购建或处置固定资产、无形资产及其他非货币性长期资产，则会在很大程度上影响未来的经营规模与生产能力，甚至在一定程度上还会改变企业的资产结构与经营方向。购建这类非货币性长期资产的现时资金的大量流出，可能意味着企业营运规模的扩张、生产技能的改进与经营策略的调整；而处置这些非货币性长期资产的现时资金的过多流入，也可能预示着企业压缩经营规模，或处于转变经营方向的需要而大量处置原有设备等长期资产。

1. 投资活动现金流量流入项目解读

(1)“收回投资收到的现金”项目，反映企业出售、转让或到期收回除现金等价物以外的对其他企业长期股权投资而收到的现金，包括出售或转让可供出售金融资产与持有至到期投资的金融资产等长期股权或债权投资，以及出售或转让各类不属于现金等价物的交易性金融资产所收到的现金。但处置子公司及其他营业单位收到的现金净额除外。

(2)“取得投资收益收到的现金”项目，反映企业除现金等价物以外的对其他企业的长期股权投资等分回的现金股利和利息等。将这一金额与企业持有的当期对外投资余额的平均数额进行比较，有助于评价当期持有对外投资所获得的平均现金收益水平。

(3)“处置固定资产、无形资产和其他长期资产收回的现金净额”项目，反映企业出售、报废固定资产、无形资产和其他长期资产所取得的现金(包括因资产毁损而收到的保险赔偿收入)，减去为处置这些资产而支付的有关费用后的净额。

该项目的现金流入量与企业的日常运营通常没有直接的必然联系，因为也不具有持续性。所以在分析考虑企业未来获取现金的能力时，对该项指标不应过多计入。但如果该项现金流入量的金额过大，也有可能意味着企业借助于大量处置现有的固定资产、无形资产来压缩生产经营规模以缓解资金紧张或市场萎缩的现状，或者是为了配合战略目标转移、改变经营方向而进行相应的产能结构调整。此时该项行为虽然对当期的经营性现金流量没有明显的影响，但完全有可能对未来的经营活动以及相应的经营性现金流量产生重大影响。

(4)“处置子公司及其他营业单位收到的现金净额”项目，反映企业处置子公司及其他营业单位所取得的现金，减去相关处置费用以及子公司及其他营业单位持有的现金和现金等价物后的净额。这类处置多多少少会影响企业整体经营布局和运营规模。其中，处置子公司主要影响的是企业与该子公司原本可能存在的业务往来的未来持续性及其交易变动；而处置其他营业单位则有可能直接减少或压缩了企业本身的经营范围或业务规模。这些行为对企业未来经营性活动现金净流入量一般都会产生削减的作用。但如果企业处置的是常年亏损、入不敷出的营业单位，则这种剥离反而会减轻企业负担、增加未来经营性活动的现金净流入量。

(5)“收到的其他与投资活动有关的现金”，这是反映企业除前面 4 项内容之外所收到的其他与投资活动有关的现金流入，如企业在购买股票、债券等证券投资时，所支付价款中包含了被投资方已宣告发放但尚未发放的股息，或者已到付息期但尚未支付的利息，则在投资之后收到这些股息或利息时，显然不属于“取得投资收益所收到的现金”范畴，而是应计入在本项目进行反映。这一项目金额通常不大或很少出现，对企业资金流量的总体影响也相对较小。

2. 投资活动现金流量流出项目解读

(1)“购建固定资产、无形资产和其他长期资产支付的现金”项目，反映企业购买、建造固定资产、取得无形资产和其他长期资产所支付的现金(含不允许抵扣的增值税款等)，以及用现金支付的应由在建工程和无形资产负担的职工薪酬。

该项现金流出量的发生，有可能预示着企业未来某些方面生产经营规模的调整与扩大，从而对企业未来经营活动所需资金流出以及相应的经营带来的资金流入量都会产生较大的、不可忽略的影响。

但是，为购建固定资产而发生的借款利息资本化部分，以及融资租入固定资产支付的租赁费在筹资活动产生的现金流量中反映。

(2)“投资支付的现金”项目，反映企业取得除现金等价物以外的对其他企业的长期股权投资所支付的现金以及支付的佣金、手续费等附加费用，但取得子公司及其他营业单位支付的现金净额除外。

“投资所支付的现金”，作为企业当期的一笔现金流出，同时也意味着企业未来获得股息、利息、利润以及转让或出售投资所得的现金流入的潜在可能。

(3)“取得子公司及其他营业单位支付的现金净额”项目，反映企业购买子公司及其他营业单位购买出价中以现金支付的部分，减去子公司及其他营业单位持有的现金和现金等价物后的净额。

与前面处置子公司及其他营业单位可能产生的影响类似，购买子公司及其他营业单位也会影响企业未来的整体运作规模。其中，购买子公司一方面会影响企业日后的投资收益，另一方面当购入子公司与企业存在一定的产业链关系时，关联交易便在所难免，对企业的影响便可能是更深层次的；而购买其他营业单位主要会扩大企业本身的经营范围或业务规模，对企业未来经营性活动现金净流入量一般都会产生促进的作用。

(4)“支付其他与投资活动有关的现金”项目，反映企业除上述(1)至(7)项目外收到或支付的其他与投资活动有关的现金，如企业购买股票、债券时所暂时垫付的被投资方已宣告发放但尚未发放的股息和已到付息期而尚未领取的利息，以及为进行投资而支付的咨询费等。这类金额一般也很小或几乎没有，更谈不上有经常性，所以对企业未来的现金流影响已经十分微弱。

(三) 筹资活动现金流量项目解读

正常情况下，企业经营活动中的资金需求主要由其经营活动中的资金流入量来满足，即所谓的“以收抵支”甚至还应略有剩余。然而，由于生产经营活动中也存在着各有关环节衔接不当的情况，可能会造成企业短期内资金周转不畅、出现现金紧缺问题；或者企业处于其战略调整、规模扩张、资本运营等目的而对现金需求量提出更高的要求等，企业便不可避免地需要从外部筹措增量资金,于是便产生了企业的筹资活动。

筹资活动现金流量,反映了企业处于各种现实需求而进行资金筹措所产生的现金流入与流出金额。对这类现金流量的阅读,关键在于理解企业所筹资金的来源渠道及其规模大小,推测企业所筹资金的用途或动机,以及可能对未来产生的资金压力及财务风险等。

1. 筹资活动现金流量流入项目分析

(1)"吸收投资收到的现金"项目,反映企业以发行股票、债券等方式筹集资金实际收到的款项,减去直接支付的佣金、手续费、宣传费、咨询费、印刷费等发行费用后的净额。

企业以发行股票或配股方式筹集资金,在带来可供其长期使用而无须偿还的股权资金的同时,由于在一定程度上降低了资产负债比率,从而提高了企业对其债权人利益的保障程度,也为企业日后的债务筹资提供了更有利的支撑。

而企业若以发行债券的方式筹集资金,则在带来目前可供使用的债务资金的同时,也造成了日后按期还本付息的资金压力。因此,如果"吸收投资所受到的现金"金额过大,而当期资产负债表及所有者权益变动表显示实收资本或股本变动较小或无变动,则说明此项现金流主要来源于债务性筹资,报表使用者就应充分考虑和分析企业未来获取现金、偿付本息的能力,以及偿还大量的资金流出给企业正常生产经营所可能带来的负面影响。

(2)"取得借款收到的现金"项目,反映企业举借各种短期、长期借款而收到的现金。如同以发行债券的方式筹集资金一样,企业在向银行或非银行金融机构举借债务、获得目前可供使用的资金的同时,同样会造成日后按期还本付息的资金压力。即现实的现金流入会导致未来相应的现金流出。

(3)"收到其他与筹资活动有关的现金",是指企业除吸收投资以及借款所收到的现金之外,在其他归并于筹资活动的有关项目上所收到的现金,如接受的现金捐赠等。这类现金流入通常在企业筹资活动现金流入量中所占的比例不高,有时甚至不会出现。

2. 筹资活动现金流量流出项目分析

(1)"偿还债务支付的现金"项目,反映企业为偿还债务本金而支付的现金。注意:企业支付的借款利息和债券利息在"分配股利、利润或偿付利息支付的现金"项目反映。

将"偿还债务所支付的现金"与前面所提到的"吸收投资所收到的现金"以及"取得借款所收到的现金"进行数量比较,如果前者大于后者,说明企业当期所筹资金基本上是用于偿债之需,这也传达出企业目前资金紧张、偿债压力偏大的信息;而如果后者大于前者,则说明企业当期所筹资金更多地用于生产经营或资本扩张之所需,此时应结合"经营活动现金流量"和"投资活动现金流量"的具体内容再作进一步分析。

(2)"分配股利、利润或偿付利息支付的现金"项目,反映企业实际支付的现金股利、支付给其他投资单位的利润或用现金支付的借款利息、债券利息。使用别人的资金是要付出代价的,企业以吸收投资或借款的方式获得对投资者或债权人资金的占有和使用权,自然也需要付出相应的使用代价,这种使用代价的现金表现便是以现金形式支付给股东的股息、利润,以及支付给债权人的借款利息或债券利息等。该项资金流量的大小,从某种程度上也传递着企业用资成本的高低。

(3)"支付其他与筹资活动有关的现金"项目,反映企业除上述项目外支付的其他与筹资活动有关的现金。例如,企业为发行股票支付的审计费、咨询费,以及企业对外捐出现金,或为购建固定资产、无形资产等而发生的可以资本化的借款利息支出,以及以融资租赁形式租入固定资产而发生的租赁费开支等。

（四）“汇率变动对现金及现金等价物的影响”项目

期末一般要对企业持有的外贸资产，结合期末的汇率，进行调汇。在这个过程中，外币货币性资产的外币金额是不变的，而人民币金额会因为折算发生增或减的变化。这种变化，不是经营活动引起的，不是投资活动引起的，更不是筹资活动引起的。因此，我们单独列示了一项“汇率变动对现金及现金等价物的影响”。

（五）补充资料项目的内容及填列

补充资料中“将净利润调节为经营活动的现金流量”，实际上是以间接法编制的经营活动的现金流量。间接法是以净利润为出发点，通过对若干项目的调整，最终计算确定经营活动产生的现金流量。这一调整过程，一方面其结果与正表中经营活动现金净流量相对应，也从另一个侧面说明企业经营获利与现金流量的各项具体影响要素及其影响程度；另一方面也传达了企业当期所发生的不涉及现金收支的重大投资与筹资活动信息。这些活动在当期虽然不涉及现金收支，但对企业未来各期现金流量却可能会产生深远的影响。

在现金流量表的补充资料中，需要调整的项目主要有：

（1）当期没有实际收到或付出现金的经营活动事项。如赊购物资、赊购商品，计提固定资产折旧、摊销无形资产和长期待摊费用，以及提取资产减值准备等，这些项目虽然构成了企业的当期收入和费用，影响着企业的当期利润和资产；但从资金流转角度而言，现金流是提前或之后发生的，并没有引起企业当期的现金流入或流出，自然也就不会影响现金净流量。

（2）不属于经营活动的损益项目。如当期发生的利息费用，以及固定资产、无形资产处置时的净损益等。这些项目的产生，与企业的筹资或投资活动息息相关，却不属于日常生产经营活动范畴，也不构成企业经营活动的现金净流量。但它对企业未来经营活动却可能产生一定的影响。如利息费用的发生，意味着企业带息债务的负担和财务风险的存在，也形成对企业息税前经营创利水平的最低要求。

（3）经营性应收、应付项目的变动。如应收、应付账款，应收、应付票据，应交税费，其他应收、应付款，应付职工薪酬等。这些项目的变动，可能并不涉及企业的当期利润，但却对当期的现金流入和流出量有直接的影响。

（4）因计价或核算方式而引起的调整项目，如公允价值变动损益、递延所得税资产或递延所得税负债等。这些项目与（1）类同，影响了企业的当期利润或净利润，但从资金流转角度而言，却并没有引起现金流量的丝毫变动。

除上述调整事项外，现金流量表补充资料还列示了企业当期发生的、不涉及现金收支的重大投资或筹资活动，如债务转为资本、即将到期的可转换债券、融资租赁等信息。这些资料传递的是企业未来运营资金的影响。如债务转危资本，意味着企业未来财务负担与资金压力的减轻；但所有者权益会因此增加，净资产报酬率、资产负债率等指标会因此有所降低。

三、现金流量表附表的内容及编制

（一）现金流量表附表编制的基本原理

补充资料中“将净利润调节为经营活动的现金流量”，实际上是以间接法编制的经营活动的现金流量。间接法是以净利润为出发点，通过对若干项目的调整，最终计算确定经营活动产生的现金流量。

采用间接列报将净利润调节为经营活动的现金流量净额时，主要需要调整四大类项目：

（1）实际没有支付现金的费用；

(2) 实际没有收到现金的收益；

(3) 不属于经营活动的损益；

(4) 经营性应收应付项目的增减变动。

(二) 现金流量表附表内容及填列

1. 净利润

取利润分配表“净利润”项目。

2. 资产减值准备

包括坏账准备、存货跌价准备、长期股权投资减值准备、固定资产减值准备和无形资产减值准备、投资性房地产减值准备、商誉减值准备等。本项目可根据利润表中的“资产减值损失”项目的借方发生额填列，或根据“坏账准备”“存货跌价准备”“长期股权投资减值准备”“投资性房地产减值准备”“固定资产减值准备”和“无形资产减值准备”等账户的发生额分析计算填列。

3. 固定资产折旧、油气资产折耗、生产性生物资产折旧

企业计提的固定资产折旧，并不影响经营活动现金流量，应在净利润的基础上将其全部加回。当计提的固定资产折旧费包含在存货中时，虽然未影响净利润，但是增加了存货，这里也将其加回，然后在“存货的减少(减：增加)”项目中再将其以相同净额扣除，形成自动平衡。

本项目可根据“累计折旧”、“累计折耗”等账户的贷方发生额填列，或根据有关费用账户借方发生额中的折旧费计算填列，根据“制造费用”“管理费用”“营业费用”“其他业务成本”等账户所属的“折旧费”明细账户借方发生额。

4. 无形资产摊销

无形资产摊销时，计入了管理费用等，使本期净利润减少，应在净利润的基础上将其全部加回。本项目可根据“累计摊销”账户的贷方发生额分析计算填列，或根据管理费用和其他业务成本账户借方发生额中“无形资产摊销”计算填列。

5. 长期待摊费用摊销

长期待摊费用摊销时，计入了管理费用或制造费用等。本项目的确定原理与固定资产折旧项目相同，应在净利润的基础上将其全部加回。本项目可根据“长期待摊费用”账户的贷方发生额填列，或根据“制造费用”“营业费用”“管理费用”等账户所属“长期待摊费用摊销”明细账户借方发生额。

6. 处置固定资产、无形资产和其他长期资产的损失(减：收益)

处置固定资产、无形资产和其他长期资产业务，不会影响经营活动产生的现金流量的增减变化，因此，应在净利润的基础上加回或扣除。本项目可根据“营业外收入”“营业外支出”“其他业务收入”“其他业务成本”等账户所属“处置固定资产净收益”“处置固定资产净损失”“出售无形资产收益”“出售无形资产损失”等明细账户的借方发生额与贷方发生额的差额填列。

7. 固定资产报废损失(减：收益)

本项目可根据“营业外支出”账户所属“固定资产盘亏”明细账户借方发生额与“营业外收入”账户所属“固定资产盘盈”贷方发生额的差额填列。

8. 公允价值变动损失(减：收益)

它对应的一般是交易性金融资产，与经营活动现金流量无关。公允价值变动损失使净利润减少，但这部分损失并没有影响经营活动现金流量，所以应在调整时加回。本项目可根据“公允价值变动损益”发生额填列。

9. 财务费用

本项目可根据“财务费用”账户所属“利息支出”明细账户借方发生额，不包括“利息收入”等其他明细账户发生额。

10. 投资损失(减：收益)

投资收益是因为投资活动所引起的，与经营活动无关。本项目可根据“投资收益”账户借方发生额填列。

11. 递延所得税资产减少(减：增加)

本项目可根据“递延所得税资产”账户(期初余额－期末余额)的差额填列。

12. 递延所得税负债增加(减：减少)

本项目可根据“递延所得税负债”账户(期末余额－期初余额)的差额填列。

13. 存货的减少(减：增加)

本项目可根据经营活动有关的“原材料”“库存商品”“生产成本”等所有存货账户的期初、期末余额的差额填列。在存在赊购的情况下，还应通过调整经营性应付项目的增减变动来反映赊购对现金流量的影响。

14. 经营性应收项目的减少(减：增加)

经营性应收项目主要是指应收账款、应收票据和其他应收款中与经营活动有关的部分(包括应收的增值税销项税额)等。本项目可根据与经营活动有关的“应收账款”“其他应收款”“预付账款”等账户的期初、期末余额的差额填列。

15. 经营性应付项目的增加(减：减少)

经营性应付项目主要是指应付账款、应付票据、应付职工薪酬、应交税费、其他应付款中与经营活动有关的部分(包括应付的增值税进项税额)等。本项目可根据与经营活动有关的“应付账款”“预收账款”“应付职工薪酬”“应交税费”“其他应交款”“其他应付款”等账户的期末、期初余额的差额填列。

(三) 上市公司资产负债表、利润表和现金流量表编制举例

【例 5－3】 云昆股份有限公司为增值税一般纳税工业企业，适用的增值税税率为 17%，城市维护建设税和教育费附加略。于 2013 年 1 月 1 日正式投产营业，主要生产和销售 A 产品。有关资料如下：

1. 2013 年度资产负债表年初数见表 5－3。

2. 2014 年云昆公司发生如下经济业务：

(1) 1 月 5 日，购入材料一批，专用发票注明的材料价款 200 万元，增值税 34 万元，材料已经入库，但货款尚未支付。假定该公司材料采用实际成本核算。

(2) 1 月 8 日，向银行借入短期借款 300 万元。

(3) 1 月 10 日，用银行存款支付短期借款利息 10 万元(未实行预提)。

(4) 1 月 29 日，通过银行转账支付 1 月 5 日购买材料的货款及增值税 234 万元。

(5) 2 月 10 日，销售 A 产品一批，该批产品的成本 80 万元，销售货款 100 万元，专用发票注明的增值税额为 17 万元，产品已经发出，提货单已经交给买方，买方用银行存款支付了增值税 17 万元，对货款则开具了一张面值 100 万元，不带息的商业承兑汇票、期限 3 个月。

(6) 5 月 10 日，销售 A 产品一批，增值税专用发票上注明的货款 20 万元，增值税 3.4 万元，产品已经发出，货款及增值税已经收到存入银行。该批商品的成本为 12 万元。

(7) 5 月 20 日，收到 2 月 10 日的票据款 100 万元。

(8) 本年产品生产领用原材料100万元，生产车间领用机物料9万元，企业管理部门耗用材料2万元(材料成本均为实际成本)。

(9) 10月3日，销售材料一批，原材料实际成本为8万元，销售价款10万元，材料已经发出，收到货款及增值税存入银行。

(10) 本年分配并发放职工工资66万元，其中：生产工人工资40万元，车间管理人员工资8万元，企业管理人员工资8万元，在建工程工人工资10万元。

(11) 10月25日，用银行存款购买建筑材料一批，增值税专用发票上注明的价款为100万元、增值税17万元，并支付运杂费1万元。

(12) A公司对B企业投资占B企业有表决权资本的比例为10%.本年度B企业实现净利润500万元，实际分配现金股利345万元。

(13) 11月5日，转让专利的所有权，取得转让价款10万元存入银行，该专利权的入账面价值为9万元，累计摊销4万元。不考虑所涉及的税金。

(14) 12月29日，偿还银行长期借款50万元(本金40万元，利息10万元)，一次还本付息。

(15) 本年度计提坏账准备5万元。

(16) 本年度计提固定资产折旧100万元，其中计入生产用固定资产折旧75万元，管理用固定资产折旧为25万元。

(17) 11月5日，转让设备一台，原价40万元，已提折旧10万元，取得转让收入20万元，支付清理费用5万元。现设备已清理完毕，款项已通过银行结算(假设转让该设备不需交纳增值税)。

(18) 本年无形资产摊销5万元。

(19) 本年用银行存款支付销售费用20万元。

要求：

1. 编制上述业务的会计分录，指出会计分录中所涉及的各科目属于下列哪张报表？属于该报表中的具体哪个项目？

表5-3　　会计分录答案1

题号	会计分录 (单位：万元)	资产负债表项目	利润表项目	现金流量表项目
(1)	借：原材料　200	存货		
	应交税费——应交增值税(进项税)　34	应交税费		
	贷：应付账款　234	应付账款		
(2)	借：银行存款　300	货币资金		筹资活动——取得借款收到的现金
	贷：短期借款　300	短期借款		
(3)	借：财务费用　10		财务费用	
	贷：银行存款　10	货币资金		筹资活动——分配股利、利润和偿付利息支付的现金
(4)	借：应付账款　234	应付账款		
	贷：银行存款 234	货币资金		经营活动——购买商品、接受劳务支付的现金

续表

题号	会计分录 （单位：万元）	资产负债表项目	利润表项目	现金流量表项目
(5)	借：应收票据　100	应收票据		
	银行存款　17	货币资金		经营活动——销售商品、提供劳务收到的现金
	贷：主营业务收入　100		主营业务收入	
	应交税费——应交增值税(销项税)　17	应交税费		
	借：主营业务成本　80		主营业务成本	
	贷：库存商品　80	存货		
(6)	借：银行存款　23.4	货币资金		经营活动——销售商品、提供劳务收到的现金
	贷：主营业务收入　20		主营业务收入	
	应交税费——应交增值税(销项税)　3.4	应交税费		
	借：主营业务成本　12		主营业务成本	
	贷：库存商品　12	存货		
(7)	借：银行存款　100	货币资金		经营活动——销售商品、提供劳务收到的现金
	贷：应收票据 100	应收票据		
(8)	借：生产成本　100	存货		
	制造费用　9	存货		
	管理费用　2		管理费用	
	贷：原材料　111	存货		
(9)	借：银行存款　11.7	货币资金		经营活动——销售商品、提供劳务收到的现金
	贷：其他业务收入　10		其他业务收入	
	应交税费——应交增值税(销项税)　1.7	应交税费		
	借：其他业务成本　8		其他业务成本	
	贷：库存商品　8	存货		
(10)	借：生产成本　40	存货		经营活动——支付给职工以及为职工支付的现金
	制造费用　8	存货		经营活动——支付给职工以及为职工支付的现金
	管理费用　8		管理费用	经营活动——支付给职工以及为职工支付的现金

续表

题号	会计分录（单位：万元）	资产负债表项目	利润表项目	现金流量表项目
(10)	在建工程 10	在建工程		投资活动——购置固定资产、无形资产和其他长期资产支付的现金
	贷：银行存款 66	货币资金		
(11)	借：工程物资 118	工程物资		
	贷：银行存款 118	货币资金		投资活动——购置固定资产、无形资产和其他长期资产支付的现金
(12)	借：银行存款 34.5	货币资金		投资活动——取得投资收益收到的现金
	贷：投资收益 34.5		投资收益	
(13)	借：银行存款 10	货币资金		投资活动——处置固定资产、无形资产和其他长期资产收回的现金净额
	累计摊销 4	无形资产(抵减科目)		
	贷：无形资产 9	无形资产		
	营业外收入 5		营业外收入	
(14)	借：长期借款——本金 40	长期借款		筹资活动——偿还债务支付的现金
	——应计利息 10			筹资活动——分配股利、利润和偿付利息支付的现金
	贷：银行存款 50	货币资金		

表 5-4　会计分录答案 2

题号	会计分录（单位：万元）	资产负债表项目	利润表项目	现金流量表项目
(15)	借：资产减值损失 5		资产减值损失	
	贷：坏账准备 5	应收账款(抵减科目)		
(16)	借：制造费用 75	存货		
	管理费用 25		管理费用	
	贷：累计折旧 100	固定资产(抵减科目)		
(17)	借：固定资产清理 30			
	累计折旧 10	固定资产(抵减科目)		
	贷：固定资产 40	固定资产		
	借：固定资产清理 5			
	贷：银行存款 5	货币资金		投资活动——处置固定资产、无形资产和其他长期资产收回的现金净额15万元
	借：银行存款 20	货币资金		
	营业外支出 15		营业外支出	
	贷：固定资产清理 35			

续表

题号	会计分录（单位：万元）	资产负债表项目	利润表项目	现金流量表项目
(18)	借：管理费用　5		管理费用	
	贷：累计摊销　5	无形资产(抵减科目)		
(19)	借：销售费用　20		销售费用	
	贷：银行存款　20	货币资金		经营活动——支付的其他与经营活动有关的现金

2. 编制科目余额表。

表 5-5　　云昆股份有限公司 2014 年科目余额表　　单位：万元

科目名称	期初余额		本期发生额		期末余额	
	借方	贷方	借方	贷方	借方	贷方
库存现金	10				10	
银行存款	50		516.6	503	63.6	
应收票据	20		100	100	20	
应收账款	100		117	117	100	
坏账准备	0			5		5
预付账款	40				40	
其他应收款	50				50	
原材料	80		200	119	161	
库存商品	140			92	48	
生产成本	0		140		140	
制造费用	0		92		92	
长期股权投资	200				200	
固定资产	1 100			40	1 060	
累计折旧	0		10	100		90
在建工程	0		10		10	
工程物资	0		118		118	
无形资产	210			9	201	
累计摊销			4	5		1
短期借款		0		300		300
应付票据		0				0
应付账款		100	234	234		100
预收账款		30				30

续表

科目名称	期初余额		本期发生额		期末余额	
	借方	贷方	借方	贷方	借方	贷方
应付职工薪酬		20				20
应交税费		60	34	22.1		48.1
其他应付款		50				50
长期借款		100	50			50
其中：一年内到期的非流动负债		0				
股本		1 200				1 200
资本公积		100				100
利润分配(未分配利润)		240				219.5
盈余公积		100				100
主营业务收入				120		
主营业务成本			92			
其他业务收入				10		
其他业务成本			8			
营业税金及附加						
销售费用			20			
管理费用			40			
财务费用			10			
资产减值损失			5			
公允价值变动损益						
投资收益				34.5		
营业外收入				5		
营业外支出			15			
所得税费用						
合计	2 000	2 000	1 815.6	1 815.6	2 313.6	2 313.6

3. 根据分析编制财务报表。

(1) 编制2014年资产负债表

表5-6　　云昆股份有限公司2014年资产负债表　　单位：万元

资产	年初数	年末数	负债和所有者权益	年初数	年末数
流动资产：			流动负债：		
货币资金	60	73.6	短期借款	0	300

续表

资　　产	年初数	年末数	负债和所有者权益	年初数	年末数
交易性金融资产	0	0	应付票据	0	0
应收票据	20	20	应付账款	100	100
应收账款	100	95	预收账款	30	30
预付账款	40	40	应付职工薪酬	20	20
其他应收款	50	50	应交税费	60	0
存货	220	441	其他应付款	50	48.1
流动资产合计	490	719.6	应付利息	0	50
长期股权投资	200	200	流动负债合计	260	548.1
			长期负债：		
固定资产	1 100	970	长期借款	100	
工程物资		118	应付债券	0	50
			递延所得税负债		0
在建工程		10	长期负债合计	100	50
无形资产	210	200	负债合计	360	598.1
			股东权益：		
长期待摊费用			股本	1 200	1 200
递延所得税资产			资本公积	100	100
非流动资产合计	1 510	1 498	盈余公积	100	100
			未分配利润	240	219.5
			股东权益合计	1 640	1 619.5
资产总计	2 000	2 217.6	负债和股东权益总计	2 000	2 217.6

（2）编制 2014 年利润表

表 5－7　　云昆股份有限公司 2014 年利润表　　单位：万元

项　　目	本年合计金额
一、营业收入	130
减：营业成本	100
营业税金及附加	0
销售费用	20
管理费用	40
财务费用（收益以“—”号填列）	10
资产减值损失	5

续表

项　　目	本年合计金额
加：公允价值变动损益(损失以"—"号填列)	0
投资收益(损失以"—"号填列)	34.5
二、营业利润(亏损以"—"号填列)	—10.5
加：营业外收入	5
减：营业外支出	15
其中：非流动资产处置净损失(净收益以"—"号填列)	0
三、利润总额(亏损总额以"—"号填列)	—20.5
减：所得税费用	0
四、净利润(净亏损以"—"号填列)	—20.5

(3) 编制2014年现金流量表

表5-8　　云昆股份有限公司2014年现金流量表　　单位：万元

项　　目	本年金额
一、经营活动产生的现金流量：	
销售商品、提供劳务收到的现金	152.1
收到的税费返还	
收到其他与经营活动有关的现金	
经营活动现金流入小计	152.1
购买商品、接受劳务支付的现金	234
支付给职工以及为职工支付的现金	56
支付的各项税费	
支付其他与经营活动有关的现金	20
经营活动现金流出小计	310
经营活动产生的现金流量净额	—157.9
二、投资活动产生的现金流量：	
收回投资收到的现金	
取得投资收益收到的现金	34.5
处置固定资产、无形资产和其他	25
长期资产收回的现金净额	
处置子公司及其他营业单位收到的现金净额	
收到其他与投资活动有关的现金	
投资活动现金流入小计	59.5

续表

项　　　　目	本年金额
购建固定资产、无形资产和其他	128
长期资产支付的现金	
投资支付的现金	
取得子公司及其他营业单位支付的现金净额	
支付其他与投资活动有关的现金	
投资活动现金流出小计	128
投资活动产生的现金流量净额	−68.5
三、筹资活动产生的现金流量：	
吸收投资收到的现金	
取得借款收到的现金	300
收到其他与筹资活动有关的现金	
筹资活动现金流入小计	300
偿还债务支付的现金	
分配股利、利润或偿付利息支付的现金	60
支付其他与筹资活动有关的现金	
筹资活动现金流出小计	60
筹资活动产生的现金流量净额	240
四、汇率变动对现金的影响	
五、现金及现金等价物净增加额	13.6
期初现金及现金等价物余额	60
期末现金及现金等价物余额	73.6

（4）编制现金流量表附表

表 5-9　　　　云昆股份有限公司 2014 年现金流量表附表　　　　单位：万元

将净利润调节为经营活动的现金流量	
净利润	−20.5
加：少数股东损益	
计提的资产减值准备	5
固定资产折旧	100
无形资产摊销	5
公允价值变动损失(减收益)	
长期待摊费用摊销	

续表

非货币性资产交换损失(减收益)	
处置固定无形和其他长期资产的损失(减收益)	10
固定资产报废损失	
财务费用	10
投资损失(减收益)	—34.5
递延税款贷项(减借项)	
存货的减少(减增加)	—221
经营性应收项目的减少(减增加)	0
经营性应付项目的增加(减减少)	—11.9
经营活动产生之现金流量净额	—157.9

第三节 现金流量表分析

现金流量项目分析是按现金流量的项目或类别,分析识别各类业务活动的现金流入与流出状况是否正常,有无异常现象,并在此基础上进一步分析其产生原因的一种方法。具体而言,就是对经营活动、投资活动和筹资活动产生的现金流量进行分析。

一、经营活动现金流量项目解读与分析

企业的现金流量产生于多种多样的业务与经济行为。这些行为的性质不同,对现金流量的可持续性影响也有所不同。在持续经营的会计基本前提假设之下,经营活动现金流量反映的是企业经常性的、持续的资金流入和流出情况。

经营活动的范围很广,它包括了企业投资活动和筹资活动以外的所有交易和事项。就工商企业来说,经营活动主要包括: 销售商品、提供劳务、经营性租赁、购买商品、接受劳务、广告宣传、推销产品、缴纳税款等。

与净利润相比,经营活动现金流量能够更加确切地反映企业的经营业绩。由于净利润是按权责发生制原则计算出来的,如果应收款项金额过多且长期难以回收,净利润也就只是账面盈利而已,没有任何实际价值。而经营活动现金流量则不同,当流量为正时,金额越多,说明资金越充足,企业有越多的资金用于扩大经营规模或偿还负债;反之,若企业的经营活动现金流量长期为负,必然难以支付日常开支,财务危机也将接踵而至。可见,充足稳定的现金是企业生存发展的基本保证。

经营活动现金流量最大的特点,在于它与企业日常运营活动的直接的密切关系。无论是现金流入量还是现金流出量,都体现了企业在维持目前生产能力和生产规模状态下对现金及其等价物的获得与支出水平。若要体现“收支相抵、略有结余”的现金要求,经营活动现金净流量一般应该大于零才有利。

(一) 经营活动现金流量数据分析

1. 经营活动现金流量流入量比较分析

经营活动现金流量比较分析是指对企业的经营活动的现金流量,以某一个基准年度为标

准，对现金流量的构成要素进行定比或者环比分析，以了解企业经营活动现金流量的变动原因，方便对企业的经营活动的现金流入量和现金流出量进行预测，为企业正确做出财务决策提供依据。

2. 经营活动现金流量流入量结构分析

经营活动现金流量流入结构是指企业经营活动现金流入量在全部现金流入量中的比重，以及各项经营活动现金流入量中具体项目的构成和比重。通过经营活动现金流量流入结构分析，可以了解企业经营的现金来自什么渠道，并进一步判断和评价企业现金收入的合理性，把握增加现金流入量的途径。

一般来说，在现金流入量中，经营活动的现金流入量所占比重最大，特别是主营业务活动现金流入量明显高于其他经营活动的现金流入量。但是，对于经营业务不同的企业，这个比例会有较大的差别。单一经营、主营业务突出的企业，其主营业务活动的现金流入量可能占到经营活动现金流入量的 95％以上，而主营业务不突出的企业，这一比例将会低些。

【例 5－4】 云南白药股份有限公司 2013～2017 年经营活动现金流量分析。

表 5－10　　**云南白药股份有限公司经营活动现金流量表**　　单位：元

报表日期	2013－12－31	2014－12－31	2015－12－31	2016－12－31	2017－12－31
一、经营活动产生的现金流量					
销售商品、提供劳务收到的现金	16 663 067 969.64	19 945 133 443.92	22 452 805 855.29	27 274 582 482.57	28 062 904 138.83
收到的税费返还	0.00	0.00	0.00	8 576 182.67	13 526 073.48
收到的其他与经营活动有关的现金	116 289 913.26	349 606 385.22	158 816 952.89	125 042 863.74	783 329 598.52
经营活动现金流入小计	16 779 357 882.90	20 294 739 829.14	22 611 622 808.18	27 408 201 528.98	28 859 759 810.83
购买商品、接受劳务支付的现金	12 732 537 611.98	14 190 355 741.73	15 668 489 730.06	19 060 561 636.95	21 310 575 493.69
支付给职工以及为职工支付的现金	686 460 978.18	946 900 754.60	1 085 399 259.79	1 187 860 947.35	1 278 263 315.48
支付的各项税费	1 115 041 466.46	1 523 425 009.35	1 478 244 192.56	1 864 163 734.73	1 877 721 577.15
支付的其他与经营活动有关的现金	1 903 676 239.39	2 047 194 143.83	2 199 989 224.58	2 310 857 526.98	3 237 509 475.61
经营活动现金流出小计	16 437 716 296.01	18 707 875 649.51	20 432 122 406.99	24 423 443 846.01	27 704 069 861.93
经营活动产生的现金流量净额	341 641 586.89	1 586 864 179.63	2 179 500 401.19	2 984 757 682.97	1 155 689 948.90

表 5－11　　云南白药股份有限公司经营活动现金流量比较分析表

报表日期	2014 年与 2013 年比		2015 年与 2013 年比		2016 年与 2013 年比		2017 年与 2013 年比	
单　位	元	%	元	%	元	%	元	%
一、经营活动产生的现金流量	3 282 065 474.28	19.70	5 789 737 885.65	25.79	10 611 514 512.93	37.81	11 399 836 169.19	68.41
销售商品、提供劳务收到的现金	0.00		0.00		8 576 182.67	63.40	13 526 073.48	
收到的税费返还	233 316 471.96	200.63	42 527 039.63	26.78	8 752 950.48	1.12	667 039 685.26	573.60
收到的其他与经营活动有关的现金	3 515 381 946.24	20.95	5 832 264 925.28	25.79	10 628 843 646.08	36.83	12 080 401 927.93	72.00
经营活动现金流入小计	1 457 818 129.75	11.45	2 935 952 118.08	18.74	6 328 024 024.97	29.69	8 578 037 881.71	67.37
购买商品、接受劳务支付的现金	260 439 776.42	37.94	398 938 281.61	36.75	501 399 969.17	39.23	591 802 337.30	86.21
支付给职工以及为职工支付的现金	408 383 542.89	36.62	363 202 726.10	24.57	749 122 268.27	39.90	762 680 110.69	68.40
支付的各项税费	143 517 904.44	7.54	296 312 985.19	13.47	407 181 287.59	12.58	1 333 833 236.22	70.07
支付的其他与经营活动有关的现金	2 270 159 353.50	13.81	3 994 406 110.98	19.55	7 985 727 550.00	28.83	11 266 353 565.92	68.54
经营活动现金流出小计	1 245 222 592.74	364.48	1 837 858 814.30	84.32	2 643 116 096.08	228.70	814 048 362.01	238.28
经营活动产生的现金流量净额	0.00		0.00		0.00		0.00	

表 5－12　　云南白药股份有限公司经营活动现金流量结构分析表

报表日期	2013－12－31	2014－12－31	2015－12－31	2016－12－31	2017－12－31
一、经营活动产生的现金流量					
销售商品、提供劳务收到的现金	99.31%	98.28%	99.30%	99.51%	97.24%
收到的税费返还	0.00%	0.00%	0.00%	0.03%	0.05%
收到的其他与经营活动有关的现金	0.69%	1.72%	0.70%	0.46%	2.71%
经营活动现金流入小计	100.00%	100.00%	100.00%	100.00%	100.00%
购买商品、接受劳务支付的现金	77.46%	75.85%	76.69%	78.04%	76.92%
支付给职工以及为职工支付的现金	4.18%	5.06%	5.31%	4.86%	4.61%
支付的各项税费	6.78%	8.14%	7.23%	7.63%	6.78%
支付的其他与经营活动有关的现金	11.58%	10.94%	10.77%	9.46%	11.69%
经营活动现金流出小计	100.00%	100.00%	100.00%	100.00%	100.00%
经营活动产生的现金流量净额					

【思维空间】通过对云南白药股份有限公司2013～2017年经营活动现金流量的比较分析和结构分析，你能得出哪些结论？对企业的经营活动现金流量能提出哪些建议？

（二）经营活动现金流量质量分析

1. 充足性分析

经营活动现金流量的充足性是指企业是否具有足够的经营活动现金流量来满足正常的运转和规模扩张的需要。现金流量状况是影响企业生存发展的关键因素，经营活动是企业经济活动的主体，也是企业获取持续资金来源的基本途径。通常只有在企业的某些特殊发展阶段（如初创期或转型期）或者某些特殊的经济环境下（如金融危机时期），才允许企业产生负的经营活动现金净流量。在其他时期如果企业的经营活动现金流量仍十分有限，那么一般会认为企业自身的造血功能不强，经营现金流量质量自然也就不会太高。由此可见，充足性是经营活动现金流量的一大质量特征。当然，在企业经营周期超过一年的某些行业（如房地产行业），企业各个会计年度的现金流量的分布可能会出现与核心利润的分布有较大差异的情况。

从绝对量方面来说，企业经营活动现金流量的充足性主要表现在企业经营活动现金流量能够支持企业正常运营。显然，企业若想仅靠内部积累维持目前的生产经营能力，其经营活动现金流入量必须能够抵补当期的下列支出和费用：

① 本期经营活动的现金流出量（包括购买商品、接受劳务支付的现金，为职工支付的现金、支付的各项税费以及支付的其他经营活动现金等）；② 主要以固定资产折旧、无形资产和其他长期资产摊销额为表现形式的前期支付的需在当期和以后各期收回的长期资产支出。也

就是说，企业经营活动现金流量净额不但要远远大于零，还要大于经营活动所获取的成果(即核心利润)。只有这样，其经营活动现金流量才属正常且具有充足性，现有规模下的简单再生产才可能持续。

2. 合理性分析

经营活动现金流量的合理性是指企业经营活动现金流入是否顺畅，经营活动现金流出是否恰当，结构是否合理，经营活动现金流入量与流出量之间是否规模匹配、协调。

(1) 经营活动现金流入的顺畅性分析。经营活动现金流入的主要项目是“销售商品、提供劳务收到的现金”，该项目的规模主要取决于企业营业收入的规模，所采取的信用政策和企业实际的回款状况等因素。判断企业经营活动现金流入是否顺畅，可以通过利润表中的营业收入以及资产负债表中的商业债权(应收账款和应收票据)、预收款项等项目的期初、期末余额的变化情况来分析和判断。当然，要考虑企业所处行业的结算特点、企业与经销商和客户之间的议价能力以及市场竞争状况等因素对其造成的不同影响。

(2) 经营活动现金流出的恰当性分析。经营活动现金流出的主要项目一般是“购买商品、接受劳务支付的现金”，该项目的规模主要取决于企业营业成本的规模、采购规模、相应的采购政策和企业的实际付款状况等因素。判断企业经营活动现金流出是否合理、有无过度支付行为，可以通过利润表中的营业成本以及资产负债表中的商业债务(应付账款和应付票据)、存货、预付款项等项目的期初、期末余额的变化情况来分析和判断。当然，也要考虑企业所处行业的结算特点、企业与供应商之间的议价能力以及市场竞争状况等因素对其造成的不同影响。

(3) 经营活动现金流量结构的合理性分析。由于经营特点不同、管理方式不同，特定企业在年度之间以及不同企业之间在购买商品、接受劳务支付的现金，为职工支付的现金，支付的各项税费以及支付的其他经营活动现金等结构上会有显著不同。例如，人工成本较高、外购原材料和燃料需求不高的企业，其购买商品、接受劳务支付的现金就会显著低于为职工支付的现金；反之，人工成本不高，外购原材料和燃料占生产成本比重较大的企业，其购买商品、接受劳务支付的现金就会显著高于为职工支付的现金。另外，在公司自身主要从事对外投资管理，而子公司的资金又通过本公司提供时，支付的其他与经营活动有关的现金则会成为经营活动现金流出量的主体。在现金流入量方面也同样存在合理性问题：在企业以产品经营为主且主营业务的市场竞争力较强的情况下，其购买商品、提供劳务收到的现金就会成为经营活动现金流入量的主体，在企业以对外投资管理为主的情况下，其购买商品、提供劳务收到的现金一般不会有太大的规模。

(4) 经营活动现金流入和现金流出的匹配性分析。为尽量避免现金闲置或现金紧张局面发生，采取有效措施实现现金流入与流出的同步协调也是极其必要的。实现现金流入与流出的同步协调，要求企业设计和采用恰当的信用政策，合理地安排供货支出和其他现金支出，有效地组织销售回款和其他现金流入，使经营活动现金流入和流出在规模和时间上尽量相互匹配、同步协调，这样才能最大限度地提高现金的利用效率，同时减轻企业在现金周转方面的压力。

(5) 经营活动现金流量的年内分布均衡性以及关联方交易的影响程度分析。上市公司经常采用关联方往来款项的方式来虚增当期的经营活动现金流量，为此，应结合有关披露信息，了解关联交易的发生时间和交易规模，分析企业经营活动现金流量的年内分布均衡性，判断关联方交易对企业现金流量的影响程度，特别应关注企业是否存在与关联方进行期末大额款项往来等情况。此外，企业如果存在巨额的“支付其他与经营活动有关的现金”，一定要仔细查看附注，除了正常的对各项费用的支付以外，是否存在向关联方提供资金的情况。如果是向子公司提供资金，则其本质上应属于投资活动产生的现金流量；如果是向自己的母公司和兄弟公司提供资金，则属于关联方占用资金。但是，无论如何，都不应属于企业的正常经营活动范畴。

3. 稳定性分析

经营活动现金流量的稳定性是指企业各会计期间的经营活动现金流量规模是否存在剧烈波动状况，内部构成是否基本符合所处行业特征，以及是否存在异常变化情况。稳定是一家企业持续经营并得以发展的前提，经营活动现金流量主要来自企业自身开展的经营活动，主营业务突出、收入稳定是公司运营良好的重要标志，持续平稳的现金流量则是企业正常运营和规避风险的重要保证。如果一家企业经营活动现金流入结构比较合理（即企业销售商品、提供劳务收到的现金明显高于其他经营活动流入的现金），且稳定程度较高，一般情况下，这样的企业就较容易进行现金预算管理，有利于避免出现现金闲置或现金紧张状况，从而有利于保持现金的顺畅周转状态，提高企业的资金使用效率，因此认为这样的经营活动现金流量的质量较好。反之，如果一家企业经营活动现金流量的规模和结构经常出现明显波动，则说明企业主营业务的获现能力可能存在很大的不确定性，经营风险较大，这会增加企业现金预算管理的难度，增大企业现金短缺或闲置的可能性，这样的经营活动现金流量的质量就较差。如果某一时期的企业经营活动现金流量出现异常，很可能另有隐情，必须引起足够的重视。如果维持运行和支撑发展的大部分资金由非核心业务活动提供，企业缺少稳定可靠的核心业务的经营现金流量来源，则经营现金流量的质量就更差，这说明企业的核心竞争力较差或者主营业务的获现能力较差，财务基础较薄弱。企业若想维持正常经营，只能借助筹资活动来应对现金短缺的风险。

（三）经营活动现金流量的质量含义

1. 经营活动产生的现金流量小于零

经营活动产生的现金流量小于零，意味着企业通过正常的商品购、产、销所带来的现金流入量，不足以支付因上述经营活动而引起的货币流出。企业正常经营活动所取得的现金支付，则通过以下几种方式解决：

（1）消耗企业现存的货币积累；

（2）挤占本来可以用于投资活动的现金，以支持经营活动的现金需要；

（3）在不能挤占本来可以用于投资活动的现金的条件下，进行额外贷款融资，以支持经营活动的现金需要；

（4）在没有贷款融资渠道的条件下，只能采用拖延债务支付或加大经营活动引起的负债规模来解决。

从企业的成长过程来分析，在企业从事经营活动的初期，由于在生产阶段的各个环节都处于磨合状态，设备、人力资源的利用率相对较低，材料的消耗量相对较高，导致企业的成本消耗较高。同时，为了开拓市场，企业有可能投入较大资金，采用各种手段将自己的产品推向市场概念，从而有可能使企业在这一时期的经营活动现金流量表现为入不敷出的状态。

如果是由于上述原因导致的经营活动现金流量小于零，我们应该认为这是企业在发展过程中不可避免的正常状态。但是如果企业在正常生产经营期间仍然出现这种状态，应当认为经营活动现金流量的质量不高。

2. 经营活动产生的现金流量等于零

经营互动产生的现金流量等于零，意味着企业通过正常的商品购、产、销所带来的现金流入量，恰恰能够支付因上述经营活动而引起的货币流出。

在企业经营活动产生的现金流量等于零时，企业的经营活动现金流量处于收支平衡的状态，企业正常经营活动不需要额外补充流动资金，企业的经营活动也不能为企业的投资活动以及融资活动贡献现金。

但必须注意的是，在企业的成本消耗中，有相当一部分属于按照权责发生制原则的要求而确认的摊销成本和应计成本额。显然，在经营活动产生的现金流量等于零时，企业经营活动产生的现金流量是不可能为这部分非现金消耗型成本的资源提供货币补偿的。因此，从长期来看，经营活动产生的现金流量等于零的状态，根本不可能维持企业经营活动的货币“简单再生产”。

因此，如果企业在正常生产经营期间持续出现这种状态，企业经营活动现金流量的质量仍然不高。

3. 经营活动产生的现金流量大于零但不足以补偿当期的非现金消耗性成本

经营活动产生的现金流量大于零但不足以补偿当期的非现金消耗性成本，意味着企业通过正常的商品购、产、销所带来的现金的现金流入量，不但能够支付因经营活动而引起的货币流出，而且有余力补偿一部分当期的非现金消耗性成本。

此时，企业虽然在现金流量的压力方面比前两种状态要好，但是，如果这种状态持续，则从长期来看，企业经营活动产生的现金流量也不可能维持企业经营活动的货币“简单再生产”。

因此，如果企业在正常生产经营期间持续出现这种状态，企业经营活动现金流量的质量则不能给予较高评价。

4. 经营活动产生的现金流量大于零并恰能补偿当期的非现金消耗性成本

经营活动产生的现金流量大于零并恰能补偿当期的非现金消耗性成本，意味着企业通过正常商品购、产、销所带来的现金流入量，不但能够支付因经营互动而引起的货币流出，而且还有余力补偿全部当期的非现金消耗性成本。

在这种状态下，企业在经营活动方面的现金流量方面的压力已经解脱。如果这种状态持续，则从长期来看，企业经营活动产生的现金流量刚好能够维持企业经营活动的货币“简单再生产”。

但是，从总体上看，这种维持企业经营互动的货币“简单再生产”的状态。仍然不能为企业扩大投资等发展提供货币支持。企业的经营活动为企业扩大投资等发展提供货币支持，只能依赖于企业经营活动产生的现金流量的规模继续加大。

5. 经营活动产生的现金流量大于零并在补偿当期的非现金消耗性成本后仍有剩余

经营活动产生的现金流量大于零并在补偿当期的非现金消耗性成本后仍有剩余，意味着企业通过正常的商品购、产、销所带来的现金流入量，不但能够支付因经营活动而引起的货币流出、补偿全部当期的非现金消耗性成本，而且有能力支付现金股利，或者为企业的投资等互动提供现金流量的支持。

在企业当期经营活动产生的现金流量净额在补偿当期的非现金消耗性成本后仍有剩余的条件下，其是否能够支付现金股利，还取决于企业当年的股利分配政策。因此，必须结合企业现金股利分配政策对企业经营活动现金流量的充分性进行评价。

从上面的分析可以看出，企业经营活动产生的现金流量，仅仅大于零是不够的。

二、投资活动现金流量项目分析

企业对外进行股权或债权投资，并不直接影响其当期的经营活动，但是在日后的转让与收回中，却是企业未来一笔不小的资金流入；此外，股权投资所可能带来的对被投资方的控股或重大影响，也有可能对企业未来获得经营物资或打开购销渠道、增强经营活力与获取现金的能力等提供潜在的和良好的帮助，甚至有助于企业达成经营方面的战略合作。

至于企业购建或处置固定资产、无形资产及其他非货币性长期资产，则会在很大程度上影响未来的经营规模与生产能力，甚至在一定程度上还会改变企业的资产结构与经营方向。购建这类非货币性长期资产的现时资金的大量流出，可能意味着企业营运规模的扩张、生产技能的改进与经营策略的调整；而处置非货币性长期资产的现时资金过多流入，也可能预示着企业压缩经营规模，或出于转变经营方向的需要而大量处置原有设备等长期资产。

(一) 投资活动现金流量的数量分析

1. 投资活动现金流量流入结构分析

投资活动现金流量流入结构是指企业投资活动现金流入量在全部现金流入量中的比重，以及各项活动现金流入量中具体项目的构成和比重。通过投资活动现金流量流入结构分析，可以了解企业投资的现金来自什么渠道，并进一步判断和评价企业现金收入的合理性，把握增加现金流入量的途径。

2. 投资活动现金流量流入比较分析

投资活动现金流量比较分析是指对企业的投资活动的现金流量，以某一个基准年度为标准，对现金流量的构成要素进行定比或者环比的分析，以了解企业投资活动现金流量的变动原因，方便对企业的投资活动的现金流入量和现金流出量进行预测，为企业正确做出财务决策提供依据。

【例 5-5】 云南白药股份有限公司 2013～2017 年经营活动现金流量分析。

表 5-13 云南白药股份有限公司投资活动现金流量表 单位：元

报表日期	2013-12-31	2014-12-31	2015-12-31	2016-12-31	2017-12-31
二、投资活动产生的现金流量					
收回投资所收到的现金	0.00	100 000 000.00	1 733 744 649.12	3 022 172 422.60	6 725 563 746.72
取得投资收益所收到的现金	42 254 919.29	87 693 360.84	163 630 519.22	185 758 392.12	287 538 334.62
处置固定资产、无形资产和其他长期资产所收回的现金净额	103 604.68	270 994.46	127 011.76	6 519 035.62	62 350 985.61
处置子公司及其他营业单位收到的现金净额	641 584 152.34	0.00	0.00	0.00	0.00
收到的其他与投资活动有关的现金	0.00	66 433 674.73	0.00	4 202 322.51	520 234 671.64
投资活动现金流入小计	683 942 676.31	254 398 030.03	1 897 502 180.10	3 218 652 172.85	7 595 687 738.59
购建固定资产、无形资产和其他长期资产所支付的现金	75 136 080.86	180 298 525.73	135 804 696.72	140 632 036.17	193 206 847.22

续表

报表日期	2013-12-31	2014-12-31	2015-12-31	2016-12-31	2017-12-31
投资所支付的现金	225 885 000.00	2 288 852 003.50	2 723 752 071.77	5 564 056 050.00	7 754 281 542.15
取得子公司及其他营业单位支付的现金净额	92 273 600.00	0.00	0.00	86 120 334.69	0.00
支付的其他与投资活动有关的现金	0.00	0.00	0.00	1 415 040 756.39	0.00
投资活动现金流出小计	393 294 680.86	2 469 150 529.23	2 859 556 768.49	7 205 849 177.25	7 947 488 389.37
投资活动产生的现金流量净额	290 647 995.45	−2 214 752 499.20	−962 054 588.39	−3 987 197 004.40	−351 800 650.78

表 5-14　　云南白药股份有限公司投资活动现金流量结构分析表

报表日期	2013-12-31	2014-12-31	2015-12-31	2016-12-31	2017-12-31
二、投资活动产生的现金流量					
收回投资所收到的现金	0.00%	39.31%	91.37%	93.90%	88.54%
取得投资收益所收到的现金	6.18%	34.47%	8.62%	5.77%	3.79%
处置固定资产、无形资产和其他长期资产所收回的现金净额	0.02%	0.11%	0.01%	0.20%	0.82%
处置子公司及其他营业单位收到的现金净额	93.81%	0.00%	0.00%	0.00%	0.00%
收到的其他与投资活动有关的现金	0.00%	26.11%	0.00%	0.13%	6.85%
投资活动现金流入小计	100.00%	100.00%	100.00%	100.00%	100.00%
购建固定资产、无形资产和其他长期资产所支付的现金	19.10%	7.30%	4.75%	1.95%	2.43%
投资所支付的现金	57.43%	92.70%	95.25%	77.22%	97.57%
取得子公司及其他营业单位支付的现金净额	23.46%	0.00%	0.00%	1.20%	0.00%
支付的其他与投资活动有关的现金	0.00%	0.00%	0.00%	19.64%	0.00%
投资活动现金流出小计	100.00%	100.00%	100.00%	100.00%	100.00%
投资活动产生的现金流量净额					

表 5 - 15　　**云南白药股份有限公司投资活动现金流量比较分析表**

报表日期	2014 年与 2013 年比		2015 年与 2013 年比		2016 年与 2013 年比		2017 年与 2013 年比	
单　　位	元	%	元	%	元	%	元	%
二、投资活动产生的现金流量	100 000 000.00		1 733 744 649.12		3 022 172 422.60	44.94%	6 725 563 746.72	
收回投资所收到的现金	45 438 441.55	107.53%	121 375 599.93	74.18%	143 503 472.83	49.91%	245 283 415.33	580.48%
取得投资收益所收到的现金	167 389.78	161.57%	23 407.08	18.43%	6 415 430.94	10.29%	62 247 380.93	60 081.63%
处置固定资产、无形资产和其他长期资产所收回的现金净额	−641 584 152.34	−100.00%	−641 584 152.34		−641 584 152.34		−641 584 152.34	−100.00%
处置子公司及其他营业单位收到的现金净额	66 433 674.73		0.00		4 202 322.51	0.81%	520 234 671.64	
收到的其他与投资活动有关的现金	−429 544 646.28	−62.80%	1 213 559 503.79	63.96%	2 534 709 496.54	33.37%	6 911 745 062.28	1 010.57%
投资活动现金流入小计	105 162 444.87	139.96%	60 668 615.86	44.67%	65 495 955.31	33.90%	118 070 766.36	157.14%
购建固定资产、无形资产和其他长期资产所支付的现金	2 062 967 003.50	913.28%	2 497 867 071.77	91.71%	5 338 171 050.00	68.84%	7 528 396 542.15	3 332.84%
投资所支付的现金	−92 273 600.00	−100.00%	−92 273 600.00		−6 153 265.31		−92 273 600.00	−100.00%
取得子公司及其他营业单位支付的现金净额	0.00		0.00		1 415 040 756.39		0.00	
支付的其他与投资活动有关的现金	2 075 855 848.37	527.81%	2 466 262 087.63	86.25%	6 812 554 496.39	85.72%	7 554 193 708.51	1 920.75%
投资活动现金流出小计	−2 505 400 494.65	−862.01%	−1 252 702 583.84	130.21%	−4 277 844 999.85	1 215.99%	−642 448 646.23	−221.04%
投资活动产生的现金流量净额	0.00		0.00		0.00		0.00	

【思维空间】通过对云南白药股份有限公司2013～2017年投资活动现金流量的比较分析和结构分析，你能得出哪些结论？对企业的投资活动现金流量能提出哪些建议？

（二）投资活动现金流量质量分析

与经营活动现金流量的特点不同，大部分投资的出售变现或者收益获取通常具有一定的滞后性，即本期投资引发的现金流出也许在当期并不能带来相应的回报。因此，各期投资活动现金流入量和投资活动现金流出量之间并不存在直接的对应关系，考察两者的匹配性和协调性一般是没有意义的。正确的做法是对投资活动现金流入量和流出量分别进行质量分析。对投资活动现金流量进行质量分析应主要关注投资活动现金流量的战略吻合性和现金流入量的盈利性。

1. 投资活动现金流量的战略吻合性

从投资活动的目的来分析，企业的投资活动主要有三个目的：第一，为正常生产经营活动奠定基础，如购建固定资产、无形资产和其他长期资产等；第二，为企业对外扩张和其他发展性目的进行权益性投资和债权性投资；第三，利用企业暂时不用的闲置货币资金进行短期投资，以求获得较高的投资收益。其中，前两类活动将为企业未来的发展奠定基础，应该体现企业长期发展战略的要求，因此，企业投资活动的现金流量应与企业发展战略相吻合。这种现金流量的战略性是企业投资活动所具备的基本质量特征。

（1）对内扩张或调整的战略吻合性分析

正如企业经营性资产的结构间接体现了企业经营活动发展的战略要求，通过对投资活动现金流出量中“购建固定资产、无形资产和其他长期资产支付的现金”与现金流入量中“处置固定资产、无形资产和其他长期资产收回的现金”之间的规模比较，也可以体现企业经营活动发展的战略要求。

若两者均具有较大规模，即“大进大出”，通常表明企业正处在长期经营性资产的大规模置换与优化阶段，这也许是企业战略转型的要求，也许是资产更新换代的要求，往往意味着企业技术装备水平的改善，产品适应市场能力的提高，企业核心竞争力有可能会因此有所增强。当然这种转型或调整的实施效果如何，还要通过以后期间的核心利润和经营活动现金流量的表现来检验。若前者远大于后者，则通常表明企业正在原有生产经营规模的基础上试图通过对内扩张战略来进一步提升市场占有率和夯实主业的竞争力。在原有资产结构中经营性资产占主要地位的情况下，这种对内扩张态势也在一定程度上表明了企业坚持经营主导型战略的信心和决心。

若前者明显小于后者，则通常表明企业收缩主业经营战线和规模的战略意图，当然也有可能是企业在资金紧张或者市场前景暗淡情况下的一种被动选择。这种收缩行为的经济后果需要结合市场环境（如产品周期、竞争态势）、宏观经济环境以及对外投资的战略安排等因素做出具体分析。

（2）对外扩张或调整的战略吻合性分析

对外长期股权投资，尤其是控制性投资这种对外扩张形式，它的持续拉动效应显现为能够使企业以较少的资源撬动较多的其他企业的资产。因此，投资活动现金流出量的规模和结构分布可以揭示企业的战略信息。而通过投资活动现金流出量中“投资所支付的现金”与现金流入量中“收回投资所收到的现金”之间的规模比较，可以反映企业对外投资发展战略的实施和调整情况。

若两者均具有较大规模，且彼此规模相当（即“大进大出”），通常表明企业正处在对外投资的结构性调整（至少是投资品种调整）阶段，应密切关注这种投资战略调整对企业未来盈利能力和未来现金流量的影响。若前者远大于后者，则通常表明当期企业的对外投资呈现总体扩张的态势，应关注企业新的投资方向是否会对企业行业竞争力的提升或者经营风险的进一步分散做出积极贡献，当然这最终会体现在给企业未来盈利能力和未来现金流量带来的影响。

若前者明显小于后者，则通常表明当期企业的对外投资呈现总体收缩的态势，一方面应关注所收回投资的盈利性；另一方面应关注这种收缩的真正意图，是在主动处置不良资产（主要指效益不好或发展前景暗淡的投资对象）还是企业在资金紧张等情况下的一种被动选择。当然，还要分析这种投资战线的收缩对企业未来盈利能力和未来现金流量的影响。

(3) 对内对外投资相互转移的战略吻合性分析

在有些情况下，企业可能会在对内投资和对外投资之间进行某种战略调整，要么在大规模处置固定资产、无形资产和其他长期资产的同时大规模进行投资支付，要么在大规模收回投资的同时大规模购建固定资产、无形资产和其他长期资产。这些情况的出现，往往意味着企业对经营主导型与投资主导型等战略进行调整，以实现盈利模式的转变。分析时应结合行业市场环境和宏观经济环境等因素来判断其对企业未来发展的影响。

2. 投资活动现金流入量的盈利性（即效益）

投资意味着发展，投资活动的最终目的当然是获取盈利。因此，盈利性是企业投资活动所具备的另一基本质量特征。简单地说，对于购建固定资产、无形资产和其他长期资产支付的现金，要关注持续增加的固定资产对本企业营业收入与核心利润（效益）的贡献，关注在建工程规模的变化与固定资产规模的变化之间的关系。虽然我们并不指望在建工程能立即完工并转换成固定资产，固定资产马上转换成可实际利用的产能，但是从在建工程到固定资产、从形成固定资产到产生效益的时间不能太久。在建工程规模过大、转化成固定资产的时间过长、短时间内企业固定资产原值增长过快，都可能使企业近期的财务效益下降。对于对外投资尤其是控制性投资支付的现金，要特别关注合并报表中购建固定资产、无形资产和其他长期资产支付的现金与合并资产负债表中在建工程、固定资产规模以及营业收入和核心利润之间的关联度。

企业投资活动引起现金流入主要有两个方面的原因：一是收回投资成本或残值（包括对外投资本金和处置固定资产、无形资产和其他长期资产的变现价值）；二是取得投资收益收到的现金。对于收回投资成本的情况，应重点进行变现价值与投资初始成本的比较，可通过分析报表附注有关投资收益的明细项目中处置各类投资取得的投资收益情况以及营业外收入或营业外支出的明细项目，来考察收回投资成本过程中所体现的盈利性。而对于取得投资收益收到的现金，应主要通过对比投资收益附注中有关“成本法、权益法核算的长期股权投资收益”和现流量表中“取得投资收益收到的现金”，来分析投资收益的现金获取能力。

3. 投资活动现金流量的质量含义

(1) 投资活动产生的现金流量小于零

投资活动产生的现金流量小于零意味着企业在购建固定资产、无形资产和长期资产、权益性投资以及债权性投资等方面所支付的现金之和大于企业在收回投资，分得股利或利润，取得债券利息收入，处置固定资产、无形资产和其他长期资产而受到的现金净额之和。企业上述投资活动的现金流量，处于入不敷出的状态。企业投资活动所需的资金缺口，可以通过以下几种方式解决：

① 消耗企业现存的货币积累；

② 挤占本来可以用于经营活动的现金，削减经营活动的现金消耗；

③ 利用经营活动积累的现金进行补充；

④ 在不能挤占本来可以用于经营活动的现金的条件下，进行额外贷款融资，以支持经营活动的现金需要；

⑤ 在没有贷款融资渠道的条件下，只能采用拖延债务支付或加大投资活动引起的负债规模来解决。

从投资活动的目的来分析，企业的投资活动主要有三个目的：

① 为企业正常生产经营活动奠定基础，如购建固定资产、无形资产和其他长期资产等；

② 为企业对外扩张和其他发展性目的进行权益性投资和债权性投资；

③ 利用企业暂时不用的闲置货币资金进行短期投资，以求获得较高的投资收益。

在上述三个目的中，前两种投资一般都应与企业的长期规划和短期计划相一致。第三种投资在很多情况下则是企业的一种短期理财安排。因此，面对投资活动的现金流量小于零的企业，我们首先应当考虑的是：在企业的投资活动符合企业的长期规划和短期计划的条件下，这种现象表明了企业经营活动发展和企业扩张的内在需要，也反映了企业在扩张方面的努力与尝试。

(2) 投资活动产生的现金流量大于等于零

投资活动产生的现金流量大于等于零，意味着企业在投资活动方面的现金流入量大于流出量。这种情况的发生，或者是由于企业在本会计期间的投资回收活动的规模大于投资支出的规模，或者是由于企业在经营活动与筹资活动方面急需资金而不得不处理手中的长期资产以求变现等原因所引起。因此，必须对企业投资活动的现金流量原因进行具体分析。

三、筹资活动现金流量项目分析

正常情况下，企业经营活动中的资金需求主要由其经营活动中的资金流入量来满足，即所谓的"以收抵支"甚至还应略有剩余。然而，由于生产经营活动中也存在着各有关环节衔接不当的情况，可能会造成企业短期内资金周转不畅、出现现金紧缺问题；或者企业处于其战略调整、规模扩张、资本运营等目的而对现金需求量提出更高的要求等，企业便不可避免地需要从外部筹措增量资金，于是便产生了企业的筹资活动。

筹资活动现金流量，反映了企业处于各种现实需求而进行资金筹措所产生的现金流入与流出金额。对这类现金流量的阅读，关键在于理解企业所筹资金的来源渠道及其规模大小、推测企业所筹资金的用途或动机以及可能对未来产生的资金压力及财务风险等。

(一) 筹资活动现金流量数据分析

1. 筹资活动现金流量流入结构分析

筹资活动现金流量流入结构是指企业筹资活动现金流入量在全部现金流入量中的比重，以及各项活动现金流入量中具体项目的构成和比重。通过筹资活动现金流量流入结构分析，可以了解企业筹资的现金来自什么渠道，并进一步判断和评价企业现金收入的合理性，把握增加现金流入量的途径。

企业所采取的经营和理财策略不同，对待风险的态度不同，其现金流入量的结构也会不同。一个稳健型、专心经营特定范围内业务的企业，理财策略比较保守，即使有闲置的资金也不善于投资，为了减少风险，较少借债，其经营活动的现金流入量所占的比例会较高，投资和筹资的现金流入量比例可能较低。一个激进型的企业，经营理财策略较为冒险，往往总是千方百计地筹集资金，不断寻找投资机会来扩张企业规模。如果筹资能力较强，投资得当，企业在某一特定筹资活动和投资活动的现金流入量的比例会较高，有时会超过经营活动的现金流入量比例。如果企业筹资能力强，但投资不得当，其现金流入结构中筹资活动现金流入量较大，而投资活动的现金流入量较少，有时会只有流出，而少有流入，甚至没有现金流入。

2. 投资活动现金流量流入比较分析

筹资活动现金流量比较分析是指对企业的筹资活动的现金流量，以某一个基准年度为标准，对现金流量的构成要素进行定比或者环比的分析，以了解企业筹资活动现金流量的变动原因，方便对企业的筹资活动的现金流入量和现金流出量进行预测，为企业正确做出财务决策提供依据。

【例 5－6】 云南白药股份有限公司 2013～2017 年经营活动现金流量分析。

表 5－16　　云南白药股份有限公司筹资活动现金流量表　　单位：元

报表日期	2013－12－31	2014－12－31	2015－12－31	2016－12－31	2017－12－31
三、筹资活动产生的现金流量					
吸收投资收到的现金	0.00	0.00	0.00	11 900 000.00	0.00
其中：子公司吸收少数股东投资收到的现金	0.00	0.00	0.00	4 900 000.00	0.00
取得借款收到的现金	10 000 000.00	30 000 000.00	20 000 000.00	896 544 000.00	0.00
发行债券收到的现金	0.00	896 256 000.00	0.00	0.00	0.00
收到其他与筹资活动有关的现金	5 387 629.40	353 178 997.74	439 823 816.21	35 627 200.00	30 664 618.85
筹资活动现金流入小计	15 387 629.40	1 279 434 997.74	459 823 816.21	944 071 200.00	30 664 618.85
偿还债务支付的现金	10 000 000.00	42 184 882.14	20 000 000.00	20 000 000.00	11 100 000.00
分配股利、利润或偿付利息所支付的现金	313 145 137.68	370 107 698.18	587 947 510.84	691 687 830.11	930 792 696.49
其中：子公司支付给少数股东的股利、利润	0.00	8 194 800.00	6 846 834.40	0.00	0.00
支付其他与筹资活动有关的现金	1 317 308.73	297 731 780.79	455 012 813.71	7 036 081.45	500 000.00
筹资活动现金流出小计	324 462 446.41	710 024 361.11	1 062 960 324.55	718 723 911.56	942 392 696.49
筹资活动产生的现金流量净额	－309 074 817.01	569 410 636.63	－603 136 508.34	225 347 288.44	－911 728 077.64

表 5－17　　云南白药股份有限公司筹资活动现金流量结构分析表

报表日期	2013－12－31	2014－12－31	2015－12－31	2016－12－31	2017－12－31
三、筹资活动产生的现金流量					
吸收投资收到的现金	0.00%	0.00%	0.00%	1.26%	0.00%
其中：子公司吸收少数股东投资收到的现金	0.00%	0.00%	0.00%	0.52%	0.00%
取得借款收到的现金	64.99%	2.34%	4.35%	94.97%	0.00%
发行债券收到的现金	0.00%	70.05%	0.00%	0.00%	0.00%
收到其他与筹资活动有关的现金	35.01%	27.60%	95.65%	3.77%	100.00%
筹资活动现金流入小计	100.00%	100.00%	100.00%	100.00%	100.00%
偿还债务支付的现金	3.08%	5.94%	1.88%	2.78%	1.18%
分配股利、利润或偿付利息所支付的现金	96.51%	52.13%	55.31%	96.24%	98.77%
其中：子公司支付给少数股东的股利、利润	0.00%	1.15%	0.64%	0.00%	0.00%
支付其他与筹资活动有关的现金	0.41%	41.93%	42.81%	0.98%	0.05%
筹资活动现金流出小计	100.00%	100.00%	100.00%	100.00%	100.00%
筹资活动产生的现金流量净额					

表 5－18　　云南白药股份有限公司筹资活动现金流量比较分析表

报表日期	2014 年与 2013 年比		2015 年与 2013 年比		2016 年与 2013 年比		2017 年与 2013 年比	
单　位	元	%	元	%	元	%	元	%
三、筹资活动产生的现金流量	0.00		0.00		11 900 000.00		0.00	
吸收投资收到的现金	0.00		0.00		4 900 000.00		0.00	
其中：子公司吸收少数股东投资收到的现金	20 000 000.00	200.00	10 000 000.00	50.00	886 544 000.00		－10 000 000.00	－100.00
取得借款收到的现金	896 256 000.00		0.00		0.00		0.00	
发行债券收到的现金	347 791 368.34	6 455.37	434 436 186.81	98.78	30 239 570.60	98.61	25 276 989.45	469.17
收到其他与筹资活动有关的现金	1 264 047 368.34	8 214.70	444 436 186.81	96.65	928 683 570.60	3 028.52	15 276 989.45	99.28
筹资活动现金流入小计	32 184 882.14	321.85	10 000 000.00	50.00	10 000 000.00	90.09	1 100 000.00	11.00

续表

报表日期	2014年与2013年比		2015年与2013年比		2016年与2013年比		2017年与2013年比	
单　位	元	%	元	%	元	%	元	%
偿还债务支付的现金	56 962 560.50	18.19	274 802 373.16	46.74	378 542 692.43	40.67	617 647 558.81	197.24
分配股利、利润或偿付利息所支付的现金	8 194 800.00		6 846 834.40		0.00		0.00	
其中：子公司支付给少数股东的股利、利润	296 414 472.06	22 501.52	453 695 504.98	99.71	5 718 772.72	1 143.75	−817 308.73	−62.04
支付其他与筹资活动有关的现金	385 561 914.70	118.83	738 497 878.14	69.48	394 261 465.15	41.34	617 930 250.08	190.45
筹资活动现金流出小计	878 485 453.64	−284.23	−294 061 691.33	48.76	534 422 105.45	−58.62	−602 653 260.63	194.99
筹资活动产生的现金流量净额	817 572.02	−61.58	5 728 396.65	130.17	6 459 597.61	−118.57	−4 120 417.51	310.34

【思维空间】通过对云南白药股份有限公司2013～2017年筹资活动现金流量的比较分析和结构分析，你能得出哪些结论？对企业的筹资活动现金流量能提出哪些建议？

（二）筹资活动现金流量质量分析

筹资活动引起的现金流量可以维持企业经营活动、投资活动的正常运转。因此，筹资活动现金流量在总体上应该与企业经营活动现金流量、投资活动现金流量周转的状况相适应，在满足企业经营活动和投资活动现金需求的同时，应尽量降低融资成本，避免不良融资行为。

1. 适应性分析

筹资活动现金流量与经营活动和投资活动现金流量周转状况的适应性，是指在企业经营活动和投资活动现金流量净额之和小于零、企业又没有储备足够的现金可以动用时，筹资活动应该及时、足额地筹集到相应数量的现金，以满足上述两类活动的资金需求；而在企业经营活动和投资活动现金流量之和大于零、需要降低现金闲置余额时，筹资活动应适时地调整筹资规模和速度，并积极归还借款本金，在消耗上述两类活动积累的现金的同时，降低资本成本，提高企业的经济效益。另外，债务融资到期时，在企业没有足够的自有资金积累的情况下，企业应有能力适时举借新的债务或者通过其他渠道筹集到资金，以保证到期债务如期偿还。因此，适应性应成为筹资活动现金流量的一大质量特征。

2. 多样性分析

企业筹资活动中需要考虑的一个主要问题是资本成本问题。目前我国企业主要的筹资渠道及方式包括：吸收直接投资、发行股票和债券、银行借款、民间融资、融资租赁等。不同的筹资渠道及方式的成本和风险相差很大，若要使资本成本降至较低水平，同时将财务风险保持在适当的范围内，企业必须根据自身实际情况，选择适合企业发展的渠道和方式，确定合理的筹资规模、期限和还款方式实现筹资渠道和方式的多样化。因此，多样性是筹资活动中现金流量的另一大质量特征。这里需要说明的是，从企业某一期间的现金流量表分析来看，筹资活动现金流量的多样性不可能体现得非常明显。因此，如果有必要，可以考虑将连续几个会计期间的现金流量表联系起来综合分析。

3. 融资行为的恰当性分析

融资行为的恰当性分析，是指考察企业是否存在超过实际需求的过度融资、企业资金是否存在被其他企业无效益占用（如筹资的当期出现合并报表的“其他应收款”大幅增长）等不良融资行为，并进一步分析某种不良融资行为背后真正的融资动机。在筹资活动现金流量大于零的情况下，要着重分析企业的筹资活动是否已经纳入企业的发展规划，是否与企业未来的发展战略相一致。当然，更要判断这是企业管理层以扩大投资和经营活动为目标的主动筹资行为，还是企业因投资活动和经营活动的现金流出失控而被迫采取的筹资行为。此外，对筹资活动现金流量的质量分析还包括对筹资成本（包括借款利息和现金股利）的现金支付状况、到期债务的偿还状况等方面的分析。

（三）筹资活动现金流量的质量含义

1. 筹资活动产生的现金流量大于零

筹资活动产生的现金流量大于零，意味着企业在吸收权益性投资、发行债券以及借款等方面所收到的现金之和大于企业在偿还债务、支付筹资费用、分配股利或利润、偿付利息、融资租赁所支付的现金以及减少注册资本等方面所支付的现金之和。在企业处于发展的起步阶段，需要大量资金，企业经营活动的现金流量小于零的条件下，企业对现金流量的需求，主要通过筹资活动来解决。因此，分析企业筹资产生的现金流量活动是否正常，关键要看企业的筹资活动是否已经纳入企业的发展规划，是企业管理层以扩大投资和经营活动为目标的主动筹资行为还是企业活动和经营活动的现金流出失控、企业不得已的筹资行为。

2. 筹资活动产生的现金流量小于零

筹资活动产生的现金流量小于零，意味着企业在吸收权益性投资、发行债券以及借款等方面所受到的现金之和小于企业在偿还债务、支付筹资费用、分配股利或利润、偿付利息、融资租赁等业务，或者是因为企业经营活动与投资活动在现金流量方面运转较好、有能力完成上述各项支付。但是，企业筹资活动产生的现金流量小于零，也可能是企业在投资和企业扩张方面没有更多作为的一种表现。

投资活动和筹资活动属于企业的理财活动。在任何期间，企业均有可能因这些活动而引起现金流量的变化。不过，处于开业初期的企业，其理财活动引起的现金流量变化较大，占企业现金流量变化的比重也较大。

另一方面，理财活动也意味着企业存在的财务风险。例如，企业对外发行债券，就必须承担定期支付利息、到期还本的责任。如果企业不能履行偿债责任，有关方面就会对企业采取法律措施。又如，企业购买股票，就可能存在着股票跌价损失的风险，等等。因此，企业的理财活动越多，财务风险也可能越大。

四、现金流量表组合分析

根据以上几个方面的分析，我们将不同项目的现金流量，根据其净值为正还是为负进行排列组合，可以发现在不同的组合下，其产生的背景和结果是不同的，所要采取的措施也是不同的。具体组合表格如下：

表 5－19　　上市公司现金净流量组合类型表

现金流量活动类型	经营活动	投资活动	筹资活动
组合类型一	＋	＋	＋
组合类型二	＋	＋	－
组合类型三	＋	－	＋
组合类型四	＋	－	－
组合类型五	－	＋	＋
组合类型六	－	＋	－
组合类型七	－	－	＋
组合类型八	－	－	－

（一）上市公司现金净流量组合类型一

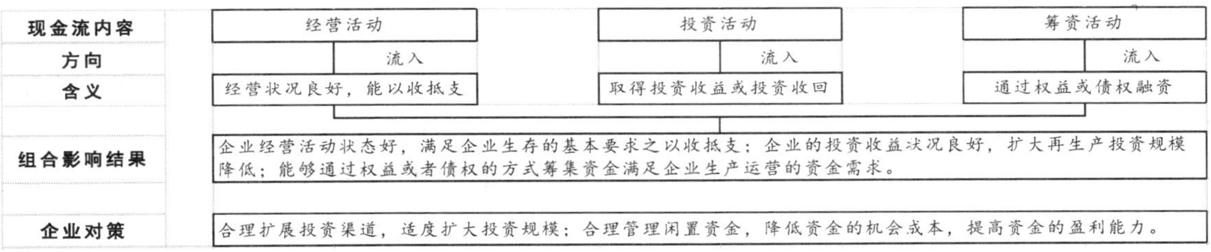

图 5－1　上市公司现金净流量组合类型一

（二）上市公司现金净流量组合类型二

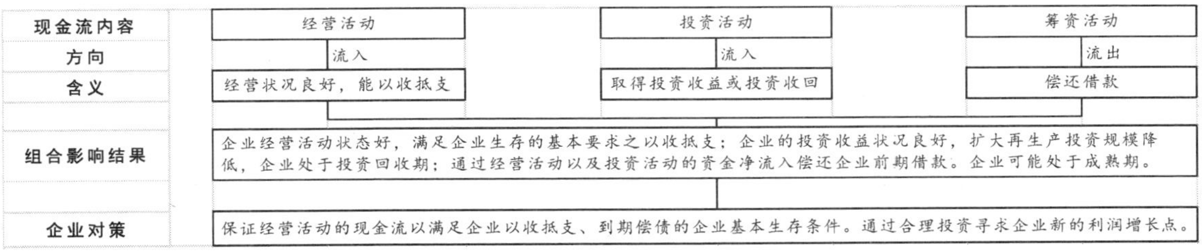

图 5－2　上市公司现金净流量组合类型二

（三）上市公司现金净流量组合类型三

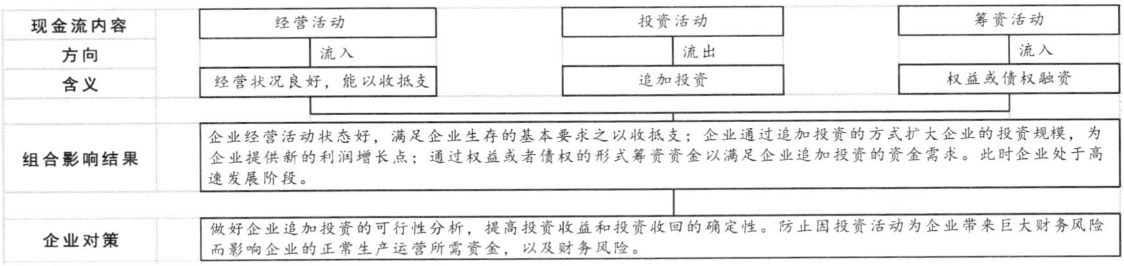

图 5－3　上市公司现金净流量组合类型三

(四)上市公司现金净流量组合类型四

现金流内容	经营活动	投资活动	筹资活动
方向	流入	流出	流出
含义	经营状况良好，能以收抵支	追加投资	偿还债务
组合影响结果	企业经营活动状态好，偿还债务的同时扩大投资规模；企业通过追加投资的方式扩大企业的投资规模，为企业提供新的利润增长点；以生产经营的资金流入偿还企业的前期债务。		
企业对策	保证生产经营的过程监控与资金管理，防止因生产经营状况恶化使企业面临严重的财务风险。		

图 5-4　上市公司现金净流量组合类型四

(五)上市公司现金净流量组合类型五

现金流内容	经营活动	投资活动	筹资活动
方向	流出	流入	流入
含义	经营状况恶化，收不抵支	取得投资收益或投资收回	权益或债权筹资
组合影响结果	企业生产经营状况恶化，经营流入无法弥补经营支出；企业的投资收益状况良好，扩大再生产投资规模降低，企业处于投资回收期；通过以权益或者债权形式筹集资金满足经营活动的资金运营需求。		
企业对策	通过有效措施扭转经营活动现金净流出状况，降低企业发生财务风险的概率。通过有效管理企业投资资金流，减少企业闲置投资占用资金，为企业正常生产运营提供资金支持。		

图 5-5　上市公司现金净流量组合类型五

(六)上市公司现金净流量组合类型六

现金流内容	经营活动	投资活动	筹资活动
方向	流出	流入	流出
含义	经营状况恶化，收不抵支	取得投资收益或投资收回	偿还借款
组合影响结果	企业生产经营状况恶化，经营流入无法弥补经营支出；企业的投资收益状况良好，扩大再生产投资规模降低，企业处于投资回收期；通过获得投资收益或收回投资的资金偿还前期债务。若投资活动流入是因投资收回应该警惕。		
企业对策	扭转企业生产经营状况，通过生产经营活动满足企业以收抵支、到期偿债的生存条件。避免大规模通过用投资收回的资金来满足企业生产经营的资金需求以及偿还债务而给企业带来的经营风险与财务风险。		

图 5-6　上市公司现金净流量组合类型六

(七)上市公司现金净流量组合类型七

现金流内容	经营活动	投资活动	筹资活动
方向	流出	流出	流入
含义	经营状况恶化，收不抵支	追加投资	权益或债权筹资
组合影响结果	企业生产经营状况恶化，经营流入无法弥补经营支出；企业初始投资或追加投资；通过权益或债权的形式筹资生产运营以及扩大投资所需资金。		
企业对策	扭转企业生产经营状况，通过生产经营活动满足企业以收抵支的生存条件。做好投资的可行性分析，确实保障投资收益。避免投资失败或经营状态恶化带来的企业财务风险加剧导致企业破产的情况出现。		

图 5-7　上市公司现金净流量组合类型七

(八) 上市公司现金净流量组合类型八

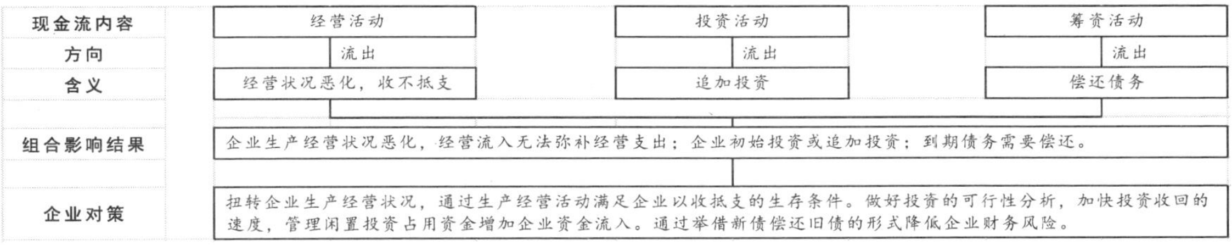

图 5-8　上市公司现金净流量组合类型八

五、影响现金流量变化的主要原因分析

不论是企业经营活动、投资活动还是筹资活动，在任意会计期间均有出现较大的波动。那么，哪些因素会导致这些重大变化呢？概括来说，影响企业现金流量变化的主要原因有以下几个方面，如表 5-20 所示。

表 5-20　影响企业现金流量变化的主要原因

类　型	经营活动现金流量净额	投资活动现金流量净额	筹资活动现金流量净额
发生重大变化的可能原因	行业特点、发展阶段、营销策略、收付异常、关联交易、异常运作、错编或编错	扩张加剧、战线收缩、处置不良固定资产、投资收益获取	融资环境、不当融资、理财能力、银行承兑商业汇票结算

(一) 影响经营活动现金流量变化的主要原因分析

1. 行业特点

不同的行业，由于商业惯例不同，其现金流量的模式也不相同。有的行业采用预收账款方式销售，有的采用赊销方式销售，有的则采用现销的方式销售。显然，不同的销售模式会导致不同的经营活动现金流量模式。

2. 发展阶段

不同发展阶段的企业，其经营活动现金流量的态势也不相同：在企业发展的初期阶段，为了迅速占领市场，扩大企业的影响力，企业往往会加大现金投入(如研发等)。反之，在成熟的发展阶段，市场竞争优势明显的企业，其现金流量态势可能呈现另外的状况。

3. 营收策略

即使在同一个行业内部，由于企业间的竞争优势各不相同，在市场中的营销策略也会有所差异：竞争优势明显、产品供不应求的企业，往往采用预收货款的方式；而销售困难、在市场中处于暂时的经营劣势的企业往往会加大赊销的力度。

4. 收付异常

在多数情况下，影响企业经营活动产生的现金净流量的主要因素是其常规的收付过程的控制情况。在企业由于种种原因收款或者付款异常的时候，其经营活动产生的净现金流量也会发生显著变化。

5. 关联交易

关联交易既可能对交易的盈亏进行操纵，也可能对现金流量的流向进行操纵。以关联交易为主的企业，其经营活动现金流量正常与否更多地取决于关联企业的现金流量控制。

6. 异常运作

在企业的经营资金被关联方占用的情况下，即使常规的经营活动的现金流量再努力，也难以抵挡关联方的巨额占用对经营活动现金流量的冲击。

7. 编错或错编

错编是指企业在编制现金流量表的过程中，出于误导信息使用者目的而故意将一些项目混淆，致使一些项目发生异常变化。例如，有的企业把关联方占用资金的流出归于“购买商品”活动，而不是“其他”活动。

编错是指财会人员在编制现金流量表的过程中，由于业务能力问题而将一些项目编错。从我国企业财会从业人员的现状来看，相当一部分财会从业人员不能完整编制现金流量表。

（二）影响投资活动现金流量变化的主要原因分析

投资活动现金流量变化的主要原因有以下几个方面：

1. 扩张加剧

在企业扩张加剧的情况下，其投资活动产生的现金流出量会比较大。在这种情况下，企业投资活动产生的现金流量往往会远远小于零。

2. 战线收缩和处置不良固定资产

在企业战线收缩和处置不良固定资产等的情况下，如果还有相应的现金流入，则这种流入将表现为投资活动产生的现金流入量。在这种情况下，企业投资活动产生的现金流量净额会因此增加。

3. 投资收益获取

在企业获得投资收益（收取现金股利和利息）的情况下，这种流入将表现为投资活动产生的现金流入量。同样，企业投资活动能够产生的现金流量净额会因此增加。

（三）影响筹资活动现金流量变化的主要原因分析

筹资活动现金流量变化的主要原因有以下几个方面：

1. 融资环境

影响筹资活动现金流量变化的首要因素是融资环境。在企业为上市公司的情况下，在证券市场融资会成为重要的融资活动。

2. 不当融资与理财能力

企业的筹资活动现金流量，除了受融资环境影响外，还与企业的融资行为和理财能力密切相关。理财能力较强的企业，往往会使自身的现金流量余额保持在较低的水平，不会出现长期超过需求数量举债的不良融资行为。

3. 银行承兑商业汇票结算

在企业采用银行承兑汇票结算的情况下，如果企业向银行支付承兑保证金，则企业有可能因此而增加对贷款的需求。

本章小结

现金流量表反映的内容是企业经营活动、投资活动和筹资活动产生的现金流量。通过对现金流量表的分析，有助于了解企业的偿债能力和运营能力，预测企业未来现金流量，为投资者和债权人决策提供必要信息。现金流量表分析的方法有很多，主要包括现金流量项目分析、现金流量结构分析、现金流量趋势分析和现金流量比率分析。现金流量项目分析是按现金流量的项目或类别，分析各类业务活动的现金流入与流出状况及产生的原因。现金流量结构分析主要借助于现金流量比率来分析现金总流量的构成。现金流量趋势分析是通过对不同时期的现金流量表进行观察，比较有关项目的变化情况，分析其变动的原因，并在此基础上预测其发展趋势。定基法和环比法是进行趋势分析的两种基本的技术方法。现金流量比率分析是将现金流量表中的某项财务指标与其他报表相关项目指标相对比，从而分析判断企业的经营业绩、财务状况与社会贡献等，并从中分析判断报表的真实程度。

思考题

1. 现金流量表分析的主要作用是什么？
2. 现金流量表分析有何局限性？
3. 现金流量表分析的内容有哪些？
4. 简述现金流量表和利润表的差异。
5. 现金流量表与利润表、资产负债表之间的数据勾稽关系是什么？
6. 简述现金流量表补充资料的构成内容。
7. 简述现金流量的分类及其所包含的项目。
8. 简述经营现金净流量与净利润差异的具体原因。
9. 现金流量表结构分析的意义何在？
10. 现金流量趋势分析应侧重分析哪几个方面？

练习题

一、单项选择题

1. 下列选项中，不属于现金和现金等价物的是（　　）。

A. 短期股票投资　　B. 短期债券投资　　C. 库存现金　　D. 结算户存款

2. 现金流量表中，现金流动的基础是（　　）。

A. 收付实现制　　B. 权责发生制　　C. 永续盘存制　　D. 实地盘存制

3. 下列项目中，属于现金等价物的是（　　）。

A. 短期股票投资　　B. 包装物

C. 3个月到期的债券投资　　D. 库存商品

4. 下列财务活动中，不属于企业筹资活动的是（　　）。

A. 发行债券　　B. 分配股利　　C. 吸收权益性投资　　D. 购建固定资产

5. 减少注册资本所支付的现金应当列入（　　）。

A. 经营活动产生的现金流量　　B. 投资活动产生的现金流量

C. 筹资活动产生的现金流量　　D. 以上都不是

6. 在现金流量的项目归属问题上，收到的股利应当属于（　　）。

A. 经营活动　　B. 投资活动　　C. 筹资活动　　D. 盈余公积

7. 吸收投资收到的现金属于（　　）所产生的现金流量。

A. 经营活动　　B. 投资活动　　C. 筹资活动　　D. 以上都不是

8. 某企业2016年实现的净利润为1 275万元，本期计提的资产减值准备为890万元，提取的固定资产折旧为1 368万元，财务费用为146万元，存货增加467万元，则经营活动的现金净流量为（　　）万元。

A. 1 275　　B. 3 212　　C. 3 679　　D. 4 146

9. 能使经营现金流量减少的项目是（　　）。

A. 无形资产摊销　　B. 出售长期资产利得　　C. 存货增加　　D. 应收账款减少

10. 在企业高速成长阶段,投资活动现金流量往往是(　　)。
A. 净流量大于零　B. 净流量等于零　C. 净流量小于零　D. 不确定
11. 下列各项中,能使经营活动现金净流量小于净利润的是(　　)。
A. 无形资产摊销　B. 计提坏账准备　C. 存货增加　D. 收回应收账款
12. 企业处于高速成长阶段时,投资活动现金净流量往往会(　　)。
A. 流入量大于流出量　B. 流出量大于流入量
C. 流入量等于流出量　D. 不确定
13. 根据《企业会计准则第 31 号——现金流量表》的规定,支付的现金股利归属于(　　)现金流量。
A. 经营活动　B. 投资活动　C. 筹资活动　D. 销售活动
14. 企业采用间接法确定经营活动现金净流量时,应该在净利润的基础上(　　)。
A. 加上投资收益　B. 减去预提费用的增加
C. 减去固定资产折旧费用　D. 加上投资损失
15. 下列财务活动中不属于企业筹资活动的是(　　)。
A. 发行债券　B. 分配股利　C. 吸收权益性投资　D. 购建固定资产
16. 现金流量表的格式为(　　)。
A. 账户式　B. 报告式　C. 财务状况式　D. 单步式
17. 现金流量表的基本结构包括正表和(　　)。
A. 表首　B. 基本部分　C. 补充资料　D. 附表
18. 企业现金的首要来源是(　　)。
A. 经营活动现金流量　B. 投资活动现金流量
C. 筹资活动现金流量　D. 特殊项目现金流量
19. 现金流量表补充资料采用(　　)编制。
A. 直接法　B. 间接法　C. 因素分析法　D. 纳税调整法
20. 对于一个健康的正在成长的企业来说,经营活动现金净流量应该为(　　)。
A. 正数　B. 负数　C. 零　D. 正负相间

二、多项选择题

1. 一项投资被确认为现金等价物须同时具备的条件包括(　　)。
A. 流动性强　B. 价值变动风险小
C. 易于转换为已知金额的现金　D. 期限短
2. 下列经济事项中,不能产生现金流量的是(　　)。
A. 出售固定资产　B. 企业用现金购买将于 2 个月内到期的国库券
C. 投资人投入现金　D. 将库存现金送存银行
3. (　　)形成经营活动现金流量。
A. 应付账款的发生　B. 购买无形资产　C. 支付应交税费　D. 支付职工工资
4. 属于筹资活动现金流量的项目有(　　)。
A. 短期借款的增加　B. 支付给职工的现金
C. 或有收益　D. 分配股利所支付的现金
5. 下列项目中,属于现金流入项目的是(　　)。
A. 经营成本节约额　B. 回收垫支的流动资金
C. 建设投资　D. 固定资产残值变现收入
6. 现金流量表反映的内容包括(　　)。
A. 经营活动现金流量　B. 投资活动现金流量
C. 筹资活动现金流量　D. 财务活动现金流量

7. 现金流量表的作用包括(　　)。

A. 评价企业的支付能力、偿债能力、营运能力

B. 预测企业未来的现金流量

C. 分析企业收益质量及影响现金净流量的因素

D. 反映企业拥有或控制的经济资源及其分布情况

8. 现金流量的编制方法包括(　　)。

A. 直接法　　B. 间接法

C. 所得税影响法　　D. 因素分析法

9. 现金流量表中的"现金"可能包括的内容有(　　)。

A. 库存现金　　B. 银行存款

C. 短期债券投资　　D. 发行公司债券

10. 从净利润调整为经营活动现金净流量，应调增的项目有(　　)。

A. 流动负债减少　　B. 财务费用

C. 不减少现金费用　　D. 投资损失

三、判断题

1. 经营活动产生的现金流量大于零说明企业有盈利。(　　)

2. 固定资产折旧的变动不影响当期现金流量的变动。(　　)

3. 计提坏账准备应调增经营活动现金流量。(　　)

4. 企业分配现金股利将引起现金流出量的增加。(　　)

5. 企业支付所得税将引起投资活动现金流量的增加。(　　)

6. 利息支出将对筹资活动现金流量和投资活动现金流量产生影响。(　　)

7. 经营活动包含的现金交易主要影响流动资产和流动负债。(　　)

8. 投资活动包含的现金交易主要是购置或出售流动资产及长期资产项目。(　　)

9. 公司如果具备很好的现金流状况，则其现金主要来源于经营活动。(　　)

10. 现金或现金等价物之间的相互转换不属于现金流量。(　　)

四、案例分析题

1. 某公司2016年和2017年的现金流量如表5-21所示。

表5-21　　**现金流量表**　　单位：元

项　　目	2016年	2017年
一、经营活动产生的现金流量		
销售商品、提供劳务收到的现金	145 957 568	213 360 320
收到的税费返还	0	0
收到的其他与经营活动有关的现金	68 019 696	24 856 992
经营活动现金流入小计	213 977 264	238 217 312
购买商品、接受劳务支付的现金	95 896 536	130 967 832
支付给职工以及为职工支付的现金	37 657 128	36 432 988
支付的各项税费	14 016 867	14 348 115
支付的其他与经营活动有关的现金	149 874 336	79 331 352

续表

项　　目	2016年	2017年
经营活动现金流出小计	297 444 867	261 080 287
经营活动产生的现金流量净额	−83 467 603	−22 862 975
二、投资活动产生的现金流量		
收回投资收到的现金	127 019 720	55 209 708
取得投资收益收到的现金	34 833 432	47 547 280
处置固定资产、无形资产和其他长期资产收回的现金净额	2 252 150	89 730
收到的其他与投资活动有关的现金	18 552 268	0
投资活动现金流入小计	182 657 570	102 846 718
购建固定资产、无形资产和其他长期资产支付的现金	55 548 688	28 760 338
投资支付的现金	0	0
支付的其他与投资活动有关的现金	0	0
投资活动现金流出小计	55 548 688	28 760 338
投资活动产生的现金流量净额	127 108 882	74 086 380
三、筹资活动产生的现金流量		
吸收投资收到的现金	0	0
取得借款收到的现金	0	0
收到的其他与筹资活动有关的现金	0	0
筹资活动现金流入小计	0	0
偿还债务支付的现金	71 658 904	0
分配股利、利润或偿付利息支付的现金	0	0
支付的其他与筹资活动有关的现金	0	0
筹资活动现金流出小计	71 658 904	0
筹资活动产生的现金流量净额	−71 658 904	0
四、汇率变动对现金及现金等价物的影响	0	0
五、现金及现金等价物净增加额	−28 017 625	51 223 405

要求：

(1) 分析该公司现金流量结构是否合理，简要说明理由。

(2) 判断该公司处于一个怎样的发展时期。

(3) 预测该公司未来现金流量的发展趋势。

(4) 分析该公司现金流量的质量，以及发放现金股利的可能性。

2. 某公司2016年和2017年现金流量资料如表5－22所示。

表 5-22　　现金流量表　　单位：万元

项　　目	2016 年	2017 年
一、经营活动产生的现金流量		
销售商品、提供劳务收到的现金	1 240	1 039
收到的税费返还	33	20
收到的其他与经营活动有关的现金	59	70
经营活动现金流入小计	1 332	1 129
购买商品、接受劳务支付的现金	985	854
支付给职工以及为职工支付的现金	60	63
支付的各项税费	143	159
支付的其他与经营活动有关的现金	109	202
经营活动现金流出小计	1 297	1 278
经营活动产生的现金流量净额	35	−149
二、投资活动产生的现金流量		
收回投资收到的现金	205	260
取得投资收益收到的现金	37	30
处置固定资产、无形资产和其他长期资产收回的现金净额	0	0
收到的其他与投资活动有关的现金	0	0
投资活动现金流入小计	242	290
购建固定资产、无形资产和其他长期资产支付的现金	155	175
投资支付的现金	104	200
支付的其他与投资活动有关的现金	0	0
投资活动现金流出小计	259	375
投资活动产生的现金流量净额	−17	−85
三、筹资活动产生的现金流量		
吸收投资收到的现金	150	177
取得借款收到的现金	165	263
收到的其他与筹资活动有关的现金	0	0
筹资活动现金流入小计	315	440
偿还债务支付的现金	175	325
分配股利、利润或偿付利息支付的现金	27	25
支付的其他与筹资活动有关的现金	0	0
筹资活动现金流出小计	202	350

续表

项　　　目	2016年	2017年
筹资活动产生的现金流量净额	113	90
四、汇率变动对现金及现金等价物的影响	0	0
五、现金及现金等价物净增加额	131	—144

要求：

（1）对该公司现金流量表进行水平分析；

（2）对该公司现金流量表进行垂直分析；

（3）对企业财务活动进行综合分析。

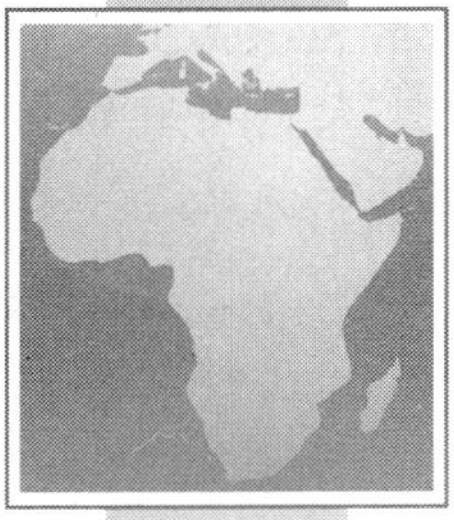

第六章 合并报表分析

理论学习目标

◇ 了解企业合并的类型与原因。
◇ 重点掌握合并报表与个别报表以及汇总报表的显著区别。
◇ 掌握合并范围、少数股权等与合并报表有关的概念。
◇ 重点掌握合并报表的作用、特征及其特有的分析方法。

能力实现目标

◇ 能使用财务报表分析方法来对合并报表的项目进行分析。
◇ 能够解读企业合并报表。

第一节 企业合并的类型

一、企业合并的界定

企业合并是将两个或两个以上单独的企业合并形成一个报告主体的交易或事项。从企业合并的定义看，是否形成企业合并，关键要看有关交易或事项发生前后，是否引起报告主体的变化。报告主体的变化产生于控制权的变化。

除了一个企业对另一个或多个企业的合并外，一个企业对其他企业某项业务的合并也视同企业合并。业务是指企业内部某些生产经营活动或资产、负债的组合，该组合具有投入、加工处理过程和产出能力，能够独立计算其成本费用或所产生的收入，但不构成一个企业，不具有独立的法人资格，如企业的分公司、独立的生产车间、不具有独立法人资格的部分等。

二、企业合并的类型

(一) 按法律形式划分

1. 吸收合并

吸收合并即两家或两家以上的企业合并成一家企业。吸收合并后，参与合并的企业通常只有其中一家继续保留其法人地位，另外一家或几家企业在合并后丧失法人地位，不复存在。

2. 创立合并

创立合并(也称为新设合并)是指创建新企业的合并，即原有的各家企业均不复存在，丧失法人资格，合并成一家新企业。

3. 控股合并

控股合并是指一家企业(合并方)通过企业合并交易或事项取得对另一家企业(被合并方)的控制权,企业合并后能够通过所取得的股权等主导被合并方的生产经营决策并从被合并方的生产经营活动中获益,被合并方在企业合并后仍维持其独立法人资格并继续经营。

(二) 按合并所涉及的行业划分

1. 横向合并

横向合并是指生产工艺、产品、劳务相同或相近的企业间的合并。

2. 纵向合并

纵向合并是指生产工艺、产品、劳务虽不相同或相近,但具有前后联系的企业间的合并。一家汽车制造企业合并一家汽车零配件生产企业,就属于这种类型。

3. 混合合并

混合合并也称多种经营合并,是指生产工艺、产品、劳务没有内在联系的企业间的合并,如一家汽车制造企业合并一家房地产开发企业。

以上三种合并如图 6－1 所示。

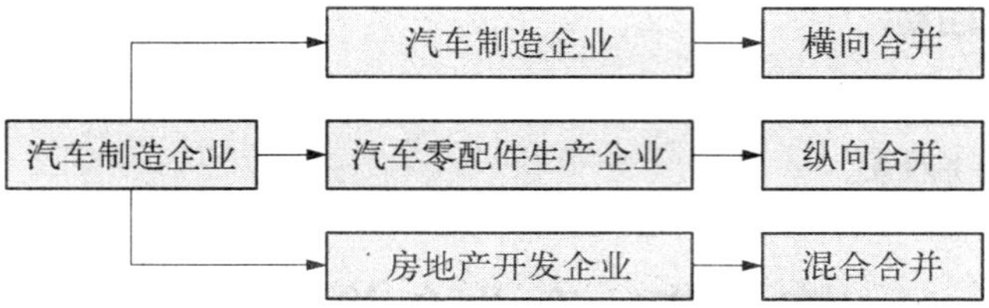

图 6－1　企业合并的类型

(三) 按我国企业合并准则划分

1. 同一控制下的企业合并

同一控制下的企业合并是指参与合并的企业在合并前后均受同一方或相同的多方最终控制且该控制并非暂时性的。同一控制下的企业合并一般发生于企业集团内部。企业之间的合并是否属于同一控制下的企业合并,应综合构成企业合并交易的各方面情况,按照实质重于形式的原则进行判断。

2. 非同一控制下的企业合并

非同一控制下的企业合并是指参与合并各方在合并前后不受同一方或相同的多方最终控制的企业合并,即除判断属于同一控制下的企业合并的情况以外的其他的企业合并。

三、企业合并的主要原因

(一) 实现增长

这是合并最普遍的动机。一个希望通过进入新的地区性市场来实现增长的公司,可以在新的地区雇佣更多的销售人员和营销研究人员、租用办公楼和展厅。这种通过公司内部的努力来实现增长的方式可描绘成内部或有机增长。而合并则是另一种实现增长的方法。与其耗费资源强行拓展新市场,不如将资源用于购买这个市场中现有的公司。这是外部增长,即用收购取得增长。如果单纯为增长而增长,则没有任何价值。增长的价值在于获得经济利益,通过收购来实现增长,必须创造出协同优势。

（二）规模经济

可以通过消除重复作业来实现规模经济。要成功地实现有效的规模经济，就必须有果断的管理当局和优秀的领导。如果两个或更多公司未能充分利用它们的资源，合并就可以帮助消除过剩的生产能力而使生产更加有效率。

（三）消除竞争

收购竞争对手使企业对市场取得更广泛的控制。这正是各国管理机关严格监管收购的原因。这些法规可以抑制任何工业可能出现的垄断，并限制任何工业中特大经营者的权力。管理部门对可能导致垄断行为的主要收购的审批，显然会在一定程度上制约旨在垄断的收购。

（四）确保原料来源不断

如果一个企业在原料或部件供应上遇到困难，它可能决定对供应商进行收购以控制供应品的供应商时间、数量和质量。例如，炼铁厂可以购买矿山。

（五）分散经营风险（多元化）

分散企业的产品和市场范围，公司的整体经营风险就可减少，有利于其承担与新产品及新市场有关的更大的风险。这与“不要把所有的鸡蛋放在一个篮子里”的古老格言是一致的，尤其在核心业务有很高的经营风险时，降低风险往往是多元化经营的一大动机。

如果一个特殊行业处于衰落状态，就必须找一个替代业务，这只能通过多元化来解决。烟草业是一个很好的例子，所有的烟草公司因它们的核心业务衰落都在搞多元化。

与此有关的是消除周期性的不稳定性。如果一个业务是季节性或周期性的，收购另一个相反周期和季节性的业务，有助于稳定生产和利润，也有助于减少企业的经营和财务风险。

第二节　合并报表的相关概念

在详细讨论合并报表之前，我们有必要讨论若干与合并报表有关的重要概念。

一、合并报表

合并报表是指综合反映母公司和子公司形成的企业集团整体财务状况、经营成果和现金流量的财务报表。

为了理解合并报表的概念，我们进一步讨论合并报表与其他一些报表概念的差异。

（一）合并报表与汇总报表

在我国会计实践中广泛流传、广泛编制的报表之一就是汇总报表。汇总报表主要是指由行政管理部门根据所属企业报送的报表各项目进行加总编制报表。在编制汇总报表时，行政管理部门对本部门所属企业报送的报表，采用将所有汇总范围内的企业相同项目简单相加的方法进行汇总。这样一来，汇总报表与合并报表的主要区别至少有两点：

第一，报表涉及的企业范围不同。汇总报表所涉及的企业范围主要以企业的行政隶属关系作为确定的依据，即以企业是否归其管理、是否属于其下属企业作为确定编报范围的依据，凡属于其下属企业、在行政上归其管理的企业，均包括在汇总报表的编报范围之内。合并报表所涉及的企业并不是集团内的所有企业，而是以母公司对另一企业的控制关系作为确定编报范围（即合并范围）的依据，即凡是通过投资关系或协议关系能够由其控制的企业，一般均属于合并会计报表的编制范围。

第二，报表数据的形成方法不同。汇总报表主要采用简单加总方法编制；而合并报表则必须采用抵销内部投资、债权债务以及内部销售等内部会计事项对个别会计报表的影响后编制，它剔除了集团内部交易对报表整体的影响。

（二）合并报表与个别报表

个别报表是指以集团内各母公司为单位（会计主体）编制的、体现各独立法人单位财务状况与经营成果的报表。

合并报表与个别报表差异的主要表现有：

第一，个别报表的编制以独立的企业法人为单位，而合并报表则以母公司与子公司所组成的企业集团中符合合并范围（合并范围问题将在后面讨论）的企业为单位编制的。这个合并范围所形成的单位不是独立的企业法人，而仅是经济意义上的会计主体。

第二，由于个别报表出自各独立的企业法人，因而其生产过程大体均经历从凭证到账簿再到报表的会计循环过程；而合并报表则没有这种形成机制，它是以合并范围内的企业个别报表为基础并剔除各项集团内部交易后编制的。

二、企业集团

企业集团是指以资本为主要联结纽带的母子公司为主体，以集团章程为共同行为规范的母公司、子公司、参股公司及其他成员企业或机构共同组成的具有一定规模的企业法人联合体。企业集团一般不具有企业法人资格。

企业集团由母公司、子公司、参股公司以及其他成员单位组建而成。事业单位法人、社会团体法人也可以成为企业集团成员。

母公司应当是依法登记注册、取得企业法人资格的控股企业。

子公司应当是母公司对其拥有全部股权或者实质性控股权的企业法人；企业集团的其他成员应当是母公司对其参股或者与母子公司形成生产经营、协作联系的其他企业法人、事业单位法人或者社会团体法人。

在集团中，母公司能够直接或间接控制子公司的经营决策和财务政策。因此，为了全面反映整个企业集团的财务状况和经营成果，就有必要编制合并报表，提供企业集团整体的会计信息。

三、合并范围

合并范围是指在母公司编制的合并报表中所涉及的公司范围。合并财务报表的合并范围应当以控制为基础加以确定。

（一）控制的定义

控制是指一个企业能够决定另一个企业的财务和经营政策，并能据以从另一个企业的经营活动中获取利益的权力。控制通常具有如下特征：

（1）控制的主体只能是一方。即对被投资单位的财务和经营政策的提议不必征得其他方同意，就可以形成决议并付诸实施。

（2）控制的内容主要是被控制方的财务和经营政策，这些财务和经营政策的控制一般是通过表决权来决定的。在某些情况下，也可以通过法定程序严格限制董事会、受托人或管理层对特殊目的主体经营活动的决策权，如规定除设立者或发起人外，其他人无权决定特殊目的的主体经营活动的政策。

(3) 控制的性质是一种权力或法定权力，也可以是通过公司章程或协议、投资者之间的协议授予的权力。

(4) 控制的目的是为了获取经济利益，包括为了增加经济利益、维持经济利益、保护经济利益，或者降低所分担的损失等。

(二) 母公司和子公司

投资企业能够对被投资单位实施控制，则被投资单位为投资企业的子公司。企业集团由母公司和全部子公司构成，母公司和子公司是相互依存的，有母公司必然存在子公司，同样，有子公司必然存在母公司(见表6-1)。

表6-1　母公司和子公司的特征描述

公司级次	特征描述	说明
母公司	必须有一个或一个以上的子公司	必须满足控制的要求，能够决定另一个或多个企业的财务和经营政策，并有据以从另一个企业的经营活动中获利的权利
	可以是企业也可以是其他主体	如《公司法》规范的股份有限公司、有限责任公司等；非企业形式但形成会计的其他组织，如基金等
子公司	必须被母公司控制，且只能有一个母公司	被两个或多个公司共同控制的被投资单位是合营企业，而不是子公司
	可以是企业也可以是其他主体	如《公司法》规范的股份有限公司、有限责任公司等；非企业形式但形成会计的其他组织，如基金等

(三) 控制的具体应用

(1) 母公司拥有其半数以上的表决权的被投资单位应当纳入合并财务报表的合并范围，如表6-2所示。

表6-2　母公司拥有其半数以上的表决权的被投资单位应当纳入合并财务报表的合并范围

控制方式	说明	表决权比例
直接拥有	母公司直接拥有子公司的表决权	半数以上
间接拥有	母公司通过子公司对子公司的子公司拥有表决权	半数以上
直接拥有+间接拥有	母公司直接拥有的对第三方的表决权与母公司的子公司拥有的对第三方的表决权	半数以上

(2) 母公司拥有其半数以上的表决权的被投资单位纳入合并财务报表的合并范围的条件，如表6-3所示。

表6-3　母公司拥有其半数以上的表决权的被投资单位纳入合并财务报表的合并范围的条件

控制方式	说明	形式要件
与其他投资者签订协议	在共同投资的前提下，受托管理和控制被投资单位，拥有该被投资单位半数以上表决权。	书面协议
公司章程或协议规定能够实施控制	在被投资单位的公司章程等文件中明确母公司对其财务和经营政策能够实施控制。	章程或协议中明确规定

续表

控制方式	说明	形式要件
有权任免董事会多数成员	任免被投资单位董事会或类似机构的多数(半数以上)成员，控制该被投资单位。	董事会或类似机构能够控制被投资单位
董事会中占有多数表决权	董事会或类似机构占多数表决权，从而主导公司董事会的经营决策。	

(3) 在确定能否控制被投资单位时对潜在表决权的考虑。

① 应当考虑企业和其他企业持有的被投资单位的当期可转换和可执行的可转换公司债券、认股权证等潜在表决权因素。

② 不仅要考虑本企业的潜在表决权，还要同时考虑其他或个人的潜在表决权。

③ 不仅要考虑可能会提高本企业的潜在表决权，还要考虑可能会降低本企业的潜在表决权，但本企业和其他企业或个人执行潜在表决权的意图和财务能力对潜在表决权的影响除外。

④ 潜在表决权不影响当期母公司股东和少数股东之间的分配比例。

(4) 判断母公司能否控制特殊目的主体应当考虑的因素。

① 母公司为融资、销售商品或提供劳务等特定经营业务的需要直接或间接设立特殊目的主体。

② 母公司具有控制或获得控制特殊目的主体或其资产的决策权。

③ 母公司通过章程、合同、协议等具有获取特殊目的主体大部分利益的权力。

④ 母公司通过章程、合同、协议等承担了特殊目的主体的大部分风险。

(四) 不纳入合并财务报表的合并范围

只要是由母公司控制的子公司，不论其规模大小、向母公司转移资金能力是否受到严格限制，也不论其业务性质与母公司或企业集团内其他子公司是否有显著差别，都应当纳入合并财务报表的合并范围。但下列被投资单位已不再是母公司的子公司，不应当将其纳入合并范围，如表6-4所示。

表6-4　不纳入合并范围的情形

不纳入合并范围的情形	说明
已宣告被清理整顿的原子公司	日常管理已转交清算组，本公司不再实施控制
已宣告破产的原子公司	日常管理已转交人民法院指定的管理人，本公司不再实施控制
不能控制的其他被投资单位	除上述情形以外的其他被投资单位，如联营企业、合营企业等

受所在国外汇管制及其他管制，资金调度受到限制的境外子公司，如果该被投资单位的财务和经营政策仍然由本公司决定，资金调度受到限制并不妨碍本公司对其实施控制，则应将其纳入合并财务报表的合并范围。

四、商誉

非同一控制下的企业合并是参与合并的一方购买另一方或多方的交易，企业合并成本大于合并中取得的被购买方可辨认净资产公允价值份额的差额应确认为商誉。在控股合并的情况下，该差额是指在合并财务报表中应予以列示的商誉，即长期股权投资的成本与购买日按照持股比例计算确定应享有被购买方可辨认净资产公允价值份额之间的差额；在吸收合并的情况下，该差额是购买方在其账簿或个别报表中应确认的商誉。

商誉体现的是合并中取得的由于不符合确认条件而未予以确认的资产以及被购买方有关资产产生的协同效应或合并盈利能力的价值。在合并报表的编制过程中，对商誉的处理占重要的地位。

五、少数股权

在股份制企业中有两类股东：一类是取得公司控制权的股东，称为控股股东；另一类是掌握非控制权股份的股东，通常称为少数股东。少数股东在企业中享有的权益称为少数股东权益，简称少数股权。在合并报表中，少数股东享有的权益主要体现在两个方面：一是在合并资产负债表中，代表少数股东对集团净资产的要求权，即少数股东权益；二是在合并利润表中，代表少数股东对集团利润（亏损）的应享份额，即少数股东损益。

对于少数股权的定义，在国际会计准则中给出的是"附属公司的净经营成果和净资产中不直接归属，亦不通过附属公司间接归属母公司的部分"。在编制合并报表时，对于少数股权的处理通常有三种不同的理论，即所有权理论、母公司理论和实体理论，对此，国际会计准则和美、德、英等国都有不同的选择。

以往，母公司理论一直是主流，即认为合并财务报表是母公司报表的扩展。少数股权在合并资产负债表中既不列在股东权益部分，也不列在负债部分，而作为一个单独项目列在负债和股东权益之间，合并资产负债表的股东权益实际反映的是属于母公司的股东权益。在合并利润表上，"少数股东损益"项目被看作一项费用，作为合并损益的一个扣减项目，合并利润表中的净收益反映的是属于母公司的净收益。1995 年 2 月，财政部颁布的《企业合并会计报表暂行规定》，从所规范的内容和方法上来看，所采用的基本上就是母公司理论。

随着经济发展，原来处于上风的母公司理论渐渐被呼声日高的实体理论所代替，国际会计准则、美国会计准则等都进行了修改，我国的新合并报表相关准则也是如此。实体理论认为，母子公司之间的关系是控制与被控制的关系，而不是拥有与被拥有的关系，母公司有权支配子公司的全部资产。编制合并会计报表是为了满足合并主体所有股东的信息要求，而不仅是满足母公司的信息要求。因此，合并资产负债表的股东权益反映的应是整个企业集团的股东权益，合并利润表反映的是整个企业集团的净收益，少数股权相关项目应在合并资产负债表、合并利润表、合并现金流量表和合并所有者权益变动表中予以适当反映和揭示。因而，将少数股权看作合并股东权益的一部分，列于合并资产负债表的"股东权益"项下；将少数股东损益看作合并主体实现的合并净利润的一项分配，列示在合并利润表中的"净利润"项目之后，而不再将其作为一项费用处理。可见，我国目前合并报表的编制主要以实体理论为基础，它能较好地体现合并的经济实质，满足合并报表信息使用者的需要。

第三节　合并报表编制的一般原理

合并报表一般包括合并资产负债表、合并利润表、合并现金流量表以及合并所有者权益变动表。在进行合并报表的编制时，不再存在凭证——账簿——报表的程序，而只是由母公司根据集团中合并范围内的企业报送的报表及母公司自身的报表在账外完成的。具体地说，是对母公司和子公司个别财务报表各项目的数据进行汇总和抵销处理，在此基础上计算得出合并财务报表各项目的合并金额。合并报表的关键问题是合并资产负债表的编制，其次是合并利润表的编制。这里仅简要介绍这两种合并会计报表编制的一般原理。

一、合并资产负债表编制的一般程序

合并资产负债表是母公司编制的，以合并范围内企业的资产负债表为基础、剔除集团内部往来业务后编制而成的，用以展示集团整体资产、负债和所有者权益状况的报表。

合并资产负债表编制中涉及的抵销处理一般包括以下几项：

(1) 母公司对子公司的长期股权投资与母公司在子公司所有者权益中所享有的份额应当相互抵销，同时抵销相应的长期股权投资减值准备。

在购买日，母公司对子公司的长期股权投资与母公司在子公司所有者权益中享有的份额的差额，应当在"商誉"项目列示。商誉发生减值的，应当按照经减值测试后的金额列示。各子公司之间的长期股权投资以及子公司对母公司的长期股权投资，应当比照上述规定，将长期股权投资与其对应的子公司或母公司所有者权益中所享有的份额相互抵销。

(2) 母公司与子公司、子公司相互之间的债权与债务项目应当相互抵销，同时抵销应收款项的坏账准备和债券投资的减值准备。

母公司与子公司、子公司相互之间的债券投资与应付债券相互抵销后，产生的差额应当记入"投资收益"项目。

(3) 母公司与子公司、子公司相互之间销售商品(或提供劳务，下同)或其他方式形成的资产中所包含的未实现内部销售损益应当抵销。

对资产计提的跌价准备或减值准备与未实现内部销售损益相关的部分应当抵销。

(4) 母公司与子公司、子公司相互之间发生的其他内部交易对合并资产负债表的影响应当抵销。

子公司所有者权益中不属于母公司的份额，应当作为少数股东权益，在合并资产负债表中"所有者权益"项目下以"少数股东权益"项目列示。

二、合并利润表编制的一般程序

合并利润表是母公司编制的，以合并范围内企业的利润表为基础、剔除集团内部交易后编制而成的，用以展示集团整体损益状况的报表。

编制合并利润表的基本原理与编制合并资产负债表的情况相似，关键也在于母公司和子公司相互之间的内部交易事项的抵销，一般包括以下几项：

(1) 内部营业收入与营业成本项目的抵销；

(2) 购买企业内部购进商品作为固定资产、无形资产等资产使用时未实现毛利的抵销；

(3) 内部应收账款计提的坏账准备等减值准备的抵销；

(4) 内部投资收益(利息收入)和利息支出的抵销；

(5) 母公司和子公司、子公司相互之间持有对方长期股权投资的投资收益和利润分配有关项目的抵销，等等。

三、合并现金流量表编制的一般原理

合并所有者权益变动表是由母公司以合并范围内企业的所有者权益变动报表为基础、剔除集团内部交易的影响后编制而成，反映构成集团所有者权益的各组成部分当期的增减变动情况的财务报表。

编制合并所有者权益变动表的基本原理与编制合并资产负债表的基本原理相似，关键也在于母公司和子公司相互之间“内部交易事项”的抵销，一般包括以下几项：

(1) 母公司对子公司的长期股权投资与母公司在子公司所有者权益中所享有的份额相互抵销。

(2) 母公司与子公司相互之间持有对方长期股权投资的投资收益应当予以抵销。

第四节 合并报表分析

从目前对合并报表的研究来看，学术界对合并报表的编制方法探讨较多，对合并会计报表的使用价值的研究相对薄弱。我们认为，对广大财会工作者而言，先应该明确合并会计报表的用途，然后再探讨如何编制才能满足报表使用者的使用要求；对广大报表信息使用者而言，他们更应该了解合并报表的作用以及合并报表中所包含的财务状况质量信息。本节将重点探讨合并报表的作用问题。

一、从合并报表的基本编制看合并报表的特征

从合并报表的编制过程来看，合并报表至少有如下特征：

(1) 合并报表所反映的会计主体，是会计意义上的“主体”，合并报表不反映任何现存企业的财务状况和经营成果。

从合并报表的概念来说，在投资方以对外出让资产、形成对子公司的控制性股权为代价而形成集团的条件下，合并报表是以整个企业集团为单位，以组成企业集团的母公司和子公司的个别会计报表为基础，在抵销了个别会计报表有关集团内的重要项目的数额后编制的体现企业集团整体财务状况的报表。

这就是说，组成集团的母公司、子公司均是独立核算，有各自独立的财务、经营体系，独立对其股东出具财务报告的经济实体。集团内的各个母公司、子公司等均有效地支配着各自报表所展示的资源，并运用各自报表所披露的资源来取得各自的财务成果。整个集团内的母公司与子公司之间，以股权关系为纽带，有机地联系在一起。但是，并不存在一个支配合并报表所列示的资源，通过对这种资源的有效运用或支配来谋求经济利益的经济主体。

(2) 合并范围、合并报表编制方法的可选择性以及合并报表的“表之表”特点，使得合并报表的外在表现呈现出弹性化的特性，合并报表编制的正确性不再体现为个别报表的可验证性，而是体现为编制过程逻辑关系的正确性。

这里，合并范围是指在母公司编制合并报表中所涉及的公司范围。各国与国际会计准则对合并范围均作了规定，其共同点是合并范围均排除一些不宜纳入合并报表的企业。

但是，是否把某个特定的子公司排除在合并范围之外，主要取决于母公司对该子公司是否符合准则规定的条件的判断。在一定条件下，母公司可能出于某种考虑，而故意把某些子公司排除在合并范围之外。

就合并报表的编制方法而言，受编制合并会计报表理论(母公司理论、实体理论、所有权理论)的影响，不同国家、同一国家的不同企业有可能选择不同的合并报表编制方法。对于同一个企业来说，选用不同的报表编制方法，将使得合并报表有不同的外在表现。

合并报表的“表之表”特点，是指合并报表是母公司以合并范围内的母公司、子公司的报表

为基础编制的。在个别报表的条件下，企业的报表与账簿、凭证以及实物等有可验证性的对应关系。报表编制的正确与否，可以通过这种可验证性来检验。但是，在合并报表的条件下，由于在编制过程中的集团内部交易的抵销，合并报表与分散在企业集团各个企业的账簿、凭证以及实物不可能存在个别企业报表的那种可验证性的关系，合并报表的正确性也仅仅具有逻辑关系正确与否的意义。

(3) 编制过程中对集团内部交易的剔除以及大部分项目的直接相加，使得对个别报表有意义的信息在合并报表中或消失或失去意义。

在合并报表的编制过程中，要对集团内的内部交易进行剔除。主要包括：母公司对子公司的投资与子公司股东权益（所有者权益）中属于母公司的部分相互抵销；母子公司之间的债权债务相互抵销；“存货”项目中，集团内公司间的内部销售所产生的未实现内部销售利润的抵销；等等。

二、合并报表分析中存在的主要问题

合并报表与企业个别报表相比所具有的上述特征，决定其存在着自身的特殊性和天然的局限性，因此它在提供会计信息的相关性和有用性方面都不及企业的个别报表，在对企业集团的偿债能力、财务风险、营运能力以及盈利能力等方面加以分析时，也不应简单套用个别报表的财务分析指标（具体的财务分析指标可参见本书第八章内容）。因此，合并报表分析中，常规的比率分析方法在很大程度上已失去意义；针对集团内特定企业来说，合并报表并不具有决策的依据性。具体地说，合并报表分析存在以下主要问题：

（一）企业集团偿债能力分析中存在的问题

前已述及，从法学的角度看，企业集团只是一个经济实体，而不是一个独立的法律主体。企业集团成员间存在各自的利益趋向，因此集团资金不能任意划拨。特别是在母公司与非全资子公司以及各非全资子公司之间，虽然母公司控制着各子公司的财务决策权，但是它不可能不顾子公司中少数股东的权益，而任意在企业集团内部无偿划拨资金。这样，在对企业集团的偿债能力分析时，如果只是简单沿用流动比率、速动比率、资产负债率等指标，而不结合合并报表的特殊性加以分析，就有可能得出错误的结论。例如，若合并报表中的流动比率大于2，速动比率大于1，从财务分析的角度来看，企业集团的短期偿债能力应该不错。但事实是，母公司对子公司的债务只是就其投入资本部分承担有限责任；子公司债权人的求偿权也仅仅限于对子公司的资产，而不能是合并报表中列示的全部资产；母公司债权人的求偿权也只能从母公司的资产中得到满足，而不能直接向子公司追偿。因此，母、子公司的偿债能力是相对独立的，简单地计算这些指标并不能真实地反映企业集团整体的偿债能力。

（二）企业集团财务风险分析中存在的问题

企业集团中的非全资子公司可以通过以下两种方式融资：一是采用母公司提供担保的形式取得贷款；二是母公司从银行获得贷款后再带给子公司。但经编制合并报表抵销分录后，两种融资方式下企业集团的合并报表是完全相同的，但实质上对于这两种融资方式来说，企业集团所承担的财务风险并不相同。因为在第一种情况下，当该子公司面临财务危机不能到期还本付息时，母公司必须履行其担保责任，以其资产为子公司偿还债务，实际上使得整个企业集团为少数股东承担了一部分债务以及由此带来的财务风险。但如果子公司是通过母公司间接向银行等金融机构融资，对于整个企业集团为此承担的债务，只包括其持股比例与贷款金额的乘积部分（不包括少数股权所应承担的部分）。显然，就这两种融资方式而言，企业集团所承担的财务风险是前者大于后者的，但是仅通过分析合并报表并不能得出这一结论。同理，企业集团母、子公司之间的相互融资也存在着类似的现象。

（三）企业集团营运能力分析中存在的问题

进行企业集团的营运能力分析时，存货周转率、应收账款周转率、流动资产周转率、总资产周转率等指标的计算分析由于都是以合并报表数据为基础，抵销后的周转额（销售收入、销售成本）代表整个集团对外完成周转的存货或流动资产规模，因而它与集团内单一公司情况下完成的周转额并不相同，后者会随中间环节的增多而增大，有可能虚假地反映出资金周转速度的加快。因而，以合并数据为基础计算的周转率指标，能敏感而客观地反映出集团整体资产周转效率的实际情况。

但同时还应注意到，为了分散经营风险，企业集团常采用多元化经营方式，合并报表可能是将不同地区、不同行业的企业个别报表加以合并，从而使得不同地区、行业的企业之间资产的周转效率、经营风险水平的差异有可能被掩盖。特别是各个行业的财务指标衡量标准不同，个别报表合并后，便会使得合并报表财务分析、财务预测的意义大大减弱。以存货周转率为例，由于合并报表上的存货余额是集团各成员单位的存货数额之和扣除存货中包含的未实现利润所得的金额，这就给分析带来一定的难度。一方面，母、子公司的存货及其性质不一定相同，流动性也不一样，如母公司主业是对外贸易，而其子公司可能经营房地产，由合并报表计算出的存货周转率便难以准确反映整个集团的存货实际周转状况；另一方面，抵销公司之间的未实现损益的金额不受少数股东权益存在的影响，而是完全抵销公司之间的未实现损益，这样就使得企业集团的存货与销售成本及与少数股东权益并未完全配比，使计算所得的比率难免失真。

因此，为了降低合并报表信息的聚合程度，提高合并报表的决策有用性，使用者必须进一步结合企业集团母、子公司的个别报表展开分析，提高企业集团会计信息的相关性。

三、合并报表中包含的财务状况质量信息

那么，合并报表的作用到底是什么呢？合并报表中包含的财务状况质量信息有哪些呢？应该如何分析合并报表呢？

从合并报表的编制特点来看，合并报表的信息对母公司的股东、母公司的管理层以及母公司的债权人均有意义。

合并报表的主要作用以及合并报表中包含的财务状况质量信息主要在于以下几个方面：

（1）合并报表可以展示以上市公司为母公司所形成的纳入合并报表编制范围的企业集团所存在的资源规模及其结构。

在上市公司较少进行经营活动、以对外股权投资为主的条件下，仅仅分析上市公司自身的报表难以分析企业的资产结构。此时，对合并报表的分析就十分重要。这就是说，通过合并资产负债表，母公司股东和管理层可以了解以母公司为控制方的企业集团的资源结构及其分布情况。

（2）合并报表可以揭示内部关联方交易的程度。

内部关联方是指以上市公司为母公司所形成的纳入合并报表编制范围的有关各方。内部关联方交易在进行合并报表编制时均须被剔除，在合并报表中不予反映。

由此可推断，集团内部依赖关联方交易的程度越高，经过合并抵销后，相关项目的合并金额就应该越小。受关联方交易影响的主要项目有：应收款项、存货、长期投资、应付款项、营业

收入、营业成本、投资收益等。

【例 6－1】 在某股份有限公司 2017 年年度报告中，其资产负债表的相关资料如表 6－5 所示。

表 6－5　　某股份有限公司 2017 年年报相关信息披露 1　　单位：元

项　　目	2017 年		2016 年	
	合　并	母公司	合　并	母公司
其他应收款	361 684 943.87	913 922 477.82	333 797 033.08	920 170 803.43
流动资产合计	2 372 688 380.45	2 176 710 169.05	1 784 972 331.73	2 460 737 380.43
资产总计	4 348 222 259.37	4 731 783 356.95	3 779 088 446.21	4 889 512 138.35

尽管由于披露的原因，我们难以直接获得关于其他应收款原值、坏账准备等极端重要的信息，而只能得到概括性极强的其他应收款净值的信息，但是，仍然可以从上述信息中分析企业其他应收款被占用的基本状况。

从表 6－5 可见，其他应收款在年初与年末的结构基本相同：① 母公司(即上市公司)的其他应收款远比合并报表的其他应收款规模大，说明母公司的其他应收款主要债务人是纳入合并范围的子公司；② 从其他应收款占资产规模的比重来看，母公司(即上市公司)的其他应收款年初与年末占流动资产的比重、占资产总额的比重均相当高。由此就可以对该上市公司资金运作的特点有一个基本认识。

(3) 通过比较相关资源的相对利用效率来揭示企业集团内部管理的薄弱环节。例如，可以通过比较合并报表与上市公司报表的固定资产、存货、营业收入、营业成本等项目，了解在上市公司和上市公司以外的其他纳入合并报表编制范围的公司之间，哪一部分资产的利用效率更高一些。

【例 6－2】 在某股份有限公司 2017 年年度报告中，其资产负债表、利润表的相关资料如表 6－6 所示。

表 6－6　　某股份有限公司 2017 年年报相关信息披露 2　　单位：元

项　　目	2017 年		2016 年	
	合　并	母公司	合　并	母公司
存　　货	661 613 190.82	331 716 521.49	505 528 330.15	350 486 211.93
固定资产	1 171 213 261.75	289 189 805.51	1 297 083 870.69	332 620 634.03
营业收入	9 361 797 751.30	4 685 474 540.90	8 635 475 359.75	4 714 369 480.83
营业成本	7 598 909 235.30	3 781 032 337.28	7 313 026 053.50	3 930 012 548.32

尽管由于披露的原因，我们难以直接获得关于存货原值、存货跌价准备、固定资产原值、累计折旧以及固定资产减值准备等极端重要的信息，而只能得到概括性极强的存货和固定资产净值(额)的信息，但是，仍然可以从上述信息中分析企业资源的利用状况。

从固定资产净额的规模来看，以上市公司为母公司的集团内，子公司整体拥有较多的固定资产；以上市公司为母公司的集团内，子公司整体拥有的存货规模在逐渐增长，到 2017 年末，子公司整体拥有的存货规模基本与母公司相当。从资源的利用状况来分析，在 2017 年，子公司整体占用的存货平均水平低于母公司，推动的营业成本与母公司相当。这说明，子公司整体的存货周转速度快于母公司。另一方面，从固定资产资源推动的营业收入来考察，我们就会发现，从母公司和子公司整体占用的固定资产规模的差异来看，固定资产对子公司营业收入的推动似乎不如母公司有效。

这就是说，对于子公司而言，其未来提高盈利能力的关键点应该是提高其拥有的庞大的固定资产的利用率。

(4) 通过比较母公司利润表和合并利润主要项目之间的差异，比较和评价母子公司的基本获利能力和费用发生的比较效率。例如，通过比较两个报表的毛利率(可以近似地用主营业务利润与主营业务收入的比来代替)差异，可以确定母子公司基本的获利能力；通过比较各项经营性费用绝对额以及费用率，可以分析母子公司费用发生的特点与相对效率。

(5) 分析和判断以母公司为控制主体的整个集团与集体外的现金流转状况和资本运作状况。合并现金流量表中的经营活动现金流量净额、投资活动现金流量、筹资活动中的子公司吸收的少数股东资本、贷款带来的现金流量等信息，为信息使用者分析整个集团与集团外所开展的经营活动、投资活动与资本运作活动以及税务环境等提供了条件。

本章小结

通过本章的学习，我们了解了企业合并报表的含义、合并报表与个别报表的显著差异，掌握了与合并报表有关的合并范围、少数股东权益等概念，以及在合并报表的编制中应抵销的集团内部交易，掌握了合并报表的分析方法及其揭示的财务状况质量信息与集团内的管理特征。

思考题

1. 简述企业合并的类型与原因。
2. 合并报表与个别报表及汇总报表有哪些显著区别?
3. 如何理解合并范围、少数股权等概念?
4. 在合并报表的编制过程中应抵销的集团内部交易有哪几类?
5. 合并报表的作用有哪些? 合并报表中包含了哪些关于财务状况质量的信息? 如何对其加以分析和使用?

练习题

一、单项选择题

1. 甲公司拥有乙公司80%的股份，拥有丙公司25%的股份，乙公司拥有丙公司45%的股份，则甲公司直接和间接方式合计拥有丙公司的股份份额为(　　)。

A. 25%　　B. 45%　　C. 70%　　D. 56%

2. 下列各项中，应当纳入母公司合并财务报表合并范围的是(　　)。

A. 已宣告被清理整顿的原子公司

B. 联营企业

C. 经营规模较小的子公司

D. 母公司拥有其半数以上表决权但根据协议不能控制被投资单位的被投资单位

3. 下列关于编制合并财务报表抵销分录的目的，正确的说法是(　　)。

A. 代替设置账簿、登记账簿的核算程序

B. 将个别财务报表各项目的加总金额中集团内部经济业务重复的因素予以抵销

C. 将母子公司个别财务报表各项目加总

D. 反映企业集团内部的全部内部交易事项

4. 甲公司2013年1月1日用银行存款2 200万元购入乙公司60%的有表决权股份，合并当日乙公司可辨认净资产公允价值(等于其账面价值)为3 300万元，甲公司与乙公司在合并前不存在关联方关系。2013年5月8日乙公司宣告分派2012年度现金股利200万元。2013年度乙公司实现净利润600万元，甲、乙公司未发生内部交易。不考虑其他影响因素，则甲公司在2013年年末编制合并财务报表调整分录时，长期股权投资按权益法调整后的余额为(　　)万元。

A. 2 200　　B. 2 080　　C. 2 440　　D. 2 560

5. 新华公司于2012年1月1日取得大海公司80%的股权。大海公司2012年年度利润表中净利润为1 000万元。大海公司2012年10月5日向新华公司销售一件乙产品，售价为100万元(不含增值税)，成本为70万元，新华公司购买的乙产品作为管理用固定资产，于当日投入使用，预计可使用年限为5年，预计净残值为0，采用年限平均法计提折旧。大海公司2013年年度利润表中净利润为1 200万元。假定不考虑所得税及其他影响因素，则在2013年年末编制合并财务报表时，大海公司调整后的净利润是(　　)万元。

A. 1 206　　B. 1 200　　C. 1 194　　D. 1 006

6. 2013年年末甲公司长期股权投资账面余额为580万元，其中对乙公司投资210万元；乙公司是甲公司的全资子公司，乙公司实收资本120万元，资本公积30万元，盈余公积0和未分配利润40万元，则编制合并财务报表后，合并报表“长期股权投资”项目的金额是(　　)万元。

A. 370　　B. 580　　C. 210　　D. 790

7. 乙公司为甲公司的母公司，2013年1月1日甲公司向乙公司定向增发股票，购买母公司持有的A公司80%的有表决权股份。为取得该股权，甲公司增发2 000万股普通股，每股面值为1元，每股公允价值为5元；另支付证券承销商佣金50万元。当日，A公司可辨认净资产账面价值为9 000万元，公允价值为12 000万元，支付的评估费和审计费等共计100万元。假定甲公司和A公司采用的会计政策和会计期间均相同。不考虑其他影响因素，合并日应确认的商誉金额为(　　)万元。

A. 400　　B. 450　　C. 2 800　　D. 0

8. 编制合并现金流量表时，下列应予抵销的项目是(　　)。

A. 子公司的少数股东依法从子公司抽回权益性投资

B. 子公司向其少数股东支付的现金股利

C. 子公司吸收母公司投资收到的现金

D. 子公司吸收少数股东投资收到的现金

9. 2013年12月20日，新华公司支付现金780万元购买A公司100%的股权，在此之前新华公司与A公司不存在关联方关系。购买日该子公司现金余额为900万元，则该事项对新华公司所在集团的现金流量表列报的影响为(　　)。

A. 影响筹资活动现金流入120　　B. 影响筹资活动现金流出780

C. 影响投资活动现金流入120　　D. 影响投资活动现金流出780

10. 合并报表应当由(　　)负责编制。

A. 企业集团　　B. 母公司　　C. 子公司　　D. 控股公司

11. 按照法律形式划分，企业的合并可分为吸收合并、创立合并和控股合并等形式，而在合并日后的每一个会计期末，只有(　　)才真正涉及合并报表的编制与分析问题。

A. 吸收合并　　B. 创立合并　　C. 控股合并　　D. 横向合并

12. 能够综合反映母公司和子公司形成的企业集团整体财务状况、经营成果和现金流量的财务报表是(　　)。

A. 汇总报表　　B. 合并报表　　C. 母公司报表　　D. 子公司报表

13. 在我国现行会计准则中，处理少数股权的披露问题主要采用的理论是(　　)。

A. 母公司理论　　B. 实体理论　　C. 新实体理论　　D. 所有权理论

14. 合并报表的合并范围是指在母公司编制合并报表中所涉及的公司范围应当以(　　)为基础加以确定。

A. 决策　　B. 经营　　C. 控制　　D. 管理

15. 同一报表项目的“合并数”大大小于“母公司数”，很可能是由于集团存在大量的(　　)造成的。

A. 关联交易　　B. 内部关联交易　　C. 内部投资　　D. 内部销售

二、多项选择题

1. 按财务报表编报主体不同，可以分为(　　)。

A. 中期财务报表　　B. 年度财务报表　　C. 个别财务报表　　D. 合并财务报表

2. 下列各项中，属于合并财务报表的特点有(　　)。

A. 合并财务报表反映的是企业集团整体的财务状况、经营成果和现金流量，反映的对象是法律意义上的主体

B. 合并财务报表的编制主体是母公司

C. 合并财务报表以企业集团个别财务报表为基础进行编制

D. 合并财务报表的编制有其独特的方法

3. 甲公司(制造企业)投资的下列各公司中，应当纳入其合并财务报表合并范围的有(　　)。

A. 设在实行外汇管制国家的子公司　　B. 已宣告破产清算的原子公司

C. 资金调度受到限制的境外子公司　　D. 经营业务性质有显著差别的子公司

4. 下列关于合并财务报表的叙述中，正确的有(　　)。

A. 因同一控制下企业合并增加的子公司，在编制合并现金流量表时，应当将该子公司合并当期期初至报告期末的现金流量纳入合并现金流量表

B. 因非同一控制下企业合并增加的子公司，在编制合并利润表时，应当将该子公司购买日至报告期末的收入、费用、利润纳入合并利润表

C. 因非同一控制下企业合并增加的子公司，编制合并资产负债表时，应当调整合并资产负债表的期初数

D. 母公司在报告期内处置子公司，编制合并资产负债表时，不应当调整合并资产负债表的期初数

5. 下列各项中，属于合并财务报表附注披露的内容有(　　)。

A. 企业集团的基本情况　　B. 重要会计政策和会计估计

C. 母公司和子公司信息　　D. 资产负债表日后事项

6. 下列关于母公司在报告期增减子公司的会计处理中，正确的有(　　)。

A. 因同一控制下企业合并增加的子公司，视同该子公司从设立时就被母公司控制，编制合并资产负债表时，应当调整合并资产负债表所有相关项目的期初数

B. 因非同一控制下企业合并增加的子公司，应当从购买日开始编制合并财务报表并且调整合并资产负债表的期初数

C. 因非同一控制下企业合并增加的子公司，应当从购买日开始编制合并财务报表，不调整合并资产负债表的期初数

D. 母公司在报告期内处置子公司，编制合并资产负债表时，应当调整合并资产负债表的期初数

7. 某些情况下，被投资方的相关活动由合同安排所决定，而不取决于表决权的行使，投资方在评价是否拥有对被投资方的权力时，应当主要考虑的因素有(　　)。

A. 被投资方的设立目的和设计

B. 投资方能否任命或批准被投资方的关键管理人员

C. 投资方能否出于其自身利益决定或否决被投资方的重大交易

D. 投资方能否掌控被投资方董事会等类似权力机构成员的任命程序，或者从其他表决权持有人手中获

得代理权

8. 不应当纳入合并范围的子公司包括(　　)。

A. 已宣告被清理整顿的子公司　　B. 已宣告破产的子公司

C. 不能控制的其他被投资单位　　D. 经营范围与母公司不同的子公司

9. 编制合并利润表的关键在于母公司和子公司相互之间的"内部交易事项"的抵销,一般包括(　　)。

A. 内部营业收入与营业成本项目的抵销

B. 购买企业内部购进商品作为固定资产、无形资产等资产使用时未实现毛利的抵销

C. 内部应收账款计提的坏账准备等减值准备的抵销

D. 内部投资收益(利息收入)和利息支出的抵销

10. 母公司为编制合并财务报表应做好的前期准备工作主要包括(　　)。

A. 统一母公司、子公司的会计政策　　B. 统一母公司、子公司的会计期间

C. 按照权益法调整对子公司的长期股权投资　　D. 对子公司外币财务报表进行折算

三、判断题

1. 财务报告是指企业对外提供的反映企业某一会计期间的财务状况、经营成果和现金流量等会计信息的文件。(　　)

2. 合并财务报表的合并范围是编制合并财务报表的前提。(　　)

3. 在母公司通过直接和间接方式没有拥有被投资单位半数以上表决权的情况下,不应当纳入合并财务报表的合并范围。(　　)

4. 报告中期新增的符合纳入合并财务报表范围的子公司,如无法提供可比中期合并财务报表,可不将其纳入合并范围。(　　)

5. 在编制合并财务报表时,按照权益法调整长期股权投资,应相应调整母公司的账簿记录和个别财务报表列报。(　　)

6. 对于属于非同一控制下企业合并中取得的子公司的个别财务报表,如果不存在与母公司会计政策和会计期间不一致的情况,则不需要对该子公司的个别财务报表进行调整,只需要抵销内部交易对合并财务报表的影响即可。(　　)

7. 合并财务报表准则允许企业直接对公司的长期股权投资在采用成本法核算的基础上编制合并财务报表,但是所编制的合并财务报表应当符合合并财务报表准则的相关规定。(　　)

8. 在编制合并财务报表抵销子公司的所有者权益时,一定会有商誉的存在。(　　)

9. 内部交易债权债务抵销时,债权科目在抵销分录借方,债务科目在抵销分录贷方。(　　)

10. 企业合并利润表在"综合收益总额"项目下单独列示"归属于母公司所有者的综合收益总额"项目和"归属于少数股东的综合收益总额"项目。(　　)

四、综合分析题

1. 甲公司与乙公司、丙公司有关投资业务如下:

(i) 甲公司于2012年1月1日以1 200万元取得乙公司(非上市公司)15%的股份,在此之前甲公司和乙公司不存在关联方关系,取得投资时乙公司可辨认净资产的公允价值为7 000万元(与账面价值相等)。甲公司对取得的投资确认为长期股权投资并采用成本法核算。2013年1月1日,甲公司另支付4 200万元取得乙公司45%的有表决权股份,从而能够对乙公司实施控制。购买日乙公司可辨认净资产公允价值为8 500万元。乙公司2013年实现的净利润为800万元(假定不存在需要对净利润进行调整的因素),未进行利润分配。甲公司和乙公司均按净利润的10%提取法定盈余公积。2013年1月1日甲公司原取得乙公司股权的公允价值为1 320万元。假定该项合并为应税合并。

(ii) 甲公司2011年1月10日取得丙公司80%的股权,成本为1 850万元,购买日丙公司可辨认净资产公允价值总额为2 000万元。假定该项合并为非同一控制下的企业合并,且按照税法规定该项合并为应税合

并。2013 年 1 月 1 日，甲公司将其持有丙公司股权的 1/4 对外出售，取得价款 620 万元。出售投资当日，丙公司自甲公司取得其 80%股权之日持续计算的应当纳入甲公司合并财务报表的可辨认净资产总额为 2 800 万元，丙公司个别财务报表中账面净资产为 2 200 万元。该项交易后，甲公司持有丙公司剩余股权比例为 60%仍能够控制丙公司的财务和生产经营决策。

要求：

（1）根据资料（i），计算：① 2013 年 12 月 31 日甲公司个别报表中确认的对乙公司长期股权投资的金额；② 2013 年 12 月 31 日甲公司合并报表中应确认的对乙公司商誉的金额；③ 2013 年 12 月 31 日甲公司合并报表中应确认的对乙公司投资收益的金额。

（2）根据资料（ii），计算：① 2013 年 1 月 1 日个别财务报表中因出售丙公司股权应确认的投资收益；② 合并财务报表中因出售丙公司股权应调整的资本公积；③ 合并财务报表中因出售丙公司股权应确认的投资收益；④ 2013 年 12 月 31 日编制合并财务报表时确认的对丙公司的商誉。

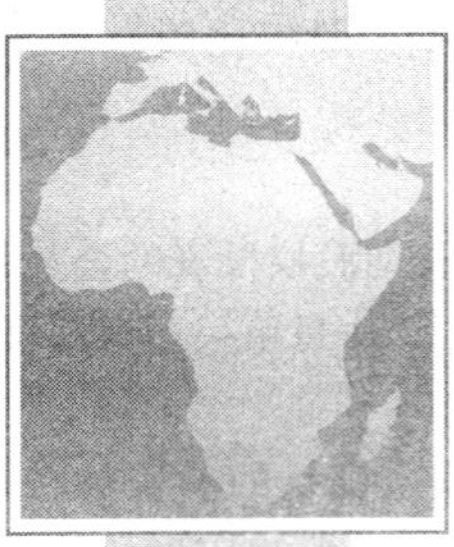

第七章 财务报表综合分析

理论学习目标

◇ 掌握财务报表综合分析的目的、方法。

◇ 掌握杜邦分析法的内容及作用。

◇ 了解沃尔综合评分法的含义及内容。

◇ 了解国资委的中央企业综合绩效评价体系的内容。

能力实现目标

◇ 应用财务报表综合分析方法对上市公司进行财务报表综合分析。

◇ 应用国资委的综合绩效评价体系对上市公司进行综合分析。

第一节 财务报表综合分析概述

从财务报表分析所涵盖的范围来看，财务报表分析可以分为两种类型：一种是对企业财务状况的某一方面进行分析，单独分析某一类财务指标，称为单项分析；另一种是对企业财务经营状况的全面分析，对各种财务指标进行系统、综合的分析，称为综合财务分析。财务报表综合分析属于综合财务分析。

财务报表综合分析将企业偿债能力、营运能力、获利能力等方面的分析纳入一个有机整体中，全面对企业财务状况、经营成果进行分析、评价，有利于财务报表分析者深入了解企业财务状况、内部各项因素的相互依存关系，把握企业财务状况的全貌。

一、财务报表综合分析的目的

（一）全面评价企业财务状况与经营业绩

前面几章对财务报表的分析侧重从局部认知和分析财务报表，但我们在利用财务信息进行决策时要树立全局观念，将分析的各个局部进行综合和提升。因此，我们在分析了财务报表的局部内容后，需要上升到整体的层面。

企业财务经营状况是一个完整的系统，内部各因素相互依存、相互作用，任何一个因素的变动都会引起企业整体财务状况的改变，单项财务分析不足以全面评价企业的财务状况和经营成果。因此，有必要在财务能力单项分析的基础上，将那些孤立的指标按其内在联系结合起来进行综合分析，从而全面系统地分析和评价企业的财务状况，评价企业经营的现状及未来发展趋势。

（二）明确企业经营活动、投资活动和筹资活动的相互关系

无论是资产负债表、利润表还是现金流量表，都是企业经营活动、投资活动和筹资活动相互作用的结果。经营活动、投资活动和筹资活动都是企业经营过程中可能涉及的业务。

经营活动是企业持续经营期间发生的采购、生产和销售等活动，资产负债表中大部分流动资产项目（除部分货币资金和交易性金融资产项目）和流动负债项目（除短期借款项目）都是由经营活动产生的；利润表中的营业收入、营业成本和期间费用也是经营活动的结果；现金流量表中经营活动提供的现金净流量是企业的源头活水，相当于企业自己创造的血液。

投资活动包括内部固定资产投资，也包括对外投资。资产负债表中大多数非流动资产项目是企业投资活动的结果。投资形成的资产为企业创造营业利润和投资收益，虽然投资本身需要现金流出，但其为企业未来期间的现金流入提供了物质基础。

筹资活动为企业生产经营和投资从外部输入血液。资产负债表的短期借款、长期负债和所有者权益中的大部分项目都是筹资活动的结果。

生产经营活动和投资活动是企业的根本，筹资活动是为生产经营活动和投资活动服务的。

（三）为改进利益相关者的决策提供依据

综合分析可以让信息使用者看到企业的全貌及各个组成部分之间的相互关系，避免以偏概全，进而改进利益相关者的决策。

通过财务报表综合分析，可以为投资人进行投资决策提供科学依据；为债权人提供关于企业信誉和偿债能力的信息；为政府及社会监管机构提供有力的信息支持；为管理者进行企业财务决策提供有用信息，有助于明确企业“瓶颈”，促进企业改革，提高竞争实力。

二、财务报表综合分析的特点

财务报表综合分析能通过指标将企业人、财、物的利用情况和供、产、销的协调情况联系起来，明确企业偿债能力、营运能力、获利能力之间的相互联系，找出企业发展的问题所在。因此，财务报表综合分析的特点主要体现在财务指标体系的设置上。

（一）指标内容的全面性

财务报表综合分析的指标设置必须能够涵盖企业偿债能力、营运能力、获利能力等主要方面总体考核的要求。指标体系应能够提供多层次、全方位的信息资料，既能满足企业内部管理当局实施决策的需要，又能满足外部投资者和政府宏观管理的要求。

（二）主辅指标的匹配性

不同指标反映企业经营成果、财务状况的不同侧面，不同指标对企业经营成果、财务状况的反映程度不同。因此，在设置偿债能力、营运能力、获利能力等方面的评价指标的同时，应进一步确定指标体系中各指标的主辅地位。

三、财务报表综合分析的内容

财务报表综合分析是站在全局的角度进行的分析，它至少包括以下两个方面的内容。

（一）财务目标与财务环节相互关联综合分析

企业的财务目标是资本增值最大化。资本增值的核心在于资本收益能力的提高，而资本收益能力受企业各方面、各环节财务状况的影响。这一分析要以净资产收益率为核心，通过对净资产收益率的分解，找出企业经营各环节对其的影响及程度，从而综合评价企业各环节及各方面的经营业绩。杜邦财务分析体系是进行这一分析的最基本方法。

(二) 企业经营业绩综合分析评价

虽然财务目标与财务环节的联系分析可以解决单项指标分析或单方面分析给评价带来的困难,但没能用某一单项计量手段给相互关联指标以综合评价,因此往往难以准确得出企业经营改善与否的定量结论。企业经营业绩综合分析评价从解决这一问题出发,利用综合指数评价法和综合评分法对各项重要的财务指标完成情况进行量化分析,最后以唯一的综合指数或综合分数高低来评价企业的经营业绩。沃尔综合评分分析法正是这一内容的方法体现。

四、财务报表综合分析的主要方法

财务报表综合分析方法主要有杜邦财务分析体系和财务状况综合评分法。

(一) 杜邦财务分析体系

杜邦分析体系简称杜邦分析法(DuPont Analysis),其从股东盈利能力的角度出发,将资产负债表和利润表的关键信息有机地联系起来。基本思想是将企业净资产收益率逐级分解为多项财务比率的乘积,进一步深入分析比较企业经营业绩的变动及其变动的原因。这种方法最早由美国的杜邦公司使用,所以被称为杜邦分析法。

(二) 财务状况综合评分法

财务状况综合评分法又称为沃尔综合评分法,该方法将选定的财务比率用线性关系结合起来,并分别赋予各财务比率以比重,然后通过与标准比率进行比较,确定各项指标的得分及总体指标的累计得分,进而对企业的财务状况做出综合评价。

第二节　杜邦财务分析体系

20 世纪初,美国杜邦公司面临着不同业务部门之间如何配置资源的问题,由此创建了以净资产收益率为核心的业绩评价体系。相对利润指标而言,净资产收益率指标的优点是将企业的收益与其投入资本联系起来,更容易评价企业的资金使用效率,在此基础上杜邦财务分析体系利用各主要财务比率之间的内在联系,形成一个完整的指标体系,来综合分析和评价企业的财务状况。

一、杜邦财务分析体系的内容

杜邦分析体系的本质是企业为实现股东财富最大化的思路框架,该体系将净资产收益率作为最核心的指标,实现了企业财务目标与企业财务活动的有机结合,形成了完整的指标体系。

杜邦分析体系以净资产收益率为起点,通过分解将盈利指标、资产周转指标、资本结构指标联系起来,之后再层层分解为基本的会计要素,全面、系统地揭示出企业各方面的能力及对权益净利率的影响,以及各相关指标间的相互作用关系。

具体的公式分解过程如下:

1. 净资产收益率的分解

$$净资产收益率=\frac{净利润}{平均所有者权益}=\frac{净利润}{资产总额}\times\frac{资产总额}{所有者权益}$$

$$=总资产净利率\times权益乘数$$

2. 总资产报酬率的分解

$$总资产净利率=\frac{净利润}{平均总资产}=\frac{净利润}{销售收入}\times\frac{销售收入}{资产总额}$$
$$=销售净利率\times总资产周转率$$

杜邦分析体系使财务比率实现的层次更清晰，为报表分析者全面了解企业的财务状况提供了直观的图解。杜邦分析体系各指标的含义如图 7－1 所示。

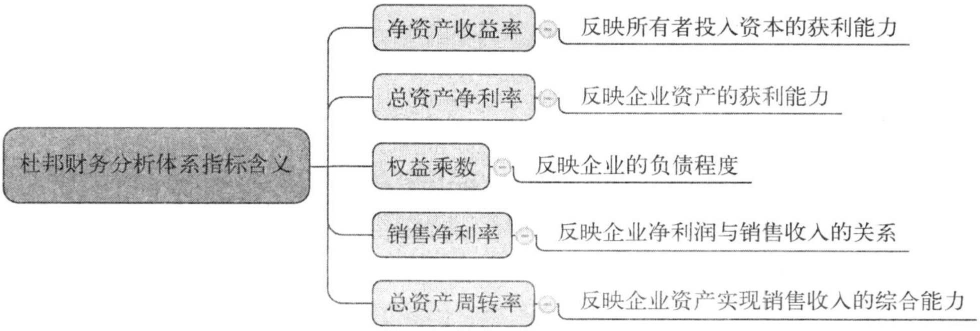

图 7－1　杜邦财务分析体系指标含义

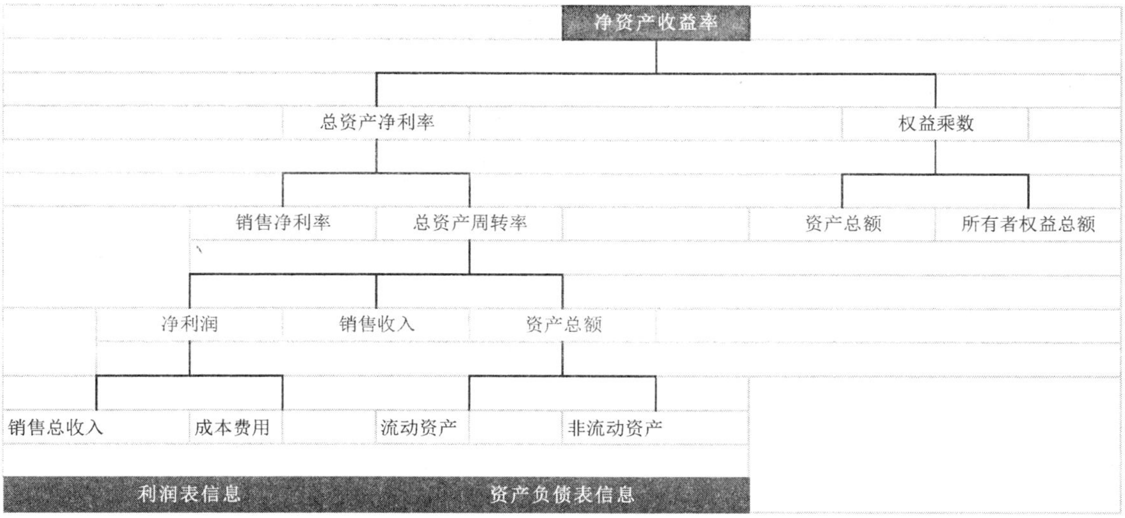

图 7－2　杜邦分析体系

净资产收益率反映所有者投入资本的获利能力，具有很强的综合性，由图 7－2 可以看出决定净资产收益率高低的因素有三个：销售净利率、总资产周转率、权益乘数。权益乘数、销售净利率和总资产周转率三个比率分别反映了企业的负债比率、盈利能力比率和资产管理比率。

总资产净利率也是一个重要的财务比率，综合性也较强。它是销售净利率和总资产周转率的乘积，因此，要进一步从销售成果和资产营运两方面来分析。要提高总资产收益率，一方面要增强企业的销售获利能力，增加收入、降低成本费用；另一方面要加强资产管理，降低资金占用。

销售净利率反映了企业净利润与销售收入的关系，提高销售净利率是提高企业盈利能力的关键所在。要想提高销售净利率：一是要扩大销售收入；二是要降低成本费用。降低各项成本费用开支是企业财务管理的一项重要内容，通过各项成本费用开支的列示，有利于企业进行成本费用的结构分析，加强成本控制，以便为寻求降低成本费用的途径提供依据。

总资产周转率反映企业资产实现销售收入的综合能力。分析时，必须综合销售收入分析企业资产结构是否合理，即流动资产和长期资产的结构比率关系。企业资产的营运能力和流动性，既关系到企业的获利能力，又关系到企业的偿债能力，为此，要进一步分析各项资产的占用数额和周转速度。

一般而言，流动资产直接体现企业的偿债能力和变现能力；非流动资产体现企业的经营规模和发展潜力。两者之间应有一个合理的结构比率，如果企业持有的现金超过业务需要，就可能影响企业的获利能力；如果企业占用过多的存货和应收账款，则既会影响获利能力，又会影响偿债能力。为此，就要进一步分析各项资产的占用数额和周转速度。对流动资产应重点分析存货是否有积压现象、货币资金是否闲置、应收账款中客户的付款能力和有无坏账的可能；对非流动资产应重点分析企业固定资产是否得到充分的利用。同时还要分析流动资产周转率、存货周转率、应收账款周转率等有关资产使用效率指标，找出总资产周转率高低变化的确切原因。

权益乘数表示企业的负债程度，反映了公司利用财务杠杆进行经营活动的程度。资产负债率高，权益乘数就大，这说明公司负债程度高，公司会有较多的杠杆利益，但风险也高；反之，资产负债率低，权益乘数就小，这说明公司负债程度低，公司会有较少的杠杆利益，但相应所承担的风险也低。企业需要在负债所带来的杠杆收益和财务风险之间进行权衡，选择合适的权益乘数。

从图 7－2 中可以看出，净资产收益率与企业的营业规模、成本水平、资产营运、资本结构有着密切的联系，这些因素构成一个相互依存的系统。只有把这个系统内各因素的关系联系好、协调好，才能使净资产收益率达到最大，才能实现股东财富最大化的理财目标。

二、杜邦财务分析体系的作用

杜邦分析法是利用各种财务比率指标之间的内在联系，对企业财务状况进行综合分析的一种方法。该方法清晰地表明了净资产收益率的决定因素，以及销售净利润率与总资产周转率、权益乘数之间的相互关联关系，给报表分析者提供了一张清晰的考察公司盈利能力、营运能力和偿债能力以及如何最大化股东投资回报的路线图。杜邦分析体系不仅揭示各指标之间的关系，还可以揭示指标变动的原因及趋势，为管理者采取措施指明方向，揭示不同企业的经营策略和财务政策。

杜邦分析体系可以揭示净资产收益率指标变动的原因，为评价公司管理的得失提供数据，为进一步提出改进措施提供依据。

【例 7－1】 云南白药股份有限公司 2013～2017 年杜邦财务分析指标见表 7－1，利用杜邦分析体系，可以揭示净资产收益率变动的原因。

表 7－1　　　云南白药股份有限公司 2013～2017 年杜邦分析体系指标表

指　　标	2013 年	2014 年	2015 年	2016 年	2017 年
净资产收益率	28.77%	24.80%	22.51%	20.23%	18.63%
总资产净利率	19.67%	17.18%	15.50%	13.29%	12.02%

续表

指　　标	2013年	2014年	2015年	2016年	2017年
销售净利率	14.68%	13.32%	13.36%	13.03%	12.93%
总资产周转率	1.34	1.29	1.16	1.02	0.93
权益乘数	1.46	1.42	1.45	1.54	1.53

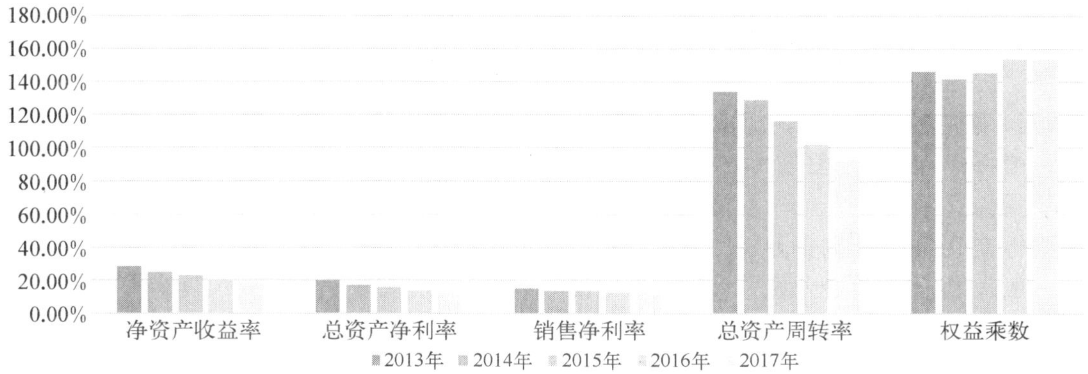

图 7-3　云南白药股份有限公司 2013～2017 年杜邦分析体系指标图

【思维空间】从云南白药股份有限公司 2013～2017 年杜邦财务分析体系指标表中的数据，可以得出什么结论？提出哪些财务建议？用因素分析法对云南白药杜邦财务分析体系的指标体系进行分析，可以得出哪些结论？

第三节　沃尔综合评分法

一、沃尔综合评分法的含义

1928年，被誉为“现代财务分析”之父的亚历山大·沃尔出版的《信用晴雨表研究》和《财务报表比率分析》中提出了信用能力指数的概念，他选择流动比率、产权比率、固定资产比率、存货周转率、应收账款周转率、固定资产周转率和自有资金周转率七个财务比率，根据这七个指标的重要性，分别赋予各指标权重，以行业平均数作为标准比率，将实际比率与标准比率相比，得出相对比率，将此相对比率与各指标权重相乘，得出总评分。从而对企业的信用水平作出评价。

该方法的精髓在于把若干个财务比率用线性关系结合起来，以此来评价企业的财务状况。之后，人们将该方法进行拓展，把若干个衡量企业盈利能力、偿债能力、营运能力和发展能力等各方面财务能力的比率结合起来。

二、沃尔综合评分法的步骤

(一) 选定评价企业财务状况的指标

选定评价企业财务状况的评价指标是沃尔综合评分法的第一个步骤，也是最重要的步骤。

在选择财务评价指标时，一要具有全面性，反映企业偿债能力、营运能力和获利能力的指标应当包括在内；二是具有代表性，即要选择能够说明问题的重要的财务指标。但在进行综合财务评价时，并没有约定俗成的财务比率体系，由于评价目标不同、企业业务性质不同、企业所处的环境等不同，财务比率体系也可能不同。

（二）确定各项指标在评分中的权重

各指标按其重要程度给定一个评分值或权重，所有指标的评分值总和为 100 分。确定分值或权重的原则是重要的指标赋予较多的分值或权重，次要的指标赋予较低的分值或权重。对于财务指标的重要程度，不同的分析者会有不同的认识，但一般来说，应根据企业经营活动的性质、生产经营的规模、分析的目的等因素来确定。

（三）确定各评价指标的标准值和实际值

一般将行业的平均值作为各项评价指标的标准值，即作为比较的参照物。也可以选择竞争对手指标值、国际同行的指标值或根据预测财务报表计算的指标值作为标准值。具体选择哪一类标准值，取决于财务分析的目的和资料的可获得性。

一般来说，当评价企业经营计划完成情况时，可采用企业计划水平或预算水平为标准值；当评价企业经营业绩和评价企业的财务状况是否正常时，还可以采用经验标准值。当评价财务状况是否改善时，可采用前期水平为标准值；当评价企业在同行业或在国内、国际上所处的地位时，可采用行业水平或国内水平、国际水平为标准值。

根据企业财务报表和其他相关资料，计算各项评价指标的实际值。

（四）计算各评价指标的关系比率

关系比率是各项评价指标实际值与标准值的比值。即：

$$\text{关系比率}=\frac{\text{实际值}}{\text{标准值}}\times 100\%$$

如果某项经济指标为正指标，如净资产收益率、总资产报酬率、销售净利率、资产周转率等，则关系比率越高越好；如果为逆指标，如资产负债率，则关系比率越低越好。为了保持指标评价的一致性，对于逆指标的关系比率可以用标准值比上实际值。

（五）计算各评价指标的得分和累计综合得分

$$\text{某项评价指标得分}=\text{该项评价指标权重}\times\text{该项评价指标的关系比率}$$

$$\text{累计综合得分}=\text{各项评价指标得分之和}$$

一般来说，综合得分越高就说明企业整体财务状况越好。如果以行业平均值作为标准值，综合评分等于或接近 100 分，则说明企业的综合财务和经营能力达到行业平均水平；综合评分远远超过 100 分，则说明企业综合财务能力优于行业平均水平；综合评分远低于 100 分，则说明企业没有达到行业水平，经营业绩总体水平越差。

【例 7－2】 云南白药股份有限公司 2013 年综合绩效评分分析。

如表 7－2 所示，采用企业盈利能力、资产质量、债务风险、经营增长情况等 8 个指标对云南白药 2013 年财务状况进行综合评价。标准值采用的是医药行业全行业平均值。云南白药财务状况综合得分 242.77 分，远高于 100 分，说明该企业财务状况良好，远超过行业平均水平。

表 7 - 2　　　　云南白药股份有限公司 2013 年综合绩效评分表

指　　标	评分值	标准值	实际值	关系比率	实际得分
净资产收益率	20	10%	28.92%	2.89	57.83
总资产净利率	14	7.50%	19.72%	2.63	36.81
总资产周转率	10	0.5	1.34	2.69	26.87
应收账款周转率	12	5.5	31.71	5.76	69.18
资产负债率	12	60%	29.91%	0.5	5.98
速动比率	10	0.8	1.69	2.11	21.06
销售增长率	12	13%	14.47%	1.11	13.36
资本保值增值率	10	110%	128.48%	1.17	11.68
合　　计					242.77

标准值数据来源：国务院国资委财务监督与考核评价局出版的《2014 年企业绩效评价标准值》(采用 2013 年数据)。

三、国资委的中央企业综合绩效评价

2006 年国务院国有资产监督委员会颁布《中央企业综合绩效评价暂行办法》，该综合绩效评价办法以投入产出分析为基本方法，通过建立综合评价指标体系，对照相应行业评价标准，对企业特定经营期间的盈利能力、资产质量、债务风险、经营增长以及管理状况等进行综合评判。企业综合绩效评价指标由 22 个财务绩效定量指标和 8 个管理绩效定性评价指标两部分组成，其中财务指标得分占评价体系的 70%，非财务指标得分占评价体系的 30%。具体见表 7 - 3。

表 7 - 3　　　　国资委 2006 年颁布的中央企业综合绩效评价体系

评价内容与权数		财务绩效(70%)				管理绩效(30%)	
		基本指标	权数	修正指标	权数	评议指标	权数
盈利能力状况	34	净资产收益率	20	销售(营业)利润率	10	战略管理	18
		总资产报酬率	14	盈余现金保障倍数	9	发展创新	15
				成本费用利润率	8	经营决策	16
资产质量状况	22	总资产周转率	10	不良资产比率	9	人力资源	8
		应收账款周转率	12	流动资产周转率	7	行业影响	8
				资产现金回收率	6	社会贡献	8
债务风险状况	22	资产负债率	12	速动比率	6		
		已获利息倍数	10	现金流动负债比率	6		
				带息负债比率	5		
				或有负债比率	5		
经营增长状况	22	销售(营业)增长率	12	销售(营业)利润增长率	10		
		资本保值增值率	10	总资产增长率	7		
				技术投入比率	5		

尽管该办法规定的企业综合评价方法只适用在中央企业实施，但其原理和具体操作可以成为其他企业综合评价的样板。

(一) 企业综合绩效评价指标的选择

企业财务绩效定量评价指标和管理绩效定性评价指标构成企业综合绩效评价指标体系。绩效定量评价是对企业一定期间的盈利能力、资产质量、债务风险和经营增长四个方面进行定量对比分析和评判。财务绩效定量评价指标依据各项指标的功能作用划分为基本指标和修正指标。基本指标反映企业一定期间财务绩效的主要方面，并得出企业财务绩效定量评价的基本结果。修正指标是根据财务指标的差异性和互补性，对基本指标的评价结果作进一步的补充和矫正。

管理绩效定性评价是在企业财务绩效定量评价的基础上，通过采取专家评议的方式，对企业一定期间的经营管理水平进行定性分析与综合评判。管理绩效定性评价指标包括企业发展战略的确立与执行、经营决策、发展创新、风险控制、基础管理、人力资源、行业影响、社会贡献等方面。

对于各指标的权重，依据评价指标的重要性和各指标的引导功能，通过参照咨询专家意见和组织必要测试进行确定。

(二) 企业综合绩效评价标准

财务绩效定量评价标准包括国内行业标准和国际行业标准。

国内行业标准根据国内企业年度财务和经营管理统计数据，运用数理统计方法，分年度、分行业、分规模统一测算并发布。

国际行业标准根据居于行业国际领先地位的大型企业相关财务指标实际值，或者根据同类型企业组相关财务指标的先进值，在剔除会计核算差异后统一测算并发布。

财务绩效定量评价标准的行业分类，按照国家统一颁布的国民经济行业分类标准结合企业实际情况进行划分。财务绩效定量评价标准按照不同行业、不同规模及指标类别，分别测算出优秀值、良好值、平均值、较低值和较差值五个档次(见表 7-4)。

表 7-4　2014 年医药工业国内不同规模企业净资产收益率评价标准

行　业	优秀值	良好值	平均值	较低值	较差值
全行业	21.1	15	10	2.9	−3.2
大型企业	21.2	16.6	11.2	5.7	−5.2
中型企业	23.2	18.3	11.8	6.8	−2.4
小型企业	17.8	12.9	8.1	−0.7	−7.6

管理绩效定性评价标准根据评价内容，结合企业经营管理的实际水平和出资人监管要求，统一制定和发布，并划分为优、良、中、低、差五个档次。管理绩效定性评价标准不进行行业划分，仅提供给评议专家参考。

(三) 企业综合绩效评价结果

评价结果是指根据综合绩效评价分数及分析得出的评价结论。企业综合绩效评价结果以评价得分、评价类型和评价级别表示。

综合绩效评价分数用百分制表示，并分为优、良、中、低、差五个等级。评价类型是根据评价分数对企业综合绩效所划分的水平档次，用文字和字母表示，分为优(A)、良(B)、中(C)、低(D)、差(E)五个等级。评价级别是对每种类型再划分级次，以体现同一评价类型的不同差异，采用在字母后标注“+、−”号的方式表示。

表 7 - 5　　企业综合绩效评价类型与评价级别一览表

优(A)	A++	A++≥95 分
	A+	95 分>A+≥90 分
	A	90 分>A≥85 分
良(B)	B+	85 分>B+≥80 分
	B	80 分>B≥75 分
	B−	75 分>B−≥70 分
中(C)	C	70 分>C≥60 分
	C−	60 分>C−≥50 分
低(D)	D	50 分>D≥40 分
差(E)	E	E<40 分

本章小结

财务报表综合分析和业绩评价是在分项能力分析的基础上，更加全面地评价企业整体的财务状况和经营成果。综合分析和业绩评价在单项能力分析的基础上，将单项能力的衡量指标结合起来，系统、全面、综合地对企业的财务状况和经营成果进行分析和评价，说明企业整体财务状况和经营业绩的优劣。它是实现财务报表分析应用价值的重要过程。本章主要介绍了常用的沃尔评分法、杜邦分析法、综合绩效法、平衡计分卡等综合分析方法的原理步骤和应用特点。这些方法对于财务报表分析在信贷分析、证券投资、信用分析、企业金融、监管审计等领域都有着十分重要的应用价值。

思考题

1. 描述杜邦财务分析体系中的主要财务指标之间的内在关系。
2. 简述企业绩效评价综合指数法的应用步骤。
3. 什么是杜邦分析法？杜邦分析法有哪些特点？指标分解模型是什么？
4. 企业综合绩效评价的内容和指标体系有哪些？
5. 简述企业绩效评价综合指数法的应用步骤。
6. 简述平衡计分卡综合分析方法的优势。
7. 综合评价的主要优点和局限性是什么？
8. 营业利润率、总资产收益率、长期资本收益率指标之间有什么内在联系？
9. 国有资本绩效评价的主要步骤有哪些？
10. 怎样对企业财务状况质量进行综合分析？

练习题

一、单项选择题

1. 净资产收益率的计算公式为(　　)。

A. 净利润/平均净资产　　B. 1−资产负债率

C. 1/资产负债率　　D. 负债总额/所有者权益总额

2. 最能体现企业经营目标的财务指标是(　　)。

A. 总资产周转率　B. 净资产收益率　C. 销售利润率　D. 成本利润率

3. 用于衡量企业社会贡献总额中上交国家财政多少的比率是(　　)。

A. 总资产报酬率　B. 销售利润率　C. 净资产收益率　D. 社会累积率

4. 企业绩效评价的四类指标中,最重要的一类是(　　)。

A. 资产质量　B. 经营增长　C. 债务风险　D. 盈利能力

5. 沃尔加权评分法的优点是(　　)。

A. 把分散的指标综合起来　　B. 独立分析企业的偿债能力

C. 以定性分析法分析企业的财务状况　　D. 不需要结合行业的特色开展分析

6. 沃尔加权评分法的缺陷是(　　)。

A. 没有充分的理由说明需要选择哪些指标　　B. 明确了相关指标的权重的确定

C. 明确了行业标准的选择　　D. 选择的指标具有较强的客观性

7. 企业的营业净利率反映了企业的(　　)。

A. 经营管理状况　　B. 资产管理状况

C. 债务管理状况　　D. 筹资管理状况

8. 企业的总资产周转率反映了企业的(　　)。

A. 经营管理状况　　B. 资产管理状况

C. 债务管理状况　　D. 筹资管理状况

9. 企业的权益乘数反映了企业的(　　)。

A. 经营管理状况　　B. 资产管理状况

C. 债务管理状况　　D. 筹资管理状况

10. 下列可以提高企业盈利水平的措施是(　　)。

A. 使收入增长幅度高于成本和费用　　B. 提高成本费用

C. 降低总资产周转率　　D. 不增加公司财务风险的前提下,降低债务规模

二、多项选择题

1. 综合财务分析评价的目的是(　　)。

A. 明确企业财务活动与经营活动的相互关系

B. 评价企业财务状况及经营业绩

C. 为投资决策提供参考

D. 为进行职工奖励打基础

2. 根据杜邦财务分析体系,影响净资产收益率的因素包括(　　)。

A. 权益乘数　B. 速动比率　C. 营业利润率　D. 总资产周转率

3. 反映盈利能力的指标有(　　)。

A. 营业利润率　B. 财务杠杆作用　C. 总资产报酬率　D. 股利支付率

4. 反映企业资产负债水平和偿债能力的指标是(　　)。

A. 流动比率　B. 速动比率　C. 应收账款周转率　D. 资产负债率

5. 提高净资产收益率的措施包括(　　)。

A. 提高资产营运效率　B. 增加销售收入　C. 降低负债比率　D. 提高负债比率

6. 反映债务风险状况的财务指标有(　　)。

A. 已获利息倍数　　B. 流动比率

C. 速动比率　　D. 现金流动负债比率

7. 杜邦财务分析体系的局限性包括(　　)。

A. 涵盖信息不全面
B. 分析内容不完整
C. 风险分析不足
D. 未考虑偿债能力分析

8. 企业改变财务杠杆的措施包括(　　)。
A. 增加流动负债的比例
B. 减少短期借款
C. 增加长期借款
D. 向股东支付现金股利

9. 财务报表综合分析的特点包括(　　)。
A. 指标内容的全面性
B. 主要指标与辅助指标的匹配性
C. 风险的完整性分析
D. 考虑所有影响企业财务状况的因素

10. 沃尔加权评分法的优点包括(　　)。
A. 把分散的指标综合起来
B. 把独立的分析结果综合起来
C. 以量化的结果代替定性的结论
D. 结合行业的特色开展分析

三、判断题

1. 最能体现企业经营目标的财务指标是净资产收益率。(　　)
2. 权益乘数越大,财务杠杆的作用就越大。(　　)
3. 杜邦财务分析体系的核心指标是净资产收益率。(　　)
4. 只要期末股东权益大于期初股东权益,就说明企业通过经营使得资本增值。(　　)
5. 业绩评价指标标准值需要根据分析的目的和要求确定,可用某企业某年的实际数,也可用同行业的平均数,还可用国际标准数。(　　)
6. 在运用综合经济指数法进行经营业绩综合评价时,应该尽量同时应用正指标和负指标。(　　)
7. 沃尔加权评分法的缺陷是指标选择的主观性较强。(　　)
8. 杜邦财务分析体系的基本思路是立足净资产收益率,也就是股东权益报酬率,通过关联指标的层层分解,查找产生问题的根源,进而深化问题的分析。(　　)
9. 提升企业的盈利水平可通过不增加公司财务风险的前提下,增加债务规模。(　　)
10. 收入增长幅度高于成本和费用,可以提高企业的营业利润率。(　　)

四、案例分析题

1. 甲、乙两家上市公司 2015～2017 年的相关资料如表 7－6 所示。

表 7－6　　甲、乙公司近三年主要财务指标

项　　目	2015 年		2016 年		2017 年	
	甲	乙	甲	乙	甲	乙
净资产收益率(%)	11.96	8.48	15.89	9.83	17.07	10.52
总资产报酬率(%)	6.27	7.77	7.42	8.85	7.56	9.46
营业净利率(%)	7.46	13.25	8.31	13.86	9.36	13.15
总资产周转率(次)	0.84	0.59	0.89	0.64	0.81	0.72
权益乘数	1.91	1.09	2.14	1.11	2.26	1.11

要求：根据上述资料,采用杜邦财务分析体系对甲、乙两家上市公司盈利水平发生变化的原因进行总体分析。

2. A 上市公司 2017 年资产负债表及利润表的有关数据如表 7－7 和表 7－8 所示。

表 7-7 **资产负债表** 单位：万元

资　　产	金　　额	负债和所有者权益	金　　额
货币资金	200	短期借款	280
交易性金融资产	120	应付账款	320
应收账款	400	长期借款	400
存货	800	应付债券	600
长期股权投资	240	股本	1 200
固定资产	2 000	资本公积	280
无形资产	240	盈余公积	800
		未分配利润	120
资产总计	4 000	负债和所有者权益总计	4 000

表 7-8 **利润表** 单位：万元

项　　　　目	金　　额
一、营业收入	8 000
减：营业成本	4 000
销售费用	400
管理费用	600
财务费用	200
税金及附加	1 000
二、营业利润	1 800
加：营业外收入	0
减：营业外支出	0
三、利润总额	1 800
减：所得税费用(25%)	450
四、净利润	1 350

要求：

(1) 计算该公司的营业净利率、总资产周转率、权益乘数。

(2) 与该公司所处同行业的B公司，其净资产收益率为40%，营业净利率为10%，试根据上述资料比较两家公司的理财策略和经营策略。

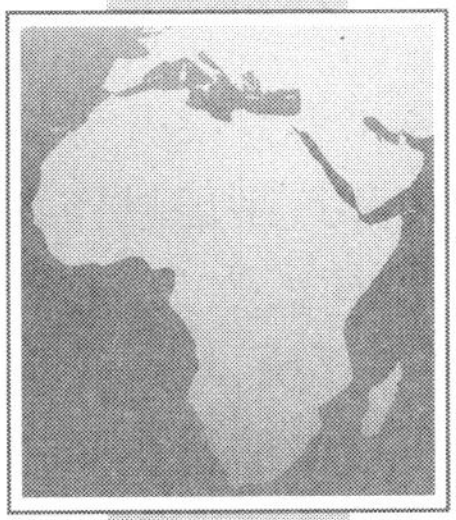

第八章
财务分析报告的撰写

理论学习目标

◇ 了解财务分析报告的概念及作用、分类及目的。
◇ 了解财务分析报告的岗位需求和市场价值。
◇ 掌握财务分析报告的撰写内容格式、基本要求及注意事项。

能力实现目标

◇ 能够按照财务分析报告的要求撰写完整且有价值的上市公司财务分析报告。

无论是大中型企业还是中小型企业，财务分析报告都日益成为辅助决策的重要信息，企业中的财务分析岗位需要定期进行财务分析报告的撰写。企业信息化系统中的财务分析模块可为财务分析报告的撰写提供便捷的平台支持。企业财务分析报告是在财务分析的基础上，概括、提炼作出说明性和结论性的书面资料。通过财务分析报告，可以把有关分析的情况、数字、原因等表述清楚，向上级主管部门、单位领导或企业内部有关部门汇报，以便积极采取措施，有效地运用人力、物力和财力，全面提高财务管理水平，促进计划的顺利完成。

第一节　财务分析报告概述

一、财务分析报告的概念

财务分析报告是企业依据会计报表、财务分析报表及经营活动和财务活动所提供的丰富的重要的信息及其内在联系，运用一定的科学分析方法，对企业的经营特征，利润实现及其分配情况，资金增减变动和周转利用情况，税金缴纳情况，存货、固定资产等主要财产物资的盘盈、盘亏、毁损等变动情况，以及对本期或下期财务状况将发生重大影响的事项作出客观、全面、系统的分析和评价，并进行必要的科学预测而形成的书面报告。

二、财务分析报告的作用

会计是通过一定的方式向利益相关者提供有用的决策和控制信息的一个信息系统。财务会计的最终产品是财务报告，然而，企业经营活动是错综复杂的，会计的核算过程也是错综复杂的，财务报告却是抽象的，它只能提供某一方面的总括数字。财务报告信息的使用者往往对会计技术知之甚少或一无所知。为了使财务报告使用者能够清晰地认识和理解财务报告的内容，把报告所记载的数据变成有用的信息，财务报告分析主体通过搜集资料，把相关年度的财务报告和其他核算资料结合起来，通过一系列的数据、指标计算和对比分析，找出各指标形成和变化的原因，从而更清楚地揭示企业经营理财中所存在的问题，并提出相应的合理化对策建议，这个过程就是财务报告分析过程，而财务报告分析过程最终形成的书面成果就是财务分析报告。财务分析报告除了能为各种信息需要者提供更加清晰明了的有用决策和控制信息作为其决策和控制的依据以外，还可以帮助企业进行财务预测，制定更符合客观规律的财务预算。财务预算应该是在对企业所处经济环境进行细致考察、对企业的能力进行客观评价、对历史财务资料进行正确的计算和分析之后，经过科学的预测得来的。因此，财务分析报告的提供是进行财务预测和制定财务预算的基础工作。通过财务分析报告，还可以揭示企业经营理财中存在的问题和不足，并针对问题提出改进，这样企业经营管理工作就能够有的放矢，最终达到避免风险、提高经济效益的目的。另外，全面、系统的综合性财务分析报告，可以作为今后企业进行财务报告动态分析的重要历史参考资料。

第二节　财务分析报告的格式和要求

一、财务分析报告的格式

财务分析报告的具体格式并不是很重要，也没有严格统一的要求，其写法不必千篇一律。但一般来讲，财务分析报告主要包括以下几个组成部分。

（一）标题

财务分析报告的标题是分析目的和分析内容的抽象和概括，一般应标明财务报告的期间，如“某公司某年度财务分析报告”。有的财务分析报告为了提高标题的透明度，还会加上副标题。

（二）引言

财务分析报告的引言多数是概括介绍企业当前的形势、报告的背景以及分析的目的，引言应该简明扼要。有时财务分析报告的引言与正文并无明显的界限，也有不写引言直入正题的。

（三）正文

正文部分是财务分析报告的主体部分。首先，按照可比口径计算说明各项主要财务经济指标的完成情况，即通过实际与计划或与上年同期的对比，反映财务经济指标的完成情况，然后分析变动的原因，同时肯定所取得的成绩，揭示所存在的问题。正文部分要注意突出中心、突出重点、突出问题的症结所在。只有重点突出的财务分析报告，才能让人读了以后清楚明了地知晓关键问题在哪里。具体写作时，应有重点地总结分析企业取得某一重要成绩的状况和经验，或者有重点地总结分析企业存在薄弱环节的状况和造成的原因，切忌罗列数据、面面俱到，而又不分析存在的问题，也不寻找产生问题的原因。正文部分的写作还要注意对具体情况的分析应深入完整，得出的结论必须公正。另外，正文部分在说明情况、分析问题时要注意形式的多样化，可以直接用数字对比说明，可以用表格、文字加以说明，也可将上述形式综合起来。哪一种形式更有助于说明问题、更清晰地表现问题，就采用哪一种形式。

（四）结论

财务分析报告的结论主要是针对存在的问题提出针对性强的改进意见、措施或建议。目的是改善经营管理和财务情况、提高经济效益。最后，还应有署名和报告日期。

二、财务分析报告的要求

（一）要突出重点，忌泛泛而谈

财务分析报告重在揭露问题、查找原因、提出建议。因此，分析内容应当突出当期经营理财情况的重点，抓住问题的本质，找出影响当期指标变动的主要因素，重点剖析造成指标较大变化的主、客观原因。

（二）要深入剖析，忌浅尝辄止

针对财务指标，要善于深入调查研究，捕捉其发展变化过程中偶然现象中的必然规律。抱着实事求是的态度，通过对现有大量详细资料的反复推敲、印证，去粗取精、去伪存真，得出对企业财务情况客观公正的评价。

（三）要通俗易懂，忌过于专业

财务分析报告主要是服务于企业内部经济管理的改善、经济运行质量的提高，为领导当参谋、让群众明家底，或为广大的股东、债权人进行投资决策提供信息依据。因此，财务分析报告应尽量淡化专业味，少用专业术语，多用大众词汇，做到直截了当、简明扼要、通俗易懂。

（四）要坚持定期提供与日常提供相结合的原则

随着财务决策和控制对信息及时性要求的不断提高，要求分析者能够更及时地分析企业日常的财务状况、盈利能力、资产管理能力及企业的未来发展趋势，甚至要求对财务情况进行实时动态跟踪分析。因此，在注重定期提供财务分析报告的同时，也要重视提供日常分析报告。

（五）要注重财务分析报告通用性和专用性的结合

企业财务分析报告就是从各种基本财务报表着手，对企业各期的财务经济指标进行分析，编制财务情况说明书。但从效果上看，事先缺乏与阅读对象沟通、缺乏对主要财务经营事项进行有的放矢的专题分析、面面俱到，无法突出重点的通用性，其实际作用有限。在实际工作中，根据不同信息需求者的不同，需要针对某一范围或某一事项有的放矢地进行专题分析，往往更有实用性。因此，财务分析报告应围绕企业领导和员工、外部的利益相关者最关心的热点问题和实际工作中遇到的新问题来展开，传递对领导和各种利益相关者决策和控制有用的信息，真正起到参谋作用。

（六）重视及实现财务分析报告的市场价值

企业财务分析报告经过了比较完整的财务报表分析程序，综合使用了多种财务报表分析方法，属于智力密集型劳动产品，其有着比较广泛的应用实践领域，如信贷实务、证券投资并购重组、政府监管等。因此，财务分析报告的加工制作方是具有受托责任的，应该合理地界定自身的权利与义务的边界。属于公司商业秘密的应该负有保密责任，属于可以公开发布的内容必须仔细甄别取舍。同时，必须在具备合法资质的媒介平台上进行发布，并应结合市场需求合理界定其可能带来的决策价值。

第三节　上市公司财务分析报告举例

报 告 目 录

2. 利润增减变动结构分析及评价
(二) 各生产分部利润分析
1. 一季度生产本部(含 QY 分厂)利润增减变动分析
2. 一季度 AY 分公司利润增减变动分析
二、收入分析
(一) 销售收入结构分析
(二) 销售收入的销售数量与销售价格分析
(三) 销售收入的赊销情况分析
三、成本费用分析
(一) 产品销售成本分析
(二) 各项费用完成情况分析
四、现金流量表分析
(一) 现金流量表增减变动分析
(二) 现金流量数据分析
五、有关财务指标分析
(一) 获利能力分析
(二) 短期偿债能力分析
(三) 长期偿债能力分析
六、存在问题及分析
(一) 产品销售成本的增长率与上年同比大于产品销售收入的增长率
(二) 负债增加,获利能力降低,偿债风险加大
七、意见和改进措施

【重点关注】

现代企业竞争是管理的竞争。面对日益萎缩的利润空间,我们需要知道:居高不下的成本究竟是客观原因还是主观原因造成的?材料利用率能否控制?现销收入能否更多些?赊销收入资金回笼能否更快些?在目前产销两旺的形势下,企业资金能否良性循环?

由于人民币销售价格的同比下落,销售成本又居高不下,销售毛利率下降,利润总额同比减少 50.5 万元;赊销收入同比增加,不良及风险应收款项比例加大;经营现金净流量不足以抵付经营各项支出;负债及应付款项、利息增加,贷款还本付息压力加重;销售、生产还较正常,资产负债率稍高,也算正常,目前短期还债能力较强。

【2017 年一季度财务分析】

一、利润分析

(一) 集团利润额增减变动分析

1. 利润额增减变动水平分析

(1) 净利润分析

X 集团是一家新能源材料生产商。一季度公司实现净利润 105.36 万元,比上年同期减少

了55.16万元，减幅34%。净利润下降原因：一是由于实现利润总额比上年同期减少50.5万元；二是由于所得税税率增长，缴纳所得税同比增加4.65万元，其中利润总额减少是净利润下降的主要原因。

(2) 利润总额分析

利润总额140.48万元，同比上年同期190.98万元减少50.5万元，下降26%。影响利润总额的是营业利润同比减少67.24万元，补贴收入增加17万元。

(3) 营业利润分析

营业利润123.18万元，较上年190.42万元大幅减少，降幅35%。主要是产品销售利润和其他业务利润同比都大幅减少所致，分别减少46.53万元和20.71万元。

(4) 产品销售利润分析

产品销售利润82.95万元，同比上年同期129.48万元下降36%。影响产品销售利润的有利因素是销售毛利同比增加162.12万元，增长率27%；不利因素是三项期间费用686.41万元，同比增加208.65万元，增长率43.67%。期间费用增长是导致产品销售利润下降的主要原因。由于今年一季度淡季不淡，销售收入同比增长53%，销售运费、工资、广告及相应的贷款利息、汇兑损失也比上年大幅增长。销售费用、管理费用、财务费用同比增加额分别是108.31万元、8.32万元和92.19万元，其中销售费用和财务费用同比增长最快，分别增长98%和67%。

(5) 产品销售毛利分析

一季度销售毛利769.36万元，销售毛利较上年增加162.12万元，增长率27%；销售毛利同比增加是收入、成本两项相抵的结果。产品销售收入同比增加2 600.20万元，增长53%；产品销售成本同比增加2 438.07万元，增长57%。

2. 利润增减变动结构分析及评价

从2017年一季度各项财务成果的构成来看，产品销售利润占营业收入的比重为1.11%；比上年同期的2.66%下降了1.55%；本期营业利润占收入结构比重1.65%，同比上年的3.91%下降了2.26%；利润总额构成1.88%，同比上年的3.92%下降了2.04%；净利润构成为1.41%，比上年的3.30%下降1.89%。

从利润构成情况上看，盈利能力比上年同期都有下降，各项财务成果结构下降原因：

(1) 产品销售利润结构下降，主要是产品销售成本和三项期间费用结构增长所致。目前降低产品销售成本，控制销售费用、管理费用和财务费用的增长是提高产品销售利润的根本所在。

(2) 营业利润结构下降的原因除受产品销售利润影响以外，其他业务利润同比下降也是不利因素之一。

(3) 本期因补贴收入为利润总额结构增加0.25%，是利润总额增加的有利因素，而营业外收入结构比重下降，营业外支出比重增加、所得税率结构上升都给利润总额结构增长带来不利影响。

(二) 各生产分部利润分析

1. 一季度生产本部(含QY分厂)利润增减变动分析

第一，本部利润总额129.91万元，同比减少48.94万元，下降27.36%。利润总额下降的主要原因是产品销售利润和其他业务利润同比减少44.77万元、20.89万元，补贴收入增加17万元，以及营业外收入同比减少0.26万元增减相抵所致。

第二，本部产品销售利润 72.58 万元，较上年同期 117.35 万元减少 44.77 万元，降幅 38.15%。其减少的原因是一季度销售收入的同比增加幅度抵销不了销售成本和期间费用的增加幅度，造成产品销售毛利空间缩小。其销售收入同比增加 2 312.68 万元，增长 55.97%；而销售成本、费用增加 2 357.44 万元，成本、费用增长达 58.72%。其中：产品销售成本增加 1 603.44 万元，增长 70.52%；期间费用增加 214.46 万元，增长 47.61%。

2. 一季度 AY 分公司利润增减变动分析

第一，AY 分公司利润总额 10.56 万元，同比减少 1.56 万元，下降 12.91%。利润总额下降的主要原因是产品销售利润减少 1.75 万元、其他业务利润同比增加 0.19 万元两项增减相抵所致。

第二，产品销售利润 10.38 万元，较上年同期 12.13 万元减少 1.75 万元，减幅 14.48%。其减少的原因是：由于主要原材料价格较上年同期上涨，因此产品销售毛利并未因业务量增大而增加。销售收入同比增加 287.52 万元，增长 38.95%；而销售成本增加 295.09 万元，增长 42.23%；产品销售毛利较上年减少 7.57 万元，减幅 19%；期间费用 21.53 万元，同比减少 5.81 万元，费用率下降 21.25%。

二、收入分析

（一）销售收入结构分析

一季度集团完成销售收入 7 470.4 万元。出口 NSB、国内销售 NSB 及 PEX 等收入与上年同期相比都有不同程度的增长，按销售区域划分：

（1）出口贸易创汇收入 602.8 万美元，同比增加 258.8 万美元，增长 42.9%，折合人民币销售收入 4 340 万元，完成年度计划的 31%。

（2）国内销售收入（包括 QY 分厂）2 104.7 万元，完成年度计划的 19.9%，同比增加 649.7 万元，增长 44.6%。

（3）AY 分公司 PEX 材料收入 1 025.7 万元，与上期的 738.20 相比，增加 287.5 万元，增长了 38.95%。

（二）销售收入的销售数量与销售价格分析

一季度集团销售收入中出口销售、国内销售、AY 分公司在收入结构所占比重分别是 58.1%、28.2%、13.7%，其中以本部出口业务量最大，其对销售总额、成本总额的影响也最大。

（1）本部一季度因销售业务量增加影响，销售收入（人民币）较上年同期增加 2 312.67 万元（含 QY 分厂），增长 55.97%；

（2）尽管 3 月始上调了部分出口产品售价，但汇率由 7.8 元/1 美元降到 7.2 元/1 美元，因汇率损失影响，一季度（人民币）销售价格比上年同期价格仍然减少，因价格降低影响同比销售收入减少 302.38 万元；

（3）本部由于一季度出口销售业务扩大，因销售量的变动影响同比增加销售收入 1 831.83 万元。

（三）销售收入的赊销情况分析

2017 年一季度应收账款期末余额 3 768.7 万元；与上期的 3 337 万元相比，增加了 431.7 万元，应收账款增长了 12.9%。其中：应收账款账龄在三年以上的有 253.7 万元，占 7.66%，1～2 年的应收账款 3 058.3 万元，占赊销总额的 92.34%。说明销售收入中应收账款赊销比重在加大，其中值得注意的是：

(1) 各代表处赊销收入 286.12 万元，占发货累计的 70.55%，超出可用资金限额 644.44 万元；

(2) 代理商及办事处等赊销收入 2 011.35 万元，赊销款 872.53 万元，占其赊销收入的 43%(不良应收款占 27%，风险应收款占 16%)。

三、成本费用分析

(一) 产品销售成本分析

1. 全部销售成本完成情况分析

集团全部产品销售成本 6 701.09 万元，较上年同期 2 438.07 万元增长 57%。其中：

第一，出口产品销售成本 3 877.22 万元，占成本总额的 57.9%，同比增加 1 603.44 万元，增长 71%，其成本增长率大大高于全部产品销售成本总体增长水平(14%=71%−57%)；

第二，本部国内产品销售成本 1 830.05 万元，占成本总额的 27.3%，同比上年增加 539.54 万元，增长 42%，说明国内产品销售成本增长率低于全部产品销售成本增长率(15%=42%−57%)；

第三，AY 分公司产品销售成本 993.81 万元，同比 698.72 万元，增加 295.08 万元，增长 42.23%，占成本总额的 14.8%，其销售成本占收入结构的 96.89%，同比上年增长 0.22%。

2. 各销售区域产品销售成本对总成本的影响

第一，出口产品销售成本对总成本的影响 66%；

第二，国内销售产品成本对总成本的影响 22%；

第三，AY 分公司销售产品成本对总成本的影响 12%。

一季度由于成本增长影响，出口产品销售毛利率同比下降 2%，这是销售毛利率下降的主因。国内产品销售收入同比增长 1%，成本并没有同比例增加。

3. 单位产品材料利用率同比下降对成本的影响

第一，0.5FC 利用率只有 78.62%成本，同比成本增加了 16.4 万元。其原因是 PEX 不合格 70 米，阿拉伯蓝色 KQ 不良产生 145.587 0 标准张降级。

第二，0.40FC 利用率有 83.78%，同比成本增加了 12 万元。主要是 XX 不良、拉闸停电损失。

第三，0.30FC 利用率有 92.28%比上年的 94.21%低约 2 个百分点，成本增加 6.2 万元。主要是新产品试验调整。

第四，0.50FC 比计划成本高 4.5 万元，因为 2 月有 PEX 不合格 220 米，3 月有 X 材不合格致使 47.146 8 张 BZB 降级。

(二) 各项费用完成情况分析

三项期间费用共计 686.4 万元，总费用水平 9.19%，比上年同期的 9.81%下降了 0.62%；其中销售费用、财务费用增加是费用总额增加的主要原因。

1. 销售费用分析

销售费用 218.5 万元，占费用总额的 32%；与上年同比增加 108.3 万元。销售费用变动的原因：一是运费、工资和其他项有较大增长，分别比上年同期增长 69.1 万元、21.5 万元、20.3 万元，增长幅度分别为 270.56%、110.75%、66.56%。由于公司销售业务量加大，其收入提成、运输费和包装材料等费用相应的增加，同时广告会务费、交际应酬费、差旅费等方面的开支也有一定的增加，但办公费比上年有所下降。

2. 管理费用分析

管理费用239.3万元，占费用总额的35%；与上年同比增加8.3万元，增长4%。管理费用变动的原因是工资同比增加19.1万元，增长34.09%。水电费增加7.9万元，增长62.98%，其他项增加8.7万元，同比增长48.98%。办公费等同比减少的项目有：无形资产摊销费用比上年同期下降41%；差旅费、修理费两项均下降72%；办公费下降36%；税金下降27%；交际应酬费下降16%。其中无形资产摊销减少12.6万元是与上年摊销期限不一致形成的。

3. 财务费用分析

一季度财务费用支出228.6万元，同比增加92万元，增长67.35%。其中：手续费支出同比增加3.1万元，增长40.79%；利息支出152.7万元，同比上年增加55.1万元，增长55%；汇兑损失65.2万元，同比31.4万元增加33.82万元，增长108%；其中利息支出和汇兑损失支出增加是财务费用总额同比增加的主要原因。

四、现金流量表分析

（一）现金流量表增减变动分析

（1）经营活动产生的现金流量净额11.41万元，同比增加597.08万元，增长102%；

（2）投资活动产生的现金流量净额－304.1万元，同比上年－175.92万元，净支出增加128.1万元；

（3）筹资活动产生的现金流量净额－157.38万元，同比上年621.6万元现金净支出增加778.98万元；

（4）现金及现金等价物净增加额－450.08万元，同比上年－853.24万元净支出减少403.16万元，现金及现金等价物净增加额上升47%。

经营活动产生的现金流量净额只有11.41万元，说明尚不足支付经营活动的存货支出，而投资活动未有回报，筹资活动现金流量是负数，说明目前正处在偿付贷款时期。整个现金流量是负数，说明公司的现金流量很不乐观。

（二）现金流量数据分析

（1）经营活动现金净流量表明经营的现金收入不能抵补有关支出。

（2）现金购销比率92%，接近于商品销售成本率90%。这一比率表明生产销售运转正常，无积压库存。

（3）销售收入回笼率91%，表明销售产品的资金赊销比例太高，此比率一般不能低于95%，低于90%则预示应收账款赊销现金收回风险偏大。

五、有关财务指标分析

（一）获利能力分析

长期资产报酬率2.1%，与上年同期比下降20.3%；总资产报酬率0.6%，降55.5%；毛利率10.3%，降17.4%；销售净利润率1.4%，降57.2%；成本费用利润率1.1%，降72%。说明销售收入成倍增长，但获利能力呈下降趋势。

（二）短期偿债能力分析

流动比率143.9%，与上年同期比增长29.3%；速动比率105.2%，增长79.1%。表明本期因贷款额的增加，用于流动的资金同比增长很快，企业短期偿债能力很强。现金比率42.1%，超出安全比率的20%，表明偿还短期债务的安全性较好，但同时说明资金结构不太合理，流动资金未能充分用于生产经营。

(三) 长期偿债能力分析

与上年同期比总资产负债率 53%，增长 7.4%，尚在安全范围内；产权比率 31.1%，一般应在 50%为好，该比率过低，说明财务结构不尽合理，未能有效地利用贷款资金；利息保障倍数 192%，下降 35.1%；表明因利润减少利息支出增加，长期偿债能力较上年同期在下降。

六、存在问题及分析

(一) 产品销售成本的增长率与上年同比大于产品销售收入的增长率

具体表现在：成本增长率大于收入增长率；毛利及毛利率下降；集团公司一季度出口产品销售收入同比上年增长 34.15%，而其成本增长 37.61%；AY 分公司收入增长 5.9%，而成本增长 12.1%；只有国内产品销售呈良好发展态势，收入增长大于成本增长。

(二) 负债增加，获利能力降低，偿债风险加大

(1) 对外负债总额一年内增长 26.6%，其中以其他应收款、应付账款形式占用的外部资金有明显上升。其应收账款严重高于应付账款 1.9 倍，全部应收款也高于全部应付款的 1.4 倍，表明其对外融资(短期借款、应付票据、应付账款、其他应付款)获得的资金完全被外部资金(应收账款、其他应收款)占用。

(2) 赊销收入占全部收入的比重大，造成营运资金紧张，严重影响了现金净流量。3 月末应收账款余额 2 297.4 万元，其中：各代表处、发展部不良或风险应收账款为 872.53 万元，占其赊销收入总额的 43%；代理商及办事处赊销收入占发货总数的 70%。销售收回的现金流量少，不足以支付经营现金支出，加重了财务利息支出的负担。

(3) 由于外汇比率等宏观经济环境的变化、市场供求关系的不确定性使得公司产品盈利空间在缩小，同时由于负债增大，偿债风险也在增加，目前偿债能力日趋下降，极易产生财务危机。

七、意见和改进措施

1. 成本费用利润率低是目前制约公司盈利能力的瓶颈。建议在扩大销售业务的同时狠抓产品成本节能降耗，分析产品原材料利用率增减变化原因，向管理、生产要利润。

2. 应收账款赊销比重过大。为有效控制财务风险，建议在加紧应收款项的催收力度的同时，适度从紧控制赊销比例。对于出现不良或风险欠款的销售区域，应对赊销收入特别关注。

3. 谨防因汇率的波动、银行放贷政策等外部不利影响而产生的财务风险。应合理利用资金，时刻重视现金流量，降低财务风险。

本章小结

财务分析报告是依据财务报表分析的理论和方法对企业进行分析和评价，进行必要的科学预测而形成的书面报告。财务分析报告内容依据其不同的使用主体而具有一定的市场价值。信息化软件中的财务分析模块可以提高财务分析工作的规范性和及时性。财务分析报告的基本格式应包括标题、引言、正文和结论。财务分析报告的撰写有一定的要求，首先必须明确使用主体和服务对象，内容要突出重点、深入剖析，行文要图文并茂、观点明确，应用要坚守责任、合理发布。

思考题

1. 我国财务分析报告的发展现状如何?

2. 财务分析报告的分类有哪些?

3. 财务分析报告的主要内容应该包括哪些?

4. 财务分析报告的撰写需要注意哪些问题?

5. 如何结合信息化财务分析模块更好地进行财务分析工作?

6. 财务分析报告的应用领域有哪些?

7. 财务报表分析的岗位需求有哪些?

8. 财务分析报告如何实现市场价值?

9. 财务分析报告撰写过程中可以使用哪些信息化辅助技术?

10. 财务分析报告在发布披露及信息传播过程中应该注意哪些问题?我国目前主要有哪些财务报告指定发布平台?

练习题

多项选择题

1. 财务报表分析报告的撰写步骤包括(　　)。

A. 收集整理资料　　B. 撰写初稿　　C. 修改定稿　　D. 报送或发表

2. 财务报表分析报告的主要撰写要(　　)。

A. 报告内容完整　　B. 重点突出　　C. 条理清晰　　D. 格式新颖

3. 下列属于财务报告撰写的要求是(　　)。

A. 突出重点　　B. 深入剖析　　C. 日常分析　　D. 通俗易懂

4. 财务报告的作用包括(　　)。

A. 反映企业经营的不足　　B. 财务预测　　C. 财务决策依据　　D. 财务总结

5. 财务分析报告主要包括的格式有(　　)。

A. 标题　　B. 引言　　C. 正文　　D. 结论

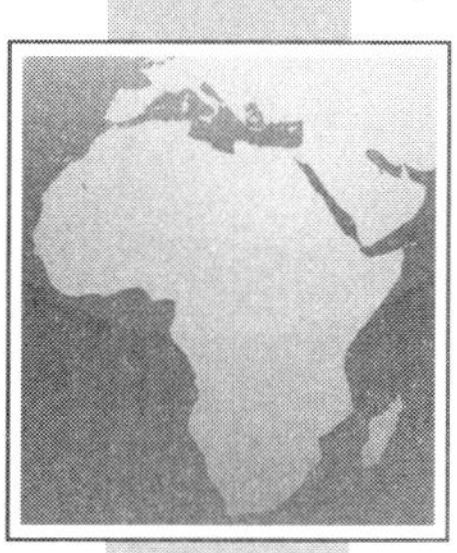

第九章 Excel在财务报表分析中的应用

能力实现目标

◇ 熟练应用Excel进行财务报告分析的数据整理以及加工。

对上市公司的财务报表进行分析，首先需要搜集整理上市公司的财务报表数据和相关的信息，为分析做好准备。搜集上市公司的财务报表信息的途径有很多，本书选择了通过以新浪财经股票专栏的数据为例，详细解说了财务报表数据收集和下载整理的过程。

第一步，进入新浪网页点击“股票”（见图9－1）。

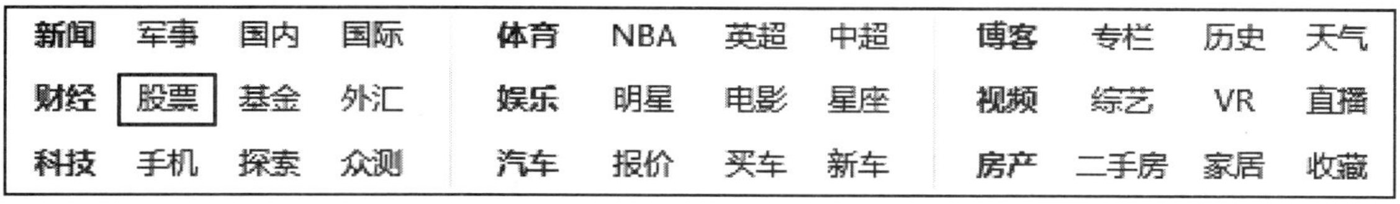

图9－1 新浪网页上市公司进入界面

第二步，搜索栏输入需要下载数据的首字母如“ynby”，或者直接输入上市公司的名称如“云南白药”（见图9－2）。

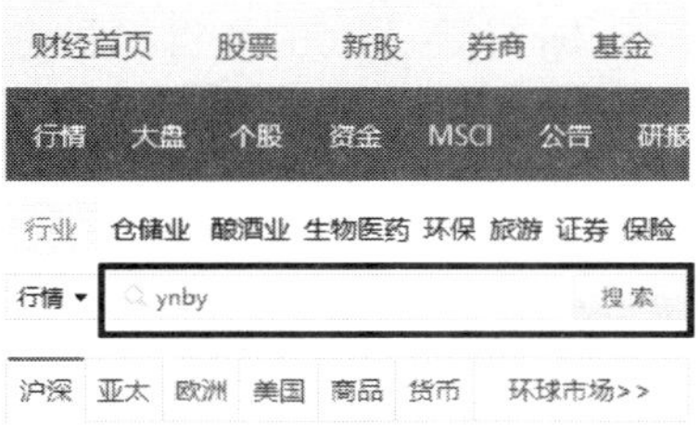

图9－2 公司代码输入界面

图9－3 点击进入公司界面

第三步，进入云南白药股份有限公司财务信息界面（见图9－3）。

第四步，进入上市公司界面以后，将下拉菜单下拉到左侧财务数据界面，点击“资产负债表”、“利润表”和“现金流量表”并将数据进行下载保存（见图9－4）。

第五步，将下拉菜单下拉到左侧公司公告界面，下载上市公司2013～2017年年报，以便对财务报表中的数据进行深入分析，获取必要的资料（见图9－5）。

财务数据		财务数据		财务数据	
财务摘要	财务指标	财务摘要	财务指标	财务摘要	财务指标
资产负债表	利润表	资产负债表	利润表	资产负债表	利润表
现金流量表	业绩预告	现金流量表	业绩预告	现金流量表	业绩预告
杜邦分析	股东权益增减	杜邦分析	股东权益增减	杜邦分析	股东权益增减

图 9-4　上市公司资产负债表、利润表和现金流量表下载点击界面

全文类型　年度报告 ▼　查询

快速通道:2018-04-12 云南白药：2017年年度报告
2017-04-22 云南白药：2016年年度报告
2016-04-20 云南白药：2015年年度报告
2015-04-28 云南白药集团股份有限公司2014年年度报告
2014-03-28 云南白药集团股份有限公司2013年年度报告
2013-03-19 云南白药集团股份有限公司2012年年度报告
2012-03-17 云南白药集团股份有限公司2011年年度报告
2011-03-26 云南白药集团股份有限公司2010年度报告
2010-04-24 云南白药集团股份有限公司2009年年度报告
2009-04-24 云南白药集团股份有限公司2008年年度报告

图 9-5　上市公司资产负债表、利润表和现金流量表下载点击界面

第一节　用 Excel 整理上市公司财务报表

一、用 Excel 整理上市公司资产负债表

(一) 搜集和下载上市公司资产负债表数据

根据图 9-4 资产负债表点击界面进入云南白药股份有限公司资产负债表数据下载界面，下拉菜单到左下角可看见“下载全部历史数据到 excel 中”，点击鼠标右键，再点击“目标另存为”，即可选择路径将数据存放到电脑中。

云南白药(000538) 资产负债表					单位：万元
报表日期	2018-09-30	2018-06-30	2018-03-31	2017-12-31	2017-09-30
流动资产					
货币资金	263,012.45	354,064.02	379,562.83	266,632.64	304,481.57
交易性金融资产	707,269.49	777,431.28	592,120.83	674,938.16	659,706.63
衍生金融资产	—	—	—	—	—
应收票据	256,038.11	278,128.73	387,708.82	429,335.08	320,306.30
应收账款	201,279.77	176,710.86	154,925.36	123,381.03	150,967.91
预付款项	67,841.10	71,070.36	50,152.72	41,796.03	50,068.57
应收利息	—	6,389.86	5,269.61	6,357.98	2,817.52
应收股利	—	—	—	—	—

图 9-6-1

未分配利润	1,597,857.86	1,644,158.81	1,561,476.98	1,480,852.45	1,435,950.48
归属于母公司股东权益合计	1,920,758.65	1,967,058.39	1,884,376.55	1,803,752.03	1,749,757.71
少数股东权益	13,100.09	11,900.29	10,994.06	10,539.72	10,932.53
所有者权益(或股东权益)合计	1,933,858.74	1,978,958.68	1,895,370.61	1,814,291.75	1,760,690.24
负债和所有者权益(或股东权益)总计	2,920,660.83	2,959,236.11	2,860,624.86	2,770,253.05	2,668,540.06

下载全部历史数据到excel中　↑返回页顶↑

图 9-6-2

图 9-6-3

图 9-6　上市公司资产负债表数据下载流程图

(二) 用 Excel 对上市公司的资产负债表进行整理

根据资产负债表数据下载流程图将数据下载到电脑桌面后，将文件打开，呈现出如图 9-7 所示的样图。接下来就需要对样图进行整理和完善。

报表日期	20180930	20180630	20180331	20171231	20170930	20170630	20170331	20161231	20160930
单位	元	元	元	元	元	元	元	元	元
流动资产									
货币资金	2.63E+09	3.54E+09	3.8E+09	2.67E+09	3.04E+09	3.76E+09	3.14E+09	3.29E+09	2.36E+09
交易性金融	7.07E+09	7.77E+09	5.92E+09	6.75E+09	6.6E+09	5.23E+09	2.02E+09	2E+09	5.12E+09
衍生金融资	0	0	0	0	0	0	0	0	0
应收票据	2.56E+09	2.78E+09	3.88E+09	4.29E+09	3.2E+09	3.23E+09	4.45E+09	3.94E+09	2.34E+09
应收账款	2.01E+09	1.77E+09	1.55E+09	1.23E+09	1.51E+09	1.15E+09	1.24E+09	1.01E+09	1.64E+09
预付款项	6.78E+08	7.11E+08	5.02E+08	4.18E+08	5.01E+08	3.95E+08	4.65E+08	4.66E+08	4.7E+08
应收利息	0	63898649	52696066	63579816	28175231	28175231	29783045	31467520	22152705

图 9-7　下载的资产负债表表格原型

图 9-7 中所呈现的表格中的数据包括了年报、半年报和季报的数据，对 2013～2017 年的财务数据进行分析，首先需要将非年报的信息数据列删除。选中需要删除的数据列，点击鼠标

右键，选中删除即可（见图 9－8）。

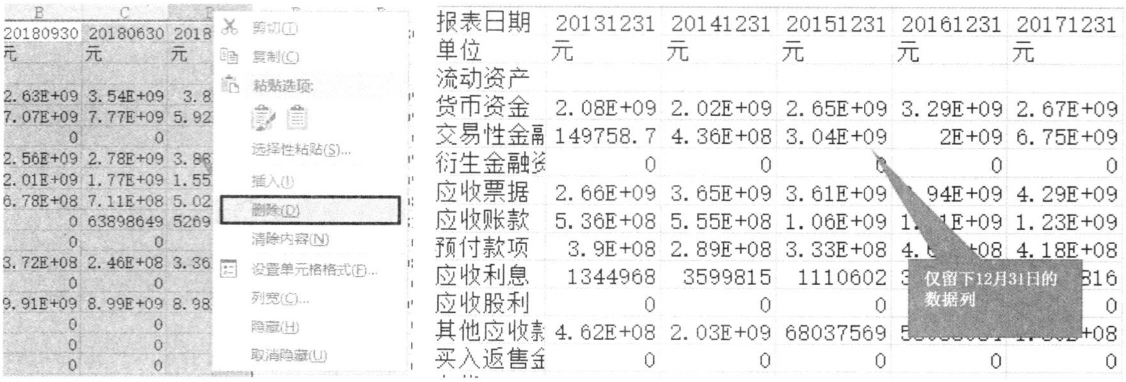

图 9－8 资产负债表整理过程图

将资产负债表进行整理后，即可对表格进行列宽以及行高设置，方法为选中需要设置的范围，点击鼠标右键，选择列宽或者行高，在数值栏输入数据即可（见图 9－9 和图 9－10）。设置数据居中（见图 9－11）和数字的格式（见图 9－12）。设置表格中的字体（见图 9－13）、表格边框（见图 9－14），最后就形成了整理后的资产负债表（见图 9－15）。

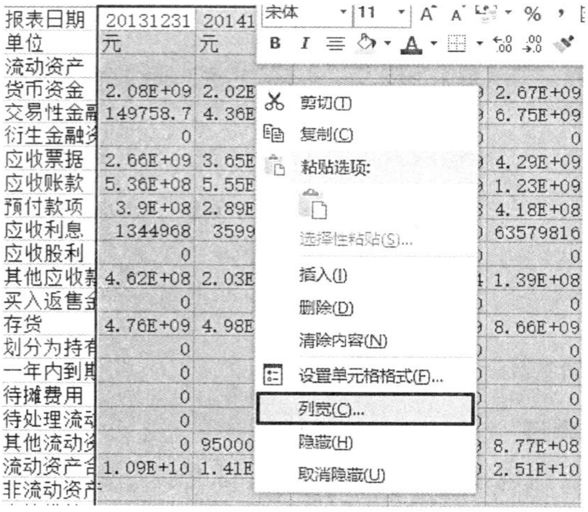

图 9－9 设置列宽

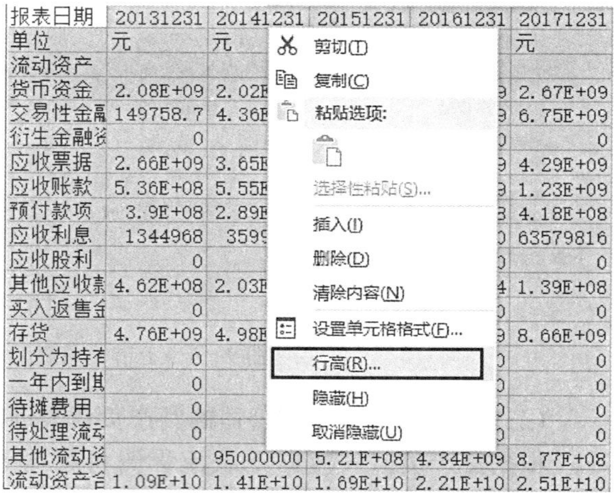

图 9－10 设置行高

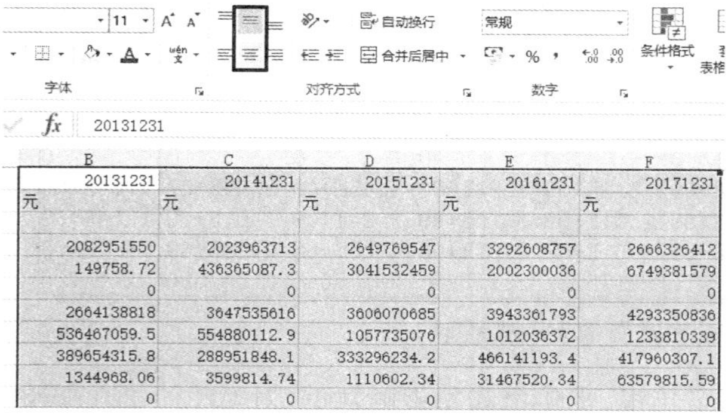

图 9－11 设置内容居中

图 9－12 设置数字格式

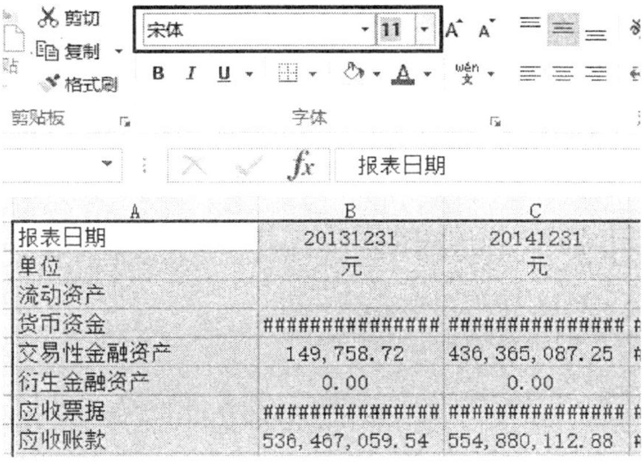

图 9－13　设置字体

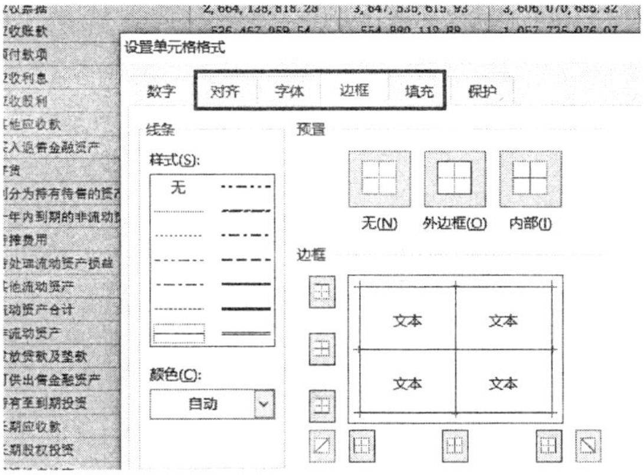

图 9－14　设置表格边框

报表日期	20131231	20141231	20151231	20161231	20171231
单位	元	元	元	元	元
流动资产					
货币资金	2, 082, 951, 549. 60	2, 023, 963, 712. 61	2, 649, 769, 547. 43	3, 292, 608, 757. 11	2, 666, 326, 412. 14
交易性金融资产	149, 758. 72	436, 365, 087. 25	3, 041, 532, 459. 02	2, 002, 300, 036. 42	6, 749, 381, 578. 57
衍生金融资产	0. 00	0. 00	0. 00	0. 00	0. 00
应收票据	2, 664, 138, 818. 28	3, 647, 535, 615. 93	3, 606, 070, 685. 32	3, 943, 361, 793. 13	4, 293, 350, 836. 42
应收账款	536, 467, 059. 54	554, 880, 112. 88	1, 057, 735, 076. 07	1, 012, 036, 371. 97	1, 233, 810, 339. 12
预付款项	389, 654, 315. 84	288, 951, 848. 10	333, 296, 234. 23	466, 141, 193. 41	417, 960, 307. 14
应收利息	1, 344, 968. 06	3, 599, 814. 74	1, 110, 602. 34	31, 467, 520. 34	63, 579, 815. 59
应收股利	0. 00	0. 00	0. 00	0. 00	0. 00

图 9－15　整理后的资产负债表

整理好的资产负债表当中会出现很多的科目为 0 的情况，会影响到后续对数字的加工，则需要通过数据筛选的功能将科目为 0 的数据全部删除，过程如下：点击工具栏中的数据，点击删除（见图 9－16），点击 2013 年对应的下拉箭头，则出现所有的数据（见图 9－17），仅选择数值 0；用同样的方法操作 2014 年、2015 年、2016 年和 2017 年，即呈现出如图 9－18 所示的情况，将所有科目选中并点击鼠标右键，选择删除即可。

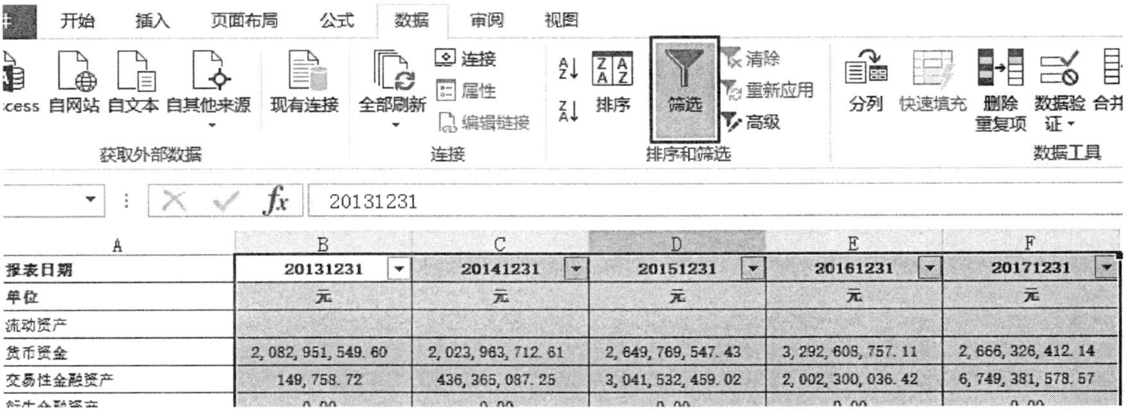

图 9－16　云南白药股份有限公司资产负债表中 0 数据处理流程图 1

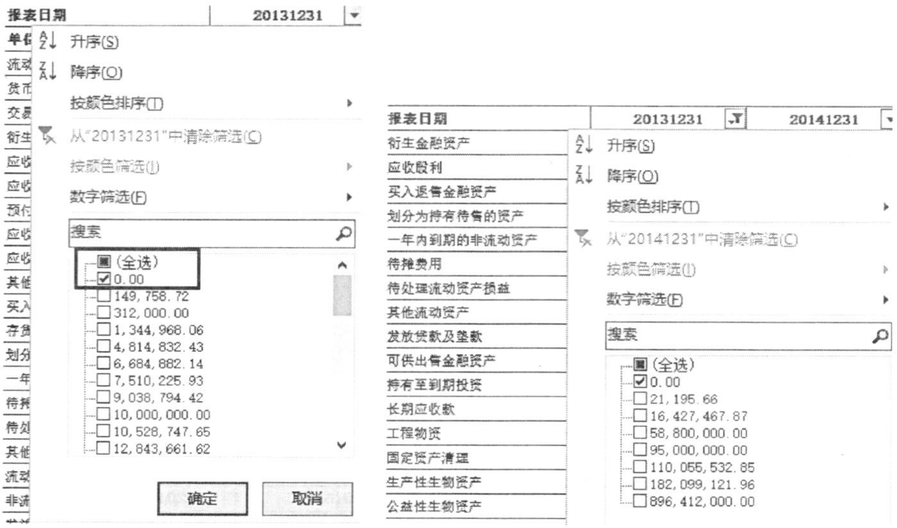

图 9 - 17 云南白药股份有限公司资产负债表中 0 数据处理流程图 2

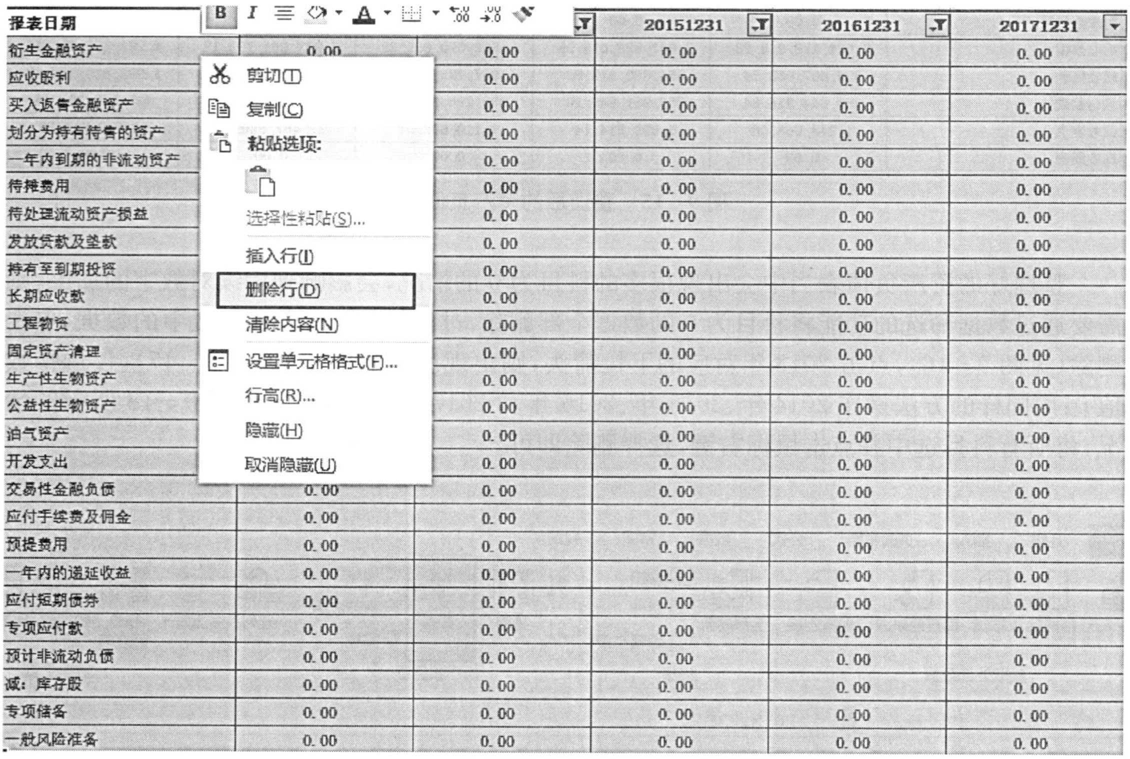

图 9 - 18 云南白药股份有限公司资产负债表中 0 数据处理流程图 3

待所有为 0 的科目删除后，按照从后往前的顺序，从 2016 年开始点击筛选的下拉箭头（见图 9 - 19），全部选中恢复数据。按照 2016 年、2015 年、2014 年和 2013 年的恢复顺序，全部有效数字则全部呈现（见图 9 - 20）。

图 9－19　云南白药股份有限公司资产负债表中 0 数据处理流程图 4

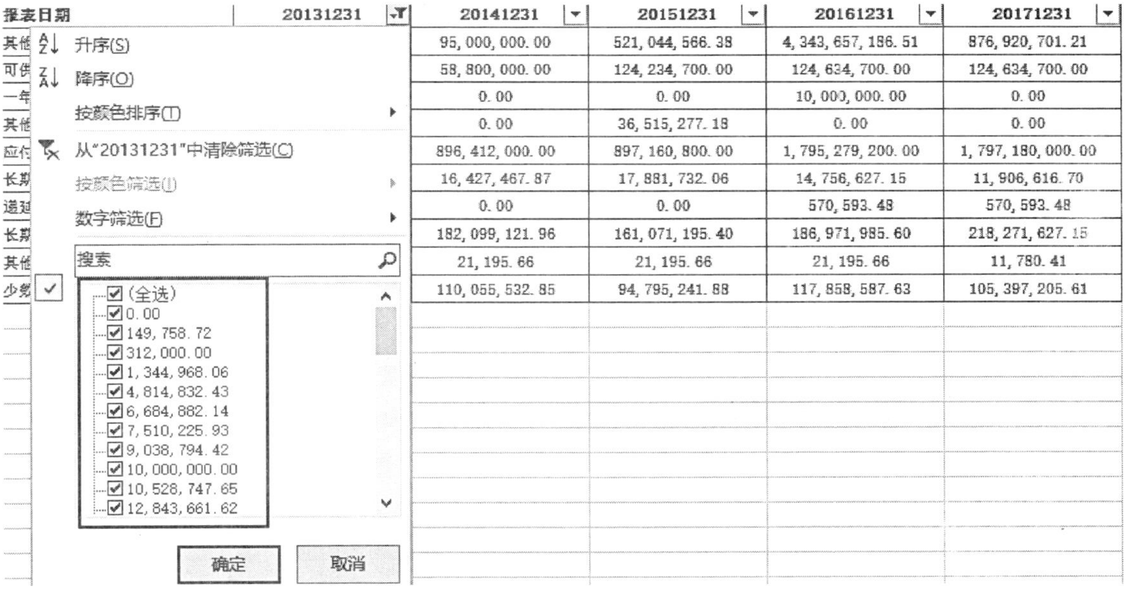

图 9－20　云南白药股份有限公司资产负债表中 0 数据处理流程图 5

二、用 Excel 整理上市公司利润表

(一) 搜集和下载上市公司利润表数据

根据图 9－4 利润表点击界面进入云南白药股份有限公司利润表数据下载界面，下拉菜单到左下角可看见"下载全部历史数据到 excel 中"，点击鼠标右键，再点击"目标另存为"，即可选择路径将数据存放到电脑中。

云南白药(000538) 利润表					单位：万元
报表日期	2018-09-30	2018-06-30	2018-03-31	2017-12-31	2017-09-30
一、营业总收入	1,972,366.31	1,297,358.82	633,744.42	2,431,461.40	1,800,779.20
营业收入	1,972,366.31	1,297,358.82	633,744.42	2,431,461.40	1,800,779.20
二、营业总成本	1,687,987.08	1,130,843.81	551,673.06	2,110,888.22	1,518,549.05
营业成本	1,372,499.40	902,448.81	440,729.65	1,673,157.52	1,227,782.16
营业税金及附加	12,752.49	8,161.31	4,529.23	16,965.29	12,248.77
销售费用	253,366.49	189,088.45	91,669.37	368,351.24	244,361.82
管理费用	25,986.12	19,467.73	10,972.65	38,676.32	25,860.68
财务费用	11,094.75	7,204.46	3,772.17	7,254.35	6,207.77
资产减值损失	4,469.40	4,473.06	—	6,483.50	2,087.86

图 9-21-1

六、每股收益					
基本每股收益(元/股)	2.6200	1.5700	0.7700	3.0200	2.5000
稀释每股收益(元/股)	2.6200	1.5700	0.7700	3.0200	2.5000
七、其他综合收益	3.02	—	—	-2.35	—
八、综合收益总额	272,223.95	162,706.93	80,588.86	313,251.06	259,649.56
归属于母公司所有者的综合收益总额	273,216.58	163,306.36	80,624.53	314,497.20	260,502.89
归属于少数股东的综合收益总额	-992.64	-599.43	-35.66	-1,246.14	-853.33

下载全部历史数据到excel中 ↑返回页顶↑

图 9-21-2

三、营业利润	315,677.04	188,827.94	93,969.48	362,072.35	300,464.63
加:营业外收入	376.43	454.60	101.70	703.96	3,964.50
减：营业外支出	250.39	199.99	49.72	591.56	487.66
其中：					234.00
四、利润总				362,184.75	303,941.47
减：所				48,931.34	44,291.91
五、净利润				313,253.42	259,649.56
归属于 润				314,498.14	260,502.89
少数股				-1,244.73	-853.33
六、每股收					
基本每				3.0200	2.5000
稀释每				3.0200	2.5000
七、其他综合收益	3.02	—	—	-2.35	—
八、综合收益总额	272,223.95	162,706.93	80,588.86	313,251.06	259,649.56
归属于母公司所有者的综合收益总额	273,216.58	163,306.36	80,624.53	314,497.20	260,502.89
归属于少数股东的综合收益总额	-992.64	-599.43	-35.66	-1,246.14	-853.33

下载全部历史数据到excel中 ↑返回页顶↑

图 9-21-3

图 9-21 上市公司利润表数据下载流程图

（二）用Excel对上市公司的利润表进行整理

根据利润表数据下载流程图将数据下载到电脑桌面后，将文件打开，呈现出如图9－22所示的样图。接下来就需要对样图进行整理和完善。将季报和半年报的数据删除（见图9－23），将年度按照2013～2017年的顺序调整，并设置列宽、行高、字体、居中等格式（见图9－24），设置数字的格式（见图9－25），最后生成整理后的利润表（见图9－26）。

	20180930	20180630	20180331	20171231	20170930	20170630	20170331
单位	元	元	元	元	元	元	元
一、营业总	1.97E+10	1.3E+10	6.34E+09	2.43E+10	1.8E+10	1.2E+10	5.91E+09
营业收入	1.97E+10	1.3E+10	6.34E+09	2.43E+10	1.8E+10	1.2E+10	5.91E+09
二、营业总	1.69E+10	1.13E+10	5.52E+09	2.11E+10	1.52E+10	1.03E+10	5.11E+09
营业成本	1.37E+10	9.02E+09	4.41E+09	1.67E+10	1.23E+10	8.16E+09	4.1E+09
营业税金及	1.28E+08	81613059	45292255	1.7E+08	1.22E+08	81999209	38773761
销售费用	2.53E+09	1.89E+09	9.17E+08	3.68E+09	2.44E+09	1.82E+09	8.7E+08
管理费用	2.6E+08	1.95E+08	1.1E+08	3.87E+08	2.59E+08	1.73E+08	87347585
财务费用	1.11E+08	72044573	37721737	72543501	62077650	30480429	-2528578
资产减值损	44693961	44730564	0	64834956	20878595	20878595	7545707
公允价值变	4073404	0	0	0	0	0	0
投资收益	2.4E+08	1.68E+08	78883938	2.77E+08	1.54E+08	1.03E+08	28927724

图9－22　下载的利润表表格原型

	20171231	20161231	20151231	20141231	20131231
单位	元	元	元	元	元
一、营业总收入	24314614044	22410654404	20738126205	18814366373	15814790881
营业收入	24314614044	22410654404	20738126205	18814366373	15814790881
二、营业总成本	21108882216	19284683854	17744878366	16090076188	13860725233
营业成本	16731575210	15717961204	14405904825	13139197658	11118384925
营业税金及附加	169652929.7	153831164.7	104474208.7	92145422.68	76341078.12
销售费用	3683512378	2840488664	2709561530	2430382334	2012574359
管理费用	386763241.5	483543639.7	493208556.4	551645264.5	461893854.5
财务费用	72543501.12	89682813.93	13112110.39	15177180.4	7862388.75
资产减值损失	64834956.45	-823632.7	18617135.98	-138471672.5	183668627.6
公允价值变动收益	0	0	0	0	0
投资收益	276911622.9	193859113.3	174993478.2	105535360.4	684864992
其中：对联营企业和合营企业的投资收益	-8418.4	326299.79	-1258065.9	-1152170.92	-1861432.52

图9－23　利润表原表整理1

	20131231	20141231	20151231	20161231	20171231
单位	元	元	元	元	元
一、营业总收入	15814790881	18814366373	20738126205	22410654404	24314614044
营业收入	15814790881	18814366373	20738126205	22410654404	24314614044
二、营业总成本	13860725233	16090076188	17744878366	19284683854	21108882216
营业成本	11118384925	13139197658	14405904825	15717961204	16731575210
营业税金及附加	76341078.12	92145422.68	104474208.7	153831164.7	169652929.7
销售费用	2012574359	2430382334	2709561530	2840488664	3683512378
管理费用	461893854.5	551645264.5	493208556.4	483543639.7	386763241.5
财务费用	7862388.75	15177180.4	13112110.39	89682813.93	72543501.12
资产减值损失	183668627.6	-138471672.5	18617135.98	-823632.7	64834956.45
公允价值变动收益	0	0	0	0	0
投资收益	684864992	105535360.4	174993478.2	193859113.3	276911622.9
其中：对联营企业和合营企业的投资收益	-1861432.52	-1152170.92	-1258065.9	326299.79	-8418.4

图9－24　利润表原表整理2

项目	20131231	20141231	20151231	20161231	20171231
单位	元	元	元	元	元
一、营业总收入	15,814,790,880.81	18,814,366,372.74	20,738,126,205.08	22,410,654,404.31	24,314,614,044.21
营业收入	15,814,790,880.81	18,814,366,372.74	20,738,126,205.08	22,410,654,404.31	24,314,614,044.21
二、营业总成本	13,860,725,232.91	16,090,076,187.69	17,744,878,365.65	19,284,683,853.68	21,108,882,216.33
营业成本	11,118,384,924.85	13,139,197,658.34	14,405,904,824.56	15,717,961,203.91	16,731,575,209.69
营业税金及附加	76,341,078.12	92,145,422.68	104,474,208.74	153,831,164.69	169,652,929.65
销售费用	2,012,574,359.11	2,430,382,334.23	2,709,561,529.63	2,840,488,664.16	3,683,512,377.95
管理费用	461,893,854.45	551,645,264.52	493,208,556.35	483,543,639.69	386,763,241.47
财务费用	7,862,388.75	15,177,180.40	13,112,110.39	89,682,813.93	72,543,501.12
资产减值损失	183,668,627.63	-138,471,672.48	18,617,135.98	-823,632.70	64,834,956.45

图9－25　利润表原表整理3

项　目	20131231	20141231	20151231	20161231	20171231
单　位	元	元	元	元	元
一、营业总收入	15,814,790,880.81	18,814,366,372.74	20,738,126,205.08	22,410,654,404.31	24,314,614,044.21
营业收入	15,814,790,880.81	18,814,366,372.74	20,738,126,205.08	22,410,654,404.31	24,314,614,044.21
二、营业总成本	13,860,725,232.91	16,090,076,187.69	17,744,878,365.65	19,284,683,853.68	21,108,882,216.33
营业成本	11,118,384,924.85	13,139,197,658.34	14,405,904,824.56	15,717,961,203.91	16,731,575,209.69
营业税金及附加	76,341,078.12	92,145,422.68	104,474,208.74	153,831,164.69	169,652,929.65
销售费用	2,012,574,359.11	2,430,382,334.23	2,709,561,529.63	2,840,488,664.16	3,683,512,377.95
管理费用	461,893,854.45	551,645,264.52	493,208,556.35	483,543,639.69	386,763,241.47
财务费用	7,862,388.75	15,177,180.40	13,112,110.39	89,682,813.93	72,543,501.12
资产减值损失	183,668,627.63	−138,471,672.48	18,617,135.98	−823,632.70	64,834,956.45
公允价值变动收益	0.00	0.00	0.00	0.00	0.00
投资收益	684,864,992.03	105,535,360.44	174,993,478.24	193,859,113.34	276,911,622.85
其中：对联营企业和合营企业的投资收益	−1,861,432.52	−1,152,170.92	−1,258,065.90	326,299.79	−8,418.40
汇兑收益	0.00	0.00	0.00	0.00	0.00

图 9－26　整理后的利润表

三、用 Excel 整理上市公司现金流量表

（一）搜集和下载上市公司现金流量表数据

根据图 9－4 现金流量表点击界面进入云南白药股份有限公司现金流量表数据下载界面，下拉菜单到左下角可看见“下载全部历史数据到 excel 中”，点击鼠标右键，再点击“目标另存为”，即可选择路径将数据存放到电脑中。

云南白药（000538）现金流量表　　**单位：万元**

报表日期	2018-09-30	2018-06-30	2018-03-31	2017-12-31	2017-09-30
一、经营活动产生的现金流量					
销售商品、提供劳务收到的现金	2,307,896.66	1,651,694.61	757,468.79	2,806,290.41	2,118,536.20
收到的税费返还	2,202.85	602.83	106.88	1,352.61	845.01
收到的其他与经营活动有关的现金	118,940.13	47,639.46	41,775.39	78,332.96	9,580.86
经营活动现金流入小计	2,429,039.64	1,699,936.90	799,351.07	2,885,975.98	2,128,962.07
购买商品、接受劳务支付的现金	1,784,642.73	1,181,689.50	608,638.64	2,131,057.55	1,595,904.02
支付给职工以及为职工支付的现金	84,629.21	55,909.93	32,536.38	127,826.33	74,284.57
支付的各项税费	129,475.87	90,140.48	39,262.24	187,772.16	132,637.54
支付的其他与经营活动有关的现金	223,271.54	175,251.50	86,377.98	323,750.95	203,569.38

图 9－27－1

债务转为资本	—	—	—	—	—
一年内到期的可转换公司债券	—	—	—	—	—
融资租入固定资产	—	—	—	—	—
现金的期末余额	—	263,174.99	—	175,742.66	—
现金的期初余额	—	175,742.66	—	187,071.35	—
现金等价物的期末余额	—	—	—	—	—
现金等价物的期初余额	—	—	—	—	—
现金及现金等价物的净增加额	—	87,432.33	—	-11,328.69	—

下载全部历史数据到excel中　　↑返回页顶↑

图 9-27-2

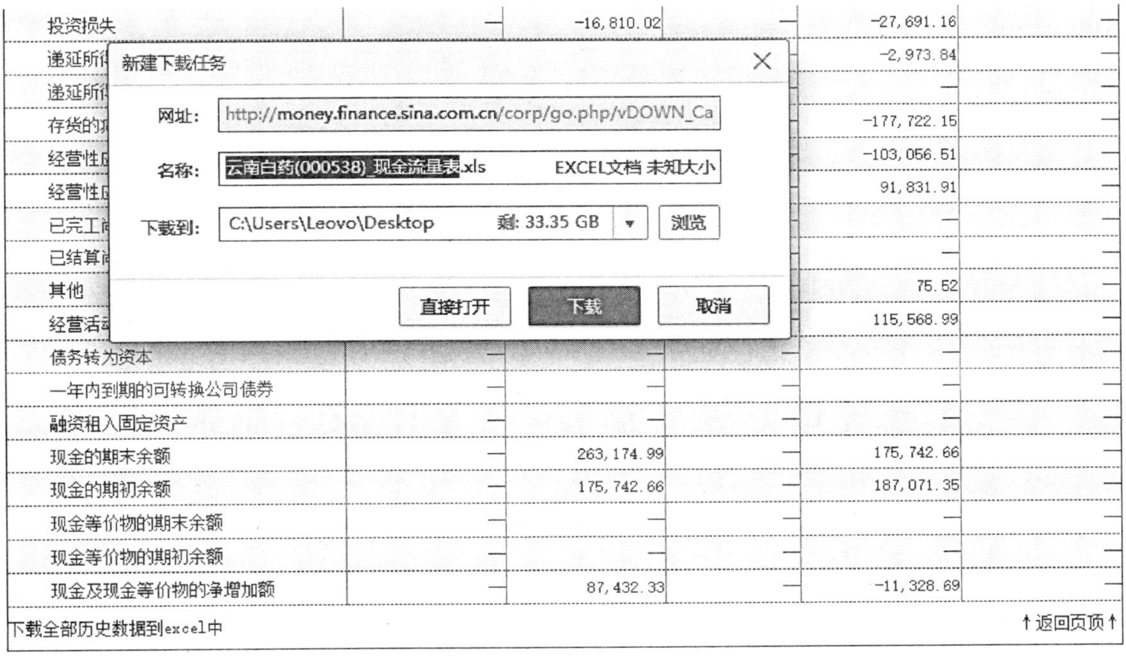

图 9-27-3

图 9-27　上市公司现金流量表数据下载流程图

（二）用 Excel 对上市公司的现金流量表进行整理

现金流量表的整理过程同资产负债表和利润表(见图 9-28 和图 9-29)。

报表日期	20180930	20180630	20180331	20171231	20170930	20170630
单位	元	元	元	元	元	元
一、经营活动产生的现金流量						
销售商品、提供劳务收到的现金	23078966608	16516946075	7574687893	28062904139	21185361991	14399134454
收到的税费返还	22028543.48	6028268.32	1068831.6	13526073.48	8450084.05	8449698.53
收到的其他与经营活动有关的现金	1189401282	476394638.9	417753945.2	783329598.5	95808648.51	63385975.32
经营活动现金流入小计	24290396433	16999368982	7993510670	28859759811	21289620723	14470970128
购买商品、接受劳务支付的现金	17846427255	11816895022	6086386419	21310575494	15959040248	10809990326
支付给职工以及为职工支付的现金	846292124.1	559099288.8	325363846.3	1278263315	742845681	508516872.1
支付的各项税费	1294758706	901404756.6	392622355.5	1877721577	1326375355	870732985.4

图 9-28　下载的现金流量表表格原型

报表日期	20131231	20141231	20151231	20161231	20171231
单　位	元	元	元	元	元
一、经营活动产生的现金流量					
销售商品、提供劳务收到的现金	16,663,067,969.64	19,945,133,443.92	22,452,805,855.29	27,274,582,482.57	28,062,904,138.83
收到的税费返还	0.00	0.00	0.00	8,576,182.67	13,526,073.48
收到的其他与经营活动有关的现金	116,289,913.26	349,606,385.22	158,816,952.89	125,042,863.74	783,329,598.52
经营活动现金流入小计	16,779,357,882.90	20,294,739,829.14	22,611,622,808.18	27,408,201,528.98	28,859,759,810.83
购买商品、接受劳务支付的现金	12,732,537,611.98	14,190,355,741.73	15,668,489,730.06	19,060,561,636.95	21,310,575,493.69
支付给职工以及为职工支付的现金	686,460,978.18	946,900,754.60	1,085,399,259.79	1,187,860,947.35	1,278,263,315.48
支付的各项税费	1,115,041,466.46	1,523,425,009.35	1,478,244,192.56	1,864,163,734.73	1,877,721,577.15
支付的其他与经营活动有关的现金	1,903,676,239.39	2,047,194,143.83	2,199,989,224.58	2,310,857,526.98	3,237,509,475.61
经营活动现金流出小计	16,437,716,296.01	18,707,875,649.51	20,432,122,406.99	24,423,443,846.01	27,704,069,861.93
经营活动产生的现金流量净额	341,641,586.89	1,586,864,179.63	2,179,500,401.19	2,984,757,682.97	1,155,689,948.90

图 9－29　整理后的现金流量表

将获取的上市公司的财务报表进行整理后，就可以开始应用比较分析法、结构分析法、比率分析法和趋势分析法对上市公司的财务数据进行分析，分析的过程中也需要反复使用 Excel 表格。

第二节　用 Excel 对上市公司财务报表进行整体分析

一、用 Excel 对上市公司资产负债表进行整体分析

（一）用 Excel 对上市公司的资产负债表进行比较分析

报表日期	2014 年与 2013 年比较		2015 年与 2013 年比较		2016 年与 2013 比较		2017 年与 2013 比较	
单　位	元	%	元	%	元	%	元	%
流动资产								
货币资金								
交易性金融资产								
衍生金融资产								
应收票据								
应收账款								
预付款项								
应收利息								
应收股利								
其他应收款								
买入返售金融资产								
存货								
划分为持有待售的资产								
一年内到期的非流动资产								

图 9－30　资产负债表比较分析表样表

对资产负债表进行分析，可以按照上述样表（见图 9－30），以 2013 年的财务数据为基准年度进行定比分析。图 9－31 为资产负债表，图 9－32 为计算货币资金 2014 年与 2013 年相比较绝对数的变化的计算公式，先在货币资金对应 2014 年与 2013 年比较列输入"＝"，再点击 C4，输入"－"号，再点击 B4，回车就可以得到 2014 年货币资金比 2013 年变动的金额，然后鼠标选中下拉即可将 2014 年与 2013 年所有科目比较的金额变动呈现出来（见图 9－33）。

A	B	C	D	E	F
报表日期	20131231	20141231	20151231	20161231	20171231
单位	元	元	元	元	元
流动资产					
货币资金	2, 082, 951, 549. 60	2, 023, 963, 712. 61	2, 649, 769, 547. 43	3, 292, 608, 757. 11	2, 666, 326, 412. 14
交易性金融资产	149, 758. 72	436, 365, 087. 25	3, 041, 532, 459. 02	2, 002, 300, 036. 42	6, 749, 381, 578. 57
应收票据	2, 664, 138, 818. 28	3, 647, 535, 615. 93	3, 606, 070, 685. 32	3, 943, 361, 793. 13	4, 293, 350, 836. 42
应收账款	536, 467, 059. 54	554, 880, 112. 88	1, 057, 735, 076. 07	1, 012, 036, 371. 97	1, 233, 810, 339. 12
预付款项	389, 654, 315. 84	288, 951, 848. 10	333, 296, 234. 23	466, 141, 193. 41	417, 960, 307. 14
应收利息	1, 344, 968. 06	3, 599, 814. 74	1, 110, 602. 34	31, 467, 520. 34	63, 579, 815. 59
其他应收款	461, 752, 917. 87	2, 030, 738, 472. 32	68, 037, 568. 82	58, 083, 933. 78	138, 948, 546. 84

图 9－31　资产负债表比较分析表生成过程图 1

报表日期	2014年与2013年比较		2015年与2013年比较		2016年与2013年比较		2017年与2013年比较	
单位	元	%	元	%	元	%	元	%
流动资产								
货币资金	=C4-B4							
交易性金融资产								
衍生金融资产								
应收票据								
应收账款								

图 9－32　资产负债表比较分析表生成过程图 2

报表日期	2014年与2013年比较		2015年与2013年比较		2016年与2013年比较		2017年与2013年比较	
单位	元	%	元	%	元	%	元	%
流动资产								
货币资金	-58, 987, 836. 99							
交易性金融资产	436, 215, 328. 53							
衍生金融资产	0. 00							
应收票据	983, 396, 797. 65							
应收账款	18, 413, 053. 34							

图 9－33　资产负债表比较分析表生成过程图 3

图 9－34 则是计算 2014 年与 2013 年比较金额变动率，输入"＝"，选择 I4，输入"/"号，选择 B4，回车，即可出现变动率。点击数值下拉移动，此列变动率即全部呈现（见图 9－35 和图 9－36）。

报表日期	2014年与2013年比较		2015年与2013年比较		2016年与2013年比较		2017年与2013年比较	
单位	元	%	元	%	元	%	元	%
流动资产								
货币资金	-58, 987, 836. 99	=I4/B4						
交易性金融资产	436, 215, 328. 53							
衍生金融资产	0. 00							
应收票据	983, 396, 797. 65							
应收账款	18, 413, 053. 34							

图 9－34　资产负债表比较分析表生成过程图 4

报表日期	2014年与2013年比较		2015年与2013年比较		2016年与2013年比较		2017年与2013年比较	
单位	元	%	元	%	元	%	元	%
流动资产								
货币资金	-58,987,836.99	-2.83%						
交易性金融资产	436,215,328.53	291278.75%						
衍生金融资产	0.00	#DIV/0!						
应收票据	983,396,797.65	36.91%						
应收账款	18,413,053.34	3.43%						

图 9-35 资产负债表比较分析表生成过程图 5

报表日期	2014年与2013年比较		2015年与2013年比较		2016年与2013年比较		2017年与2013年比较	
单位	元	%	元	%	元	%	元	%
流动资产								
货币资金	-58,987,836.99	-2.83%						
交易性金融资产	436,215,328.53	291278.75%						
应收票据	983,396,797.65	36.91%						
应收账款	18,413,053.34	3.43%						
预付款项	-100,702,467.74	-25.84%						
应收利息	2,254,846.68	167.65%						
其他应收款	1,568,985,554.45	339.79%						
存货	225,952,767.90	4.75%						
其他流动资产	95,000,000.0	#DIV/0!						

图 9-36 资产负债表比较分析表生成过程图 6

（二）用 Excel 对上市公司的资产负债表进行结构分析

图 9-37 为资产负债表结构分析表样表，图 9-38 为分析对象，图 9-39 为计算货币资金占流动资产总额的比率，方框内输入“＝”，选中 B4，输入“/”号，选中 B13，回车得出比率。图 9-40 中，选中 19.12％，鼠标向右拉动即可呈现 2014～2017 年所有的货币资金占流动资产的比率。其他所有项目均按照此方法即可（见图 9-41）。

报表日期	20131231	20141231	20151231	20161231	20171231
单位	%	%	%	%	%
流动资产					
货币资金					
交易性金融资产					
应收票据					
应收账款					
预付款项					
应收利息					
其他应收款					
存货					
其他流动资产					
流动资产合计					

图 9-37 资产负债表结构分析表样表

A	B	C	D	E	F
报表日期	20131231	20141231	20151231	20161231	20171231
单位	元	元	元	元	元
流动资产					
货币资金	2,082,951,549.60	2,023,963,712.61	2,649,769,547.43	3,292,608,757.11	2,666,326,412.14
交易性金融资产	149,758.72	436,365,087.25	3,041,532,459.02	2,002,300,036.42	6,749,381,578.57
应收票据	2,664,138,818.28	3,647,535,615.93	3,606,070,685.32	3,943,361,793.13	4,293,350,836.42
应收账款	536,467,059.54	554,880,112.88	1,057,735,076.07	1,012,036,371.97	1,233,810,339.12
预付款项	389,654,315.84	288,951,848.10	333,296,234.23	466,141,193.41	417,960,307.14
应收利息	1,344,968.06	3,599,814.74	1,110,602.34	31,467,520.34	63,579,815.59
其他应收款	461,752,917.87	2,030,738,472.32	68,037,568.82	58,083,933.78	138,948,546.84

图 9-38 资产负债表结构分析过程 1

报表日期	20131231	20141231	20151231	20161231	20171231
单位	%	%	%	%	%
流动资产					
货币资金	=B4/B13				
交易性金融资产					
应收票据					
应收账款					
预付款项					
应收利息					
其他应收款					
存货					
其他流动资产					
流动资产合计					

图 9-39　资产负债表结构分析过程 2

报表日期	20131231	20141231	20151231	20161231	20171231
单位	%	%	%	%	%
流动资产					
货币资金	19.12%	14.39%	15.68%	14.92%	10.62%
交易性金融资产					
应收票据					
应收账款					
预付款项					
应收利息					
其他应收款					
存货					
其他流动资产					

图 9-40　资产负债表结构分析过程 3

报表日期	20131231	20141231	20151231	20161231	20171231
单位	%	%	%	%	%
流动资产					
货币资金	19.12%	14.39%	15.68%	14.92%	10.62%
交易性金融资产	0.00%	3.10%	17.99%	9.07%	26.89%
应收票据	24.46%	25.93%	21.33%	17.87%	17.10%
应收账款	4.92%	3.95%	6.26%	4.59%	4.91%
预付款项	3.58%	2.05%	1.97%	2.11%	1.66%
应收利息	0.01%	0.03%	0.01%	0.14%	0.25%
其他应收款	4.24%	14.44%	0.40%	0.26%	0.55%
存货	43.67%	35.43%	33.28%	31.35%	34.51%
其他流动资产	0.00%	0.68%	3.08%	19.68%	3.49%

图 9-41　资产负债表结构分析过程 4

二、用 Excel 对上市公司利润表进行整体分析

(一) 用 Excel 对上市公司的利润表进行比较分析

对利润表进行分析，可以按照样表(见图 9-42)，以 2013 年的财务数据为基准年度进行定比分析。图 9-43 为资产负债表，图 9-44 为计算营业总收入 2014 年与 2013 年相比较绝对数的变化的计算公式，先在营业总收入对应 2014 年与 2013 年比较列输入“=”，再点击 C3，

输入"－"号，再点击 B3，回车就可以得到 2014 年货币资金比 2013 年变动的金额。图 9－45 则是计算 2014 年与 2013 年比较金额变动率，输入"＝"，选择 I3，输入"/"号，选择 B3，回车，即可出现变动率。然后鼠标选中下拉即可将 2014 年与 2013 年所有科目比较的金额变动额和金额变动率全部呈现出来（见图 9－46）。

项　　目	2014 年与 2013 年比较		2015 年与 2013 年比较		2016 年与 2013 年比较		2017 年与 2013 年比较	
单　　位	元	%	元	%	元	%	元	%
一、营业总收入								
营业收入								
二、营业总成本								
营业成本								
营业税金及附加								
销售费用								
管理费用								
财务费用								
资产减值损失								

图 9－42　利润表比较分析样表

A	B	C	D	E	F
项目	20131231	20141231	20151231	20161231	20171231
单位	元	元	元	元	元
一、营业总收入	15,814,790,880.81	18,814,366,372.74	20,738,126,205.08	22,410,654,404.31	24,314,614,044.21
营业收入	15,814,790,880.81	18,814,366,372.74	20,738,126,205.08	22,410,654,404.31	24,314,614,044.21
二、营业总成本	13,860,725,232.91	16,090,076,187.69	17,744,878,365.65	19,284,683,853.68	21,108,882,216.33
营业成本	11,118,384,924.85	13,139,197,658.34	14,405,904,824.56	15,717,961,203.91	16,731,575,209.69
营业税金及附加	76,341,078.12	92,145,422.68	104,474,208.74	153,831,164.69	169,652,929.65
销售费用	2,012,574,359.11	2,430,382,334.23	2,709,561,529.63	2,840,488,664.16	3,683,512,377.95
管理费用	461,893,854.45	551,645,264.52	493,208,556.35	483,543,639.69	386,763,241.47
财务费用	7,862,388.75	15,177,180.40	13,112,110.39	89,682,813.93	72,543,501.12

图 9－43　利润表比较分析过程 1

项目	2014年与2013年比较		2015年与2013年比较		2016年与2013年比较		2017年与2013年比较	
单位	元	%	元	%	元	%	元	%
一、营业总收入	=C3-B3							
营业收入								
二、营业总成本								
营业成本								
营业税金及附加								
销售费用								
管理费用								
财务费用								

图 9－44　利润表比较分析过程 2

项目	2014年与2013年比较		2015年与2013年比较		2016年与2013年比较		2017年与2013年比较	
单位	元	%	元	%	元	%	元	%
一、营业总收入	2,999,575,491.93	=I3/B3						
营业收入								
二、营业总成本								
营业成本								
营业税金及附加								
销售费用								
管理费用								

图 9－45　利润表比较分析过程 3

项　　目	2014 年与 2013 年比较		2015 年与 2013 年比较		2016 年与 2013 年比较		2017 年与 2013 年比较	
单　　位	元	%	元	%	元	%	元	%
一、营业总收入	2,999,575,491.93	18.97%						
营业收入	2,999,575,491.93	18.97%						
二、营业总成本	2,229,350,954.78	16.08%						
营业成本	2,020,812,733.49	18.18%						
营业税金及附加	15,804,344.56	20.70%						
销售费用	417,807,975.12	20.76%						
管理费用	89,751,410.07	19.43%						

图 9－46　利润表比较分析过程 4

(二) 用 Excel 对上市公司的利润表进行结构分析

图 9－47 为利润表结构分析表样表，图 9－48 为分析对象，图 9－49 为计算营业成本占营业总成本的比率，方框内输入"＝"，选中 B6，输入"/"号，选中 B5，回车得出比率。其他所有项目均按照此方法即可(见图 9－48)。

A	B	C	D	E	F
项目	20131231	20141231	20151231	20161231	20171231
单位	元	元	元	元	元
一、营业总收入	15,814,790,880.81	18,814,366,372.74	20,738,126,205.08	22,410,654,404.31	24,314,614,044.21
营业收入	15,814,790,880.81	18,814,366,372.74	20,738,126,205.08	22,410,654,404.31	24,314,614,044.21
二、营业总成本	13,860,725,232.91	16,090,076,187.69	17,744,878,365.65	19,284,683,853.68	21,108,882,216.33
营业成本	11,118,384,924.85	13,139,197,658.34	14,405,904,824.56	15,717,961,203.91	16,731,575,209.69
营业税金及附加	76,341,078.12	92,145,422.68	104,474,208.74	153,831,164.69	169,652,929.65
销售费用	2,012,574,359.11	2,430,382,334.23	2,709,561,529.63	2,840,488,664.16	3,683,512,377.95
管理费用	461,893,854.45	551,645,264.52	493,208,556.35	483,543,639.69	386,763,241.47

图 9－47　利润表结构分析过程 1

H	I	J	K	L	M
项目	20131231	20141231	20151231	20161231	20171231
单位	%	%	%	%	%
二、营业总成本					
营业成本	=B6/B5				
营业税金及附加					
销售费用					
管理费用					
财务费用					
资产减值损失					
公允价值变动收益					
投资收益					
其中:对联营企业和合营企业的投资收益					
汇兑收益					

图 9－48　利润表结构分析过程 2

项　　目	20131231	20141231	20151231	20161231	20171231
单　　位	%	%	%	%	%
二、营业总成本					
营业成本	80.22%	81.66%	81.18%	81.50%	79.26%
营业税金及附加					
销售费用					
管理费用					
财务费用					
资产减值损失					

续图

项　　目	20131231	20141231	20151231	20161231	20171231
公允价值变动收益					
投资收益					
其中：对联营企业和合营企业的投资收益					
汇兑收益					

图 9－49　利润表结构分析过程 3

三、用 Excel 对上市公司现金流量表进行整体分析

(一) 用 Excel 对上市公司的现金流量表进行比较分析

报表日期	20141231		20151231		20161231		20171231	
单　　位	元	%	元	%	元	%	元	%
一、经营活动产生的现金流量								
销售商品、提供劳务收到的现金								
收到的税费返还								
收到的其他与经营活动有关的现金								
经营活动现金流入小计								
购买商品、接受劳务支付的现金								
支付给职工以及为职工支付的现金								
支付的各项税费								
支付的其他与经营活动有关的现金								
经营活动现金流出小计								
经营活动产生的现金流量净额								

图 9－50　现金流量表比较分析样表

对现金流量表进行分析，可以按照上述样表(见图 9－50)，以 2013 年的财务数据为基准年度进行定比分析。图 9－51 为现金流量表，图 9－52 为计算销售商品、提供劳务所收到的现金 2014 年与 2013 年相比较绝对数的变化的计算公式，先在销售商品、提供劳务所收到的现金对应 2014 年与 2013 年比较列输入“＝”，再点击 C4，输入“－”号，再点击 B4，回车就可以得到 2014 年销售商品、提供劳务所收到的现金比 2013 年变动的金额。图 9－53 则是计算 2014 年与 2013 年比较金额变动率，输入“＝”，选择 I4，输入“/”号，选择 B4，回车，即可出现变动率。然后鼠标选中下拉，即可将 2014 年与 2013 年所有科目比较的金额变动额和金额变动率全部呈现出来(见图 9－54)。

A	B	C	D	E	F
报表日期	20131231	20141231	20151231	20161231	20171231
单位	元	元	元	元	元
一、经营活动产生的现金流量					
销售商品、提供劳务收到的现金	16,663,067,969.64	19,945,133,443.92	22,452,805,855.29	27,274,582,482.57	28,062,904,138.83
收到的税费返还	0.00	0.00	0.00	8,576,182.67	13,526,073.48
收到的其他与经营活动有关的现金	116,289,913.26	349,606,385.22	158,816,952.89	125,042,863.74	783,329,598.52
经营活动现金流入小计	16,779,357,882.90	20,294,739,829.14	22,611,622,808.18	27,408,201,528.98	28,859,759,810.83
购买商品、接受劳务支付的现金	12,732,537,611.98	14,190,355,741.73	15,668,489,730.06	19,060,561,636.95	21,310,575,493.69
支付给职工以及为职工支付的现金	686,460,978.18	946,900,754.60	1,085,399,259.79	1,187,860,947.35	1,278,263,315.48
支付的各项税费	1,115,041,466.46	1,523,425,009.35	1,478,244,192.56	1,864,163,734.73	1,877,721,577.15
支付的其他与经营活动有关的现金	1,903,676,239.39	2,047,194,143.83	2,199,989,224.58	2,310,857,526.98	3,237,509,475.61
经营活动现金流出小计	16,437,716,296.01	18,707,875,649.51	20,432,122,406.99	24,423,443,846.01	27,704,069,861.93
经营活动产生的现金流量净额	341,641,586.89	1,586,864,179.63	2,179,500,401.19	2,984,757,682.97	1,155,689,948.90

图 9－51　现金流量表比较分析过程 1

报表日期	20141231		20151231		20161231		20171231	
单位	元	%	元	%	元	%	元	%
一、经营活动产生的现金流量								
销售商品、提供劳务收到的现金	-C4-B4							
收到的税费返还								
收到的其他与经营活动有关的现金								
经营活动现金流入小计								
购买商品、接受劳务支付的现金								
支付给职工以及为职工支付的现金								
支付的各项税费								
支付的其他与经营活动有关的现金								
经营活动现金流出小计								
经营活动产生的现金流量净额								

图 9－52　现金流量表比较分析过程 2

报表日期	20141231		20151231		20161231		20171231	
单位	元	%	元	%	元	%	元	%
一、经营活动产生的现金流量								
销售商品、提供劳务收到的现金	3, 282, 065, 474. 28	-I4/B4						
收到的税费返还								
收到的其他与经营活动有关的现金								
经营活动现金流入小计								
购买商品、接受劳务支付的现金								
支付给职工以及为职工支付的现金								
支付的各项税费								
支付的其他与经营活动有关的现金								
经营活动现金流出小计								
经营活动产生的现金流量净额								

图 9－53　现金流量表比较分析过程 3

报表日期	20141231		20151231		20161231		20171231	
单　　位	元	%	元	%	元	%	元	%
一、经营活动产生的现金流量								
销售商品、提供劳务收到的现金	3,282,065,474.28	19.70%						
收到的税费返还	0.00							
收到的其他与经营活动有关的现金	233,316,471.96	200.63%						
经营活动现金流入小计	3,515,381,946.24	20.95%						
购买商品、接受劳务支付的现金	1,457,818,129.75	11.45%						
支付给职工以及为职工支付的现金	260,439,776.42	37.94%						
支付的各项税费	408,383,542.89	36.62%						
支付的其他与经营活动有关的现金	143,517,904.44	7.54%						
经营活动现金流出小计	2,270,159,353.50	13.81%						
经营活动产生的现金流量净额	1,245,222,592.74	364.48%						

图 9－54　现金流量表比较分析过程 4

(二) 用 Excel 对上市公司的现金流量表进行结构分析

图 9－55 为现金流量表结构分析表样表，图 9－56 为分析对象，图 9－57 为销售商品、提供劳务收到的现金占营业活动现金流入量的比率，方框内输入“＝”，选中 B4，输入“/”号，选中 B7，回车得出比率。选中 99.31%，鼠标向右拉动，即可呈现 2014～2017 年销售商品、提供劳务收到的现金占营业活动现金流入量的比率。其他所有项目均按照此方法即可(见图 9－57)。

报表日期	20131231	20141231	20151231	20161231	20171231
单　　位	%	%	%	%	%
一、经营活动产生的现金流量					
销售商品、提供劳务收到的现金					
收到的税费返还					
收到的其他与经营活动有关的现金					
经营活动现金流入小计					
购买商品、接受劳务支付的现金					
支付给职工以及为职工支付的现金					
支付的各项税费					
支付的其他与经营活动有关的现金					
经营活动现金流出小计					
经营活动产生的现金流量净额					

图 9－55　现金流量表结构分析样表

A	B	C	D	E	F
报表日期	20131231	20141231	20151231	20161231	20171231
单位	元	元	元	元	元
一、经营活动产生的现金流量					
销售商品、提供劳务收到的现金	16, 663, 067, 969. 64	19, 945, 133, 443. 92	22, 452, 805, 855. 29	27, 274, 582, 482. 57	28, 062, 904, 138. 83
收到的税费返还	0. 00	0. 00	0. 00	8, 576, 182. 67	13, 526, 073. 48
收到的其他与经营活动有关的现金	116, 289, 913. 26	349, 606, 385. 22	158, 816, 952. 89	125, 042, 863. 74	783, 329, 598. 52
经营活动现金流入小计	16, 779, 357, 882. 90	20, 294, 739, 829. 14	22, 611, 622, 808. 18	27, 408, 201, 528. 98	28, 859, 759, 810. 83
购买商品、接受劳务支付的现金	12, 732, 537, 611. 98	14, 190, 355, 741. 73	15, 668, 489, 730. 06	19, 060, 561, 636. 95	21, 310, 575, 493. 69
支付给职工以及为职工支付的现金	686, 460, 978. 18	946, 900, 754. 60	1, 085, 399, 259. 79	1, 187, 860, 947. 35	1, 278, 263, 315. 48
支付的各项税费	1, 115, 041, 466. 46	1, 523, 425, 009. 35	1, 478, 244, 192. 56	1, 864, 163, 734. 73	1, 877, 721, 577. 15
支付的其他与经营活动有关的现金	1, 903, 676, 239. 39	2, 047, 194, 143. 83	2, 199, 989, 224. 58	2, 310, 857, 526. 98	3, 237, 509, 475. 61
经营活动现金流出小计	16, 437, 716, 296. 01	18, 707, 875, 649. 51	20, 432, 122, 406. 99	24, 423, 443, 846. 01	27, 704, 069, 861. 93
经营活动产生的现金流量净额	341, 641, 586. 89	1, 586, 864, 179. 63	2, 179, 500, 401. 19	2, 984, 757, 682. 97	1, 155, 689, 948. 90

图 9－56　现金流量表结构分析过程 1

报表日期	20131231	20141231	20151231	20161231	20171231
单　　位	%	%	%	%	%
一、经营活动产生的现金流量					
销售商品、提供劳务收到的现金	99.31%	98.28%	99.30%	99.51%	97.24%
收到的税费返还					
收到的其他与经营活动有关的现金					
经营活动现金流入小计					
购买商品、接受劳务支付的现金					
支付给职工以及为职工支付的现金					
支付的各项税费					
支付的其他与经营活动有关的现金					
经营活动现金流出小计					
经营活动产生的现金流量净额					

图 9－57　现金流量表结构分析过程 2

第三节　Excel 在财务报表分析中的使用技巧

通过以下 Excel 表格的技巧使用，可以让财务报表分析变得更加简捷。货币资金的规模趋势分析需要使用资产负债表中多个项目的数据，我们可以通过简单的设置，使不同表格中相同项目的数据实现共享链接，以不变应万变。

图 9－58 为货币资金规模趋势分析的样表。

项　　目	2013 年	2014 年	2015 年	2016 年	2017 年
货币资金总额(元)					
流动资产总额(元)					
非流动资产总额(元)					
货币资金占流动资产比重(%)					
流动资产占非流动资产比重(%)					

图 9－58　货币资金规模趋势分析样表

货币资金金额需要从资产负债表中获取，在 2013 年货币资金总额栏输入“＝”(见图 9－59)，找到工作表中的资产负债表(见图 9－60)，并点击对应 2013 年的货币资金金额(见图 9－61)；返回到货币资金项目分析工作表(见图 9－62)，将“货币资金项目分析”改为“资产负债表”字样(见图 9－63 和图 9－64)，回车，资产负债表中的数据就全部复制到比表中(见图 9－65)。点击此数据，横向拉动鼠标，得到图 9－66，再将此数据格式进行整理加工(见图 9－67 和图 9－68)。

项目	2013年	2014年	2015年	2016年	2017年
货币资金总额（元）	=				
流动资产总额（元）					
非流动资产总额（元）					
货币资金占流动资产比重（%）					
流动资产占非流动资产比重（%）					

图 9－59　货币资金总额从资产负债表中链接获取过程 1

一年内到期的非流动负债	0.00	0.00	0.00	10,000,000.00	0.00
其他流动负债	0.00	0.00	36,515,277.18	0.00	0.00
流动负债合计	3,659,357,880.12	3,940,365,584.71	4,676,106,483.86	6,734,626,170.23	7,524,369,387.51
非流动负债					
长期借款	6,684,882.14	6,100,000.00	6,100,000.00	6,100,000.00	2,500,000.00
应付债券	0.00	896,412,000.00	897,160,800.00	1,795,279,200.00	1,797,180,000.00
长期应付款	4,814,832.43	4,814,832.43	4,814,832.43	4,814,832.43	4,814,832.43
[illegible]	[illegible]	[illegible]	[illegible]	[illegible]	[illegible]

资产负债表　资产负债表比较分析表　资产负债表结构分析表　货币资金项目分析

图 9－60　货币资金总额从资产负债表中链接获取过程 2

报表日期	20131231	20141231	20151231	20161231	20171231
单位	元	元	元	元	元
流动资产					
货币资金	2,082,951,549.60	2,023,963,712.61	2,649,769,547.43	3,292,608,757.11	2,666,326,412.14
交易性金融资产	149,758.72	436,365,087.25	3,041,532,459.02	2,002,300,036.42	6,749,381,578.57
应收票据	2,664,138,818.28	3,647,535,615.93	3,606,070,685.32	3,943,361,793.13	4,293,350,836.42
应收账款	536,467,059.54	554,880,112.88	1,057,735,076.07	1,012,036,371.97	1,233,810,339.12

图 9－61　货币资金总额从资产负债表中链接获取过程 3

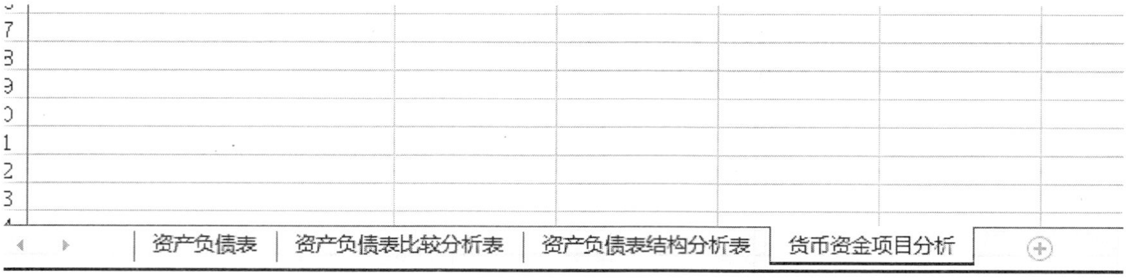

图 9－62　货币资金总额从资产负债表中链接获取过程 4

=货币资金项目分析!B4

项目	2013年	2014年	2015年	2016年	2017年
货币资金总额（元）	=货币资金项目分析!B4				
流动资产总额（元）					
非流动资产总额（元）					
货币资金占流动资产比重（%）					
流动资产占非流动资产比重（%）					

图 9－63　货币资金总额从资产负债表中链接获取过程 5

项目	2013年	2014年	2015年	2016年	2017年
货币资金总额（元）	=资产负债表!B4				
流动资产总额（元）					
非流动资产总额（元）					
货币资金占流动资产比重（%）					
流动资产占非流动资产比重（%）					

图 9－64　货币资金总额从资产负债表中链接获取过程 6

项目	2013年	2014年	2015年	2016年	2017年
货币资金总额（元）	2082951550				
流动资产总额（元）					
非流动资产总额（元）					
货币资金占流动资产比重（%）					
流动资产占非流动资产比重（%）					

图 9－65　货币资金总额从资产负债表中链接获取过程 7

项目	2013年	2014年	2015年	2016年	2017年
货币资金总额（元）	2082951550	2023963713	2649769547	3292608757	2666326412
流动资产总额（元）					
非流动资产总额（元）					
货币资金占流动资产比重（%）					
流动资产占非流动资产比重（%）					

图 9－66　货币资金总额从资产负债表中链接获取过程 8

图 9－67 货币资金总额从资产负债表中链接获取过程 9

项　　目	2013 年	2014 年	2015 年	2016 年	2017 年
货币资金总额(元)	2,082,951,549.60	2,023,963,712.61	2,649,769,547.43	3,292,608,757.11	2,666,326,412.14
流动资产总额(元)					
非流动资产总额(元)					
货币资金占流动资产比重(%)					
流动资产占非流动资产比重(%)					

图 9－68 货币资金总额从资产负债表中链接获取过程 10

此技巧可用于对数家同行业上市公司进行财务分析时制作财务报表分析模板使用。